权威·前沿·原创

皮书系列为
"十二五""十三五""十四五"时期国家重点出版物出版专项规划项目

U0125580

BLUE BOOK

智库成果出版与传播平台

中国周边关系蓝皮书

BLUE BOOK OF CHINA'S RELATIONS WITH
NEIGHBORING COUNTRIES

中国与周边国家关系发展报告（2023）

DEVELOPMENT REPORT ON THE RELATIONS
BETWEEN CHINA AND NEIGHBORING COUNTRIES (2023)

组织编写／中国社会科学院中国边疆研究所

社会科学文献出版社
SOCIAL SCIENCES ACADEMIC PRESS (CHINA)

图书在版编目（CIP）数据

中国与周边国家关系发展报告 . 2023 / 中国社会科
学院中国边疆研究所组织编写 . -- 北京：社会科学文献
出版社，2023.10

（中国周边关系蓝皮书）

ISBN 978-7-5228-2895-4

Ⅰ.①中…　Ⅱ.①中…　Ⅲ.①中外关系-研究报告-
2023　Ⅳ.①D822

中国国家版本馆 CIP 数据核字（2023）第 232283 号

中国周边关系蓝皮书

中国与周边国家关系发展报告（2023）

组织编写／中国社会科学院中国边疆研究所

出 版 人／冀祥德
组稿编辑／张晓莉　高明秀
责任编辑／郭白歌　宋浩敏　常玉迪
责任印制／王京美

出　　　版／社会科学文献出版社 · 国别区域分社（010）59367078
　　　　　　地址：北京市北三环中路甲 29 号院华龙大厦　邮编：100029
　　　　　　网址：www.ssap.com.cn
发　　　行／社会科学文献出版社（010）59367028
印　　　装／天津千鹤文化传播有限公司

规　　　格／开 本：787mm×1092mm　1/16
　　　　　　印 张：21.75　字 数：324 千字
版　　　次／2023 年 10 月第 1 版　2023 年 10 月第 1 次印刷
书　　　号／ISBN 978-7-5228-2895-4
定　　　价／138.00 元

读者服务电话：4008918866

主要编撰者简介

邢广程　1961 年 10 月生，法学博士，一级研究员，博士生导师。第十四届全国人大代表、外事委员会委员，中国社会科学院学部委员，中国社会科学院中国边疆研究所所长，中国社会科学院边疆安全与发展研究中心主任。2000 年成为享受国务院政府特殊津贴专家。2012 年获文化名家暨"四个一批"人才荣誉称号。2013 年获授俄罗斯"普希金奖章"，2020 年被俄罗斯科学院远东分院授予"荣誉博士"称号。主要研究方向为苏联问题、俄罗斯问题、中亚问题、周边国际环境和中国边疆问题。代表性专著有《苏联高层决策 70 年》等。

摘　要

　　当前，世界之变、时代之变、历史之变正以前所未有的方式展开，国际社会面临前所未有的风险挑战。新的形势下，中国与周边国家积极开展政治、经济、外交、安全、文化、生态等多领域合作，努力探索合作共赢新路径，为共建"一带一路"高质量发展注入了新的活力，为全球安全和全球发展输入了新的理念，携手构建更加紧密的周边命运共同体。

　　政治上，2022 年是中国与不少周边国家迎来"逢五""逢十"的建交周年。中国与周边国家开展了多场元首外交和峰会外交，共同开启继往开来、友好合作的新时代。经济上，中国与周边国家经贸关系发展显现良好势头。双边层面上，中国对周边国家贸易和投资层面均呈增长态势。区域层面上，中国与周边国家共同推进区域贸易自由化，高质量共建"一带一路"，共促国际经济合作走廊繁荣发展。安全上，面对外部势力干预、地区热点问题频发等风险，中国与周边国家一道，强化政治互信和战略协调，推动安全防务领域务实合作，努力维护地区稳定和安全。文化上，中国与周边国家举办了一系列丰富多彩的人文交流活动，以社会治理问题为关注点，推动地区青年对话与交往，以进一步加强文明交流，深化人文合作，共同推动地区可持续发展。

　　中国具有塑造良好周边国际环境的基础和经验。面对新情况新问题新挑战，中国外交继往开来，进一步主动塑造周边国际环境，并将其作为周边外交工作的重点。中国在周边践行人类命运共同体理念和"一带一路"共建倡议，积极推动全球发展倡议、全球安全倡议和全球文明倡议在周边落地生根，为亚洲和太平洋地区和平发展注入新思想新理念新举措。中国全面拓展周边外交布局，在构建总体稳定大国关系框架下，积极推进中俄新时代全面战略协作伙伴关系走向更加成熟、更加坚韧，为面临困难的中美关系指出一条相互尊重、和平共处、合作共赢的正确道路。在地区双边和多边层面上，中国始终坚持亲诚惠容的周边外交理念和与邻为善、以邻为伴的周边外交方针，积极提升与周边国家关系发展，深化同周边国家友好互信和利益融合，共同构建周边命运共同体。中国始终坚持和促进公平正义，始终坚持真正的多边主义，反对单边主义、保护主义、霸权主义和强权政治。在国际和地区有关事务中，中国按照事情本身的是非曲直决定自身立场，积极推动伊朗核问题、朝鲜半岛核问题、阿富汗问题、巴勒斯坦问题等地区热点问题的政治解决，形成了具有中国特色的热点问题解决之道。在大是大非问题面前，中国旗帜鲜明，坚决有力维护国家利益。面对来自外部的讹诈、胁迫和极限施压，中国始终保持战略定力，坚决反对并反制任何侵犯国家主权、安全和发展利益的行径，牢牢掌握住自身的战略自主性和发展主动权，反对外部势力干涉和种种攻击抹黑，反对并有力应对以以上问题煽风挑动的各种"中国威胁论"。

中国是不确定世界的确定力量，为动荡不安的世界注入信心。展望2023年，中国与周边国家一道，不断巩固政治互信、利益交融和战略协调，继续推进高质量实施《区域全面经济伙伴关系协定》，维护好中国与周边国家政治、经济、安全、人文合作关系稳步健康发展的良好势头。2023年是人类命运共同体理念和"一带一路"倡议提出的十周年。中国与周边国家一道梳理总结"一带一路"倡议平台的发展成果和合作经验，继续开拓互利共赢的合作空间，深挖高质量发展的合作潜力。在地区事务和热点问题上，中国与东盟国家推进"南海行为准则"磋商和海上对话合作，共同排除外部干涉势力的消极影响。在乌克兰危机、朝鲜半岛、伊朗、缅甸、阿富汗、巴勒斯坦等热点问题上，中国将继续维护公平正义，努力发挥建设性作用，营造和维护良好、和平、稳定的周边国际环境。

关键词： 中国　周边国家　政治　经济　安全　区域治理　周边命运共同体

目 录 ⟪

Ⅰ 总报告

Ⅱ 区域篇

Ⅲ 双边篇

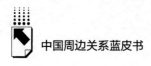
Ⅳ　专题篇

皮书数据库阅读**使用指南**

总 报 告
General Report

B.1

2022年中国与周边国家
关系评估与展望

"中国与周边国家关系发展报告（2023）"课题组*

摘 要： 2022 年，中国与周边国家共促政治关系稳定发展，共推经贸关系融合发展，共谋安全关系健康发展，共谱社会人文交流崭新篇章，努力共创周边繁荣稳定的新局面。受国际形势变化和域外因素影响，中国周边在东北亚、东南亚、南亚等方向均有热点问题和危机显现，中国周边战略环境出现一些新情况新问题新挑战。新形势下中国主动调整塑造周边国际环境的思路与实践，与周边国家共同构建更加紧密的周边命运共同体。

---

* 课题组组长：邢广程，中国社会科学院学部委员，中国社会科学院中国边疆研究所所长、一级研究员，研究方向为中国边疆、俄罗斯政治和外交、中亚问题、上海合作组织等；课题组成员：李欣，中国社会科学院中国边疆研究所海疆研究室副主任、副研究员，研究方向为中国海疆问题及周边国际环境；刘静烨，中国社会科学院中国边疆研究所助理研究员，研究方向为中国海疆问题和中国与东南亚国家关系；樊丛维，中国社会科学院中国边疆研究所助理研究员，研究方向为海洋安全与周边国际问题。

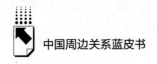
关键词： 中国 周边国家 经济 政治 安全 周边命运共同体

当前，世界之变、时代之变、历史之变正以前所未有的方式展开，国际社会面临前所未有的风险挑战。新的形势下，中国与周边国家积极开展政治、经济、外交、安全、文化、生态等多领域合作，努力探索合作共赢新路径，为共建"一带一路"高质量发展注入了新的活力，为全球安全和全球发展输入了新的理念，携手构建更加紧密的周边命运共同体。

一 2022年中国与周边国家关系发展态势

近年来，受国际形势和域外因素影响，中国周边战略环境出现一些新情况、新问题、新挑战，百年变局正以前所未有的方式展开。变局昭示着动荡，也孕育着变革。变革时期更需企稳力量稳住基本盘，营造确定性。2022年，全球经济艰难复苏背景下，通货膨胀、能源短缺、粮食危机等全球治理难题凸显，地缘经济格局政治化的风险上升。2022年中国共产党第二十次全国代表大会胜利召开，为地区和全球稳定发展注入了宝贵的确定性。中国始终秉持和平、发展、合作、共赢的理念，与周边国家一道共应变局，共创周边繁荣稳定的新局面。

（一）共促政治关系稳定发展

2022年，中国与不少周边国家迎来"逢五""逢十"的建交周年。中国与周边国家开展了多场元首外交和峰会外交，共同开启继往开来、友好合作的新时代。

其一，元首引领，共塑战略互信与共识。在元首外交的引领下，中国与周边国家外交关系开启了新的篇章。2022年，中俄两国元首进行了两次面对面会晤，首先是在北京实现了"冬奥之约"，后又在撒马尔罕举行了"上合会晤"。2月，在俄罗斯总统普京访华期间，中俄两国共同发表《中俄关于新时代国际关系和全球可持续发展的联合声明》，两国有关部门和企业签订近 20 份合作文件。两国充分发挥双边关系稳定的政治优势，进一步丰富了中俄新时代全面战略伙伴协作关系的内涵。9 月，中国国家主席习近平先后对哈萨克斯坦、乌兹别克斯坦进行国事访问。中哈两国元首签署并发表《中华人民共和国和哈萨克斯坦共和国建交 30 周年联合声明》，宣布两国将构建世代友好、高度互信、休戚与共的命运共同体。① 中乌两国元首签署并发表《中华人民共和国和乌兹别克斯坦共和国联合声明》，宣布将扩大互利合作，巩固友好和伙伴关系，在双边层面践行命运共同体。② 2022 年是中日邦交正常化 50 周年。在亚太经合组织第二十九次领导人非正式会议期间，中国国家主席习近平与日本首相岸田文雄举行会晤，这是时隔三年两国领导人首次面对面会晤。双方就稳定和发展中日关系达成"五点共识"，并同意建立"构建契合新时代要求的建设性、稳定的中日关系"，为中日关系发展指明了方向。③ 2022 年是中泰建立全面战略合作伙伴关系 10 周年。11 月 19 日，习近平主席与泰国总理巴育举行会谈，双方宣布构建更为稳定、更加繁荣、更可持续的中泰命运共同体。④ 2022 年 7 月和 11 月，中国国家主席习近平同印度尼西亚总统佐科进行了两次会晤，两国共同制定了《中印尼加强全面战略伙伴关系行动计划（2022—2026）》，着意加强"一带一路"倡议和印尼"全球海洋支点"构想对接，推动中印尼命运共同体走深走实。⑤ 10 月，中共中央总书记、国家主席习近平与越共中央总书记阮富仲举行会谈，双方发表《关于进一步加强和深化中越全面战略合作伙伴关系的

---

① 《习近平对哈萨克斯坦共和国进行国事访问》，《人民日报》2022 年 9 月 15 日，第 1 版。

② 《习近平同乌兹别克斯坦总统米尔济约耶夫会谈》，《人民日报》2022 年 9 月 16 日，第 1 版。

③ 郝薇薇、王亚光：《习近平会见日本首相岸田文雄》，《光明日报》2022 年 11 月 18 日，第 1 版。

④ 《习近平同泰国总理巴育举行会谈》，中国外交部网站，2022 年 11 月 19 日，https：//www.mfa.gov.cn/web/zyxw/202211/t20221119_10978187.shtml，最后访问时间：2022 年 11 月 28 日。

⑤ 《中华人民共和国和印度尼西亚共和国联合声明》，中国外交部网站，2022 年 11 月 17 日，http：//newyork.fmprc.gov.cn/web/zyxw/202211/t20221117_10976699.shtml，最后访问时间：2022 年 11 月 28 日。

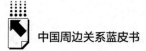

联合声明》。① 11 月，中共中央总书记、国家主席习近平与老挝人民革命党中央总书记、国家主席通伦举行会谈，双方一致同意要共同引领中老命运共同体建设走深走实、行稳致远。② 此外，2022 年还是中国与韩国建交 30 周年，中国与东帝汶建交 20 周年，中国与马尔代夫建交 50 周年，中国与斯里兰卡建交 65 周年及中斯签署《米胶协定》70 周年，以及中国与瓦努阿图建交 40 周年，习近平主席与上述国家领导人互致贺电或贺信，共同推动双边关系深入发展。

其二，峰会搭台，共推地区对话与交流。2022 年中国与周边国家举办了三场重要峰会，加强了沟通与协作，开启了友好协作的新篇章。2022 年是中国与中亚五国建交 30 周年。中国与中亚五国共同发表了《中国同中亚五国领导人关于建交 30 周年的联合声明》，决心在兼顾彼此利益的基础上继续合力构建内涵丰富、成果丰硕、友谊持久的战略伙伴关系，打造中国-中亚命运共同体。③ 在上海合作组织成员国元首理事会第二十二次会议上，习近平主席发表重要讲话强调要秉持"上海精神"，推动构建更加紧密的上海合作组织命运共同体。此次会上各方共同发表《上海合作组织成员国元首理事会撒马尔罕宣言》，上合组织也迎来了第二轮扩员。④ 12 月，中国国家主席习近平出席首届中国-阿拉伯国家峰会、首届中国-海湾阿拉伯国家合作委员会峰会并对沙特进行国事访问，同近 20 位阿拉伯国家领导人举行双边会见，谱写了中阿关系新篇章。这期间，

① 《关于进一步加强和深化中越全面战略合作伙伴关系的联合声明》，中国政府网，2022 年 11 月 1 日，https://www.gov.cn/xinwen/2022-11/01/content_5723205.htm，最后访问时间：2022 年 11 月 28 日。

② 《习近平同老挝人民革命党中央总书记、国家主席通伦举行会谈》，新华网，2022 年 11 月 30 日，http://www.xinhuanet.com/politics/leaders/2022-11/30/c_1129174589.htm，最后访问时间：2022 年 11 月 28 日。

③ 《中国同中亚五国领导人关于建交 30 周年的联合声明（全文）》，中国外交部网站，2022 年 1 月 26 日，https://www.mfa.gov.cn/web/ziliao_674904/1179_674909/202201/t20220126_10633759.shtml，最后访问时间：2022 年 11 月 28 日。

④ 倪四义、孙浩：《习近平出席上海合作组织成员国元首理事会第二十二次会议并发表重要讲话》，《光明日报》2022 年 9 月 17 日，第 1 版。

习近平主席提出中阿务实合作"八大共同行动",中海战略伙伴关系的"五大重点领域"。① 中阿双方通过了《首届中阿峰会利雅得宣言》,宣布全力构建面向新时代的中阿命运共同体。② 中国同海合会国家领导人发表《中海峰会联合声明》《中海战略对话2023年至2027年行动计划》,加强战略伙伴关系建设。③ 中沙两国元首签署了《中沙全面战略伙伴关系协议》。④ 此轮"三环峰会"的召开,标志着中阿关系进入全面深化发展的新时代。

其三,多边合作,共商地区稳定与发展。2022年5月,中国与太平洋岛国举行第二次中国—太平洋岛国外长会,各方达成五方面共识,同意深化全面战略伙伴关系、捍卫国家主权独立和民族尊严、追求共同发展繁荣、促进民心民意相通、推动中国同岛国友好交往源远流长。⑤ 2022年是中国—东盟全面战略伙伴关系起步之年,双方共同制订了相关行动计划,共同推动面向和平、安全、繁荣和可持续发展的全面战略伙伴关系深入发展。在澜沧江—湄公河合作第七次外长会上,六国同意进一步加强深化海关贸易安全和通关便利化合作、农业合作和保障粮食安全、灾害管理合作、文明互鉴方面的合作,共同发表了《澜湄合作第七次外长

---

① 《王毅谈习近平主席出席中国-阿拉伯国家峰会、中国-海湾阿拉伯国家合作委员会峰会并对沙特进行国事访问》,中国政府网,2022年12月11日,https://www.gov.cn/xinwen/2022-12/11/content_5731323.htm,最后访问时间:2022年12月30日。
② 《习近平出席首届中国-阿拉伯国家峰会并发表主旨讲话强调弘扬守望相助、平等互利、包容互鉴的中阿友好精神,携手构建面向新时代的中阿命运共同体》,中国外交部网站,2022年12月10日,https://www.mfa.gov.cn/web/zyxw/202212/t20221210_10988433.shtml,最后访问时间:2022年12月30日。
③ 《习近平出席首届中国-海湾阿拉伯国家合作委员会峰会并发表主旨讲话》,中国政府网,2022年12月10日,https://www.gov.cn/xinwen/2022-12/10/content_5731120.htm,最后访问时间:2022年12月30日。
④ 《中华人民共和国和沙特阿拉伯王国联合声明》,中国政府网,2022年12月10日,https://www.gov.cn/xinwen/2022-12/10/content_5731174.htm,最后访问时间:2022年12月30日。
⑤ 《王毅谈第二次中国-太平洋岛国外长会共识》,中国外交部网站,2022年5月30日,https://www.mfa.gov.cn/web/wjdt_674879/gjldrhd_674881/202205/t20220530_10694566.shtml,最后访问时间:2022年12月30日。

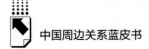

会联合新闻公报》，共同努力将澜沧江—湄公河合作打造成区域合作的"金色样板"。①

（二）共推经贸关系融合发展

2022 年，虽然中国与周边国家经贸关系面临地缘经济跌宕、经贸格局演变、宏观经济政策逆转等风险，但总体来看，中国与周边国家经贸关系发展仍显现良好势头。双边层面上，中国对周边国家贸易和投资方面均呈增长态势。区域层面上，中国与周边国家共同推进区域贸易自由化，高质量共建"一带一路"。

其一，共促经贸增势发展，奋力开创地区繁荣发展新局面。2022 年，中国对周边国家和地区进出口均呈增长势头。中国与周边国家贸易总额达26444.4 亿美元，占中国全球贸易总额达 41.9%。其中出口 14060.6 亿美元，占中国全球出口的 39.2%；进口 12383.8 亿美元，占中国全球进口的45.6%，如图 1 所示。2022 年《区域全面经济伙伴关系协定》（Regional Comprehensive Economic Partnership，RCEP）正式生效，为中国和周边国家经贸合作注入新的活力。2022 年全年，中国对 RCEP 其他 14 个成员国的进出口总额达 12.95 万亿元，增长 7.5%，占中国外贸进出口总额的30.8%。其中，中国对 RCEP 其他成员国的中间产品进出口总额达到 8.7万亿元，增长了 8.5%，占同期中国对 RCEP 其他成员国进出口总额的 67.2%。②

其二，共推地区贸易自由化，深化区域经济一体化合作。RCEP 作为全球重要的区域自由贸易协定，对推动区域经济复苏和维护供应链韧性起到重要积极作用。2022 年 8 月，RCEP 成员国召开联委会第二次会议，讨论推进

---

① 《澜湄合作第七次外长会联合新闻公报》，中国外交部网站，2022 年 7 月 5 日，https：//www.mfa.gov.cn/gjhdq_676201/gj_676203/yz_676205/1206_677292/1207_677304/202207/t20220705_10715351.shtml，最后访问时间：2022 年 12 月 30 日。

② 《2022 年中国与东盟、RCEP 成员国及"一带一路"沿线国家贸易情况》，中国商务部网站，2023 年 1 月 13 日，http：//asean.mofcom.gov.cn/article/jmxw/202301/20230103379195.shtml，最后访问时间：2022 年 11 月 28 日。

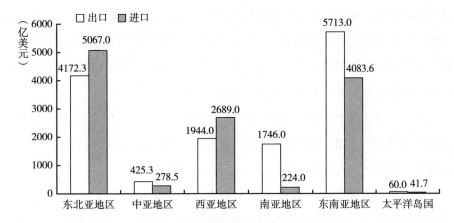

图 1　2022 年中国与周边国家贸易情况

数据来源：中国海关总署。

实施协定及推进做实 RCEP 机制建设等议题。① 9 月，RCEP 成员国召开了首次部长级会议，各方强调应高水平运用 RCEP，深入推进区域经济一体化。② 在西亚方向，中国与海湾阿拉伯国家合作委员会致力尽快完成中海自由贸易协定谈判。③ 在中国-海合会自由贸易协定第十轮谈判部级首席谈判代表会议上，双方就货物贸易、服务贸易、投资、原产地规则、海关程序与贸易便利化等议题开展深入讨论，取得积极进展。④ 此外，中国与周边国家

① 《余本林司长出席 RCEP 联委会第二次会议》，中国商务部网站，2022 年 8 月 31 日，http：//www. mofcom. gov. cn/article/bnjg/202208/20220803344458. shtml，最后访问时间：2022 年 11 月 28 日。
② 《〈区域全面经济伙伴关系协定〉（RCEP）首次部长级会议联合媒体声明》，中国自由贸易区服务网，2022 年 9 月 22 日，http：//fta. mofcom. gov. cn/article/rcep/rcepnews/202209/49828_1. html，最后访问时间：2022 年 11 月 28 日。
③ 《中国外交部同海合会秘书处联合声明　尽快完成中海自由贸易协定谈判》，中国自由贸易区服务网，2022 年 1 月 14 日，http：//fta. mofcom. gov. cn/article/chinahaihehui/haihehuigfguandian/202201/47105_1. html，最后访问时间：2022 年 11 月 28 日。
④ 《中国与海合会举行自由贸易协定第十轮谈判部级首席谈判代表会议》，中国自由贸易区服务网，2022 年 9 月 29 日，http：//fta. mofcom. gov. cn/article/chinahaihehui/haihehuinews/202209/49887_1. html，最后访问时间：2022 年 11 月 28 日。

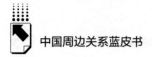

积极推动双边自由贸易协定优化升级。2022年1月1日，中国-柬埔寨自由贸易协定正式生效。4月7日，中国-新西兰自贸协定升级议定书正式生效。中柬、中新在双边自贸协定和RCEP基础上不断推动双边贸易投资自由化便利化提质升级。2022年，中国-新加坡自由贸易协定升级后续谈判取得积极进展。中韩也积极推动自贸协定第二阶段谈判。

其三，高质量共建"一带一路"，共促国际经济合作走廊繁荣发展。2022年中蒙俄三国正式启动中蒙俄经济走廊中线铁路升级改造和发展可行性研究，并确认《建设中蒙俄经济走廊规划纲要》延期5年。① 中国、吉尔吉斯斯坦与乌兹别克斯坦签署《关于中吉乌铁路建设项目（吉境内段）合作的谅解备忘录》。此外，中国与周边国家积极推动互联互通建设，中俄间首个铁路桥同江—下列宁斯阔耶大桥投入运营，中俄黑河—布拉戈维申斯克公路桥正式通车。② 在中巴经济走廊交通基础设施工作组第九次会议上，双方就中巴"两大"公路和"橙线"轨道、瓜达尔东湾快速路、瓜达尔新国际机场等项目进行商讨。③ 6月，中巴经济走廊早期收获项目巴基斯坦瓜达尔东湾快速路举行通车仪式，瓜达尔港区对外连接道路正式打通。④ 同时，中国与周边国家多式联运物流网络不断完善。2022年开行中欧班列1.6万列、发送160万标箱，同比分别增长9%、10%。⑤ 2022年是西部陆海新通道开行五周年。西部陆海新通道铁海联运物流网络取得新发展，已覆盖113

① 《习近平出席中俄蒙元首第六次会晤》，中国外交部网站，2022年9月16日，https://www.fmprc.gov.cn/web/gjhdq_676201/gj_676203/oz_678770/1206_679110/xgxw_679116/202209/t20220916_10766746.shtml，最后访问时间：2023年1月3日。

② 《俄中首座跨境公路大桥正式通车》，俄罗斯卫星通讯社网站，2022年6月10日，https://sputniknews.cn/20220610/1041862208.html，最后访问时间：2022年11月29日。

③ 《中巴经济走廊交通基础设施工作组召开视频会议　推动走廊交通互联互通高质量发展》，中国一带一路网，2022年6月3日，https://www.yidaiyilu.gov.cn/info/iList.jsp?cat_id=10002&info_id=249105&tm_id=126，最后访问时间：2022年11月15日。

④ 《巴基斯坦瓜达尔东湾快速路通车》，中国商务部网站，2022年6月15日，http://fec.mofcom.gov.cn/article/fwydyl/zgzx/202206/20220603318694.shtml，最后访问时间：2022年11月15日。

⑤ 《2022年中欧班列开行1.6万列》，光明网，2023年1月3日，https://m.gmw.cn/baijia/2023-01-03/1303242253.html，最后访问时间：2023年1月20日。

个国家和地区的 338 个港口。2022 年，西部陆海新通道班列发送货物 75.6
万标箱，同比增长 18.5%。2022 年中老铁路开通一年以来，有力推动了中
老经济走廊上的人员往来和货物流动。2022 年，中老铁路累计发送旅客 850
万人，运送货物 1120 万吨，开行跨境货物列车 3000 列，跨境运输货值超
130 亿元。①

（三）共谋安全关系健康发展

2022 年，亚洲及太平洋地区面临外部势力干预、地区热点问题频发风
险，中国与周边国家一道，强化政治互信和战略协调，推动安全防务领域务
实合作，努力维护地区稳定和安全。

其一，战略上广泛凝聚共识，共同维护地区稳定与安宁。2022 年 4 月，
在博鳌亚洲论坛年会上，中国国家主席习近平首次提出全球安全倡议。他强
调，安全是发展的前提，人类是不可分割的安全共同体。全球安全倡议秉持
共同、综合、合作、可持续的安全理念，从基本原则、实施路径等六个方面
阐释了"怎样实现共同安全"，为应对全球性、地区性安全问题提供中国思
路。全球安全倡议提出后，得到柬埔寨、尼泊尔、越南、老挝、蒙古国等周
边国家的积极回应和普遍支持。6 月，在中国-中亚外长第三次会晤联合声
明中，明确写入了"各方支持中方提出的全球发展倡议和全球安全倡议，
认为其对实现联合国可持续发展目标等具有重要意义"。② 此外，在多边区
域合作平台上，中国与周边国家就如何更好地维护地区安全达成众多共识。
在《上海合作组织成员国元首理事会撒马尔罕宣言》中，地区国家就地区
安全合作与治理达成共同防范外部势力策动"颜色革命"、联手打击"三股
势力"等重要共识。该宣言还特别提出，为落实"完善上合组织成员国应

---

① 《2022 年中欧班列开行 1.6 万列》，光明网，2023 年 1 月 3 日，https：//m. gmw. cn/baijia/
2023-01/03/1303242253. html，最后访问时间：2023 年 1 月 20 日。

② 《"中国+中亚五国"外长会晤联合声明》，中国外交部网站，2022 年 6 月 9 日，http：//
newyork. fmprc. gov. cn/gjhdq_676201/gj_676203/yz_676205/1206_676500/xgxw_676506/202206/
t20220609_10700891. shtml，最后访问时间：2022 年 12 月 5 日。

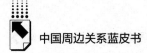

对安全威胁和挑战机制"的决议,成员国将升级和设立四个中心,作为维护地区安全的常设机构。① 此外,2022 年是《南海各方行为宣言》签署 20 周年,中国与东盟共同对外发布《纪念〈南海各方行为宣言〉签署二十周年联合声明》,各方同意将全面有效完整落实《南海各方行为宣言》,共同推动将南海建设为和平、友谊、合作之海。②

其二,政治上坚持正确义利观,共同努力化解危机。面对周边地区诸多热点问题,中国始终坚持正确义利观,尊重相关国家的利益关切,主张寻求通过合作、对话解决危机。在乌克兰危机问题上,中国坚持习近平主席提出的"四个必须"、"五点立场"和缓解人道主义危机的"六点倡议"。4 月,中泰就乌克兰问题共同发声。在 2022 年金砖国家协调人第二次会议上,金砖国家也就乌克兰问题阐明共同立场。针对中东地区热点问题,中国高度重视巴勒斯坦问题的公正解决。2022 年习近平主席再次向"声援巴勒斯坦人民国际日"纪念大会致贺电,强调"中国希望巴以尽快恢复和谈,并愿为实现中东地区持久和平、普遍安全、共同繁荣作出积极贡献"。③ 中国继续助力西亚战乱国家的政治和解进程,致力于促进也门问题的政治解决。中国持续关注叙利亚的重建和民生恢复问题。在第二届中东安全论坛上,国务委员兼外长王毅以视频方式出席开幕式,强调中方愿以落实习近平主席提出的全球安全倡议为契机,与中东各国以及国际社会共同推动构建中东安全新架构。④ 针对缅甸危机,2022 年,中国国务委员兼外交部长王毅三次同缅甸外长温纳貌伦举行会谈,并与东盟轮值主席国柬埔寨副首相兼外交大臣布拉索昆

① 《上海合作组织成员国元首理事会撒马尔罕宣言》,中国政府网,2022 年 9 月 17 日,https://www.gov.cn/xinwen/2022-09/17/content_5710381.htm,最后访问时间:2022 年 12 月 5 日。

② 《纪念〈南海各方行为宣言〉签署二十周年联合声明》,中国外交部网站,2022 年 11 月 14 日,https://www.mfa.gov.cn/gjhdq_676201/gj_676203/yz_676205/1206_676572/1207_676584/202211/t20221114_10974207.shtml,最后访问时间:2022 年 12 月 5 日。

③ 《习近平向"声援巴勒斯坦人民国际日"纪念大会致贺电》,中国外交部网站,2022 年 11 月 30 日,https://www.mfa.gov.cn/web/gjhdq_676201/gj_676203/yz_676205/1206_676332/xgxw_676338/202211/t20221130_10983090.shtml,最后访问时间:2022 年 12 月 9 日。

④ 《王毅出席第二届中东安全论坛》,中国外交部网站,2022 年 9 月 21 日,https://www.fmprc.gov.cn/wjbzhd/202209/t20220921_10769081.shtml,最后访问时间:2022 年 12 月 30 日。

就缅甸局势交换意见，提出中国对解决缅甸问题的三个期待，即中国东盟共同推动缅甸在宪法和法律框架下持续推进政治和解；共同推动缅甸重启民主转型进程；期待东盟秉持"东盟方式"，维护东盟整体团结和主导地位。① 针对阿富汗局势，中国积极与相关国家合作推动阿富汗实现和平重建。3月底，王毅在安徽屯溪主持召开中阿巴三方外长会晤、阿富汗问题"中美俄巴"磋商会议、第三次阿富汗邻国外长会、阿富汗邻国与阿临时政府首次外长对话会。第三次阿富汗邻国外长会发表《第三次阿富汗邻国外长会联合声明》和《阿富汗邻国关于支持阿富汗经济重建及务实合作的屯溪倡议》，宣布启动阿富汗特使定期会晤机制，建立政治外交、经济人道、安全稳定三个工作组。②

其三，行动上推进务实合作，共同捍卫地区安全与和平。多年来，中国与周边国家持续加强执法合作，与东盟国家、中亚国家和部分南太平洋小岛屿国家就提升区域安全治理、执法和共同防务能力，联合打击恐怖活动、跨国犯罪、非法移民等积极开展合作。中国与老挝、缅甸、泰国持续开展湄公河全线联合巡逻、分段联合巡逻及驻训巡逻。2022 年，四国共成功开展联合巡逻执法行动 12 次、驻训巡逻 80 次、各类执法行动 162 次。③ 此外，中国与周边国家有关部门积极开展联合演习，共同维护地区和平。2022 年，中国与俄罗斯举行两次联合战略巡航；中越开展两次北部湾联合巡航；中国、伊朗、俄罗斯举行了第二次海上联演行动。长期以来，中国为维护地区和平，竭力向周边地区提供安全公共产品。截至 2022 年 6 月，中国护航编队在亚丁湾地区开展护航行动已经 14 年，完成了超过 1500 批的护航任务。④

---

① 《王毅谈中方对解决缅甸问题的三个期待》，中国外交部网站，2022 年 7 月 4 日，https：//www.mfa.gov.cn/web/wjbzhd/202207/t20220704_10714680.shtml，最后访问时间：2022 年 12 月 6 日。

② 《第三次阿富汗邻国外长会联合声明》，中国外交部网站，2022 年 3 月 31 日，https：//www.fmprc.gov.cn/web/gjhdq_676201/gj_676203/yz_676205/1206_677172/xgxw_677178/202203/t20220331_10658211.shtml，最后访问时间：2022 年 12 月 9 日。

③ 《2022 年度中老缅泰湄公河联合巡逻执法 总结会成功召开》，中国日报网站，2023 年 1 月 9 日，http：//ex.chinadaily.com.cn/exchange/partners/82/rss/channel/cn/columns/j3u3t6/stories/WS63bbde1da3102ada8b22a569.html，最后访问时间：2023 年 1 月 31 日。

④ 《中国海军在亚丁湾完成 1500 批护航任务》，中国国防部网站，2022 年 6 月 11 日，http：//www.mod.gov.cn/action/2022-06/11/content_4912708.htm，最后访问时间：2022 年 12 月 9 日。

中国海军亚丁湾护航行动，有力打击了该海域的海盗和恐怖主义行径，有效保障了途经该海域的货轮和人员安全，有效维护了地区海上安全。2022 年 7 月，联合国驻黎巴嫩临时部队授予中国 410 名在黎维和官兵联合国"和平勋章"。①

（四）共谱社会人文交流崭新篇章

中国与周边国家的社会人文交流有着深厚的历史基础。2022 年中国与周边国家举办了一系列丰富多彩的人文交流活动，以社会治理问题为关注点，推动地区青年对话与交往，以进一步加强文明交流，深化人文合作。

其一，积极搭建平台，共推地区文化交流互鉴。2022 年是"中俄体育交流年"，两国签署《2022—2023 年中俄体育交流年行动计划议定书》，商定在该框架下开展数百项交流活动，内容涵盖竞技体育、群众体育、体育产业、体育科研、青少年体育、残疾人体育等，以及两国教育、文化、旅游、卫生、青年、地方合作等其他人文交流项目。② 2022 年也是"中韩文化交流年"③，双方举办了中韩人文交流政策论坛、中韩人文学论坛、中韩公共外交论坛等系列活动。此外，中国与中亚国家在联合国"文化和睦国际十年"和保护丝绸之路文化与自然遗产框架下，多措并举促进公众间文化交流。④中国与东盟国家延续了各类年度文化交流活动，在媒体合作、文化创意、电

---

① 《我赴黎维和部队全体官兵获联合国"和平勋章"》，中国国防部网站，2022 年 7 月 3 日，http：//www. mod. gov. cn/action/2022-07/03/content_4914590. htm，最后访问时间：2022 年 12 月 9 日。

② 《中俄人文合作持续深化》，中国政府网，2023 年 3 月 20 日，https：//www. gov. cn/xinwen/2023-03/20/content_5747517. htm，最后访问时间：2023 年 3 月 27 日。

③ 《"中韩文化交流年"闭幕活动举办》，中国文化和旅游部网站，2022 年 12 月 28 日，https：//www. mct. gov. cn/whzx/whyw/202212/t20221228_938315. htm，最后访问时间：2022 年 12 月 30 日。

④ 《"中国+中亚五国"外长会晤联合声明》，中国外交部网站，2022 年 6 月 9 日，http：//switzerlandemb. fmprc. gov. cn/web/gjhdq_676201/gj_676203/yz_676205/1206_676980/1207_676992/202206/t20220609_10700891. shtml，最后访问时间：2022 年 12 月 30 日。

影文化等领域举办了丰富的交流活动。中国与太平洋岛国也积极搭建文化交流平台，推动双方文化交流深入发展。中国与阿拉伯国家在"中阿合作论坛"框架下，相继举办第三届中国阿拉伯城市论坛①、第五届"阿拉伯艺术节"②，深入推动中阿文化交流。中国与阿拉伯国家努力夯实传统友好、互学互鉴，截至 2022 年 10 月，已有 4 个阿拉伯国家宣布将中文纳入国民教育体系，15 个阿拉伯国家开设中文院系。③

其二，聚焦社会治理，共创地区治理新格局。一是共同关注地区妇女儿童事业发展。在全球经济复苏背景下，妇女儿童事业是社会发展治理的重要内容。同时，妇女也是推动地区稳定发展的重要力量。2022 年，中国与周边国家共同举办了第四届中国-阿拉伯国家妇女论坛、中国同中亚五国建交30 周年妇女发展论坛、第四届上海合作组织妇女论坛、2022 年中国-东盟妇幼健康交流与合作论坛等活动，中国与周边国家共同致力于保护妇女儿童权益，深化合作，让各国发展成果惠及妇女儿童。二是共同推动地区教育事业发展。中国与周边国家持续推进人才往来、教育交流、科研协作、职业教育等方面的合作，联合开展"中国-东盟职业教育联合会"和"鲁班工坊"等项目。2022 年 11 月，第五届南亚东南亚教育合作昆明论坛举行，来自 13个南亚东南亚国家教育部门、高校的 200 余位国内外专家学者就教育国际交流合作的新方向、新模式等问题开展交流研讨，云南地区有关高校还与南亚东南亚国家高校签订了 10 个教育合作协议。④ 人文合作也是中国与中亚国家深化务实合作的重要领域。按照 2022 年 1 月发布的《中国同中亚五国领

---

① 《第三届中国阿拉伯城市论坛举行》，中国一带一路网，2022 年 12 月 2 日，https：//www. yidaiyilu. gov. cn/p/294037. html，最后访问时间：2022 年 12 月 30 日。

② 《习近平向第五届"阿拉伯艺术节"致贺信》，中国政府网，2022 年 12 月 19 日，https：//www. gov. cn/govweb/xinwen/2022-12/19/content_5732686. htm，最后访问时间：2022 年 12 月 30 日。

③ 《中文教育促进中国和阿拉伯国家民心相通》，光明网，2023 年 1 月 6 日，https：//m. gmw. cn/baijia/2023-01/06/36283797. html，最后访问时间：2023 年 3 月 27 日。

④ 《云南高校与南亚东南亚高校签订 10 个教育合作协议》，新华网，2022 年 11 月 22 日，http：//www. yn. xinhuanet. com/reporter/2022-11/22/c_1310678878. htm，最后访问时间：2022 年 12 月 9 日。

导人关于建交 30 周年的联合声明》，未来 5 年，中国将向中亚五国提供 1200 个中国政府奖学金名额。① 三是共同推动地区可持续发展。第 25 次中国-东盟领导人会议发布了《关于加强中国-东盟共同的可持续发展联合声明》，双方将以发展中国家实际需求为导向，就进一步加强发展合作指明方向。② 中国与中亚国家则着力实施绿色措施，减缓气候变化影响，并发起了中国-中亚绿色低碳发展行动，深化绿色发展和应对气候变化领域合作。2022 年 4 月，中国-太平洋岛国应对气候变化合作中心在山东聊城正式启用，为中国与太平洋岛国在气候变化、绿色低碳等领域合作构建起新的平台。9 月，中国-太平洋岛国应对气候变化对话交流会召开，中国与汤加、斐济、密克罗尼西亚、所罗门群岛、基里巴斯、萨摩亚、瓦努阿图等 7 个太平洋岛国就应对气候变化政策行动、第 27 次联合国缔约方大会（COP27）成果预期、气候变化南南合作等交换意见。③ 11 月，中国-岛屿国家海洋合作高级别论坛在福建平潭举行，会上发布了《海岛可持续发展倡议》，提出探索建立蓝色伙伴关系、推广基于生态系统的海洋治理模式等 6 项倡议。④

其三，强化青年对话，共促青年交流与友谊。中国与周边国家一道赋能青年事业发展，让青年成为沟通中国和周边国家的友谊桥梁。2022 年 12 月，中阿双方在首届中国-阿拉伯国家峰会上宣布启动"中阿高校 10+10 合作计划"，中国邀请阿方 100 名青年科学家来华开展科研交流，邀请 3000 名

① 《携手共命运 一起向未来——在中国同中亚五国建交 30 周年视频峰会上的讲话》，中国政府网，2022 年 1 月 25 日，https：//www.gov.cn/gongbao/content/2022/content_5674293.htm，最后访问时间：2023 年 3 月 27 日。

② 《关于加强中国-东盟共同的可持续发展联合声明（全文）》，中国外交部网站，2022 年 11 月 12 日，https：//www.mfa.gov.cn/web/ziliao_674904/1179_674909/202211/t20221112_10973110.shtml，最后访问时间：2022 年 12 月 9 日。

③ 《中国-太平洋岛国应对气候变化对话交流会在京召开》，中国生态环境部网站，2022 年 9 月 14 日，https：//www.mee.gov.cn/ywdt/hjywnews/202209/t20220914_994004.shtml，最后访问时间：2022 年 12 月 30 日。

④ 《中国-岛屿国家海洋合作高级别论坛在平潭召开》，平潭时报社数字报刊平台，2022 年 11 月 10 日，http：//ptsb.pingtan.gov.cn/2022/20221110/20221110_004/20221110_004_8.htm，最后访问时间：2023 年 3 月 9 日。

青少年参与中阿文化交流。① 中国与周边国家还共同举办了第二届中国-阿拉伯国家青年政治家论坛、"中国-东盟青年跨文化交际活动营"、2022年中国（广西）-东盟青年手拉手活动、2022年中国-东盟青年营、中国-东盟青少年民族歌会、中国-中亚青年领导人研修交流营等活动，促进中国青年与周边国家青年开展坦诚深入交流，为促进全球和地区和平发展、构建周边命运共同体贡献青年主张。

二　2022年中国周边热点问题形势及评估

2022年，国际形势风高浪急，中国与周边国家在全球分裂与大国对抗的双重风险下，目睹百年变局加速演进。5月18日，中国国家主席习近平在庆祝中国国际贸易促进委员会建会70周年大会暨全球贸易投资促进峰会上发表视频致辞时，特别强调："世界进入新的动荡变革期。"这是习近平主席对当前国际局势演进的又一重要研判。中国与周边国家所处的亚洲和太平洋地区国家众多，人口数量庞大，地缘政治环境复杂。加之国际格局、大国博弈等域外因素的影响，为周边国际环境增加了新的变数。

2022年5月，美国拜登政府作出上任以来最全面的对华政策宣示，认定中国是"唯一一个既有重塑国际秩序意图，又有越来越多的经济、外交、军事和技术力量来做到这一点的国家"，把"未来十年"界定为与中国竞争的关键期，并提出美国对华政策手段和目的的最新表述，即美国"将塑造中国周边的战略环境，以推进对开放、包容的国际体系的愿景"。② 美国深化同日本和韩国的同盟关系，推进"印太经济框架"，加强"四方安全对话"机制，强化美日印澳四方协作，推进"印太海域态势感知伙伴

---

① 《习近平在首届中国-阿拉伯国家峰会上提出中阿务实合作"八大共同行动"》，新华网，2022年12月10日，http://www.xinhuanet.com/world/2022-12/10/c_1129197240.htm，最后访问时间：2023年1月9日。

② Antony J. Blinken, "The Administration's Approach to the People's Republic of China," May 26, 2022, https://www.state.gov/the-administrations-approach-to-the-peoples-republic-of-china/, accessed：2022-12-27.

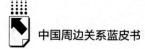

关系"，加强与东盟的合作，邀请部分东盟国家成为"印太经济框架"创始成员，构建美英澳三边安全伙伴关系，将北约影响力引入亚洲，等等。可以说，美国着着落子位于中国周边的亚洲和太平洋地区，战略指向性非常明显。

树欲静而风不止。2022年，在美国对华全面遏制打压政策加码加快推进、美西方集团不断加大干涉介入力度的影响下，中国周边在东北亚、东南亚和南亚等方向均有热点问题和危机显现，国家和区域治理、安全困境等问题再次凸显。

（一）朝鲜半岛局势呈现恶化趋势

朝鲜半岛在2022年依然延续了对抗冲突的基调，承袭"美韩军演—朝鲜武器试验—美韩军演"的"旋转木马"模式，致使地区安全机制建设毫无进展，地区安全形势呈现恶化态势。

美国为了维护自身霸权，长期插手朝鲜半岛事务，保持在东北亚地区的高强度军事存在，频繁通过联合军演等形式向朝鲜施压。美国的一系列行为不仅激起了朝鲜的强烈反对，也对东北亚地区安全造成强烈冲击。而日韩两国也以乌克兰危机为借口，不断深化对美同盟关系，加大对美军事依赖，并开展多边军事合作，大力引入域外力量插手东北亚安全局势，使得朝鲜半岛危机不断升温。据不完全统计，在2022年，美国及其盟友在朝鲜半岛周边至少进行了6次双边或多边军事演习，其中包括由240余架军机参演、号称史上规模最大的联合空中演习"警戒风暴"。美国还在朝鲜半岛周边部署大量先进军事装备。其中，包括4年来首次出现在美韩军演中的核动力航空母舰以及时隔5年再次部署在朝鲜半岛的F-35A隐形战机。美方的一系列举措充分表明其根本无意推动朝鲜半岛危机的和平解决，而是极力将问题加剧化、长期化、碎片化，以便保持自身在朝鲜半岛和东北亚地区的战略优势，继续维系其霸权地位。

作为对美韩军演的回应，朝鲜加紧开展武器研发试验，对美方的威慑形成反威慑。2022年，朝鲜发射的导弹比有记录以来任何一年都多，在政治上，1月19日，朝鲜最高领导人金正恩主持召开政治局会议，对朝鲜的国防政策作出重大调整，要求发展更有力的物理手段以遏制美敌朝行为，声明要"更加彻底做好同美国长期对抗的准备"。在6月召开的朝鲜劳动党八届五中全会扩大会议和12月召开的朝鲜劳动党八届六中全会扩大会议上，金正恩分别提出坚持"强对强、正面对决"原则以及在此原则下采取实际行动强化自身"物理性力量"。①

中国一贯主张通过对话协商方式解决朝鲜半岛问题，并提出了"双轨并行""双暂停"等建设性意见。在2022年，中方在联合国安理会先后6次发言阐明自身观点，呼吁各方保持冷静克制，避免加剧局势紧张的行为，尽最大努力维护半岛局势和平稳定。

（二）美国众议院议长佩洛西窜访台湾引发台海危机

2022年国际政治领域最为重大的两个事件当属乌克兰危机和佩洛西窜台。8月2日，美国众议院议长佩洛西无视中方的一再警告，窜访中国台湾地区，此举违背了一个中国原则和中美三个联合公报的规定，严重侵犯中国主权，对中美关系、地区稳定和国际体系秩序均造成了不可估量的破坏。

在两国关系层面上，1971年联大第2758号决议明确规定，"世界上只有一个中国，台湾是中国领土不可分割的一部分，中华人民共和国政府是代表全中国的唯一合法政府"。② 在1979年中美建交公报中，美方对此予以承认，并明确与台湾保持非官方往来。美国国会是美国政府的重要组成部分，佩洛西作为众议院议长本应严格恪守中美三个联合公报的规定，履行美方所做出

---

① 《关于朝鲜劳动党第八届中央委员会第五次全体会议扩大会议的报道》，劳动新闻网，2022年6月11日，http：//rodong.rep.kp/cn/index.php? MTJAMjAyMi0wNi0xMS0MDAxQDE1QDFAQDBAMQ＝＝，最后访问时间：2023年1月7日；《关于朝鲜劳动党第八届中央委员会第六次全体会议扩大会议的报道》，劳动新闻网，2023年1月1日，http：//rodong.rep.kp/cn/index.php? MTJAMjAyMy0wMS0wMS1IMDEwQDE15QDFAQDBAMQ＝＝，最后访问时间：2023年1月7日。

② 《中华人民共和国外交部声明（全文）》，中国外交部网站，2022年8月2日，https：//www.mfa.gov.cn/web/gjhdq_676201/gj_676203/bmz_679954/1206_680528/xgxw_680534/202208/t20220802_10732287.shtml#，最后访问时间：2023年1月15日。

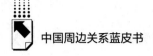
的承诺。而其窜访台湾的行径对中国的国家主权完整构成严重侵犯，是对一个中国原则的解构、掏空、虚化；而对美国而言，这一行径也令世界各国加深了对于美国作为霸权主义国家的认识，其国家形象和国际声誉必然受损。

在地区层面上，佩洛西窜台令本就紧张的东亚安全局势变得更加严峻。东亚地区长期缺乏区域性的安全机制，而域内国家在各类安全问题上也有着严重分歧，本地区安全环境存在诸多不稳定因素。近年来，中国大力开展周边外交，本着求同存异的原则与各国开展沟通交流，采取一系列措施维护地区和平稳定。而佩洛西窜台对东亚安全环境形成巨大冲击，严重破坏地区的和平稳定，令各国都保持高度紧张，并加大了在军备方面的投入，本地区的地缘安全态势进一步恶化。

在国际体系层面上，基于主权不可侵犯、不干涉他国内政原则的国际准则遭到破坏，《联合国宪章》精神遭到践踏。在逆全球化思想蔓延、右倾保守主义抬头的国际大环境中，各国间关系变得更加敏感、脆弱，从传统安全领域到非传统安全领域，各类风险挑战激增。全球疫情和乌克兰危机更是让国际体系的稳定性不断下降，结构性问题凸显。而美国作为联合国安理会常任理事国、世界第一大经济体、世界上最大的发达国家，本应体现大国担当，彰显大国风范，主动营造和平稳定的国际环境。在这样的大背景下，佩洛西的窜台行径进一步激化中美两国矛盾，营造出冲突对抗的国际氛围，令本就充满了不稳定因素的国际环境更加动荡不安。而且，佩洛西窜台造成了严重的"破窗效应"，多国政治人物纷纷效仿其行径窜访台湾。

（三）南海局势面临考验

2022年，中国与多数南海周边国家从大局出发，弘扬《南海各方行为宣言》精神，不断推进"南海行为准则"磋商进程，并以落实《中国-东盟全面战略伙伴关系行动计划》为基础，开展了广泛的海上安全合作。各方都保持了高度克制，海上安全形势相对平稳。2022年恰逢《南海各方行为宣言》签署20周年，中国与其他南海周边国家开展了广泛交流。7月25日，由中国主办的纪念《南海各方行为宣言》签署20周年研讨会召开，南海周边国家众多政要、学者进行了广泛而深入的讨论，为将南海建设成为和平之海、友谊之海、合作之海建言献策。11月11日，在第25次中国-东盟领导人会议上，与会各方签署了《纪念〈南海各方行为宣言〉签署二十周年联合声明》，就彼此尊重主权和领土完整、维护和促进南海和平、安全与稳定、以和平方式解决领土和管辖权争议、保持克制避免采取可能使局势进一步复杂化的行动、开展务实海上合作等达成一致。①

然而，美国作为非南海周边国家，不断介入南海问题，搅浑南海局势，企图利用南海问题遏制中国。首先，美国在外交表态中故意否认中国的海洋主张和海洋权益，在政治层面对华施压。1月12日，美国国务院发布《海洋界限报告》第150号，错误否定中国在南海的海洋主张，包括对海洋地物的主权主张、基线、海洋区域和"历史性权利"。7月12日，美国国务院发表声明，错误支持"南海仲裁案"的非法裁决结果，重申如果发生有关方面在南海对菲律宾武装部队、公共船只或飞机的武装袭击将援引美国根据1951年《美菲共同防御条约》第四条作出的共同防御承诺。② 12月19日，美国白宫发表声明"美国与其盟友菲律宾站在一起"，并妄图要求中国承担所谓的"2016年仲裁裁决的法律义务"。③

其次，美国打着"航行自由"的幌子不断派军舰、军机非法闯入南海，严重侵犯中国的主权和领土完整。2022年，美国"本福德"号导弹驱逐舰先后三次闯入中国领海，"钱斯洛斯维尔"号导弹巡洋舰也曾闯入中国领海。并且，每次闯入中国领海之后，美国都会进行大肆宣传，打着所谓"航行自由"的旗号，挑衅攻击中国的领海主张。在空中，2022年，

---

① 《纪念〈南海各方行为宣言〉签署二十周年联合声明》，中国外交部网站，2022年11月14日，http://newyork.fmprc.gov.cn/web/gjhdq_676201/gj_676203/yz_676205/1206_676572/xgxw_676578/202211/t20221114_10974207.shtml，最后访问时间：2022年11月18日。

② "Sixth Anniversary of the Philippines-China South China Sea Arbitral Tribunal Ruling," U. S. Department of State, July 11, 2022, https://www.state.gov/sixth-anniversary-of-the-philippines-china-south-china-sea-arbitral-tribunal-ruling/, accessed：2023-05-10.

③ "U. S. Support for the Philippines in the South China Sea," U. S. Department of State, December 19, 2022, https://www.state.gov/u-s-support-for-the-philippines-in-the-south-china-sea-2/, accessed：2023-05-10.

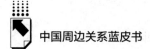
美国从位于东亚地区的众多军事基地共派出约 1000 架次大型飞机侦察南海。①

再次，加强南海军事存在，加剧中美竞争态势。美国在 2022 年先后派出"卡尔·文森"号、"林肯"号、"里根"号三个航空母舰打击群在南海活动并开展针对性训练。1 月 23 日至 24 日，美国海军"林肯"号航母打击群和"卡尔·文森"号航母打击群共同在南海活动，其间一架 F-35C 战机降落时意外坠海。在空中战略力量方面，美军派出 B-1B、B-52H 战略轰炸机先后 5 次进入南海，强化自身的空中打击能力。美军还不断纠集域内外国家开展联合演习，加剧地区紧张局势。2022 年，美国持续深化与盟友的军事合作，在南海及周边地区频繁开展联合军事活动，次数达到 69 次。② 尤其是拉拢日本、澳大利亚等南海域外国家介入南海事务，力图将南海问题国际化，对华形成联合对抗态势，给亚太海上安全带来严峻风险和挑战。

（四）中印边界再生波澜

当前，中印两国同为大体量的发展中国家和新兴经济体，在众多领域有着共同的利益诉求和广泛的合作前景。然而 2020 年在加勒万河谷地区发生了由印方挑起的边境冲突。冲突结束以来，中印边境保持了相对的稳定。2022 年 3 月 25 日，中国国务委员兼外交部长王毅在对印度进行工作访问期间在新德里会见印度国家安全顾问多瓦尔。对于中印关系，王毅指出要以长远眼光看待双方关系；要以共赢思维看待彼此发展；要以合作姿态参与多边进程。尤其提到，把边界问题上的分歧摆在双边关系适当位置，坚持双边关

① 《2022 年美军南海军事行动不完全报告》，南海战略态势感知计划网，2023 年 3 月 26 日，https：//weibo.com/ttarticle/p/show？id=2309404883879935738513#_loginLayer_1690180729560，最后访问时间：2023 年 4 月 22 日。
② 《2022 年美军南海军事行动不完全报告》，南海战略态势感知计划网，2023 年 3 月 26 日，https：//weibo.com/ttarticle/p/show？id=2309404883879935738513#_loginLayer_1690180729560，最后访问时间：2023 年 4 月 22 日。

系正确发展方向。① 在常态化机制方面，2022 年，中印双方进行了第十四轮至第十七轮共计 4 轮军长级会谈，在维护边界安全稳定、保持沟通对话、尽快达成双方都接受的方案等议题上达成共识。除了两国的军长级会谈，中印外交部门也在积极行动，商讨边境事务。2022 年 5 月 31 日和 10 月 14 日，中印边境事务磋商和协调工作机制分别举行了第 24 次会议和第 25 次会议，双方一致同意进一步缓和边境局势，共同维护边境地区和平稳定。

在 2022 年的大部分时间里，中印边境保持了和平与稳定的态势。然而在 2022 年底，印度方面突然采取了一系列冒险行为，致使中印边境再起波澜。11 月 29 日，印度和美国在印度北阿坎德邦奥利小镇举行第 18 届"准备战争"年度军事演习。来自美军第 11 空降师第 2 旅的官兵与印度阿萨姆团开展联合山地战演练。演习地点小镇奥利距离中印边境实控线仅约 100 公里②，这也是历次"准备战争"军演中距离中国边界最近的一次联演。将此处定为本次演习的地点明显是印度刻意为之，凸显印度力图借势美国，在中印边境问题上向中国施压的意图。而美国为了制衡中国也希望中印之间因边境问题再生冲突，借此消耗中国国力，在西南方向上对中国造成地缘安全压力。12 月 9 日，中印两国军队在中国藏南达旺地区发生偶发性冲突，中国西部战区边防部队位中印边境东段东章地区实控线中方一侧组织例行巡逻，遭到印军非法越线拦阻，我应对处置专业规范有力，稳控现地局势，随后中印双方脱离接触，此次冲突没有造成中方人员伤亡。③ 这是继 2020 年加勒万河谷冲突之后的第一次冲突。印方公然违背双方的军长级会谈和中印边境事务磋商和协调工作机制所达成的共识，破坏一致同意的维护边界安全稳定

① 《王毅会见印度国家安全顾问多瓦尔》，中国外交部网站，2022 年 3 月 26 日，https：// www. mfa. gov. cn/web/gjhdq_676201/gj_676203/yz_676205/1206_677220/xgxw_677226/202203/ t20220326_10656035. shtml，最后访问时间：2023 年 4 月 15 日。

② "India, US Armies Hold Exercises Close to China Border," Associated Press News, November 29, 2022, https：//apnews. com/article/china - india - beijing - government - and - politics - 26264dcc69115c2aff57eda04bd41205, accessed：2023-05-12.

③ 《西部战区新闻发言人龙绍华大校就我位东章地区例行巡逻发表谈话》，中国国防部网站，2022 年 12 月 13 日，http：//www. mod. gov. cn/gfbw/qwfb/4928314. html，最后访问时间：2022 年 12 月 16 日。

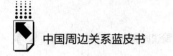

的原则，致使边境冲突再次升温，严重冲击了地区的安全与稳定，对于中印关系产生了极为负面的影响。

三　新形势下中国主动塑造周边国际
环境的思路与实践

当前，世界处于十字路口，人类和平与发展面临多重挑战。2022年10月在中国共产党第二十次全国代表大会上，习近平总书记从国内国际"两个大局"出发，对当前局势做出深刻阐述。一方面，世界百年未有之大变局加速演进，新一轮科技革命和产业变革深入发展，国际力量对比深刻调整，中国发展面临新的战略机遇；另一方面，世纪疫情影响深远，"逆全球化"思潮抬头，单边主义、保护主义明显上升，世界经济复苏乏力，局部冲突和动荡频发，全球性问题加剧，"世界进入新的动荡变革期"。与此同时，中国改革发展稳定面临不少深层次矛盾躲不开、绕不过，"来自外部的打压遏制随时可能升级"。中国发展进入战略机遇和风险挑战并存、不确定难预料因素增多的时期，中国必须要有忧患意识，坚持底线思维，"准备经受风高浪急甚至是惊涛骇浪的重大考验"。他同时指出，"我们比历史上任何时期都更接近、更有信心和能力实现中华民族伟大复兴的目标"，因此要"主动识变应变求变"，"主动防范化解风险"。①

新中国成立以来，中国具有塑造良好周边国际环境的基础和经验。改革开放后，中国的长期高速发展也受益于良好的周边国际环境。② 面对当前的新情况新问题新挑战，特别是来自美国对华全面遏制政策的严峻挑战，中国外交继往开来，进一步主动塑造周边国际环境，并将其作为周边外交工作的重点。

---

① 《习近平：高举中国特色社会主义伟大旗帜　为全面建设社会主义现代化国家而团结奋斗——在中国共产党第二十次全国代表大会上的报告》，中国政府网，2022年10月25日，https：//www.gov.cn/xinwen/2022-10/25/content_5721685.htm，最后访问时间：2022年12月27日。

② 邢广程：《中国周边国际环境再营造》，《亚太安全与海洋研究》2023年第2期。

（一）提出系列国际创新理念和国际合作倡议

中国发出并用行动回答"世界怎么了、我们怎么办"的时代之问，提出构建人类命运共同体的重大理念，积极推动全球和区域治理变革，充分展现负责任大国的担当。中国首提"一带一路"重大倡议，重点推动与周边国家发展战略的对接，以"五通"建设为行动路径，推动构建中国与周边区域经济一体化新格局。中国相继提出全球发展倡议、全球安全倡议和全球文明倡议，积极推动"三大倡议"在周边落地生根，为亚洲和太平洋地区和平发展注入新思想新理念新举措。

（二）全面拓展周边外交布局

周边在中国特色大国外交布局中占据重要地位。在构建总体稳定大国关系框架下，中国积极推进中俄新时代全面战略协作伙伴关系走向更加成熟、更加坚韧，也为面对困难的中美关系指出一条相互尊重、和平共处、合作共赢的正确道路。在地区双边和多边层面上，中国始终坚持亲诚惠容的周边外交理念和与邻为善、以邻为伴的周边外交方针，积极推动与周边国家关系发展，深化同周边国家友好互信和利益融合，推进周边命运共同体建设。

（三）在国际事务中始终坚持和促进公平正义

中国始终坚持真正的多边主义，反对单边主义、保护主义、霸权主义和强权政治。中国始终认为，国际秩序和国际规则应由各国共同制定，国际和地区事务应由各国共同治理。在国际和地区有关事务中，中国按照事情本身的是非曲直决定自身立场，中国积极推动伊朗核问题、朝鲜半岛核问题、阿富汗问题、巴勒斯坦问题等地区热点问题的政治解决，形成了具有中国特色的热点问题解决之道。

（四）在应对有关问题时坚决全面维护国家利益

在大是大非问题面前，中国旗帜鲜明，坚决有力维护国家利益。面对来

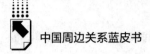
自外部的讹诈、胁迫和极限施压，中国始终保持战略定力，坚决反对并反制任何侵犯国家主权、安全和发展利益的行径，牢牢掌握住自身的战略自主权和发展主动权。特别是在涉台、涉疆、涉海、涉港、涉藏、涉人权等事务上，反对外部势力干涉和种种攻击抹黑，反对并有力应对以以上问题煽风挑动的各种"中国威胁论"。

四 2023年中国与周边国家关系发展展望

进入后疫情时代，全球经济体系将何去何从？乌克兰危机乃至欧亚地缘政治动荡将走向何方？由大国关系和新兴"全球南方"力量共同塑造的国际政治经济格局会出现怎样的角力和调适？粮食、能源、气候、难民、国际产业链等全球治理危机将初现缓解的曙光还是继续雪上加霜？这些充满不确定性的难题，都需中国与周边各国共同合作应对。

中国是不确定世界的确定力量，持续为动荡不安的世界注入信心。首先，中国经济早已同亚太经济相互依存并深度融合。中国既是众多亚太经济体的重要贸易伙伴，也是地区产业链供应链的重要节点。而中国经济的平稳开局和取得的高质量发展成果将为亚太地区经济注入不竭动力。在区域层面上，中国积极推动的《区域全面经济伙伴关系协定》已生效，这个世界上参与人口最多、成员结构最多元、发展潜力最大的自贸区正在全速高效发挥潜能。其次，中国是多极世界中的负责任大国。面对全球发展进程和全球安全治理遭遇冲击的消极动向，中国积极倡导全球发展倡议和全球安全倡议，践行共商共建共享的全球治理观，并弘扬全人类共同价值，进一步提出了全球文明倡议。最后，中国牢牢把握世界发展的大势和历史发展的正确方向。中国不仅坚决反对转移矛盾、搞乱世界，坚决反对制造逆流、开历史倒车，而且愿将自身前途命运融入世界前途命运，努力在实现中华民族伟大复兴这一不可逆转的历史进程中，与世界各国人民一道，共同推动构建人类命运共同体。

展望2023年，中国将与周边国家一道，不断巩固政治互信、深化利益交融和增强战略协调，继续推进高质量实施《区域全面经济伙伴关系协定》，维护好中国与周边国家政治、经济、安全、人文合作关系稳步健康发展的良好势头。周边是人类命运共同体理念和"一带一路"倡议的首倡之地，2023年是人类命运共同体理念和"一带一路"倡议提出十周年。中国将与周边国家一道梳理总结"一带一路"倡议平台的发展成果和合作经验，继续开拓互利共赢的合作空间，深挖高质量发展的合作潜力，深入推进周边命运共同体建设。在地区事务和热点问题上，中国将与东盟国家推进"南海行为准则"磋商和海上对话合作，共同排除外部干涉势力的消极影响。在乌克兰危机、朝鲜半岛、伊朗、缅甸、阿富汗、巴勒斯坦等热点问题上，中国将继续维护公平正义，努力发挥建设性作用，营造和维护良好、和平、稳定的周边国际环境。

区域篇
Regional Reports

B.2
2022年中国与东北亚国家关系
评估与展望

张中元*

摘　要： 2022年，东北亚地区局势复杂交织，突出的地缘竞争导致东北
亚地区面临安全困境，热点问题频发。在政治层面，中俄、中蒙
增进政治互信，拓展务实合作，进一步密切战略沟通协作；以建
交30周年为契机，中韩各层级交往频繁，双边政治关系总体稳
定；针对日本的一些错误做法，中国敦促日方践信守诺，维护中
日关系政治基础。在经济层面，中国正逐步成为东亚价值链的
"价值枢纽"，中蒙俄积极推进产业合作，维护国际产业链供应
链安全稳定，但中国也面临保障中日、中韩产业链供应链稳定的
挑战。在安全层面，中俄保持高水平战略协作，深入开展安全领
域合作；韩国新政府尝试调整前政府的外交政策，给东北亚地区

* 张中元，中国社会科学院亚太与全球战略研究院国际经济关系研究室主任、研究员，研究方
向为世界经济、数字经济。

安全带来新的不确定性；日方执意操弄涉华安全议题，政策基调日趋负面消极。在文化、社会层面，多数东北亚国家支持中国成功举办北京冬奥会，与中方共同抵制将体育政治化；但日韩两国民间对华认知出现较大偏差，给双边关系带来长期隐患。未来要进一步充实中俄新型大国关系合作内涵，落实中蒙双方政治共识；构建面向未来的中韩、中日关系，深化产业合作，共同抵制"脱钩断链"的错误做法；以全球安全倡议破解东北亚安全治理难题，促进地区长治久安；增进民间友好交流，增加东北亚国家民众间的交流和理解。

关键词： 中国　东北亚　政治关系　供应链安全　经济走廊　安全合作 人文交流

2022年，新冠疫情叠加乌克兰危机，百年未有之大变局加速演进，东北亚地区局势复杂交织。位于东北亚地区的中国、俄罗斯、蒙古国、韩国、日本五国也顺应世界局势的变化，积极寻求区域经济合作及次区域经济合作的发展，为世界及本国经济做出重要贡献。中俄、中蒙关系稳步发展，日韩是美国的军事盟国，中韩之间则建立了战略合作伙伴关系，中日韩互为重要贸易伙伴，但地缘政治因素以及东北亚制度化对话合作平台建设的缺失使得该地区面临安全困境，热点问题频发。

一　政治层面关系

1. 以领导人外交为引领，保持高层交往和战略沟通

在两国元首战略引领下，中俄有序推进各领域合作，展现出两国关系的强大韧性和战略定力。2022年2月4日，中国国家主席习近平同俄罗斯总统普京举行会谈，双方称赞中俄关系是21世纪国际关系的典范，深化中俄

全面战略协作有助于实现两国各自发展。面对深刻复杂演变的国际形势，中俄双方坚定支持彼此维护本国核心利益，深化背靠背战略协作，为维护国际公平正义发挥了中流砥柱的作用。在新的时代背景下，中俄关系的发展为新型大国关系的构建提供了重要启示。中俄双方发表《中华人民共和国和俄罗斯联邦关于新时代国际关系和全球可持续发展的联合声明》，集中阐述中俄在民主观、发展观、安全观、秩序观方面的共同立场。① 双方一致认为，民主是全人类共同价值，不是少数国家的专利，捍卫民主、人权不应成为向别国施压的工具。②

中方秉持亲诚惠容理念，把中蒙关系摆在周边外交重要位置，同蒙方一道拓展互利合作，"羊来茶往"，生动诠释了中蒙共同构建人类命运共同体的积极意愿。2022年2月，中国国家主席习近平、总理李克强分别会见来华的蒙古国总理奥云额尔登，中蒙双方一致同意，就共同关心的国际地区事务加强合作，共同应对全球和地区挑战。③ 2022年9月9日，习近平总书记就朝鲜国庆74周年向朝鲜劳动党总书记金正恩致贺电，指出中方愿同朝方保持战略沟通，共同维护好、巩固好、发展好中朝关系。④

中韩以领导人外交为引领，通过视频会议、通话及互派特使等灵活方式，就两国、地区以及全球问题频繁沟通、密切交流，就两国关系的基本原则、发展方向等关键问题达成重要共识，对两国合作起到了关键的引领作

---

① 《习近平同俄罗斯总统普京会谈》，中国外交部网站，2022年2月4日，https://www.fmprc.gov.cn/web/gjhdq_676201/gj_676203/oz_678770/1206_679110/xgxw_679116/202202/t20220204_10638888.shtml，最后访问时间：2023年1月3日。

② 《中华人民共和国和俄罗斯联邦关于新时代国际关系和全球可持续发展的联合声明（全文）》，中国外交部网站，2022年2月4日，https://www.fmprc.gov.cn/web/gjhdq_676201/gj_676203/oz_678770/1206_679110/xgxw_679116/202202/t20220204_10638953.shtml，最后访问时间：2023年1月3日。

③ 《中华人民共和国政府和蒙古国政府联合声明（全文）》，中国外交部网站，2022年2月6日，https://www.fmprc.gov.cn/web/gjhdq_676201/gj_676203/yz_676205/1206_676740/xgxw_676746/202202/t20220206_10639499.shtml，最后访问时间：2023年1月3日。

④ 《习近平就朝鲜国庆74周年向朝鲜最高领导人金正恩致贺电》，中国外交部网站，2022年9月9日，https://www.fmprc.gov.cn/web/gjhdq_676201/gj_676203/yz_676205/1206_676404/xgxw_676410/202209/t20220909_10764425.shtml，最后访问时间：2023年1月3日。

用。2022年是中韩建交30周年，也是韩国大选之年，2022年3月10日，中国国家主席习近平致电尹锡悦，祝贺他当选韩国总统。① 3月25日，中国国家主席习近平同韩国当选总统尹锡悦通电话，双方表示要以中韩建交30周年为契机，加强政治互信，推动中韩关系向更高水平发展。② 5月10日，韩国尹锡悦政府正式成立，应韩国政府邀请，习近平主席特别代表、国家副主席王岐山在首尔出席新任总统尹锡悦就职仪式，在同其举行会见时就双边关系发展提出了五点建议。③ 8月24日，国家主席习近平同韩国总统尹锡悦互致贺函，庆祝两国建交30周年。习近平主席在贺函中回顾了中韩关系30年来的发展成就，总结了登高望远、互尊互信、合作共赢、开放包容四条宝贵经验，为中韩关系长远发展提供了根本指引。④ 同日，国务院总理李克强同韩国国务总理韩德洙互致贺电，双方表示要进一步活跃高层交往，推动两国关系实现更好发展。⑤

中日以邦交正常化50周年为契机，致力发展建设性、稳定的双边关系。2022年9月29日，国家主席习近平就中日邦交正常化50周年同日本首相岸田文雄互致贺电，习近平强调，中日双方要以邦交正常化50周年为契机，致力于构建契合新时代要求的中日关系。同日，国务院总理李克强同岸田文雄互致

① 《习近平向韩国当选总统尹锡悦致贺电》，中国外交部网站，2022年3月11日，https://www.fmprc.gov.cn/web/gjhdq_676201/gj_676203/yz_676205/1206_676524/xgxw_676530/202203/t20220311_10650918.shtml，最后访问时间：2023年1月3日。

② 《习近平同韩国当选总统尹锡悦通电话》，中国外交部网站，2022年3月25日，https://www.fmprc.gov.cn/web/gjhdq_676201/gj_676203/yz_676205/1206_676524/xgxw_676530/202203/t20220325_10655686.shtml，最后访问时间：2023年1月3日。

③ 《王岐山出席韩国新任总统尹锡悦就职仪式》，中国驻韩国大使馆网站，2022年5月11日，http://kr.china-embassy.gov.cn/yhjl/202205/t20220511_10684365.htm，最后访问时间：2023年1月3日。

④ 《王毅出席庆祝中国-韩国建交30周年招待会》，中国外交部网站，2022年8月24日，https://www.fmprc.gov.cn/web/gjhdq_676201/gj_676203/yz_676205/1206_676524/xgxw_676530/202208/t20220824_10751034.shtml，最后访问时间：2023年1月3日。

⑤ 《习近平同韩国总统尹锡悦就中韩建交30周年互致贺函 李克强同韩国国务总理韩德洙互致贺电》，中国外交部网站，2022年8月24日，https://www.fmprc.gov.cn/web/gjhdq_676201/gj_676203/yz_676205/1206_676524/xgxw_676530/202208/t20220824_10750961.shtml，最后访问时间：2023年1月3日。

贺电，李克强表示，中日要致力和平友好共处，维护两国关系政治基础，妥善管控矛盾分歧，深化各领域交流合作，推动中日关系持续健康稳定前行。①

2. 中俄双方进一步密切战略沟通协作，政治和战略互信日益巩固

近年来，中俄在促进世界多极化发展、确保国际和地区安全与稳定方面发挥了重要作用，形成了符合两国根本利益和人民愿望的新型国家间关系模式。中俄全面战略协作伙伴关系的稳定发展，为两国关系发展带来了切实利益，推动国际关系朝着更加多样化、均衡化方向发展。② 2022 年，中俄保持了卓有成效的战略沟通，在涉及彼此核心利益问题上相互有力支持，在涉及主权、安全等核心利益和重大关切问题上相互支持，密切两国战略协作，推动"一带一路"和欧亚经济联盟的对接合作，加强在联合国、金砖国家、上海合作组织等重要国际和地区组织中的沟通协调，汇聚共识，推动各方拓展务实合作，维护本地区安全利益和广大发展中国家共同利益。两国加强在上海合作组织、亚信、金砖国家等多边框架内的协调和配合，加强上合组织成为捍卫国际公平正义的中坚力量、推动全球疫后复苏的重要引擎、维护地区和世界和平的稳定因素，共同为应对全球粮食和能源安全挑战发挥建设性作用。中俄外长多次会晤，就俄乌局势、上海合作组织等议题进行了深入交流，推动中俄关系和各领域合作不断迈向更高水平。③ 在乌克兰问题上，中方秉持客观公正立场，聚焦劝和促谈，支持一切有利于和平解决危机的努力。

3. 中蒙增进政治互信，拓展务实合作，支持彼此核心利益

中蒙推进"一带一路"倡议同蒙"草原之路"、全球发展倡议同蒙"新复兴政策"、中国"两步走"发展战略目标同蒙长远发展愿景的深入对接，作为推

---

① 《习近平同日本首相岸田文雄就中日邦交正常化 50 周年互致贺电 李克强同岸田文雄互致贺电》，中国商务部网站，2022 年 9 月 29 日，http://jp.mofcom.gov.cn/article/jmxw/202209/20220903352653.shtml，最后访问时间：2023 年 1 月 3 日。

② 于游、高飞：《构建新型大国关系：中俄伙伴关系外交的经验与启示》，《太平洋学报》2021 年第 1 期。

③ 《王毅同俄罗斯外长拉夫罗夫通电话》，中国驻俄罗斯大使馆网站，2022 年 10 月 27 日，http://ru.china-embassy.gov.cn/zxdt/202210/t20221027_10793207.htm，最后访问时间：2023 年 1 月 3 日。

进双边关系发展的三大引擎，支持蒙古国实现更好更快发展，推动中蒙全面战略伙伴关系迈上新台阶。蒙方坚定奉行一个中国政策，在涉台、涉疆、涉藏等问题上坚决反对任何国家干涉中国内政；中方支持蒙方在国际地区事务中发挥更大作用。双方加强治国理政经验交流，为实现发展战略深度对接提供全方位支持。蒙方高度重视借鉴中共治国理政经验，希望加强同中国共产党的交流，学习借鉴治国治党经验。双方就执政和发展经验、务实合作下步规划深入交流，一致认为应保持高层往来和党际交往。① 8月8日，在蒙古国国家大呼拉尔主席赞登沙特尔会见中国国务委员兼外交部长王毅时，王毅介绍了中国全过程人民民主理念，中方愿同蒙方开展治国理政经验交流，推进各自民主政治建设进程。②

4. 中韩以建交30周年为契机推进各层级交往，双边政治关系总体稳定

中韩各层级交往频繁，维护中韩关系稳步发展。双方总结强调了中韩关系中值得珍惜弘扬的经验，一是相互尊重各自发展道路、尊重各自核心利益、尊重各自文化传统习俗；二是坚持合作共赢，双方通过平等互利的务实合作实现了共同发展繁荣；三是坚持维护和平，为两国以及地区发展提供了必要环境；四是坚持开放包容，防范新冷战风险，反对阵营对抗，关乎中韩两国的根本利益。③ 双方强调要把握好两国关系发展稳定大局，坚持双方确定的战略合作伙伴关系定位，在此基础上，推动中韩关系健康稳定向前发展。④ 启动现有各个渠道的中韩战略对话，包括韩国国家安保室长与中国国务委员

① 《蒙古国总理奥云额尔登会见王毅》，中国外交部网站，2022年8月8日，https://www.fmprc.gov.cn/web/gjhdq_676201/gj_676203/yz_676205/1206_676740/xgxw_676746/202208/t20220808_10737037.shtml，最后访问时间：2023年1月3日。

② 《蒙古国国家大呼拉尔主席赞登沙特尔会见王毅》，中国外交部网站，2022年8月8日，https://www.fmprc.gov.cn/web/gjhdq_676201/gj_676203/yz_676205/1206_676740/xgxw_676746/202208/t20220808_10737397.shtml，最后访问时间：2023年1月3日。

③ 《王毅同韩国新任外长朴振举行视频会晤》，中国外交部网站，2022年5月16日，https://www.fmprc.gov.cn/web/gjhdq_676201/gj_676203/yz_676205/1206_676524/xgxw_676530/202205/t20220516_10686692.shtml，最后访问时间：2023年1月3日。

④ 《王毅：坚持五个"应当"，推动中韩战略合作伙伴关系健康稳定发展》，中国外交部网站，2022年8月9日，https://www.fmprc.gov.cn/web/gjhdq_676201/gj_676203/yz_676205/1206_676524/xgxw_676530/202208/t20220809_10738350.shtml，最后访问时间：2023年1月3日。

之间的高层战略对话、外交部长间的外交安保对话等，有利于解决一直以来阻碍中韩战略合作伙伴关系取得实质性进展的"政治信任不足"问题。

5. 针对日本的一些错误做法，中国敦促日方践信守诺，维护中日关系政治基础

近年来中日关系复杂因素明显增多，领土、历史、涉台等问题不时突出，使两国关系受到严重干扰。2022 年，日方在涉台、涉疆、涉港、东海、南海等涉及中国核心利益和重大关切的问题上频频表现消极动向，严重损害了中日双方互信和两国关系根基。1 月 6 日，日澳领导人会晤和联合声明对中方进行无端指责，挑动地区国家矛盾，粗暴干涉中国内政，严重违背国际法和国际关系基本准则，中方对此表示强烈不满和坚决反对。① 针对日本众议院不顾中方严正立场，将人权问题政治化、工具化，执意通过所谓涉华人权决议，恶意诋毁中国人权状况，中方强烈敦促日方立即停止损害中方利益的错误做法。② 国务委员兼外交部长王毅在纪念中日邦交正常化 50 周年研讨会上就构筑契合新时代要求的中日关系提出五点看法，指出对于历史、台湾等涉及中日关系根本的重大原则问题，不能丝毫含糊，更不容动摇倒退。③ 要推动中日关系沿着正确轨道健康稳定发展，赋予两国关系新的内涵和动力，构筑契合新时代要求的中日关系。

二 经济层面关系

1. 中蒙俄积极推进产业合作，维护国际产业链供应链安全稳定

中俄积极推动经贸、能源、科技等各领域务实合作稳步发展，进一步扩大

---

① 《驻日本使馆发言人严厉批驳日澳领导人会晤涉华消极内容》，中国驻日本国大使馆网站，2022 年 1 月 6 日，http://jp.china-embassy.gov.cn/sgkxnew/202201/t20220106_10479447.htm，最后访问时间：2023 年 1 月 3 日。

② 《驻日本使馆发言人就日本众议院通过所谓涉华决议发表谈话》，中国驻日本国大使馆网站，2022 年 2 月 1 日，http://jp.china-embassy.gov.cn/sgkxnew/202202/t20220201_10638096.htm，最后访问时间：2023 年 1 月 3 日。

③ 《王毅就构筑契合新时代要求的中日关系提出五点看法》，中国外交部网站，2022 年 9 月 12 日，https://www.fmprc.gov.cn/web/gjhdq_676201/gj_676203/yz_676205/1206_676836/xgxw_676842/202209/t20220912_10765252.shtml，最后访问时间：2023 年 1 月 3 日。

相互市场准入，畅通两国之间的产业、技术、资源等流动，维护国际产业链供应链安全稳定，推动双边贸易不断发展。2022年2月4日，中国国家主席习近平同俄罗斯总统普京举行会谈，就落实好中俄货物贸易和服务贸易高质量发展路线图、强化能源战略伙伴关系、推进中俄科技创新合作等一系列重大问题深入充分交换了意见，提出要深化农业、绿色贸易、数字经济、医药健康等领域合作，维护全球产业链供应链稳定。① "一带一路"倡议与欧亚经济联盟顺利对接为双方提供了新机遇，中俄区域经济合作力度不断加大，双方"优势互补、互利共赢"的合作局面正在形成。② 中俄双方积极拓展在基础设施、交通运输、农业、矿产资源等领域的合作，进一步发挥了俄罗斯自然资源红利及优势，推动俄罗斯产业结构升级。2022年6月23日，在金砖国家领导人第十四次会晤上达成了许多重要共识，金砖国家一致认为，要加强科技创新、数字经济、产业链供应链、粮食和能源安全等领域合作，合力推动世界经济复苏。③

中蒙同意推进经贸、投资、矿能、科技、农牧业等领域合作，推进产业合作，促进边境地区发展，稳定畅通产业链供应链。加强边境合作，推动口岸开放，铁路公路互联；加强建设跨境电商基础设施，为中蒙跨境电商与国际物流的协同发展营造良好的市场、政策、技术、信用等环境，推动跨境电商与国际物流的协同发展。④ 针对中蒙经济合作机制不健全、设施联通步伐缓慢、贸易畅通程度不高等问题制约了两国经济合作顺利发展的难题，⑤ 双方同意研究修订两国经贸合作中长期规划，制定投资合作发展纲要；开好经

① 《中俄签署一系列合作文件》，中国外交部网站，2022年2月4日，https：//www.fmprc.gov.cn/web/gjhdq_676201/gj_676203/oz_678770/1206_679110/xgxw_679116/202202/t20220204_10638957.shtml，最后访问时间：2023年1月3日。
② 刁秀华：《新时期中俄区域经济合作的新进展与新亮点》，《财经问题研究》2021年第1期。
③ 《金砖国家领导人第十四次会晤举行 习近平主持会晤并发表重要讲话》，中国外交部网站，2022年6月24日，https：//www.fmprc.gov.cn/web/gjhdq_676201/gj_676203/oz_678770/1206_679110/xgxw_679116/202206/t20220624_10709069.shtml，最后访问时间：2023年1月3日。
④ 计明军、田爽、施运发、温都苏：《中蒙跨境电商与国际物流协同发展演化分析》，《铁道运输与经济》2022年第2期。
⑤ 邱丹阳、刘大地：《"一带一路"倡议下中蒙经济合作面临的难题与对策研究》，《经济纵横》2021年第7期。

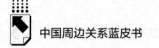

贸科技联委会、矿能和互联互通合作委员会等机制会议，稳步推进重点项目，为双方企业投资提供良好营商环境。①

2.中国正逐步成为东亚价值链的"价值枢纽"，但面临保障中日、中韩产业链供应链稳定的挑战

新冠疫情、中美竞争等因素对东亚价值链冲击加剧，日本积极配合美国力推"印太经济框架"（IPEF），并不断升级对华价值链竞争与防范措施。日本对华政策专注于"泛安全化"下的过度对抗，导致当前中日经贸关系整体上处于一种竞争与合作并存的状态。② 中日两国政治关系冷淡导致经贸关系恢复乏力，中日经贸关系处于2012年以来的"低潮期"。2022年5月11日，日本国会正式通过《经济安全保障推进法案》，日本政府打着强化产业、经济"自主性"的旗帜，加强供应链弹性、实现供应来源多样化，扩大对贸易、投资、技术等的监管范围。③ 日本政府供应链安全保障政策的泛政治化和价值观化，大幅增加了日本制造业企业布局中国市场的隐含成本，这将冲击中日两国产业链、供应链合作的基础，为双方产业链、供应链合作的可持续发展投下阴影。9月22日，国务院总理李克强与日本经济界代表举行高级别视频对话会时强调，中日经济优势互补，中日双方要客观理性看待对方发展。④ 2022年11月12日，国务院总理李克强在柬埔寨金边出席第25次东盟与中日韩（10+3）领导人会议时提出五点建议，特别强调要推动区域产业链供应链在稳定畅通中优化升级。⑤

随着中国技术革新快速发展，中韩两国产业互补性下降，产业竞争面不

---

① 《王毅同蒙古国外长巴特策策格举行会谈》，中国外交部网站，2022年8月8日，https：//www.fmprc.gov.cn/web/gjhdq_676201/gj_676203/yz_676205/1206_676740/xgxw_676746/202208/t20220808_10737386.shtml，最后访问时间：2023年1月3日。

② 刘兆国：《中日两国共同推动东亚价值链重构的挑战、机遇与路径》，《现代日本经济》2022年第5期。

③ 蔡亮：《"泛安全化"视域下日本对华政策研究》，《日本学刊》2022年第6期。

④ 《李克强同日本经济界代表举行高级别视频对话会》，中国商务部网站，2022年9月23日，http：//jp.mofcom.gov.cn/article/jmxw/202209/20220903351161.shtml，最后访问时间：2023年1月3日。

⑤ 《李克强出席第25次东盟与中日韩领导人会议》，新华网，2022年11月13日，http：//www.xinhuanet.com/2022-11/13/c_1129124291.htm，最后访问时间：2023年1月3日。

断扩大，两国分工结构逐渐由垂直互补演变为水平竞争与互补共存状态。中韩结构性矛盾有所激化，在一定程度上阻碍了中韩经济关系的发展。随着中韩国家发展不均衡、战略认知分歧拉大，韩企竞争焦虑进一步加剧，中韩在经济合作中的不稳定因素增多，韩国审视产业合作的视角已由效率与获益为主调整为效率与安全兼顾。尹锡悦执政后，面对拜登政府构建排他性全球经济合作框架，大力拉拢韩国与中国"脱钩"的局面，尹锡悦政府高调加入"印太经济框架"，全面加强韩美供应链、高技术产业领域合作，建立部长级韩美供应链与产业对话（SCCD）。韩国明确提出在尖端技术领域全球领先和建设制造业强国的愿景，强化与美国在规则制定、科技研发等领域的合作，推动韩美同盟向涵盖"供应链同盟""技术同盟"等内涵的全面战略同盟方向升级。尽管韩国依然视中国为其最重要的市场，但为降低对华经济依赖，防范中国的技术赶超，韩国对华开展"选择性"合作。尹锡悦政府着力构建经济安全政策体系，在其优势产业上设置技术壁垒，通过加强技术保护与投资审查限制与中国的产业合作深度，维持对华技术代差和对华产业技术优势。[①] 以"经济安全"推进韩美高新技术供应链合作，通过转移生产基地和供应链多样化减少对中国的依赖。[②] 但是韩国对华供应链的较高依赖和中韩经济紧密关联结构在很大程度上限制了韩国对华疏离程度，韩国很难在短期内摆脱对中国的生产、市场依赖。在中韩外长的多次会晤期间，双方都表示，中韩形成了利益融合的产业循环，维护发展好中韩关系符合双方共同利益。[③]

3. 推动"一带一路"建设与欧亚经济联盟对接，扎实推进中蒙俄经济走廊建设

推动"一带一路"建设与欧亚经济联盟对接是中俄两国领导人达成的

---

① 金香丹：《中美博弈与韩国对外经济合作政策调整》，《亚太经济》2022年第5期。

② 白玫：《韩国产业链供应链政策变化及其影响研究》，《价格理论与实践》2022年第1期。

③ 《王毅会见韩国外长朴振》，中国外交部网站，2022年7月8日，https://www.fmprc.gov.cn/web/gjhdq_676201/gj_676203/yz_676205/1206_676524/xgxw_676530/202207/t20220708_10717159.shtml，最后访问时间：2023年1月3日。

重要共识，"一带一路"建设与"大欧亚伙伴关系"倡议形成合力，加强互利合作、维护国际关系准则的力量，积极推进以取得早期收获，共同促进欧亚大陆的团结发展繁荣。① 2022 年 2 月以来，美西方国家因乌克兰危机而对俄罗斯实施包括金融限制、贸易禁运、资产冻结、技术脱钩等在内的经济制裁，催化中俄经贸关系朝着加强合作的方向加速调整，双方在贸易、基础设施、能源、金融、科技等领域的合作出现新突破。② 2022 年 9 月 15 日，在中俄蒙三国元首会晤时，习近平主席就推进中俄蒙合作提出建议，就落实好中蒙俄经济走廊建设已达成共识，为三国工商界搭建高质量交流平台。鼓励支持三国企业家加强交流合作，推动跨境运输、交通、物流、高新技术、能源等领域合作取得更多实质进展。三方正式启动中蒙俄经济走廊中线铁路升级改造和发展可行性研究，确认《建设中蒙俄经济走廊规划纲要》延期 5 年。③

中俄能源合作基础牢固，契合点多，双方巩固传统能源合作，打造更紧密的能源伙伴关系，保障油气、电力等长期稳定供应，补充新能源合作增量，探讨拓展可再生能源等新合作方向。拓展新能源合作，推进油气合作大项目，支持彼此保障能源安全。中方支持蒙方维护稳定，聚焦发展，探索符合自身国情的发展道路。中蒙经济高度互补，中方愿助力蒙方将资源禀赋转化为发展优势和发展成果。2022 年 8 月，国务委员兼外交部长王毅访蒙期间，蒙古国总统呼日勒苏赫、总理奥云额尔登、国家大呼拉尔主席赞登沙特尔分别同王毅会见。同日，王毅还同蒙古国外长巴特策策格举行会谈，双方签署了外交部合作文件，并见证签署铁路口岸、卫生检疫等合作文件。中方鼓励企业投资参与蒙古国基础设施、城市建设、矿产能源等项目。打造基础设施、能源等重大示范性项目，协调推进额尔登布仁水电站项目，解决蒙西

① 蒋随：《"一带一路"倡议下中俄区域经济合作对策》，《社会科学家》2021 年第 4 期。

② 李双双：《美欧对俄经济制裁影响下的中俄经贸关系》，《俄罗斯东欧中亚研究》2022 年第 5 期。

③ 《习近平出席中俄蒙元首第六次会晤》，中国外交部网站，2022 年 9 月 16 日，https://www.fmprc.gov.cn/web/gjhdq_676201/gj_676203/oz_678770/1206_679110/xgxw_679116/202209/t20220916_10766746.shtml，最后访问时间：2023 年 1 月 3 日。

部百姓用电问题；支持棚户区改造、污水处理厂、肉制品加工厂等民生项目，更好惠及蒙古国人民。① 中蒙俄经济走廊满足中蒙俄三国现实发展需求，适应国际形势的变化，有力推动了中蒙俄三国政治互动、经贸合作、文化交融，提升了中蒙俄经济合作质量。②

4. RCEP 正式生效为加快推进东北亚区域一体化创造有利条件

2022 年 1 月 1 日生效的《区域全面经济伙伴关系协定》（RCEP）将给中日韩经贸合作带来新机遇，助力中日韩三国经贸合作更进一步走深走实。用好 RCEP 挖掘地区经济增长潜力，扩大经贸、环保、健康和老龄化等领域合作；在 RCEP 的合作框架下，加快构筑和完善东北亚区域基础设施建设、人才交流等方面的规则体系，推动东北亚区域跨境贸易的自由化与便利化，夯实东北亚区域经济一体化发展的制度基础。RCEP 正式生效最直接的效果是不断降低中日之间的关税水平，促进中日贸易自由化水平和双边贸易总额提高，日本汽车、食品、农产品、消费品等行业企业对华出口将享受更大的利好。中日双方在机械装备、电子信息、化工等诸多领域产品贸易上相互降低关税，对于中日两国加强产业链、供应链的功能性合作和数字经济产业合作同样具有积极推动作用。在增加贸易的同时，日本企业也可以在中国扩大直接投资，促进产业的创新以及生产效率的提升。③ 虽然韩国全面参与美国主导的多边合作框架，但中国相对完整的制造业体系与稳定的供应链提高了韩国寻找"替代者"的难度。而且中韩经济合作关系仍具有合作潜力巨大、合作政治意愿强烈的深厚基础，维持中美平衡仍是韩国内部的共识，尹锡悦政府对中韩合作的重要性也有所认识。

① 《王毅谈中蒙达成的广泛共识》，中国外交部网站，2022 年 8 月 8 日，https://www.fmprc.gov.cn/web/gjhdq_676201/gj_676203/yz_676205/1206_676740/xgxw_676746/202208/t20220808_10737391.shtml，最后访问时间：2023 年 1 月 4 日。
② 刘国斌、杨薇臻：《中蒙俄交通走廊建设与跨境合作思路及对策研究》，《东北亚论坛》2021 年第 3 期。
③ 《日本贸易振兴机构：RCEP 将推动日中经贸合作更进一步走深走实》，中国商务部网站，2022 年 1 月 20 日，http://jp.mofcom.gov.cn/article/jmxw/202201/20220103238477.shtml，最后访问时间：2023 年 1 月 4 日。

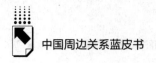
三 安全层面关系

1. 中俄保持高水平战略协作，深入开展安全领域合作

2022 年 2 月乌克兰危机爆发后，美国联合盟国对俄实施遏制战略，激起俄强烈反弹，双方陷入"新冷战"。[①] 2021 年 7 月 2 日，俄出台新版《俄罗斯联邦国家安全战略》，提出基本战略目标是维护国内、周边及全球稳定，俄当前国家安全面临的主要威胁是美西方针对其进行的"混合战争"，具体包括经济制裁、政治施压和军事威胁。[②] 2022 年 2 月 25 日，在中国国家主席习近平同俄罗斯总统普京通话会谈中，双方重点就当前乌克兰局势交换意见。普京表示美国和北约长期无视俄罗斯合理安全关切，一再挑战了俄罗斯战略底线。习近平指出，中方重视和尊重各国合理安全关切，根据乌克兰问题本身的是非曲直决定中方立场，独立自主作出判断，各方应该以负责任方式推动乌克兰危机得到妥善解决。[③]

中俄反对干涉两国内政和遏制两国正当发展利益的企图，反对外部势力破坏两国共同周边地区安全和稳定，反对在亚太地区构建封闭的结盟体系、制造阵营对抗。俄方支持中方提出的全球安全倡议，坚定支持一个中国原则。中俄高度警惕美国推行的"印太战略"对本地区和平稳定造成的消极影响，认为美英澳建立"三边安全伙伴关系"（AUKUS）的行为加剧了地区军备竞赛危险，构成严重核扩散风险，不符合保障亚太地区安全与可持续发展的目标。中俄支持"东盟印太展望"坚持独立自主，坚持东盟主导和"东盟方式"，引导地区国家坚持追求"共同、综合、合作、可持续"的真安全。双方将继续加强在东亚峰会、东盟地区论坛、东盟防长扩大会等平

---

① 张文宗、王靖元：《美国对中俄实施"双遏制"战略的变化及启示》，《和平与发展》2022年第 4 期。

② 于淑杰：《俄罗斯新版国家安全战略评析》，《俄罗斯东欧中亚研究》2022 年第 1 期。

③ 《习近平同俄罗斯总统普京通电话》，中国外交部网站，2022 年 2 月 25 日，https://www.fmprc.gov.cn/web/gjhdq_676201/gj_676203/oz_678770/1206_679110/xgxw_679116/202202/t20220225_10645684.shtml，最后访问时间：2023 年 1 月 4 日。

台中的协作。①

中俄反对外部势力以任何借口干涉主权国家内政，中俄作为联合国安理会常任理事国和中亚国家的友好邻邦，应持续深化协调配合，反对外部势力干涉中亚国家内政，不让中亚生乱生战。2022年1月10日，中俄外长通话重点就哈萨克斯坦局势交换意见，俄方认为哈当前乱局是外部势力精心策划的暴动，集安组织应哈方请求派出维和部队采取行动。中方反对外部势力策动"颜色革命"、蓄意在哈制造动荡，支持集安组织协助哈方打击暴恐势力。② 2022年7月22日，中国政府朝鲜半岛事务特别代表刘晓明同俄罗斯副外长莫尔古洛夫通电话，就朝鲜半岛形势交换意见。双方一致认为，朝方正当合理关切应得到重视和回应，维护朝鲜半岛和平稳定符合本地区国家和国际社会共同利益。双方同意为推动半岛问题政治解决进程发挥建设性作用。③

中俄积极推进上合组织合作，2022年9月16日，国家主席习近平在上海合作组织成员国元首理事会第二十二次会议小范围会谈上提出建议，要倡导共同、综合、合作、可持续的安全观，提升上海合作组织执法安全合作水平，抵制破坏地区稳定的企图；要推进上海合作组织扩员进程，壮大维护国际公平正义的有生力量。④ 2022年9月19日，在中俄第十七轮战略安全磋

---

① 《中华人民共和国和俄罗斯联邦关于新时代国际关系和全球可持续发展的联合声明（全文）》，中国外交部网站，2022年2月4日，https：//www.fmprc.gov.cn/web/gjhdq_676201/gj_676203/oz_678770/1206_679110/xgxw_679116/202202/t20220204_10638953.shtml，最后访问时间：2023年1月4日。

② 《王毅同俄罗斯外长拉夫罗夫通电话》，中国外交部网站，2022年1月11日，https：//www.fmprc.gov.cn/web/gjhdq_676201/gj_676203/oz_678770/1206_679110/xgxw_679116/202201/t20220111_10480831.shtml，最后访问时间：2023年1月4日。

③ 《中国政府朝鲜半岛事务特别代表刘晓明同俄罗斯副外长莫尔古洛夫通电话》，中国外交部网站，2022年7月22日，https：//www.fmprc.gov.cn/web/gjhdq_676201/gj_676203/oz_678770/1206_679110/xgxw_679116/202207/t20220722_10726539.shtml，最后访问时间：2023年1月4日。

④ 《习近平出席上海合作组织成员国元首理事会第二十二次会议小范围会谈》，中国外交部网站，2022年9月16日，https：//www.fmprc.gov.cn/web/gjhdq_676201/gj_676203/oz_678770/1206_679110/xgxw_679116/202209/t20220916_10767072.shtml，最后访问时间：2023年1月4日。

商会谈上，双方一致同意用好战略安全磋商机制这一重要平台，落实中俄元首在上合组织撒马尔罕峰会期间会晤共识。①

2.韩国政府调整外交政策，给东北亚地区安全带来新的不确定性

自美国拜登政府执政以来，美韩同盟关系得到进一步加强，美国利用韩国不断提升国际地位的战略需求，大肆渲染"中国军事威胁论"，将涉华议题设置为美韩关注重点，对中韩关系的负面影响增大。韩国调整前任总统的对华政策，对华强调"相互尊重"，强化对朝施压。美韩同盟的合作机制也呈双边与小多边相交织的多重化趋向，功能范畴向着"全面同盟"的方向拓展；韩国将日本视为韩国的重要合作伙伴，改善对日关系和推进韩美日合作。② 尹锡悦政府以打造韩美全面同盟作为优先目标，积极加入美国主导的地区多边组织。5月5日，韩国正式加入北大西洋公约组织（NATO）合作网络防御卓越中心（CCDCOE），成为首个加入该机构的亚洲国家。③ 韩国以"不针对任何国家"为由多次积极参加美澳等国的联合军演，主动加入北约网络防御中心，这无疑引发了半岛局势紧张。④

对于中韩两国之间存在的敏感性问题，需要通过对话协商机制，特别是高层战略对话机制妥善解决，以维护两国的战略利益。2022年8月9日，中韩举行外长会谈，旨在落实两国元首重要共识，深化双方战略沟通。双方认为应重视彼此安全关切，就"萨德"问题交换了意见，努力予以妥善处理，不使其成为影响两国关系的绊脚石。⑤ 双方商定同意年内举行两国外交部门高级别战略对话和外交安全"2+2"对话，积极推进中韩关系未

---

① 《杨洁篪主持中俄第十七轮战略安全磋商》，中国外交部网站，2022年9月19日，https://www.fmprc.gov.cn/web/gjhdq_676201/gj_676203/oz_678770/1206_679110/xgxw_679116/202209/t20220919_10767887.shtml，最后访问时间：2023年1月4日。

② 吕春燕：《拜登强化美韩同盟及对中韩关系影响》，《和平与发展》2022年第3期。

③ 《韩国正式加入北约网络防御中心》，光明网，2022年5月5日，https://m.gmw.cn/baijia/2022-05/05/1302931554.html，最后访问时间：2023年1月4日。

④ 张慧智：《中韩建交30年：双边关系发展、挑战与前景展望》，《东北亚论坛》2022年第5期。

⑤ 《中韩外长就"萨德"问题深入交换意见》，中国外交部网站，2022年8月10日，https://www.fmprc.gov.cn/web/gjhdq_676201/gj_676203/yz_676205/1206_676524/xgxw_676530/202208/t20220810_10738491.shtml，最后访问时间：2023年1月4日。

来发展委员会共同研究工作，尽快商签两国外交部门关于中韩关系未来发展的共同行动计划。① 就半岛局势问题，中方支持南北改善关系，坚持"分阶段、同步走"和"双轨并进"思路，推进半岛无核化，构建半岛和平机制。② 2022 年 6 月 2 日，中共中央政治局委员、中央外事工作委员会办公室主任杨洁篪同韩国新任国家安保室长金圣翰通电话，双方商定要落实好两国元首重要共识，推动双边关系提质升级，推动中韩合作开启新的时代。③

3. 日方执意操弄涉华安全议题，政策基调日趋负面消极

拜登上台后，将美日关系定位为"新时代全球伙伴关系"，日本也积极回应，重申日美安保体制是日本国家安全保障的基轴，积极让日美同盟在结构性功能方面产生溢出效应，并拓展其安全功能。2022 年 6 月，岸田文雄首相首次参加了北约峰会，表现出想要大幅加强对北约事务参与的意图，欢迎北约加大对"印太"地区的干涉力度。中方表示，国际社会对此理应保持高度警惕，并坚决反对。④ 近年来，随着中国快速发展，日本将中国认定为"最主要安全威胁"。7 月 22 日，日本政府发布 2022 年版《防卫白皮书》，声称中国军力发展和军事活动"缺乏透明度"，无端指责中国在东海和南海所谓"以实力改变现状"，提及涉台、涉港、涉疆等问题，对中方恶意抹黑指责；炒作所谓"中国威胁"，渲染地区紧张局势。中方就日美涉华消极动向表明立场并指出，日美双边合作不应挑动

---

① 《王毅同韩国外长朴振举行会谈》，中国外交部网站，2022 年 8 月 10 日，https://www.fmprc.gov.cn/web/gjhdq_676201/gj_676203/yz_676205/1206_676524/xgxw_676530/202208/t20220810_10738776.shtml，最后访问时间：2023 年 1 月 4 日。

② 《邢海明大使解读中韩外长会谈》，中国驻韩国大使馆网站，2022 年 8 月 11 日，http://kr.china-embassy.gov.cn/yhjl/202208/t20220811_10740919.htm，最后访问时间：2023 年 1 月 4 日。

③ 《杨洁篪同韩国国家安保室长金圣翰通电话》，中国外交部网站，2022 年 6 月 2 日，https://www.fmprc.gov.cn/web/gjhdq_676201/gj_676203/yz_676205/1206_676524/xgxw_676530/202206/t20220602_10697943.shtml，最后访问时间：2023 年 1 月 4 日。

④ 《首次出席北约峰会，岸田放言要改进安倍时期与北约缔结的伙伴关系》，中国日报网，2022 年 6 月 30 日，https://baijiahao.baidu.com/s?id=1737023555889968128&wfr=spider&for=pc，最后访问时间：2023 年 1 月 4 日。

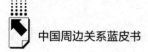

阵营对抗，更不应损害中方的主权、安全和发展利益；告诫日方要着眼地区和平稳定，汲取历史教训，不要为他人火中取栗、走以邻为壑的歧途。①

当前日本还深度涉足台湾问题，将中国政府在台湾问题上的原则立场渲染成是对"印太"地区的和平与稳定和"自由与开放的国际秩序"的一种挑战。② 中方多次表明坚决反对佩洛西窜台立场，但日方仍公然为美台勾连恶行站台张目。2022 年 8 月 4 日，针对日本伙同七国集团和欧盟发表涉台错误声明，严重违反国际关系基本准则和中日四个政治文件原则，中国对此坚决反对，予以强烈谴责，中方敦促日方认清台湾问题高度敏感性，停止追随配合美"以台遏华"错误战略，日本曾长期殖民台湾，在台湾问题上负有不可推卸的严重历史罪责，理应更加谨言慎行，避免给两国关系带来严重干扰。③ 一个中国原则不存在任何"灰色地带"和模糊空间，妥善处理台湾问题，是中日邦交正常化得以实现的前提和基础，否则只会从根本上动摇中日邦交的政治基础，给中日关系带来严重干扰。④ 2022 年 8 月 17 日，杨洁篪在中日第九次高级别政治对话会上强调，台湾问题事关中日关系政治基础和两国间基本信义，中方强烈敦促日方恪守中日四个政治文件原则和在台湾问题上所作政治承诺，慎重妥善处理涉台问题，与中方一道增进政治互信。⑤针对日本外务省发表日美澳三国外长联合声明，中方指出，中国采取反制行

---

① 《王毅就日美涉华动向表明立场》，中国外交部网站，2022 年 5 月 18 日，https：//www. fmprc. gov. cn/web/gjhdq_676201/gj_676203/yz_676205/1206_676836/xgxw_676842/202205/ t20220518_10688155. shtml，最后访问时间：2023 年 1 月 4 日。

② 蔡亮：《"泛安全化"视域下日本对华政策研究》，《日本学刊》2022 年第 6 期。

③ 《外交部就日本参与七国集团涉台错误声明提出严正交涉》，中国外交部网站，2022 年 8 月 5 日，https：//www. fmprc. gov. cn/web/gjhdq_676201/gj_676203/yz_676205/1206_676836/xgxw_676842/ 202208/t20220805_10735231. shtml，最后访问时间：2023 年 1 月 4 日。

④ 《驻日本大使孔铉佑：一个中国原则不存在任何"灰色地带"和模糊空间》，中国驻日本国大使馆网站，2022 年 8 月 27 日，http：//jp. china-embassy. gov. cn/sgkxnew/202208/t20220827_ 10756715. htm，最后访问时间：2023 年 1 月 5 日。

⑤ 《中日第九次高级别政治对话在天津举行》，中国外交部网站，2022 年 8 月 18 日，https：//www. fmprc. gov. cn/web/gjhdq_676201/gj_676203/yz_676205/1206_676836/xgxw_ 676842/202208/t20220818_10745032. shtml，最后访问时间：2023 年 1 月 5 日。

动理所当然，日方渲染操弄，包藏私欲祸心，敦促日方不要玩弄"以台制华"的政治把戏。①

四　文化、社会层面关系

1. 多数东北亚国家支持中国成功举办北京冬奥会，与中方共同抵制将体育政治化

俄罗斯总统普京在受邀出席北京冬奥会开幕式前夕，接受了中央广播电视总台书面专访，普京表示，举办大型体育盛会，有助于拉近人与人之间的距离，加深相互了解。体育交流具有广泛和全面的特点，在双边人文合作中占有重要地位。中俄反对将体育政治化，反对将体育作为施压、不公平竞争和歧视的工具。② 2 月 3 日，俄罗斯联邦总统普京在题为《俄罗斯和中国：着眼于未来的战略伙伴》的署名文章中指出，一些国家为了一己私利将体育问题政治化，违背了《奥林匹克宪章》的精神和原则，这从根本上就是错误的。③ 2022 年 2 月 25 日下午，国家主席习近平同俄罗斯总统普京通电话，习近平对普京来华出席北京冬奥会开幕式再次表示感谢，普京也就北京冬奥会圆满成功和中国代表团出色表现向全体中国人民表示热烈祝贺。④

蒙古国支持中国如期顺利举办北京冬奥会。2022 年 2 月 6 日，国家主席习近平会见来华出席北京 2022 年冬奥会的蒙古国总理奥云额尔登。奥云额尔

---

① 《驻日本使馆发言人就日美澳三国外长联合声明表明严正立场》，中国驻日本国大使馆网站，2022年 8 月 6 日，http://jp.china-embassy.gov.cn/sgkxnew/202208/t20220806_10736444.htm，最后访问时间：2023 年 1 月 5 日。

② 《俄罗斯总统普京接受中央广播电视总台台长专访》，中国驻俄罗斯大使馆网站，2022 年 2 月 3 日，http://ru.china-embassy.gov.cn/zxdt/202202/t20220203_10638559.htm，最后访问时间：2023 年 1 月 5 日。

③ 《普京通过新华社发表署名文章〈俄罗斯和中国：着眼于未来的战略伙伴〉》，中国驻俄罗斯大使馆网站，2022 年 2 月 3 日，http://ru.china-embassy.gov.cn/zxdt/202202/t20220203_10638558.htm，最后访问时间：2023 年 1 月 5 日。

④ 《习近平同俄罗斯总统普京通电话》，中国外交部网站，2022 年 2 月 25 日，https://www.fmprc.gov.cn/web/gjhdq_676201/gj_676203/oz_678770/1206_679110/xgxw_679116/202202/t20220225_10645684.shtml，最后访问时间：2023 年 1 月 5 日。

登表示蒙方坚决反对将体育政治化。① 2022年2月5日，国务院总理李克强会见来华出席北京冬奥会开幕式的蒙古国总理奥云额尔登，奥云额尔登祝贺中方在疫情背景下如期成功举办北京冬奥会。② 2022年2月28日，国务委员兼外交部长王毅在同韩国外长郑义溶举行视频会晤时表示，感谢韩方积极支持中方举办北京冬奥会，表示中方将支持韩方举办2024年江原冬青奥会。③

2. 加强抗击新冠疫情合作，反对疫情政治化

2022年2月4日，国家主席习近平同俄罗斯总统普京举行会谈时，双方强调，新冠病毒溯源是科学问题，反对将溯源问题政治化。④ 2022年2月6日，国家主席习近平在会见蒙古国总理奥云额尔登时表示，中方愿同蒙方继续开展抗疫合作。⑤ 2022年4月7日，中蒙外长通话时，王毅表示中方将继续向蒙方提供抗疫物资和设备。⑥ 中蒙双方一致同意，视疫情防控形势，推动恢复两国人员往来和人文交流，增进两国民众相互了解与友谊。

3. 加强生态环境保护，敦促日方审慎处理福岛核污染水问题

中蒙两国联手在草原生态保护、水资源保护、防沙治沙、绿色产业、

① 《习近平会见蒙古国总理奥云额尔登》，中国外交部网站，2022年2月6日，https://www.fmprc.gov.cn/web/gjhdq_676201/gj_676203/yz_676205/1206_676740/xgxw_676746/202202/t20220206_10639478.shtml，最后访问时间：2023年1月5日。
② 《李克强会见蒙古国总理奥云额尔登》，中国外交部网站，2022年2月5日，https://www.fmprc.gov.cn/web/gjhdq_676201/gj_676203/yz_676205/1206_676740/xgxw_676746/202202/t20220205_10639303.shtml，最后访问时间：2023年1月5日。
③ 《王毅同韩国外长郑义溶举行视频会晤》，中国外交部网站，2022年2月28日，https://www.fmprc.gov.cn/web/gjhdq_676201/gj_676203/yz_676205/1206_676524/xgxw_676530/202202/t20220228_10646343.shtml，最后访问时间：2023年1月5日。
④ 《中华人民共和国和俄罗斯联邦关于新时代国际关系和全球可持续发展的联合声明（全文）》，中国外交部网站，2022年2月4日，https://www.fmprc.gov.cn/web/gjhdq_676201/gj_676203/oz_678770/1206_679110/xgxw_679116/202202/t20220204_10638953.shtml，最后访问时间：2023年1月5日。
⑤ 《习近平会见蒙古国总理奥云额尔登》，中国外交部网站，2022年2月6日，https://www.fmprc.gov.cn/web/gjhdq_676201/gj_676203/yz_676205/1206_676740/xgxw_676746/202202/t20220206_10639478.shtml，最后访问时间：2023年1月5日。
⑥ 《王毅同蒙古国外长巴特策策格通电话》，中国外交部网站，2022年4月7日，https://www.fmprc.gov.cn/web/gjhdq_676201/gj_676203/yz_676205/1206_676740/xgxw_676746/202204/t20220407_10665509.shtml，最后访问时间：2023年1月5日。

矿业生态环保等领域共同发力，共创清洁美丽的生态环境。蒙古国的生态安全，特别是跨境地区的生态安全形势尤为严峻，对中蒙经贸合作产生了重要影响。2022年9月15日，国家主席习近平在会见蒙古国总统呼日勒苏赫时表示，双方在植树造林、去荒漠化领域加强合作。中方支持蒙方"种植十亿棵树"计划，愿同蒙方积极开展防治荒漠化项目合作，共建人与自然生命共同体。[①] 2022年2月，中蒙双方发表了《中华人民共和国政府和蒙古国政府联合声明》，签署了《中华人民共和国政府和蒙古国政府关于边境地区森林草原火灾联防协定》《中华人民共和国生态环境部与蒙古国自然环境与旅游部生态环境合作谅解备忘录》。[②] 在中蒙发展战略对接中将生态安全保护、生态环境合作作为重要项目实施，有利于蒙古国的生态保护、生态恢复，也有利于中国在蒙投资的可持续发展及绿色产业合作。[③]

东北亚各国高度关注日本拟将福岛核电站事故放射性污染水向海洋排放及其潜在环境影响，2021年12月20日，第十三轮中日海洋事务高级别磋商以视频方式举行，中方对日本向海洋排放核污染水计划表示关切和反对，敦促日方审慎处理福岛核污染水问题。[④] 中俄强调日本须与周边邻国等利益攸关方及有关国际机构充分协商，以负责任的方式妥善处置放射性污染水。[⑤] 2022年8月9日，在中韩外长会谈中，双方高度关注日本核污染水排海动

① 《习近平会见蒙古国总统呼日勒苏赫》，中国外交部网站，2022年9月15日，https://www.fmprc.gov.cn/web/gjhdq_676201/gj_676203/yz_676205/1206_676740/xgxw_676746/202209/t20220915_10766695.shtml，最后访问时间：2023年1月6日。
② 《中华人民共和国政府和蒙古国政府联合声明（全文）》，中国外交部网站，2022年2月6日，https://www.fmprc.gov.cn/web/gjhdq_676201/gj_676203/yz_676205/1206_676740/xgxw_676746/202202/t20220206_10639499.shtml，最后访问时间：2023年1月6日。
③ 张秀杰：《"蒙古国生态安全构想"与中蒙生态安全合作》，《学习与探索》2022年第4期。
④ 《中日举行第十三轮海洋事务高级别磋商》，中国外交部网站，2021年12月20日，https://www.fmprc.gov.cn/web/gjhdq_676201/gj_676203/yz_676205/1206_676836/xgxw_676842/202112/t20211220_10472052.shtml，最后访问时间：2023年1月6日。
⑤ 《中华人民共和国和俄罗斯联邦关于新时代国际关系和全球可持续发展的联合声明（全文）》，中国外交部网站，2022年2月4日，https://www.fmprc.gov.cn/web/gjhdq_676201/gj_676203/oz_678770/1206_679110/xgxw_679116/202202/t20220204_10638953.shtml，最后访问时间：2023年1月6日。

向，敦促日方切实履行应尽的国际义务，同利益攸关方进行充分协商，以科学、公开、透明、安全的方式处置核污染水。①

4. 日韩两国民间对华认知出现较大偏差，给双边关系带来长期隐患

良好的民意基础是中日韩合作的重要基石，而当前中日韩三国民众相互好感度降低，是中日韩三国和东北亚区域合作所面临的重大挑战。韩国民间一些保守派媒体和政客利用青年人易受煽动性言论影响的特点，渲染意识形态分歧导致民意恶化，放大了韩国青年对"中国威胁"的感知，在传统文化归属、新冠疫情、"萨德"部署、环境保护等敏感问题上进行选择性叙述，甚至恶意炒作中韩分歧，恶化了两国关系的民意基础，导致韩国民众对中国的认知和评价带有一定的敌对性和排斥性。② 尤其是韩国青年群体对华负面认知上升，两国青年人在互联网上围绕历史、文化等问题充满情绪化的争议，已成为中韩民族情绪对立的"震源地"，给中韩关系的长远发展带来隐患。③ 当前中日关系新老问题交织凸显，日本涉华舆论中存在很深的意识形态偏见。一些日本媒体为迎合和引导日本社会和民众的"厌华"心理走向，对日本民众焦虑的社会心理和"厌华"情绪推波助澜，日本民众的群体心理与大众媒体等社会舆论相互影响，为日本国内反华势力作为"公共舆论"或"大众民意"加以利用，强化了日本社会对中国的反感。④

5. 加强人文交流，夯实友好的民意和社会基础

中俄决定在 2022 年和 2023 年举办"中俄体育交流年"，进一步加强双方人文交流。⑤ 2022 年 9 月 15 日下午，国家主席习近平在撒马尔罕同俄罗

---

① 《王毅同韩国外长朴振举行会谈》，中国外交部网站，2022 年 8 月 10 日，https://www.fmprc.gov.cn/web/gjhdq_676201/gj_676203/yz_676205/1206_676524/xgxw_676530/202208/t20220810_10738776.shtml，最后访问时间：2023 年 1 月 6 日。

② 张慧智：《中韩建交 30 年：双边关系发展、挑战与前景展望》，《东北亚论坛》2022 年第 5 期。

③ 于婉莹：《韩国青年群体对华认知评析》，《和平与发展》2022 年第 4 期。

④ 王伟：《日本社会变迁及其对中日关系的影响》，《日本学刊》2022 年第 4 期。

⑤ 《习近平同俄罗斯总统普京举行视频会晤》，中国驻俄罗斯大使馆网站，2021 年 12 月 15 日，http://ru.china-embassy.gov.cn/zxdt/202112/t20211215_10470131.htm，最后访问时间：2023 年 1 月 6 日。

斯总统普京举行双边会见时表示，体育交流年活动有序展开，地方合作和人文交流更加热络。2022 年 10 月 29 日，国家主席习近平、俄罗斯总统普京向俄中友协成立 65 周年致贺信。习近平指出，俄中友协为增进两国人民相互了解、友谊、信任，巩固两国友好关系社会民意基础作出重要贡献。① 中方增加对蒙奖学金，加强青年交流、地方合作，支持蒙留学生尽早返华复课；双方同意增加两国直航，便利人员往来。②

中韩以建交 30 周年和"中韩文化交流年"为契机，加强人文交流，促进民心相通，引导两国民众特别是青年人增进友好、减少误解。③ 2022 年 10 月 30 日，国家主席习近平就韩国首尔发生踩踏事故，造成重大人员伤亡向韩国总统尹锡悦致慰问电。同日，国务院总理李克强向韩国总理韩德洙致慰问电。④ 8 月 24 日，国务委员兼外交部长王毅在北京出席庆祝中国-韩国建交 30 周年招待会时表示，中韩是好邻居、好朋友、好伙伴。⑤

中日和平友好是两国人民汲取历史教训和现实经验发出的共同心声，是符合两国人民根本利益的唯一正确选择。2022 年是中日邦交正常化 50 周年，中日加强两国经贸、文化、青少年、地方等领域互动，推动构建契合新时代要求的中日关系。2022 年 11 月 12 日，国务院总理李克强在第 25 次东盟与中日韩（10+3）领导人会议上提出，要深化人文交流，为东盟和日韩

---

① 《习近平向俄罗斯中国友好协会成立 65 周年致贺信》，中国外交部网站，2022 年 10 月 31 日，https：//www.fmprc.gov.cn/web/gjhdq_676201/gj_676203/oz_678770/1206_679110/xgxw_679116/202210/t20221031_10794441.shtml，最后访问时间：2023 年 1 月 6 日。

② 《王毅谈中蒙达成的广泛共识》，中国外交部网站，2022 年 8 月 8 日，https：//www.fmprc.gov.cn/web/gjhdq_676201/gj_676203/yz_676205/1206_676740/xgxw_676746/202208/t20220808_10737391.shtml，最后访问时间：2023 年 1 月 6 日。

③ 《王毅同韩国新任外长朴振举行视频会晤》，中国外交部网站，2022 年 5 月 16 日，https：//www.fmprc.gov.cn/web/gjhdq_676201/gj_676203/yz_676205/1206__676524/xgxw_676530/202205/t20220516_10686692.shtml，最后访问时间：2023 年 1 月 6 日。

④ 《习近平就韩国首尔踩踏事故向韩国总统尹锡悦致慰问电》，中国驻韩国大使馆网站，2022 年 10 月 30 日，http：//kr.china-embassy.gov.cn/yhjl/202210/t20221031_10794494.htm，最后访问时间：2023 年 1 月 6 日。

⑤ 《王毅出席庆祝中国-韩国建交 30 周年招待会》，中国外交部网站，2022 年 8 月 24 日，https：//www.fmprc.gov.cn/web/gjhdq_676201/gj_676203/yz_676205/1206_676524/xgxw_676530/202208/t20220824_10751034.shtml，最后访问时间：2023 年 1 月 6 日。

留学生返华复学积极提供便利。① 中日关系的根基在民间，在中日邦交正常化50周年之际，中国美术馆馆长吴为山创作并捐赠给东京都的雕塑"鉴真像"落成于上野公园不忍池畔，传承和发扬中日和平友好信念，重温两千年友好交流史。②

五　结论与展望

1. 进一步充实中俄新型大国关系合作内涵，落实中蒙双方政治共识，构建面向未来的中韩、中日关系

由于中国和俄罗斯所面临的国际和周边环境非常复杂，存在许多不确定因素和现实的安全威胁，双方在安全、经济、政治等领域具有广泛的利益共同点，对很多国际和地区问题有相同或相似的看法，中俄双方一致主张维护亚太地区和平稳定，反对任何制造阵营对立和集团对抗的企图。在后疫情时代，全球经济、政治、安全格局将出现重大调整，中俄将进一步在全球和地区性的国际组织、机制、论坛等一系列多边机制和框架内进行合作，既丰富了双方合作的领域和层次，也扩大了双边合作的地理空间，是两国新时代全面战略协作伙伴关系的重要内涵与合理延伸。中俄两国在国际问题上凝聚共识，在双边合作中积累互信，既符合中俄两国的共同利益，也符合世界人民的共同期待。蒙古国奉行邻国优先政策，视中国为"黄金不换"的好邻居，坚定支持一个中国原则，同中方深化发展战略对接。中方也同样尊重蒙方的独立、主权和领土完整，支持蒙方按照人民的意愿选择符合自身国情的发展道路，支持蒙方稳定执政，聚焦发展。

中韩关系已经构建了稳定的基础，但面对新的复杂形势，双方需要增进

---

① 《李克强出席第25次东盟与中日韩领导人会议》，新华网，2022年11月13日，http://www.xinhuanet.com/2022-11/13/c_1129124291.htm，最后访问时间：2023年1月6日。

② 《驻日本大使孔铉佑出席"鉴真像"揭幕仪式》，中国驻日本国大使馆网站，2022年7月21日，http://jp.china-embassy.gov.cn/sgkxnew/202207/t20220721_10725449.htm，最后访问时间：2023年1月6日。

新共识，合作应对挑战、解决问题。在当前形势下，中韩进行战略合作需要拓展空间，通过协商与协调减少分歧、避免矛盾激化，及时对热点问题降温，构建面向未来的中韩关系。中韩关系处在一个新的历史转变期，两国有必要重新启动现有各个渠道的中韩战略对话，以对话、协商、寻求互利合作等方式解决中韩战略合作伙伴关系中的"政治信任不足"问题。中日两国关系也行至关键路口、面临重要节点，历史、涉台、涉海等问题不时突出，给两国关系带来严重干扰，只有相向而行落实两国领导人构建契合新时代要求中日关系的重要共识，放大积极因素，抑制消极因素，不断培育巩固两国关系改善势头，才能推动中日关系更加成熟稳健、健康发展。

2. 深化产业合作，共同抵制"脱钩断链"的错误做法

理性、客观认识中俄经济的互补性，按照市场经济原则推进两国经济合作，要考虑协作给双方带来的收益，以实现中俄经济合作的平衡发展。随着"一带一盟"对接合作的深入和中俄两国参与打造"一带一路"北向新通道，双方积极拓展在基础设施、农业、矿产资源等领域的合作，加强政策对接协调机制，创新合作模式，推动科技创新和产业链价值链升级。目前中蒙俄经济走廊建设在具体推进中仍面临着政治互信不足与第三方势力的挑战、经贸合作结构失衡、基础设施建设对生态环境的负面影响等诸多现实问题与难题。[1] 中蒙俄经济走廊对推动中蒙俄三方深入合作和共同发展发挥着重要作用，未来根据中蒙俄经济走廊既定发展战略和国际市场需求，需继续巩固加强中蒙俄经济走廊经贸与产能合作，发挥中国在资源密集型产品的技术开发、经营模式和生产管理上的相对优势，依托俄蒙资源禀赋发展相关产品的深加工，深化中蒙俄经济走廊域内的原矿物、金属矿、能源矿产、石油、天然气及生胶等产业合作。[2]

目前中韩经贸合作已进入既有合作也有竞争的新阶段，韩国对中国高速

---

① 祁进玉、孙晓晨：《历史、现状与展望：国内学界关于中蒙俄经济走廊建设及其发展研究》，《青海民族大学学报》2022 年第 3 期。
② 杨习铭、董厶菲、高志刚：《中蒙俄经济走廊产能合作研究——基于细分产业贸易竞争力的动态分析》，《价格月刊》2022 年第 9 期。

增长市场的依赖与在高技术领域对中国的竞争交织在一起，中韩两国优势互补、合作共赢的空间依然很大，但中韩两国制造业供应链关系复杂，深化两国合作面临不少瓶颈和挑战。中韩作为全球自由贸易体系的受益者和建设者，要从各自和共同利益出发，共同抵制个别国家将经济政治化、贸易工具化、标准武器化，破坏全球产供链稳定等违背市场规律的行径，共同维护两国和全球产供链安全稳定。未来中韩需加强发展战略对接，推进经济合作从数量增长向质量增长的转变，深化高科技制造、大数据、绿色经济等领域合作，加快中韩自贸协定第二阶段谈判，共同维护产供链完整安全。当前影响中日经贸关系走向的诸多重要因素正在向消极方向变化。中日关系站在关键路口，日本"去中国化"的政策短期内不可能解除，中日经贸关系在 2023年难以走出低潮并取得突破性进展。中日双方需要牢固树立伙伴意识，维护全球产供链稳定畅通，发挥好中日经济合作的互惠互利性以及合作效应的外溢性。

3. 以全球安全倡议破解东北亚安全治理难题，促进地区长治久安

东北亚缺乏合作共识和约束机制，使得该地区成为世界上安全局势最复杂的地区之一，东北亚的冲突增多与不确定性增加会成为新常态。美日、美韩关系趋于紧密，中韩关系各领域发展依旧处于不平衡状态，中日"信任赤字"逐渐加深，朝鲜半岛紧张局势有增无减。当前东北亚安全局势持续动荡，安全困境加剧，进入新旧秩序转换期，存在滑向阵营对抗的可能。2022 年，中日韩三国关系走到历史性的"十字路口"，中日韩三国都表达了改善相互关系、推进互利合作的政治意愿。中韩、中日领导人实现了疫情开始以来的首次面对面会晤，为中国同日韩两国增进政治互信、保持高层交往和对话沟通、加强国际和地区事务协调合作等奠定了基础。但中日韩三方之间历史与现实矛盾依然深重，三国间的"安全困境"阻碍着三方关系的实质性改善，难以落实三国领导人在有关会晤中达成的共识。

在 2022 年博鳌亚洲论坛年会上，习近平主席提出全球安全倡议，呼吁世界各国坚持共同、综合、合作、可持续的安全观。美日韩开展协调合作不应针对和损害第三方利益，不能违反国际关系基本准则。强推"印太

战略"将加剧地区内紧张局势，搞封闭、排他的"小圈子"是零和博弈的工具，与亚太地区国家致力于通过对话合作共谋发展、推动区域一体化的普遍愿望背道而驰。中方愿同东北亚各国一道，通过对话合作建立信任，破解安全困境，构建稳定可持续的东北亚安全新秩序。中日韩需要适应形势变化，摒弃冷战思维，不搞集团政治和阵营对抗，加快彼此的认知调节和政策磨合，凝聚地区国家命运与共的共同体意识，共同推进区域合作和一体化。

4. 增进民间友好交流，增加东北亚国家民众间的交流和理解

民众相互认知的改善是国家间关系改善的必要前提，拓展中国与东北亚各国增进相互了解的沟通渠道，不断增强中国与东北亚各国政治互信的社会基础，对于改善双边政治外交关系和促进双边经贸合作具有重要积极作用。在东北亚地区，历史问题和民族主义降低了地区各国作为东北亚国家的身份认同和地域归属感。当前中日韩三国民众彼此间相互负面认知加强趋势若不能及时得到遏制，会导致中国与日韩关系更加疏远并恶化，未来可能对中日、中韩关系造成严重冲击。在这样的背景下，政府和媒体要加强引导，加强地区民间合作，增加民众间的交流和理解，扩大三国人文交流并提质升级，让民间交往发挥更重要作用。中日、中韩主流媒体应开展战略合作，打开促进民间相互理解的通道，对敏感问题进行客观、理性的发声和报道。中日韩三国媒体应改善舆论环境，为三国人民形成客观友善的相互认知创造良好环境，塑造积极友善的相互认知，还需警惕新媒体环境下的负面舆论被过度放大，促进三国及时真实地相互了解。

B.3
2022年中国与中亚国家关系
评估与展望

李 欣*

摘　要： 2022年是中国与中亚五国建交30周年。30年来，中国与中亚国家关系实现跨越式发展，达到战略伙伴关系水平，树立了相互尊重、公平正义、合作共赢的新型国际关系典范。2022年，中国与中亚国家的政治关系得到高品质提升发展，经济合作持续保持高速发展，安全领域合作具有传统优势且在新形势下双方探索进一步完善中国-中亚安全合作机制，双方共建"一带一路"取得扎实丰硕的成果，为共建中国-中亚命运共同体打下牢固基础。

关键词： 中国　中亚国家　政治　经济　安全　"一带一路"

中亚地处欧亚大陆的中心地带，自古是东西方文明交往的枢纽。苏联解体后，乌兹别克斯坦、吉尔吉斯斯坦、塔吉克斯坦、土库曼斯坦和哈萨克斯坦五国相继独立，形成总面积约400万平方公里、总人口约7500万的五国格局。中亚五国均属内陆国家，经济结构较为单一，产业发展较为滞后，经济开放程度总体偏低。中亚为中国西部近邻，是中国西北边疆的战略安全屏障和能源合作伙伴。1992年中国与中亚五国建立正式外交关系后，双方不断增强政治互信，发展经贸合作，密切人文交流，以上海合作组织为框架在

---

* 李欣，中国社会科学院中国边疆研究所海疆研究室副主任、副研究员，研究方向为中国海疆问题及周边国际环境研究。

地区和国际事务中加强协作，共同维护地区安全与稳定。2022 年是中国与中亚五国建交 30 周年。30 年来，中国与中亚国家关系实现跨越式发展，达到战略伙伴关系水平，树立了相互尊重、公平正义、合作共赢的新型国际关系典范。①

一　中国与中亚国家政治关系高质提升

中亚地区国家是中国周边首个战略伙伴集群。② 2022 年堪称中国周边外交的"中亚年"。一年来，中国与中亚国家在全球新冠疫情反复延宕和世界百年未有之大变局加速演进的复杂背景下，持续推进双多边外交往来，稳筑政治互信，强化立场协调，在涉及彼此核心利益的重大问题上坚定相互支持。特别是六国元首亲自推动展开首脑外交，为共建中国-中亚命运共同体打下牢固基础。

（一）首脑外交全面引领

元首战略引领是中国与中亚五国关系的政治优势和鲜明特色。从 2022 年中国同中亚五国首脑举行建交 30 周年视频峰会，到中亚五国齐聚北京冬奥会开幕式现场；从中国国家主席习近平访问哈萨克斯坦和乌兹别克斯坦，到中国共产党第二十次全国代表大会胜利召开后不久土库曼斯坦总统旋即访问中国，中国和中亚国家元首外交亮点频频，成果丰硕。

1 月，习近平主席分别同乌兹别克斯坦总统米尔济约耶夫，哈萨克斯坦首任总统纳扎尔巴耶夫、总统托卡耶夫，塔吉克斯坦总统拉赫蒙和土库曼斯坦总统别尔德穆哈梅多夫互致贺电，庆祝建交 30 周年。1 月 25 日，中国组

---

① 《中国同中亚五国领导人关于建交 30 周年的联合声明（全文）》，中国外交部网站，2022 年 1 月 26 日，https://www.mfa.gov.cn/web/ziliao_674904/1179_674909/202201/t20220126_10633759. shtml，最后访问时间：2023 年 4 月 27 日。

② 贾平凡：《携手构建更加紧密的中国-中亚命运共同体（望海楼）》，《人民日报海外版》，2022 年 1 月 27 日，第 1 版。

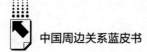
织召开同中亚五国建交 30 周年视频峰会（以下简称"峰会"），习近平主席亲自主持会议，并发表题为《携手共命运 一起向未来》的重要讲话。这是 30 年来中国同中亚五国元首第一次集体会晤，具有里程碑意义。在这次讲话中，习近平郑重宣布"构建更加紧密的中国-中亚命运共同体"，并提出五点倡议，以深耕睦邻友好的示范田、建设高质量发展的合作带、强化守卫和平的防护盾、构建多元互动的大家庭、维护和平发展的地球村为抓手，① 为共同体建设指明发展方向，得到与会中亚五国首脑的高度认可。会后发布了具有划时代意义的《中国同中亚五国领导人关于建交 30 周年的联合声明》，宣布中国与中亚五国的关系进入了新时代，并向着打造中国-中亚命运共同体方向迈进。

2022 年 2 月北京冬奥会期间，习近平主席分别同亲自到访的中亚国家首脑举行了双边会见。在中国与中亚五国关系中，中国和哈萨克斯坦是永久全面战略伙伴关系，两国关系内涵超出双边关系范畴。在与哈萨克斯坦总统托卡耶夫的会谈中，习近平针对不久前哈国内有关局势动荡重申，中国坚定支持哈萨克斯坦维护独立、主权和领土完整。就两国经济、安全领域的合作，他倡议双方要继续以高质量共建"一带一路"为主线，以产能、贸易、农业、基础设施建设为优先方向，在绿色能源、现代医疗、人工智能、电子商务、数字金融等领域培育新增长点，共同打造"绿色丝绸之路""健康丝绸之路""数字丝绸之路"，同时要深化安全合作，维护两国和地区安全稳定，开创中哈关系发展又一个黄金三十年。② 中国与土库曼斯坦已建成战略伙伴关系。在与土库曼斯坦总统别尔德穆哈梅多夫的会谈中，习近平主席指出，中国致力于与土库曼斯坦共同打造更加富有内涵、生机、活力的中土关系，推动做大两国天然气合作的体量和规模，全面挖掘合作潜力，扩大全产

---

① 《习近平在中国同中亚五国建交 30 周年视频峰会上的讲话（全文）》，中国外交部网站，2022 年 1 月 25 日，https：//www.mfa.gov.cn/web/zyxw/202201/t20220125_10633561.shtml，最后访问时间：2023 年 4 月 27 日。

② 《习近平会见哈萨克斯坦总统托卡耶夫》，中国政府网，2022 年 2 月 5 日，https：//www.gov.cn//xinwen/2022-02/05/content_5672071.htm，最后访问时间：2023 年 4 月 27 日。

业链合作，充实两国能源合作内涵，将天然气合作提升到全新水平。① 在与乌兹别克斯坦总统米尔济约耶夫会谈中，习近平强调，两国要尽快遴选和落实一批具有战略意义的合作大项目，做大两国合作体量和规模。中国愿帮助乌兹别克斯坦建设现代化产业体系，加快推进中吉乌铁路可行性研究，并加强在天然气、可再生能源领域的合作，构建多元立体的能源合作新格局。② 中塔两国关系已达到全面战略伙伴关系的历史性高度。在与塔吉克斯坦总统拉赫蒙会谈中，习近平主席指出，塔吉克斯坦是最早同中国签署共建"一带一路"合作倡议文件的国家，双方率先建立发展共同体和安全共同体。他建议双方探讨实施更多惠民生项目，充分发挥边境口岸联防联控机制作用，确保中塔货运大动脉畅通、高效。③ 中吉两国已建成高水平的全面战略伙伴关系。在与吉尔吉斯斯坦总统扎帕罗夫会谈中，习近平主席强调，两国要加强发展战略对接，中国愿扩大进口吉尔吉斯斯坦优质绿色农副产品，支持建设中吉乌铁路。④

上海合作组织是中国与中亚五国互利合作的重要平台。2022 年 9 月，习近平主席出席了上海合作组织撒马尔罕峰会，并对哈萨克斯坦和乌兹别克斯坦展开正式国事访问。这也是全球新冠疫情暴发后，习近平主席的首次出访并参加国际重大多边活动，充分体现了中国领导人对中亚国家和上海合作组织的高度重视。在与哈萨克斯坦总统托卡耶夫的会谈中，习近平主席以两国"率先解决边界问题，率先铺设跨境油气管道，率先开展国际产能合作，率先建立永久全面战略伙伴关系"高度评价中哈关系 30 年发展历程，并倡

---

① 《习近平会见土库曼斯坦总统别尔德穆哈梅多夫》，中国政府网，2022 年 2 月 5 日，https：//www.gov.cn//xinwen/2022-02-05/content_5672074.htm，最后访问时间：2023 年 4 月 27 日。

② 《习近平会见乌兹别克斯坦总统米尔济约耶夫》，中国政府网，2022 年 2 月 5 日，https：//www.gov.cn//xinwen/2022-02-05/content_5672129.htm，最后访问时间：2023 年 4 月 27 日。

③ 《习近平会见塔吉克斯坦总统拉赫蒙》，中国政府网，2022 年 2 月 5 日，https：//www.gov.cn//xinwen/2022-02-05/content_5672135.htmhtm，最后访问时间：2023 年 4 月 27 日。

④ 《习近平会见吉尔吉斯斯坦总统扎帕罗夫》，中国政府网，2022 年 2 月 6 日，https：//www.gov.cn//xinwen/2022-02-06/content_5672297.htm，最后访问时间：2023 年 4 月 27 日。

议双方持续高质量共建"一带一路"。在地区与全球问题上，习近平主席明确指出，中国支持中亚国家加强一体化合作，反对外部势力干涉中亚国家事务。此次访问期间，两国签署了《中华人民共和国和哈萨克斯坦共和国建交30周年联合声明》，宣布要"为中哈构建世代友好、高度互信、休戚与共的命运共同体"。① 此外，两国有关部门在经贸、互联互通、金融、水利、新闻媒体等多个领域还签署了多项双边合作文件，并决定在西安和阿克托别互设总领事馆。在与乌兹别克斯坦总统米尔济约耶夫会谈中，习近平主席强调，两国要在涉及彼此国家主权、独立、领土完整等核心利益问题上相互坚定支持，并加快对接发展战略，推动两国共同发展。②

9月16日，习近平主席出席上海合作组织成员国元首理事会第二十二次会议，并发表了题为《把握时代潮流 加强团结合作 共创美好未来》的重要讲话。他提出，各方要在上海合作组织框架内加大相互支持、拓展安全合作、深化务实合作、加强人文交流、坚持多边主义，推动构建更加紧密的上海合作组织命运共同体。③ 会议期间，习近平主席还分别与吉尔吉斯斯坦、土库曼斯坦、塔吉克斯坦领导人举行了双边会谈。这已是2022年内中国国家元首与中亚五国元首进行的第二次面对面会谈。

（二）多元外交全面开花

2022年中国与中亚五国在外交和政党层面利用双边、多边场合展开密集外交活动。6月，中国国务委员兼外交部长王毅前往哈萨克斯坦，出席"中国+中亚五国"机制下的第三次外长会晤。这次会议的最重要任务就是

---

① 《习近平对哈萨克斯坦共和国进行国事访问》，中国政府网，2022年9月15日，https：//www.gov.cn//xinwen/2022-09/15/content_5709833.htm，最后访问时间：2023年4月27日。

② 《习近平同乌兹别克斯坦总统米尔济约耶夫会谈》，中国政府网，2022年9月15日，https：//www.gov.cn//xinwen/2022-09/15/content_5710075.htm，最后访问时间：2023年4月27日。

③ 《习近平在上海合作组织成员国元首理事会第二十二次会议上的讲话（全文）》，中国政府网，2022年9月16日，https：//www.gov.cn//xinwen/2022-09/16/content_5710294.htm，最后访问时间：2023年4月27日。

要推动落实中国同中亚五国建交 30 周年视频峰会上各国领导人达成的共识。会上，各国外长表示要深入挖掘"中国+中亚五国"合作机制潜力，一致同意建立"中国+中亚五国"元首会晤机制，就扩大本币结算规模、合力打击"三股势力"、保障粮食安全、互设文化中心等具体领域事务达成多项共识，一并通过了《"中国+中亚五国"外长会晤联合声明》《落实中国同中亚五国视频峰会共识路线图》《关于深化"中国+中亚五国"互联互通合作的倡议》《"中国+中亚五国"数据安全合作倡议》四份成果文件，① 向世界释放出中国与中亚国家加强友好合作的强烈信号。

7 月底，中国国务委员兼外交部长王毅前往乌兹别克斯坦出席上海合作组织塔什干外长会议，再次与有关中亚国家领导人展开双边及多边会晤。会上，王毅倡议弘扬"上海精神"，持续推动构建更加紧密的上合组织命运共同体，并具体提出五点建议：一是加强团结协作，支持维护彼此核心利益和重大关切，捍卫各国主权、安全和发展利益；二是巩固地区安全，践行共同、综合、合作、可持续的安全观，反对制造阵营对抗、破坏地区稳定。加强打击包括"东伊运"在内的"三股势力"力度，尽快就完善应对安全威胁和挑战机制达成各方都能接受的方案；三是推动可持续发展，深化高质量共建"一带一路"，维护国际产供链安全、国际粮食和能源安全，制定扩大本币结算规模路线图；四是坚持多边主义，反对兜售所谓"民主对抗威权"虚假叙事，反对单边制裁和"长臂管辖"，捍卫新兴市场和发展中国家的共同利益和发展空间；五是推动组织建设，进一步吸收观察员国及对话伙伴，让更多认同本组织合作理念的国家获得相应法律地位等。②

政党外交是中国与中亚五国推进构建高水平战略伙伴关系的重要维度。2022 年 4 月，中共中央对外联络部以视频方式举办第三届中国-中亚政党论

---

① 《王毅谈"中国+中亚五国"外长第三次会晤的成果和共识》，中国政府网，2022 年 9 月 16 日，https：//www.mfa.gov.cn/web/wjbz_673089/xghd_673097/202206/t20220608_ 10700258.shtml，最后访问时间：2023 年 4 月 27 日。

② 《王毅：弘扬"上海精神"，持续推动构建更加紧密的上合组织命运共同体》，中国政府网，2022 年 7 月 29 日，https：//www.mfa.gov.cn/web/wjbz_673089/xghd_673097/202207/t20220729_10730278.shtml，最后访问时间：2023 年 4 月 27 日。

坛，哈萨克斯坦"阿马纳特"党书记克尔塔耶夫、吉尔吉斯斯坦"故乡"党主席马特克里莫夫、塔吉克斯坦人民民主党第一副主席阿济济、土库曼斯坦民主党主席谢尔达罗夫、乌兹别克斯坦议会下院第一副议长赛义多夫等中亚五国 20 个政党领导人与会。① 会上，中国与中亚五国政党领导人就中国同中亚国家建交 30 周年经验与成就进行总结交流，并为下一步如何通过党际交往持续促进务实合作，以及推进地区及国家间关系发展建言献策。会上，新疆维吾尔自治区党委书记马兴瑞表示，新疆将以丝绸之路经济带核心区建设为主要抓手，为促进中国同中亚五国政党交流和国家关系发展、维护地区和平稳定、打造中国-中亚命运共同体作出贡献。②

二　中国与中亚地区国家经济合作高速发展

中亚国家普遍经济体量较小，外向程度偏高，特别是对俄罗斯经济的依赖性较强。自 2014 年以来，中亚五国经济发展受到西方对俄制裁的间接影响，其贸易、金融及其国民经济较为倚重的对外劳务输出长期受到冲击。加之 2020 年以来全球新冠疫情的负面影响，中亚各国经济发展一直受到制约，复苏势头难企。2022 年，乌克兰危机的爆发对全球经贸和金融体系造成新的冲击，中亚地区所受影响则更为直接和显著。根据世界银行的统计，2022年哈萨克斯坦的 GDP 增长率为 3.2%，较上一年减少 1.1 个百分点；土库曼斯坦的 GDP 增长率为 1.8%，较上一年减少 2.8 个百分点；乌兹别克斯坦的 GDP 增长率为 5.7%，较上一年减少 1.7 个百分点；塔吉克斯坦的 GDP 增长率为 8%，较上一年减少 1.4 个百分点；吉尔吉斯斯坦作为 2022 年该地区唯一实现经济同比加速增长的经济体，其 GDP 增长率为 7%，较上一年增加

---

① 《第三届中国-中亚政党论坛举行》，《人民日报》2022 年 4 月 15 日，第 3 版。
② 《携手构建更加紧密的中国-中亚命运共同体》，光明网，2022 年 4 月 18 日，https：//m.gmw.cn/baijia/2022-04/18/35665866.html，最后访问时间：2023 年 4 月 27 日。

0.8个百分点。①

值得关注的是，中国与中亚国家经贸关系保持着良性发展态势，特别是在共建"一带一路"倡议的持续引领下，双方经贸、投资合作逆势上扬，取得新的成果。2022年1月，双方联合发布《关于中国中亚经贸合作高质量可持续发展的联合倡议》，就共同扩大贸易、投资、数字、绿色等领域合作达成广泛共识。② 2022年，中国与中亚五国双边贸易额提前实现700亿美元目标，比30年前双方建交时增长了约100倍。③中国对中亚地区国家的直接投资持续保持平稳态势。截至2022年底，中国对中亚国家直接投资存量近150亿美元。④此外，截至2023年3月，中国对中亚五国已累计完成工程承包营业额639亿美元。⑤中国经济较为强劲的带动力和中国与中亚国家对加强合作、共谋发展的强大需求，对提升区域产业链供应链韧性、促进区域经济发展起到重要作用。

从中国与中亚五国双边经贸发展情况看，2022年，中国是哈萨克斯坦最为重要的贸易伙伴之一。数据表明，2022年中哈两国货物贸易总额达241亿美元，较上一年增长了34.1%。其中，哈萨克斯坦对中国出口额达到132亿美元，较上一年增长34.7%，并占其对外出口总额的15.6%。哈萨克斯坦自中国的进口也增长了33.5%，达到110亿美元，占哈萨克斯坦进口总额的21.9%。在哈萨克斯坦对中国的主要出口品类中，原油和成品油以41亿美元位居第一，较2021年增长一倍以上；其次是精炼铜和铜合金，价值23亿美元，较2021年增长了15.2%。在哈萨克斯坦自中国主要

---

① 世界银行数据库，https://data.worldbank.org.cn/country/，最后访问时间：2023年5月19日。

② 《中国与中亚五国贸易额30年增长100多倍》，中国政府网，2022年1月18日，https://www.gov.cn/xinwen/2022-01/18/content_5669037.htm，最后访问时间：2023年4月27日。

③ 《2022年双边贸易额同比增长约40%——中国同中亚五国经贸合作持续深化》，《人民日报海外版》，2023年2月20日，第3版。

④ 《商务部：中国与中亚五国贸易发展势头强劲》，经济参考报网站，2023年5月12日，http://www.jjckb.cn/2023-05/12/c_1310718024.htm，最后访问时间：2023年5月15日。

⑤ 《商务部：中国与中亚五国贸易发展势头强劲》，经济参考报网站，2023年5月12日，http://www.jjckb.cn/2023-05/12/c_1310718024.htm，最后访问时间：2023年5月15日。

进口品类中，手机和智能手机位居首位，达到 9.107 亿美元，增长了
29.6%。其他进口商品包括电脑、服装、轮胎和汽车零部件等。此外，中
国企业是哈萨克斯坦重要的投资者，主要指向的行业包括运输业、仓储行
业、加工业和建筑业等。①

2022 年，中国和土库曼斯坦之间的贸易总额达 111.81 亿美元，同比增
长了 52%。其中，土库曼斯坦对中国主要出口产品为管道天然气，超过 103
亿美元；土库曼斯坦自中国进口贸易额则为 8.68 亿美元。②

中国是乌兹别克斯坦的第二大贸易伙伴。2022 年，两国双边贸易额达
到 89.2 亿美元，同比增长 19.7%，占乌外贸总额的 17.8%。其中，中国对
乌兹别克斯坦出口额达到 64 亿美元，同比增长 30%；中国对乌兹别克斯坦
进口额为 25.2 亿美元，同比下降了 0.4%。③ 投资方面，自 2017 年至 2022
年，中国对乌兹别克斯坦累计投资已超 100 亿美元，中国已成为乌兹别克斯
坦的第二大投资来源国。目前在乌兹别克斯坦的中国企业已超过 1800 家，
两国企业的合作主要分布在农业、电力、水利、煤炭、建材、纺织、电信、
医疗、贸易、新能源、汽车制造等行业领域。④

2022 年中国与吉尔吉斯斯坦间贸易额超过 155 亿美元，同比增长了
105.6%。其中，中国对吉尔吉斯斯坦出口额为 154.2 亿美元，同比增长
106.7%。中国自吉尔吉斯斯坦进口额为 0.8 亿美元，同比增长 2.4%。⑤

中国是塔吉克斯坦第一大投资来源国和第四大贸易伙伴。2022 年，中
国与塔吉克斯坦双边货物进出口额为 25.9 亿美元，同比增长 40.4%。其中，

---

① 《中国和哈萨克斯坦双边贸易在 2022 年增长了 34%》，搜狐网，2023 年 3 月 17 日，
https://www.sohu.com/a/655389574_823158，最后访问时间：2023 年 4 月 27 日。
② 中华人民共和国驻土库曼斯坦大使馆经济商务处，中国商务部网站，http://tm.mofcom.gov.cn/
article/jmxw/202302/20230203385144.shtml，最后访问时间：2023 年 4 月 27 日。
③ 中华人民共和国驻乌兹别克斯坦大使馆经济商务处，中国商务部网站，http://uz.mofcom.
gov.cn/article/jmxw/202301/20230103381306.shtml，最后访问时间：2023 年 4 月 27 日。
④ 周洁：《中国与乌兹别克斯坦经贸缘何能够快速发展?》，中国一带一路，2023 年 6 月 6
日，https://www.yidaiyilu.gov.cn/p/321660.html，最后访问时间：2023 年 7 月 10 日。
⑤ 《2022 年中国与吉尔吉斯斯坦双边贸易额与贸易差额统计》，华经情报网，2023 年 2 月 10
日，https://www.huaon.com/channel/tradedata/868776.html，最后访问时间：2023 年 4 月
27 日。

中国对塔吉克斯坦出口商品总额为 22.1 亿美元，同比增长 32.4%；中国自塔吉克斯坦进口商品总额为 3.8 亿美元，同比增长 117.6%。[①] 目前，中国在塔吉克斯坦的投资存量已超过 20 亿美元，有 300 余家中国企业在塔投资经营，主要分布在农业、矿业、纺织、电信、水泥等领域，为推动该国的工业化发展进程做出了积极贡献。以在塔吉克斯坦家喻户晓的华新水泥为例，该企业兴建的两个水泥厂使该国由水泥进口国转变为出口国，不但满足了本国水泥需求，还能向邻国出口创汇。[②]

此外，基础设施互联互通建设一直是中国与中亚五国合作的优先方向。中亚五国是内陆国家，基础设施建设发展水平参差不齐，交通基础设施落后已成为制约中亚五国经济发展的重要瓶颈。其中，哈萨克斯坦的传统基础设施建设水平在五国中相对较高，近年来在信息基础设施建设方面也取得了一定进展；其他四国中，乌兹别克斯坦正在大力推进基础设施建设，但仍处于起步阶段；吉尔吉斯斯坦、塔吉克斯坦、土库曼斯坦的传统基础设施建设水平较为落后，公路、铁路均不发达，并存在内部铁路线路不通问题，需要大力投资提升改造。在共建"一带一路"倡议框架下，中国与中亚五国在包括公路、铁路、航空、港口、管道等在内的合作项目中已取得不少先期合作成果。2022 年 9 月，中国、吉尔吉斯斯坦、乌兹别克斯坦有关部门签署《关于中吉乌铁路建设项目（吉境内段）合作的谅解备忘录》。[③] 预期这条铁路顺利建成使用后，不仅将优化吉尔吉斯斯坦和乌兹别克斯坦两国之间的交通运输体系，也将成为中国至欧洲、中东地区行程最短的货物运输线路。

---

① 《2022 年中国与塔吉克斯坦双边贸易额与贸易差额统计》，华经情报网，2023 年 2 月 10 日，https://m.huaon.com/detail/868920.html，最后访问时间：2023 年 4 月 27 日。

② 《中塔"一带一路"合作势如破竹：中国何以成塔吉克斯坦第一大投资来源国》，《21 世纪经济报道》，2021 年 7 月 10 日，https://finance.sina.com.cn/tech/2021-07-10/doc-ikqciyzk4557862.shtml，最后访问时间：2023 年 4 月 27 日。

③ 《国家发展改革委与吉尔吉斯斯坦交通和通信部、乌兹别克斯坦交通部签署中吉乌铁路相关合作文件》，中国政府网，2023 年 5 月 19 日，https://www.ndrc.gov.cn/fzggw/wld/zsj/zyhd/202305/t20230519_1355981_ext.html，最后访问时间：2023 年 5 月 25 日。

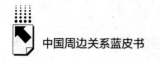

三　中国与中亚国家探索进一步完善
中国-中亚安全合作机制

中亚是连接欧亚大陆的地缘枢纽和能源资源要地。20世纪90年代初以后，尽管中亚地区局势曾有起伏，面临不少安全问题与挑战，但中亚并未爆发国家间战争，地区安全秩序表现出整体稳定的特征。这一时期，中亚地区安全威胁主要来自非传统安全领域，即恐怖主义、极端主义和分裂主义"三股势力"的威胁。但自2020年全球新冠疫情持续蔓延、美国从阿富汗撤军、大国在地区地缘政治博弈加剧之后，特别是2022年1月哈萨克斯坦国内震荡、2月乌克兰危机爆发以来，中亚地区内外安全局势面临着较为严峻的风险和挑战。

就域内安全形势看，2022年中亚地区安全问题引发了国际社会的关注。1月哈萨克斯坦国内爆发大规模骚乱，引起哈国内政治形势的剧烈动荡；7月乌兹别克斯坦国内出现大规模抗议游行活动；自1月以来，吉尔吉斯斯坦和塔吉克斯坦两国间已多次出现边境冲突；而大国分裂、世界经济复苏困难等引发的粮食危机、能源危机等在全球范围内的广泛蔓延，又使中亚地区成为深受影响的重灾区。当前，影响中亚地区安全的因素呈现多元化趋势，传统安全和非传统安全威胁层出不穷，为地区安全与稳定增加了不确定因素。在此背景下，中国同中亚国家在安全领域的互信合作就显得尤为重要，同时这也是中国与中亚国家深化安全领域合作、探索合作新路径的契机所在。

2022年4月，中国国家主席习近平在以视频方式出席博鳌亚洲论坛2022年年会开幕式时首次提出全球安全倡议，为中国与中亚国家进一步深化安全合作指明了方向。中国提出的共同、综合、合作、可持续的安全观和"坚持尊重各国主权、领土完整，不干涉别国内政，尊重各国人民自主选择的发展道路和社会制度"等原则，[①] 已得到中亚五国的普遍认可。面对当前

---

① 《习近平提出全球安全倡议》，中国政府网，2022年4月21日，https://www.gov.cn/xinwen/2022-04/21/content_5686416.htm，最后访问时间：2023年4月25日。

地区安全形势，中国与中亚国家对于实现共同安全的需求越来越迫切，双方在合作打击"三股势力"、共同消除地区安全稳定威胁等方面，已建立起较为紧密的合作关系，需进一步深化、升级。在具体路径上，中国与中亚安全合作主要包括三方面核心内容。

一是强化政治互信，在实践中积极推进机制建设。中国已与中亚地区国家建立起首脑对话机制，由国家最高领导人亲自推动双方有关安全等重大问题的沟通与协调，奠定了政治互信的坚实基础。

二是筑牢经济根基，保障安全合作行稳致远。安全是发展的基础，发展是安全的保障。建交 30 年来，中国与中亚五国经济关系已取得长足进展，但也面临合作领域较为单一、经贸规模相对较小等问题。一方面，只有继续大力深化经济合作，才能夯实双方安全的经济基础和战略保障。另一方面，中国与中亚国家一道践行共同、综合、合作、可持续的安全观，不断改善地区安全环境，才能为双方经济合作进一步深化保驾护航。

三是推进务实合作，利用好上海合作组织框架的引领作用。安全和战略合作正是上海合作组织的重要方向，中国与中亚五国在上海合作组织框架内已经积累了丰富的合作经验。多年来，上合组织成员国在打击"三股势力"方面共同探索制定了一系列合作文件，已形成较为成熟的法律规范体系。此外，中国和中亚五国在上合组织框架内的安全合作本身起点较高，具备深化提级的实践基础。

四 中国与中亚五国共建"一带一路"
取得扎实丰硕的成果

中亚是"一带一路"的首倡和启航之地之一。2013 年 9 月，习近平主席于哈萨克斯坦首次提出共建"丝绸之路经济带"倡议。"一带一路"倡议正式提出后，中亚五国又成为共建合作的先行者，先后同中国签署了"一带一路"合作协议。十年来，中亚五国积极参与"一带一路"建设，中亚五国与中国在政策沟通、设施联通、贸易畅通、资金融通、民心相通等各领

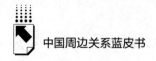

域务实推进，取得了扎实丰硕的成果。

在政策沟通方面，依托常态化的首脑外交机制和政府间合作机制，中国与中亚国家积极探讨挖掘各自国家发展战略之间的契合之处，推动"一带一路"倡议分别与哈萨克斯坦的"光明之路"新经济政策、塔吉克斯坦的"2030年前国家发展战略"、乌兹别克斯坦的"新乌兹别克斯坦"规划等国家战略进行衔接，在战略和政策层面上实现了双方国家发展战略的务实对接与合作。

在设施联通方面，中国与中亚国家在共同推动中国—中亚—西亚经济走廊建设上取得新成效，不仅实现了铁路、公路、航空、管道、电力、网络等领域的合作深化和升级，而且催生了新的经济增长点。中国参与的双西公路、中吉乌国际公路、瓦亚铁路、安帕铁路等，有助于巩固中亚地区多式联运一体化。[1] 当然，最为引人瞩目的发展成就是中欧班列的开通和运行。目前，中欧班列（西安）集结中心已开通西安至中亚国家等17条干线通道，[2]在中国与中亚国家经贸交流中发挥了中流砥柱的作用，成为服务中国-中亚"一带一路"高质量发展的国际物流大通道。

在贸易畅通方面，近年来，中国与中亚五国双边贸易额连续创造历史新高。2022年，中国自中亚国家进口农产品、能源产品、矿产品同比增长均超过50%，对中亚国家出口机电产品同比增长42%，中国与中亚跨境电商贸易额同比增长95%。[3] 此外，目前已有数百家中亚企业借助"一带一路"平台成功入驻中国电商平台，带动特色优质的中亚产品直接进入中国市场。中国已成为中亚国家最重要的贸易伙伴国和投资来源国之一。在高质量发展

① 《"一带一路"成为中国与中亚国家密切合作纽带》，搜狐网，2022年1月22日，https：//www.sohu.com/a/725725161_121687414，最后访问时间：2023年4月25日。

② 《2023年5月17日外交部发言人汪文斌主持例行记者会》，中国外交部网站，2023年5月17日，http：//new.fmprc.gov.cn/web/fyrbt_673021/jzhsl_673025/202305/t20230517_11078969.shtml，最后访问时间：2023年5月17日。

③ 《商务部：推动中国-中亚经贸合作再上新台阶》，中国政府网，2023年5月11日，https：//www.gov.cn/lianbo/bumen/202305/content_6857275.htm，最后访问时间：2023年5月12日。

方面，中国与中亚国家还积极探索新型经济合作形态，双方在数字丝绸之路、健康丝绸之路和绿色丝绸之路建设上已经开始起步。

在资金融通方面，中国与中亚国家货币互换协议的签订为扩大提升人民币在中亚地区的影响奠定了坚实基础。而亚洲基础设施投资银行、丝路基金、中国-欧亚经济合作基金等金融平台的支持，则为中国与中亚"丝绸之路经济带"建设提供了新的资金渠道。在一系列发展成就的基础上，中国与中亚五国共建"一带一路"步入了高质量发展新阶段。

在民心相通方面，中国与中亚地区国家间的友好交流传统源远流长。在共建"一带一路"倡议引领下，双方进一步深化科技、医疗、文化、旅游等方面务实合作，持续推进媒体、高校、智库等领域密切交流。在联合考古、互译文学作品、互派留学生、共同应对气候变化等方面共同开展了一系列广受好评的项目。特别是自 2004 年中国在乌兹别克斯坦首都塔什干开设全球第一所孔子学院以来，中国在中亚国家已陆续开设 13 所孔子学院，其中在哈萨克斯坦开设 5 所，在吉尔吉斯斯坦开设 4 所，在塔吉克斯坦开设 2 所，以及在乌兹别克斯坦开设 2 所；这些孔子学院下设 24 个孔子课堂，学员总量已超过 1.8 万人。[1] 截至 2022 年，中国和中亚国家已结成 62 对友好省州市。[2]在 2022 年 1 月召开的中国同中亚五国建交 30 周年视频峰会上，习近平主席亲自倡议举办中国-中亚民间友好论坛，并宣布在未来 5 至 10 年把中国同中亚五国友好城市增加至 100 对，并计划在今后 5 年向中亚五国提供 1200 个中国政府奖学金名额。[3]

---

[1] 《孔子学院带动"中文热"在中亚渐成潮流》，中国外交部网站，2023 年 5 月 16 日，http：//switzerlandemb. fmprc. gov. cn/ziliao_674904/zt_674979/dnzt_674981/zgzyfh/bjzl/202305/t20230516_11078279. shtml，最后访问时间：2023 年 5 月 17 日。

[2] 《2023 年 5 月 17 日外交部发言人汪文斌主持例行记者会》，中国外交部网站，2023 年 5 月 17 日，http：//new. fmprc. gov. cn/web/fyrbt_673021/jzhsl_673025/202305/t20230517_11078969. shtml，最后访问时间：2023 年 5 月 17 日。

[3] 《习近平在中国同中亚五国建交 30 周年视频峰会上的讲话（全文）》，中国外交部网站，2022 年 1 月 25 日，https：//www. mfa. gov. cn/web/zyxw/202201/t20220125_10633561. shtml，最后访问时间：2023 年 4 月 27 日。

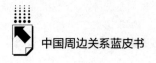

五 2023年中国与中亚国家关系展望

经过多年努力，一方面，中国与中亚国家关系已经形成全方位、多领域的多元发展格局，双方务实有效的合作对于维护中亚和平稳定、促进地区经济发展起到重要作用，为进一步提升打造地区命运共同体奠定了坚实基础。但另一方面，2023年的国际局势将延续风高浪急、地缘政治动荡不安和大国激烈博弈的基本趋势。中亚地区作为欧亚大陆核心地带和大国争夺的重要焦点之一，其所面对的安全形势恐将愈发严峻。这将为中国与中亚国家政治、经济、安全关系发展带来诸多挑战。2023年，中国和中亚五国将举办中国-中亚峰会，这是双方关系提质升级的重要契机，也充分展示和说明了双方加强合作的需求和决心。峰会的召开，将在已有的丰硕成果的基础上，巩固中国与中亚五国的传统友谊，拓展并深化双方各领域合作，助力提升地区一体化协同发展水平，为开创中国和中亚国家关系下一个"黄金30年"创造新的局面。

2022年中国与西亚国家关系评估与展望

王林聪　朱泉钢　马学清*

摘　要： 2022年中国与西亚国家关系取得突破性进展，迈上了友好交往的新阶段。一方面，在元首外交的引领下，中国与西亚国家政治关系不断升温，特别是首届中阿峰会的召开，标志着中阿合作进入新时代，进一步推进中国与西亚国家的战略合作。另一方面，中国与西亚国家在经济、科技、安全和文化领域的合作不断深化，实现新突破、呈现新亮点，尤其在高科技领域、数字经济合作达到了新高度，双方共建"一带一路"和人文交流、民心相通取得实质性进展。与此同时，美国等西方大国推动在该地区的大国战略竞争，这给中国与西亚国家关系发展带来挑战。展望未来，伴随着西亚国家"向东看"和"向东行"，中国与西亚国家战略互信不断深化，战略合作更为紧密，共同推动双方的高质量合作和双边关系的高水平发展。

关键词： 中国　西亚国家　中阿峰会　国际关系　"向东看"

在世界大变局加速演变和新冠疫情持续影响下，中国与西亚国家共克时艰，共促发展，深化合作，双边和多边关系稳步推进，以中阿峰会为标志，

---

* 王林聪，中国社会科学院西亚非洲研究所副所长、中国非洲研究院副院长，研究员，中国社会科学院海湾研究中心主任、中国中东学会会长，研究领域为中东政治、安全和国际关系；朱泉钢，中国社会科学院西亚非洲研究所助理研究员、中东治理与发展研究中心副主任，研究领域为中东政治和国际关系；马学清，中国社会科学院西亚非洲研究所助理研究员，研究领域为中东历史和文化。

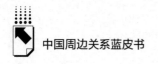

双方在政治、经济、安全和人文领域的合作不断取得新突破，成了全球友好合作的典范。本报告旨在分析 2022 年中国与西亚国家友好合作的新进展和新成就，揭示当前合作面临的问题和挑战，进而展望中国与西亚国家合作的前景。

一　中国与西亚国家政治关系更加紧密

2022 年，随着新冠疫情逐渐向好，中国与西亚国家高层直接会面得以恢复，战略沟通增强。中国与西亚国家政治关系有所跃升，主要标志是中国与阿拉伯国家召开首届中阿峰会。此外，双方继续在重大政治问题上彼此支持。

（一）战略沟通密切，政治互信加深

2022 年是中国与西亚国家间高层政治交往具有里程碑意义的一年，双方以会面、访问和"云外交"等方式开展了系列重要外交活动。其中，元首外交对巩固和深化双方政治关系具有核心引领作用。2 月，习近平主席与来华参加冬奥会开幕式的埃及总统、阿联酋阿布扎比王储和卡塔尔埃米尔进行会晤。9 月，上合组织成员国元首理事会期间，习近平主席与伊朗总统和土耳其总统进行会晤。12 月，首届中阿峰会、中海峰会和中沙峰会期间，习近平主席与 16 个阿拉伯国家的领导人举行会晤。此外，习近平主席与西亚国家的国家级领导人通电话 3 次：沙特、阿联酋和伊朗各 1 次。

2022 年，中国与西亚国家的联络依旧十分密切。一方面，中方多次向西亚国家领导人致慰问电，有力拉近了双方领导人之间、民众之间、国家之间的感情。2 月 10 日，习近平主席就土耳其埃尔多安总统夫妇感染新冠病毒致慰问电。8 月 16 日，习近平主席就埃及发生教堂失火事件向塞西总统致慰问电。另一方面，中方多次向西亚国家礼节性致电。5 月，习近平主席致电祝贺穆罕默德任阿联酋新总统，并就前总统哈利法逝世致唁电。10 月，习近平主席致电祝贺拉希德当选伊拉克总统。除了唁电和贺电，中国和以色列方面在1月互相致电，庆祝两国建交30周年。此外，中国还向阿尔及利亚、埃及、阿拉伯国家联盟首脑理事会等致电，祝贺西亚国家的重要纪念日，以及阿盟的重要活动，以此增进友谊和提升关系。

2022年也是中国与西亚国家外交关系深化的重要一年。1月，西亚国家高官密集访华，中国国务委员兼外交部长王毅分别与来华访问的沙特、巴林、科威特、阿曼、土耳其、伊朗的外长，以及海合会秘书长进行会晤。3月，屯溪会谈期间，王毅与阿尔及利亚外长、卡塔尔副首相兼外交大臣、伊朗外长举行会谈。同月，王毅首次应邀出席伊斯兰合作组织外长会，并与埃及外长和沙特外交大臣会面，还顺访阿富汗。7月、8月和9月，王毅分别在上海合作组织外长会、东亚合作系列外长会、联合国大会期间会见了阿富汗代理外长、土耳其外长、埃及和阿尔及利亚外长。此外，2022年1月至12月，王毅还与西亚国家外长通话和视频会晤10次，并主持了中阿巴外长会议、阿富汗邻国外长会、阿富汗邻国与阿临时政府首次外长对话会。[①] 除此之外，中国外交部的其他官员也在积极开展对西亚国家的外交活动，既增强相互沟通，促进相互支持，提升双边友谊，又表达中国关切，提供中国智慧，展现中国担当。

（二）中阿峰会推动中阿关系迈上新阶段

2022年12月7日至10日，备受瞩目的首届中国-阿拉伯国家峰会，中国-海湾阿拉伯国家合作委员会峰会，以及中国-沙特峰会在沙特召开。中阿峰会是在中阿合作论坛这一部长级合作机制基础上的迭代升级，也是新中国成立以来我国对阿拉伯世界规模最大、规格最高的一次外交行动，更是党的二十大后新一轮中国特色大国外交的具体实践。习近平主席具有里程碑意义的西亚之旅，引领中阿、中海和中沙关系迈进全面深化发展的新时代，标志着中阿命运共同体建设又上新台阶。

---

① 笔者通过综合中国外交部网站相关信息，统计得出。

在首届中阿峰会召开前夕，中国外交部发布了《新时代的中阿合作报告》，对中阿友好关系进行了系统回顾，并围绕百年变局下的中阿合作，携手构建面向新时代的中阿命运共同体提出了全面的战略构想，就未来中阿在政治、经济、安全、文化等领域深化合作做出了系统安排。此次峰会成果丰硕，为中阿未来的战略合作指明了方向，提供了路径，明晰了方法。习近平主席提出了中阿务实合作"八大共同行动"，涵盖支持发展、粮食安全、卫生健康、绿色创新、能源安全、文明对话、青年成才、安全稳定，充实完善了中阿务实合作的"四梁八柱"。中阿双方发表了《首届中阿峰会利雅得宣言》《中华人民共和国和阿拉伯国家全面合作规划纲要》《深化面向和平与发展的中阿战略伙伴关系文件》，中方和阿方有关部门还在共建"一带一路"、能源、粮食、投资、绿色、安全、航天等领域签署了多项合作文件，彰显出中阿合作的巨大潜力和广阔前景。

此外，在中海峰会上，中国与海合会方面共同发表了《中海峰会联合声明》和《中海战略对话2023年至2027年行动计划》，擘画中海合作大格局。在中国与沙特合作方面，双方领导人亲自签署了首份《中华人民共和国和沙特阿拉伯王国全面战略伙伴关系协议》，主要内容包括规定元首会晤机制化，将中沙高级别联合委员会级别提升至总理级，实现"一带一路"倡议同沙特"2030愿景"的更好对接等。

（三）加强在重大问题上相互支持，维护人类共同利益

近年来，西方某些国家的霸权主义和强权政治本质不断暴露，动辄对中国和一些西亚国家实行单边制裁，严重破坏了国际体系的公平正义。中国与西亚国家彼此支持，共同应对一些西方国家的霸权主义、干涉主义和单边主义行径，有力维护了公正合理的国际秩序。

一方面，西亚多数国家坚定维护中国的核心利益，多次在国际舞台上对中国鼎力支持。2022年6月14日，在日内瓦举行的联合国人权理事会第50届会议上，古巴代表包括10多个西亚国家在内的近70个国家做共同发言，

指出尊重各国主权、独立和领土完整，不干涉主权国家内政是国际关系基本准则。新疆、香港、西藏事务是中国内政，反对将人权问题政治化和双重标准，反对以人权为借口干涉中国内政。8月，美国国会众议长佩洛西窜访台湾，22个阿拉伯国家和阿盟秘书处重申一个中国原则，其中18国政府公开发声支持中国。10月，以美国为首的西方国家在联合国人权理事会第51届会议期间推动涉疆反华草案，多数西亚国家再次给予中方坚定支持。10月底，美国等在第77届联合国大会第三委员会对中国进行攻击抹黑，包括多个西亚国家在内的多国坚定支持中国。值得一提的是，沙特代表6个海湾国家、也门和利比亚作共同发言支持中国。①

另一方面，中国揭露美国对西亚国家的干涉、制裁和破坏，积极支持西亚国家反抗霸权压迫和外部干涉的斗争。中国人权研究会专门发表文章《美国在中东等地严重侵犯人权罪行》，以大量事实揭露和分析"美国在中东及其周边地区犯下包括战争罪、危害人类罪、任意拘押、滥用酷刑、虐囚和滥施单边制裁等一系列严重违背国际法的罪行，构成对人权的系统性侵犯，危害持久且深远"。美国的罪行"不仅导致中东等地战火连连，战乱频仍，深陷冲突泥潭和安全困境，而且导致当地人民的生命权、健康权、人格尊严和宗教信仰自由以及生存权、发展权等遭受严重损害"②。中国还坚定支持西亚国家的反霸行动。中国一直强调要维护不干涉内政这一国际关系基本准则，支持西亚国家维护国家主权、安全、稳定，支持西亚国家继续走符合本国国情的发展道路，有力地支持了西亚国家的主权独立和国家尊严。在阿富汗问题上，中国坚持"三个尊重"和"三个从不"原则。包括尊重阿富汗独立、主权和领土完整，尊重阿富汗人民做出的自主选择，尊重阿富汗的宗教信仰和民族习惯；从不干涉阿内政，从不在阿谋求任何私

---

① 《联合国大多数会员国反对借人权问题干涉中国内政》，中华人民共和国常驻联合国代表团网站，2022年10月31日，http://un.china-mission.gov.cn/chn/hyyfy/202211/t20221101_10794922.htm，最后访问时间：2022年12月14日。

② 中国人权研究会：《美国在中东等地严重侵犯人权罪行》，《人民日报》2022年8月10日，第16版。

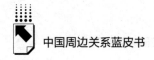

利，从不寻求所谓势力范围。① 可以说，这与美国对阿富汗的失败政策形成了鲜明对比。

二 中国与西亚地区经济关系持续推进

长期以来，经济合作一直是中国与西亚地区关系的"重头戏"。2022年，中国与西亚国家间的贸易、投资和基建合作继续深化；双方传统形式的能源贸易依然重要，能源全产业链投资合作和新能源合作不断提升；高科技经济合作也越发成为新的经济合作增长点。

（一）贸易、投资和基建合作不断深化

贸易和投资便利化、基础设施建设一直是中国与西亚国家经济合作的"两翼"，双方在贸易、投资和基建领域的合作，有力确保了中国与西亚国家的良好经济合作格局。2022年，双方在这三个领域的合作继续推进。

第一，中国与西亚国家的贸易合作继续上升。受全球能源价格上涨、后疫情经济恢复、中国和西亚国家的经济改革政策等因素的推动，中国与西亚国家的双边贸易继续增长。根据中国海关总署的数据，2022年1月至11月，中国与西亚国家的双边贸易额为4396亿美元，其中，中国从西亚国家进口额为2483亿美元，向西亚国家出口额为1913亿美元②，均比同期有大幅上涨。除了叙利亚和埃及之外，中国与西亚所有国家的贸易额均有不同程度的增长。在西亚国家中，沙特、阿联酋、伊拉克、阿曼和土耳其是与中国双边贸易额总量最多的五个国家，中国与这些国家的贸易额均超过350亿美元，而沙特与中国的贸易额更是突破了1000亿美元。

第二，中国与西亚国家的投资合作逆势增长。受中国经济结构调整、全

---

① 《王毅谈中国在阿富汗问题上的"三个尊重"和"三个从不"》，中国外交部网站，2022年3月24日，https：//www.mfa.gov.cn/web/wjbzhd/202203/t20220324_10655142.shtml，最后访问时间：2022年12月14日。

② 笔者通过综合中国海关网站相关数据信息，统计得出。

球产业链重组、美国奉行全球大国竞争战略等因素的影响，中国在全球范围的投资有所放缓，但在西亚地区的投资出现上升。2021年，中国对阿拉伯国家的投资增长了约170亿美元。[1] 2022年，这一趋势得以延续。此外，中国与西亚国家的投资变得越来越双向，主要表现在西亚国家对中国的投资增多，尤其是向中国高科技领域的投资增多，显示出对中国高科技企业的信心。2022年7月，中国初创企业节卡机器人（Jaka Robotics）获得了沙特阿美风险投资公司1.5亿美元的投资。9月，沙特人工智能公司SCAI宣布准备向与中国商汤科技有关的企业注资约2.06亿美元，打造全球领先的人工智能实验室。[2]

第三，中国与西亚国家的基建合作成果亮眼。2021年，中国与西亚地区的基建合作继续深化，中国在整个西亚北非地区所获基建协议增长了116%，显示出双方基建合作的深厚基础和光明前景。2022年5月，由中国建筑承建的埃及新行政首都中央商务区项目的20个单体工程主体结构施工全部完成，该项目是"一带一路"项目在西亚地区的地标性项目之一。尤其值得一提的是，西亚国家卡塔尔在2022年底成功举办了第22届足球世界杯，由中国铁建国际集团有限公司作为总承包商建造的主场馆卢塞尔体育场引人瞩目，该体育馆成功举办了包括决赛在内的多场比赛，其建造融合的科技、低碳、人文等元素广受关注并大受好评。

（二）能源领域合作继续深入推进

在中国与西亚国家的经济合作中，能源一直是重要的"压舱石"。2022年，双方的能源合作依旧十分密切。

---

① 《中国在阿拉伯世界投资2139亿美元，其中21%在沙特》，中国商务部网站，2022年5月5日，http://sa.mofcom.gov.cn/article/jmxw/202205/20220503309620.shtml，最后访问时间：2022年11月29日。

② Dale Aluf, "China's Tech Outreach in the Middle East and North Africa," November 17, 2022, https://thediplomat.com/2022/11/chinas-tech-outreach-in-the-middle-east-and-north-africa/, accessed：2022-12-08.

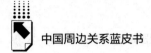

第一，在传统能源贸易领域，中国与西亚国家的合作十分重要。2021年，中国原油进口依存度实现近 20 年的首次下降，但从西亚地区的原油进口量不降反升，占比也从 2020 年的 46.7%上升到 2021 年的 50.2%。2022 年前三个季度，中国的原油进口量同比继续下降，但西亚地区仍是中国最重要的原油进口来源地。中国原油进口量排名前 5 的国家中，只有排名第 2 的俄罗斯不是西亚国家，而其他 4 个国家——沙特、伊拉克、阿曼、阿联酋分别占中国原油总进口量的 17.8%、10.8%、8.1%和 7.7%。[①] 此外，2022 年 11 月，中国石油化工集团与卡塔尔能源公司签署了创纪录的为期 27 年、总量 400 万吨、价值 600 亿美元的液化天然气长期购销协议。可见，中国仍是西亚产油国稳定的油气市场，西亚地区还是中国可靠的油气来源地。

第二，中国与西亚国家的能源经济合作，继续在全产业链投资领域深化。近年，随着中国与西亚国家的能源合作日益紧密，双方逐渐超越能源贸易合作，走向全产业链投资合作，能源合作涉及上游、中游和下游。2017年，阿联酋的阿布扎比国家石油公司与中国石油签署协议，授予后者在阿布扎比 8%的境内石油开采权，这是中国企业首次在西亚地区获得上游合作协议。此外，双方的下游合作也如火如荼，如沙特阿美石油公司与中国石化已在中国成立多个石化公司。2022 年 3 月，沙特阿美石油公司最终决定，将与中国兵器工业集团、辽宁盘锦鑫诚集团共同投资，合作开发在中国辽宁盘锦的一座大型炼油化工一体化联合装置，将上马炼油厂、乙烯、对二甲苯装置等项目，项目总投资金额约 100 亿美元。[②]

第三，中国与西亚国家在新能源领域合作持续推进，助力西亚国家绿色经济发展。随着西亚国家纷纷提出碳中和时间表和路线图，以及中国在风

① 《中国能源进口格局渐变 多元化成最大亮色》，中国石油新闻中心，2022 年 11 月 22 日，http://news.cnpc.com.cn/system/2022/11/22/030085771.shtml，最后访问时间：2022 年 12 月 3 日。

② 《刘冬：创新发展，中阿能源合作走向多元化》，中国社会科学院西亚非洲研究所网站，2022 年 11 月 4 日，http://iwaas.cass.cn/xslt/zdlt/202211/t20221104_5559105.shtml，最后访问时间：2022 年 12 月 2 日。

电、光伏发电等新能源领域的技术和产业链优势，中国与西亚国家的新能源经济合作进展迅猛。① 2022年7月，中国能建、浙江火电等成功签约埃及阿斯旺省康翁波500兆瓦光伏电站EPC+O&M项目，这将为当地提供可靠的清洁能源供应，推动当地经济的绿色发展，助力埃及低碳发展战略。11月，中国能建国际集团、广东火电等共同承建的沙特阿尔舒巴赫2.6GW光伏电站项目开工，这是西亚地区单体最大的在建光伏电站项目，将解决当地3000人的就业问题，并每年减少碳排放量约312万吨②，助力沙特的低碳经济发展。

（三）高科技领域经济合作成为重要增长点

近年来，中国与西亚国家纷纷提出高科技发展战略，努力搭乘第四次工业革命的"快车"，并积极寻求双方合作。目前，双方在电子商务平台、移动支付系统、智能数据中心、5G网络、海底电缆、卫星、基因技术、云存储、智慧城市和人工智能等高科技领域合作广泛。③ 这也是近年中国与西亚国家的高科技经济合作突飞猛进的重要背景，中国高科技公司在多个西亚国家的发展转型战略中发挥着重要作用，如"数字埃及""摩洛哥数字2025""沙特NEOM新城储能项目""智慧迪拜2021"等。双方的高科技经济合作，也成为中国与世界其他国家共建"数字丝绸之路"的典范。

2022年，中国与西亚国家的高科技经济合作继续快速推进。其中，数字经济合作仍是重中之重，这里以华为公司与西亚国家的合作为例进行说明。经过近20年的耕耘，华为公司与西亚国家的通信合作受到全球瞩目，

---

① 吴磊、赵跃晨：《碳中和目标下中国与中东国家的能源合作》，《西亚非洲》2022年第6期，第49~73页。

② 《沙特阿尔舒巴赫2.6GW光伏电站项目开工》，中国能源建设集团国际工程有限公司网站，2022年11月16日，http：//www. intl. ceec. net. cn/art/2022/11/16/art_58497_2511901. html，最后访问时间：2022年12月4日。

③ John Calabrese, "The Huawei Wars and the 5G Revolution in the Gulf," July 30, 2019, https：//www. mei. edu/publications/huawei-wars-and-5g-revolutiongulf#_ftn1, accessed：2022-12-04.

华为已与 8 个西亚北非国家签署 5G 合作协议。2022 年，华为继续在西亚北非地区拓展业务。一是不断推进与西亚国家的云计算合作。2021 年，华为云中东宣布，将向西亚北非地区的云计算市场投资 1500 万美元，加速地区企业发展、人才培养和数字生态培育。2022 年 3 月底在阿联酋迪拜举行了"2022 中东非洲华为云峰会"，来自西亚和非洲地区的数千名政府、商业和学界人士热议云在各行业中的作用和未来。① 8 月，华为与埃及信息技术产业发展署签署谅解备忘录，启动华为"星火"（Spark）计划，为埃及有前途的技术驱动型初创公司提供免费使用华为独特的云资源生态系统的机会。12 月 9 日，沙特政府与华为签署谅解备忘录，致力于加强云计算和智慧城市的投资合作。二是助力西亚国家的绿色和低碳经济转型。2022 年 3 月，华为和土耳其钢铁制造商托夏勒股份公司（Tosyali Holding）宣布，共同投资 7100 万美元，在土耳其的奥斯曼尼耶省（Osmaniye）建造一个太阳能光伏系统。该项目是全球最大的屋顶太阳能发电项目，装机总量为 140 兆瓦，有望每年为土耳其减少 11.65 万吨碳排放。② 5 月，华为与阿联酋迪拜水电局签约承建的太阳能供电数据中心第一期投入使用，该项目采用 100% 绿电驱动，也是西亚地区最大的低碳数据中心。

与此同时，中阿加强卫星导航和航天科技等高新科技合作取得重要进展。在航天卫星领域，中国同阿拉伯国家建立中阿北斗合作论坛机制，在突尼斯落成北斗卫星导航系统首个海外中心——中阿北斗/GNSS 中心。中国同阿尔及利亚、苏丹、埃及、沙特等国签署航天卫星领域多个合作文件，成功将阿尔及利亚一号通信卫星、"沙特-5A/5B"卫星、苏丹科学实验卫星一号等发射升空。特别是中国与阿联酋航天领域的合作取得了重要成果。2022 年 9 月 16 日，中国国家航天局副局长吴艳华率团访问穆罕默德·本·拉希德航天中心，与中心主任艾尔马里举行会谈，双方就月球与深空探测、

① 《在中东与非洲，"一切皆服务"加快全球实践》，华为云，2022 年 3 月 30 日，https://bbs.huaweicloud.com/blogs/343618，最后访问时间：2022 年 11 月 30 日。
② 《土耳其 Tosyali Holding 携手华为打造 140MW 绿色钢铁工厂》，Kesolar，2022 年 3 月 14 日，https://www.kesolar.com/headline/186421.html，最后访问时间：2022 年 12 月 4 日。

卫星研制及应用及人才培养等领域合作深入交换意见并达成广泛共识，并签署了《中国国家航天局与穆罕默德·本·拉希德航天中心关于嫦娥七号合作的谅解备忘录》。根据该备忘录，阿联酋"拉希德二号"月球车将搭乘中国嫦娥七号实施月球表面巡视探测活动，阿方将负责"拉希德二号"月球车的研制，中方将为阿方提供"拉希德二号"月球车搭载、测控和数据接收等服务，双方共享"拉希德二号"月球车探测成果。中阿加强航天领域合作助推中阿全面战略伙伴关系不断深入发展，中阿月球探测合作是两国航天领域开启的重点合作项目，将为进一步深化和拓展双方航天合作奠定坚实基础。

三　中国与西亚地区安全关系逐步提升

近年来，中国与西亚国家加大了在安全领域的交流和沟通，双方在传统安全和非传统安全领域的合作不断提升，中国也在力所能及的范围内向西亚地区提供更多的安全公共产品。2023年，中国与西亚地区的安全合作继续深化。

（一）军事安全领域合作有序推进

长期以来，中国与西亚地区的传统军事合作水平不高，这也被视为中国与西亚关系的"短板"。2022年，中国与西亚地区的军事安全合作有所推进。

第一，中国与西亚国家军方高层沟通密切。2022年1月26日，中国国务委员兼国防部长魏凤和同沙特国防副大臣哈立德视频通话。双方表示，中沙两军合作具有进展迅速和成果丰硕的特点，并期待两军关系继续提升。4月27日，伊朗总统莱希在德黑兰会见魏凤和，后者还与伊朗武装部队总参谋长巴盖里和国防部长阿什蒂亚尼会谈，双方强调中伊两军应加强战略沟通，并在兵种、演训、培训等领域深化合作。4月28日，阿曼国防事务副首相谢哈卜亲王会见魏凤和，双方指出，两军将在联演、技术、后勤和培训

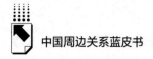
等领域提升合作。①

第二，中国与西亚国家的军售合作缓慢推进。近年，中国基于促进地区和平与安全的目的，在符合国际法和国际规范的条件下，与西亚国家的军售合作不断深化，尤其是 2015 年之后向西亚多国出售军用级无人机，助力地区国家开展反恐行动。② 根据斯德哥尔摩国际和平研究所（SIPRI）的数据，2017~2021年期间，中国出售武器最多的 10 个国家中，西亚国家占 3 个，分别是沙特、卡塔尔和阿联酋。③ 2022 年，西亚国家继续从中国进口武器装备，维护国家安全。2022 年 2 月，阿联酋决定从中国购买 12 架 L-15 "猎鹰" 高级教练机。④ 有消息指出，在 11 月的珠海航展上，沙特与我国数家军工企业敲定了约40 亿美元的大单，试图购买无人机、空对地导弹、防空体系等武器装备。⑤

第三，中国与西亚国家的军事交流值得关注。2022 年 1 月 18~20 日，中国海军前往伊朗海域，参加中国、伊朗、俄罗斯三方海上联合军事演习，主要演练联合维护航运和海上经济活动安全等课目，这也是 2019 年三方首次海上联合军演后的第二次海上联演行动。⑥ 联演有助于增强三方海军协调，维护西亚地区海上安全。9 月 28 日，中国军校和 16 所阿拉伯国家高等

---

① 《魏凤和同沙特阿拉伯国防副大臣视频通话》，中国国防部网站，2022 年 1 月 26 日，http：//www. mod. gov. cn/topnews/2022-01/26/content_4903604. htm，最后访问时间：2022年 12 月 3 日；《伊朗总统莱希会见魏凤和》，中国国防部网站，2022 年 4 月 28 日，http：//www. mod. gov. cn/topnews/2022-04/28/content_4909946. htm，最后访问时间：2022 年 12 月3 日；《阿曼国防事务副首相谢哈卜亲王与魏凤和举行会谈》，中国国防部网站，2022 年 4月 29 日，http：//www. mod. gov. cn/topnews/2022-04/29/content_4910041. htm，最后访问时间：2022 年 12 月 3 日。

② 朱泉钢：《中东地区军用无人机的扩散、应用及其安全影响》，《西亚非洲》2022 年第 5 期，第 120 页。

③ "SIPRI Arms Transfers Database, 2017-2021," https：//www. sipri. org/databases/armstransfers，accessed：2022-12-07.

④ 《阿联酋宣布将采购中国战机　印媒不高兴了》，新华网，2022 年 3 月 2 日，http：//www. news. cn/mil/2022-03/02/c_1211592762. htm，最后访问时间：2022 年 12 月 5 日。

⑤ 《珠海航展，中国合成旅，沙特一口气买 3 个？中国·6 天卖出 398 亿美元》，新浪网，2022年 11 月 14 日，http：//k. sina. com. cn/article_2771040283_a52ab81b020016r5d. html，最后访问时间：2022 年 12 月 5 日。

⑥ 《中伊俄海上联合军事演习落幕》，中国国防部网站，2022 年 1 月 22 日，http：//www. mod. gov. cn/action/2022-01/22/content_4903393. htm，最后访问时间：2022 年 12 月 5 日。

军事院校举办中阿高等军校视频研讨会,大家共话中阿军校交流合作、中阿军事人才培训、中阿军事关系发展等议题,为构建中阿命运共同体贡献军方的力量。①

(二)中国继续向西亚地区提供公共安全产品

随着中国越来越走向国际舞台的中心,中国也越来越多地向国际社会提供经济、安全等各种形式的公共产品。2022年,中国继续在西亚地区提供安全公共产品,主要包括中国军队继续在亚丁湾护航,积极参与国际维和行动,举办第二届中东安全论坛等。

第一,中国海军亚丁湾护航行动有序开展,保障地区海上安全。2022年1月、5月和9月,中国先后派出第40、41、42三批次亚丁湾护航编队,每个编队的组成依旧是一艘导弹驱逐舰、一艘导弹护卫舰、一艘综合补给舰,人员规模为700多人,2022年参与任务的三艘导弹驱逐舰和三艘导弹护卫舰均是首次执行护航任务。截至2022年6月,中国护航编队在亚丁湾地区开展护航行动已经14年,完成了超过1500次的护航任务。② 中国的亚丁湾护航行动,不仅有力打击了该海域的海盗和恐怖主义行径,有效保障了途经该海域的货轮和人员安全,维护了该海域的安全,而且锻炼了中国海军的远洋能力,推进了中国与西亚国家的安全合作,彰显了中国的负责任大国形象。

第二,中国官兵在黎巴嫩的维和行动表现良好,受到国际社会的好评。1990年,中国首次向联合国停战监督组织派出5名军事观察员,从此拉开中国军队参加联合国维和行动的序幕,至今已30多年。30多年来,共有5万多名中国维和人员前往全球20多个国家和地区,参加了约30项联合国维和任

---

① 《中国和阿拉伯国家高等军事院校视频研讨会举办》,中国国防部网站,2022年9月28日,http://www.mod.gov.cn/topnews/2022-09/28/content_4922012.htm,最后访问时间:2022年12月8日。

② 《中国海军在亚丁湾完成1500批护航任务》,中国国防部网站,2022年6月11日,http://www.mod.gov.cn/action/2022-06/11/content_4912708.htm,最后访问时间:2022年12月9日。

务，为全世界的和平与安全作出了重要贡献。迄今，中国已成为安理会常任理事国中派遣维和人员最多的国家，也是联合国维和费用第二大出资国，成为全世界最重要的维和参与国之一。① 2006年至今，中国已向西亚国家黎巴嫩派出了21批维和官兵，人数共约7500人，很好地完成了在黎巴嫩南部的扫雷排爆、建筑施工、医疗保障等任务，有力维护了黎巴嫩的和平和安全。2022年7月，联合国驻黎巴嫩临时部队授予中国410名在黎维和官兵联合国"和平勋章"，显示出国际社会对中国维和官兵在黎所作突出贡献的肯定。②

第三，中国举办第二届中东安全论坛，助力中东地区和平安全。2022年9月21日，来自中国、西亚国家的外交和安全领域的官员和学者等以线上和线下相结合的方式，召开了主题为"推动构建中东安全新架构，实现地区共同安全"的第二届中东和平论坛，下设"巴勒斯坦问题：出路与前景"和"海湾安全：多边主义与对话合作"两个分论坛。国务委员兼外交部长王毅出席开幕式，并提出构建中东安全新架构的四点建议：秉持共同、综合、合作、可持续的新安全观；明确中东国家主导地位；遵守联合国宪章宗旨和原则；加强区域安全对话。③ 此次会议的召开，彰显了中国对解决西亚安全困境，促进西亚国家安全沟通，推动西亚地区安全的热切期望和不懈努力，受到了西亚国家的积极肯定。

（三）中国为解决地区热点问题贡献智慧和方案

2022年，中国继续为解决中东安全热点问题提供中国方案和中国智慧，助力中东地区的和平与安全。

---

① 董凡超：《"蓝盔勇士"为维护世界和平贡献更多中国力量》，《法治日报》2022年11月7日，第5版。

② 《我赴黎维和部队全体官兵获联合国"和平勋章"》，中国国防部网站，2022年7月3日，http：//www.mod.gov.cn/action/2022-07/03/content_4914590.htm，最后访问时间：2022年12月9日。

③ 《王毅出席第二届中东安全论坛》，中国外交部网站，2022年9月21日，https：//www.mfa.gov.cn/web/wjbzhd/202209/t20220921_10769081.shtml，最后访问时间：2022年12月9日。

第一，中国高度重视巴勒斯坦问题的公正解决。中国一直支持巴勒斯坦的正当诉求，以及巴以问题的和平解决。例如，2022年11月，习近平主席再次向"声援巴勒斯坦人民国际日"纪念大会致贺电，强调"中国希望巴以尽快恢复和谈，并愿为实现中东地区持久和平、普遍安全、共同繁荣作出积极贡献"①。中国对巴勒斯坦的支持也得到了巴方的认可，巴勒斯坦外长马立基指出，中国一直在巴勒斯坦问题上主持公道，"习近平主席是首位也是唯一呼吁给予巴勒斯坦安全关切同等关注的大国领导人"②。

第二，中国继续助力西亚战乱国家的政治和解进程。中东剧变后，也门、叙利亚两个西亚国家沦为战乱国家，时至今日，战乱仍未彻底结束。中国不仅一直在冲突方之间劝谈促和，而且为战乱国家民众提供力所能及的人道主义援助。2022年，中国驻也门大使和临时代办积极与也门国内各方保持接触和联系，并且与其他国家驻也门的重要人士充分沟通和交流，还多次参加联合国安理会五常驻也门使节磋商会等国际会议③，致力于促进也门问题的政治解决。在叙利亚，中国着重关注叙利亚的重建和民生恢复问题，包括提供粮食人道主义援助、帮助修缮学校、援助公交车等。④

第三，中国继续在伊朗核问题上支持伊朗的合理诉求。2022年，伊朗核问题一直是国际社会的重要热点问题。中国与伊朗方面保持密切沟通，积极推动伊朗核问题的政治解决。一方面，中国坚决反对外部势力对伊朗的霸权行径和非法制裁，反对西方不断政治化伊朗核问题的行为，反对外部势力粗暴干涉伊朗内部事务；另一方面，中国坚定支持伊朗的合理诉

---

① 《习近平向"声援巴勒斯坦人民国际日"纪念大会致贺电》，中国外交部网站，2022年11月30日，https：//www.mfa.gov.cn/web/gjhdq_676201/gj_676203/yz_676205/1206_676332/xgxw_676338/202211/t20221130_10983090.shtml，最后访问时间：2022年12月9日。

② 《王毅：巴勒斯坦问题一天不解决，中国支持正义事业的斗争就一刻不停歇》，中国外交部网站，2022年3月24日，https：//www.mfa.gov.cn/web/gjhdq_676201/gj_676203/yz_676205/1206_676332/xgxw_676338/202203/t20220324_10654962.shtml，最后访问时间：2022年12月9日。

③ 详见中国驻也门大使馆网站，http：//ye.china-embassy.gov.cn/sgdt/index_1.htm。

④ 详见中国驻叙利亚大使馆网站，http：//sy.china-embassy.gov.cn/xwfb/。

求，支持伊朗在伊朗核问题全面协议恢复履约谈判中提出合理的诉求，支持伊朗维护正当权益的举动。[①]

四 中国与西亚地区人文交流实现新突破

人文交流合作是中国与西亚国家民心相通工程的重要内容，在双方全方位合作中具有重要的基础作用。2022 年以来，双方在国际重大体育赛事、重要展览会、经贸洽谈会等方面，展开形式多样的人文交流活动；双方还在语言文学、影视传媒、新闻出版、高校和智库等领域继续开展译介、合作拍摄、联合展播、学术研讨会等丰富多彩的人文交流活动，为促进民心相通奠定了基础，不断推动双方人文交流走向深入。

（一）人文交流深入推进取得了新突破

一方面，发挥中阿合作论坛在加强双方人文交流活动的引领作用，开展一系列重大活动，推动人文交流深入发展；另一方面，积极加强与阿富汗、伊朗、土耳其、以色列等非阿拉伯国家的交流合作，从而更加全面地推动中国与西亚国家人文交流活动。

第一，人文交流机制化、常态化。

中阿合作论坛是中国与西亚国家最重要的交流机制，论坛框架性开展中阿文明对话研讨会、阿拉伯艺术节/中国艺术节、中阿新闻合作论坛、中阿广播电视合作论坛、中阿图书馆与信息领域专家会议等合作机制为中国与西亚国家人文交流发挥着重要作用。2022 年，双方在论坛框架下举办了第四届中国-阿拉伯国家妇女论坛、第三届中阿改革发展论坛、中国-阿拉伯媒体合作论坛等一系列重要活动，助推中国与西亚国家人文交流新发展。2022年 7 月 21 日，全国妇联在北京举办以"妇女教育与科技创新"为主题的第

---

① 《王毅同伊朗外长阿卜杜拉希扬举行会谈》，中国外交部网站，2022 年 1 月 15 日，https：//www.mfa.gov.cn/web/gjhdq_676201/gj_676203/yz_676205/1206_677172/xgxw_677178/202201/t20220115_10495894.shtml，最后访问时间：2022 年 12 月 9 日。

四届中国-阿拉伯国家妇女论坛。中国、阿联酋、黎巴嫩、巴林、阿尔及利亚驻华大使，卡塔尔、埃及、伊拉克、摩洛哥、突尼斯、巴勒斯坦驻华使馆代表出席会议。2022 年 9 月 8 日，外交部依托中阿改革发展研究中心举办第三届中阿改革发展论坛。中国政府中东问题特使翟隽、阿盟助理秘书长哈利勒、阿联酋阿布扎比社会发展局局长穆吉尔、上海外国语大学校长李岩松出席开幕式并致辞，外交部中阿合作论坛事务大使李琛主持会议。来自中国以及埃及、阿联酋、沙特、卡塔尔、伊拉克、也门、巴勒斯坦、黎巴嫩、苏丹、阿尔及利亚、摩洛哥等国的 20 余位专家学者聚焦全球发展倡议，共商中阿发展大计。2022 年 11 月 30 日，第三届中国阿拉伯城市论坛以线上方式举行。全国人大常委会副委员长、中国阿拉伯友好协会会长艾力更·依明巴海视频致辞。中国 25 个省市外办（友协）负责人、阿拉伯国家 41 个省市负责人，以及阿拉伯国家驻华使节、中阿企业家和学术代表等 100 余人出席论坛，发表《第三届中国阿拉伯城市论坛宣言》。2022 年 12 月 5 日，2022 中国-阿拉伯媒体合作论坛在沙特阿拉伯首都利雅得举行。本次论坛由中国中央广播电视总台和沙特新闻部联合主办，以"加强交流互鉴，推动构建中阿命运共同体"为主题，来自中国及 22 个阿拉伯国家的政府官员、媒体机构代表及专家学者等 150 余位嘉宾以线上线下结合的方式参与论坛，发布《中国与阿拉伯国家深化媒体交流合作倡议》，倡导中国与阿拉伯国家媒体机构加强互学互鉴，恪守媒体职责，深化交流合作，为推动中阿战略伙伴关系迈上更高水平作出媒体贡献。此次论坛得到阿拉伯国家多家主流媒体广泛关注，沙特国家电视台，沙特国家通讯社，沙特《中东报》《欧卡兹报》《国家报》，埃及《金字塔报》，科威特《祖国报》，巴林《海湾消息报》等 30 余家阿拉伯国家主流媒体对论坛进行了直播和报道。这次论坛播出了中央广播电视总台与沙特广播电视局共同发布合拍节目《心手相连》，并启动了"中国影视作品阿拉伯国家展播活动"①，中国出版发行的多部优秀纪录片、电视剧将在阿拉伯国家电视台播出。

①　《2022 中国-阿拉伯媒体合作论坛举办》，《光明日报》2022 年 12 月 8 日，第 9 版。

中国与伊朗在"全面战略伙伴关系"和"25年全面合作计划"框架下开展了密切的人文交流合作。2022年8月23日,第十三届中国伊朗两国友协年会暨中伊友好省市对话会以线上方式举办,此次对话会主题为"合作共赢、共同发展——面向未来的中伊全面战略伙伴关系",与会代表围绕"人文交流与民心相通"和"友城合作与共同发展"两个议题进行了深入交流,双方决定全面加强文化教育、青少年、妇女、媒体智库和投资贸易、能源、金融、科技、基础设施、产能等领域人文交流与互利合作,创新推动中伊友好省市等民间交流与互利合作,进一步夯实两国友好的利益基础和民意社会基础。

第二,举办重大国际体育赛事活动,加强民心相通。

现代社会中,国际体育交流为不同国家的人民加强交流提供了重要的桥梁纽带,特别是以奥运会、世界杯足球赛为代表的重大国际体育赛事超越了国别、肤色、民族、宗教、意识形态等界限,已成为人与人、国家与国家之间的友谊之桥,成为国际人文交流的重要舞台。2022年,在新冠疫情延宕起伏的背景下,中国和西亚国家分别举办了两场国际重大体育赛事,借助竞技体育舞台,加强了双方民心相通,取得了良好效果。

2022年2月4日至20日,第24届冬季奥林匹克运动会在中国北京和张家口举行,这是中国第一次举办冬季奥运会,北京也因此成为第一座双奥之城。受到地理、气候等自然条件限制,绝大多数西亚国家不利于开展冰雪运动,缺少冰雪运动传统,但是这并不妨碍西亚国家参与北京冬奥会的热情,沙特阿拉伯、黎巴嫩、摩洛哥、伊朗、土耳其、以色列等西亚北非国家派出参赛队伍参与北京冬奥会多项赛事的角逐竞赛,其中沙特阿拉伯是首次参加冬奥会。埃及总统塞西、卡塔尔埃米尔塔米姆、阿联酋阿布扎比王储穆罕默德等西亚地区的国家元首克服新冠疫情带来的困难和不便,不远万里来到北京出席冬奥会开幕式,为冬奥喝彩、为中国加油。埃及奥委会秘书长谢里夫在其署名文章《促进文化交流的体育盛事》[1]中表示,埃及各界坚定支持北

---

[1] 〔埃〕谢里夫·埃里安:《促进文化交流的体育盛事》,《人民日报》2022年2月9日,第3版。

京冬奥会，相信中国一定能将本届冬奥会打造成会聚各国冰雪精英、促进文化交流的体育盛事。埃及首都开罗地标建筑开罗塔在北京冬奥会开幕之际上演一场灯光秀，以中、英、阿三语将"北京冬奥会""北京2022"等文字和北京冬奥会会徽投映在塔身，以此表达对北京冬奥会的支持。值得一提的是，海湾国家依靠政策引导、资金支持和技术引进，兴建冰上运动场馆，逐渐为本国冬季运动发展创造机会，引领新的体育风向。

2022年10月19日，两只大熊猫"京京"和"四海"顺利抵达了多哈，卡塔尔方面兴建了占地12万平方米豪尔熊猫馆迎接两只远道而来的大熊猫入住。为表示对大熊猫的喜爱，卡塔尔还为"京京"和"四海"分别取了阿拉伯文名字——"苏海尔"和"索拉雅"。这两个名字都来自阿拉伯传统文化，在阿拉伯语中意为天空中最亮的两颗星星，在当地人心目中有着十分重要的地位。11月9日，两只大熊猫正式对外展出，在卡塔尔掀起了一股大熊猫热，同时也为广大前来观赛世界杯的球迷提供了近距离接触大熊猫的机会。中国驻卡塔尔大使认为，"大熊猫在世界杯举办前夕抵达卡塔尔，承载着中国人民对世界杯的美好祝福，为世界杯成功举办增添了中国元素"[①]。

2022年11月21日，第22届世界杯足球赛在卡塔尔开幕，这是中东阿拉伯国家第一次举办世界杯足球赛，也是新冠疫情暴发以来首次全面开放观众席的国际顶级体育赛事。中国对卡塔尔举办此次世界杯给予了重要支持。在基础设施建设方面，中国相关企业深度参与世界杯各比赛场馆的建设，为卡塔尔如期举办世界杯作出了积极贡献；以万达集团、海信集团、蒙牛乳业和vivo为主的中国企业是卡塔尔世界杯最大的赞助商，总投入金额约为13.95亿美元；中国铁建国际集团有限公司完成了世界杯主体育馆卢塞尔体育场的建设，是中企在海外承建的规模最大、技术最先进的专业足球场；中国华为公司为世界杯提供5G通信支持；中国宇通汽车公

[①] 《中国元素闪亮世界杯（卡塔尔世界杯特别报道）》，人民网，2022年11月23日，http：//sc. people. com. cn/BIG5/n2/2022/1123/c345493 - 40205958. html，最后访问时间：2022年12月2日。

司制造的 888 辆纯电动大巴穿梭在赛场、酒店等站点之间，承担着球迷、官员以及媒体记者的运送任务；中国电建承建的阿尔卡萨光伏电站每年可为卡塔尔提供约 18 亿千瓦时的清洁电能，为卡塔尔提供更加绿色、更加稳定的电力；中国义乌为世界杯提供了包括赛事吉祥物"拉伊卜"在内的众多周边产品。中国元素在卡塔尔世界杯随处可见，体现了中国与阿拉伯世界全方位合作的广度和深度，加深了中卡两国人民之间的友谊，为中卡关系大发展提供了强劲动力。中央广播电视总台对卡塔尔世界杯开幕式及各场比赛进行全程直播，获得了很高的收视率，为中国普通民众了解卡塔尔及阿拉伯文化提供了便利的窗口，与卡塔尔世界杯相关的话题占据了各大网络媒体的热搜榜单，在网络媒体上掀起了一股了解卡塔尔文化的热潮。

（二）语言文化教育交流取得新成就

语言文化教育是民心相通的基础。特别是通过学习中文，西亚国家民众对中国的认知加深，大大加深了双方的民心相通。

第一，语言教育学习出现新热潮。

近年来，中文逐渐成为西亚地区国家最热门的外语，世界大学生中文比赛、全球华语朗诵大赛、中文书法比赛等活动在中东国家陆续成功举办，学习中文成为西亚国家青年群体的首先选择。根据《新时代的中阿合作报告》，阿联酋、沙特阿拉伯、埃及和突尼斯 4 个阿拉伯国家宣布将中文纳入国民教育体系，15 个阿拉伯国家在当地开设中文院系，13 个阿拉伯国家建有 20 所孔子学院、2 个独立孔子课堂。2022 年，沙特阿拉伯共有 9 所大学设立中文相关专业，累计培训 300 多名本土教师，组织 1100 多名大学生参加"汉语桥"线上冬令营，支持 1000 多名大学生参加国际中文教师奖学金在线研修班。2022 年，100 多位来自沙特的青年中文学习者和爱好者给习近平主席写信，分享学习中文的收获和感悟，希望进一步了解中国，立志成为促进沙中友好的青年使者。2022 年 12 月，习近平主席复信沙特中文学习者代表，鼓励沙特青年学好中文，为增进中沙、中阿友谊作出新的贡献。习近平主席的回信极大地鼓舞了阿拉伯世界全体中文学习者的学习热情，激励广大的西亚地区青年学子学习中文的热情，为中国与西亚国家的文明交流互鉴培养一批新的传承者。

国家汉办主办的大型国际汉语比赛项目"汉语桥"活动已经成为世界人文交流领域的知名品牌活动，该项赛事分为"汉语桥"世界大学生中文比赛、"汉语桥"世界中学生中文比赛和"汉语桥"在华留学生汉语大赛三项比赛，西亚国家的大学及孔子学院多次举办比赛，当地中文学习者和在华留学生积极参与该项赛事，并取得不俗成绩。2022 年 5 月 14 日，第 21 届"汉语桥"世界大学生中文比赛埃及赛区决赛在位于开罗的艾因·夏姆斯大学举办，12 名参赛选手围绕"天下一家"主题，讲述中埃合作、汉语学习经历和对中华文化的理解等，开罗大学孔子学院李雅和杨紫荣获特等奖。5月 17 日，第 21 届"汉语桥"世界大学生中文比赛土耳其赛区预选赛决赛以在线直播形式举办，来自土耳其各大高校的 17 名选手参加了决赛。经过激烈角逐，来自内夫谢希尔哈吉·柏克塔什·外利大学的选手儒雅荣获冠军（一等奖），将代表土耳其参加全球"汉语桥"世界大学生中文比赛总决赛。6 月 2 日，第 21 届"汉语桥"世界大学生中文比赛以色列赛区比赛在希伯来大学举办，希伯来大学的约纳坦-布鲁塞尔（中文名陆宇轩）和来自中国对外经济贸易大学以色列分校的埃亚勒-埃利泽（中文名李牵胜）分获冠亚军。7 月 20 日，第 21 届"汉语桥"世界大学生中文比赛沙特赛区决赛在利雅得华为公司未来展厅成功举办，3 所高校的 12 名选手参加了比赛，艾哈迈德·苏莱曼（中文名张云飞）最终获得冠军，这是沙特阿拉伯第一次举办"汉语桥"比赛，沙特阿卜杜勒·阿齐兹国王大学、苏欧德国王大学、努拉公主大学相关负责人以线上和线下方式出席活动。9 月，第 21 届"汉语桥"世界大学生中文比赛伊朗赛区的预选赛、总决赛在德黑兰大学举办，经过两场比拼，德黑兰大学中文专业二年级学生伊美祥（Faeze Mirzabe）夺得冠军，这也是伊朗首次成功举办伊朗赛区决赛。西亚国家学习中文的青年学子通过此项赛事提高语言技能，进一步了解中国、感知中国，并为双方友好合作添砖加瓦，争当中国与西亚国家友谊的传播者、促进者，筑牢双方人民的友谊之桥。近年，中文教育在伊朗取得可喜发展，越来越多的伊朗青年学子加入了学习中文的队伍。2022 年 6 月 14 日，首届伊朗中文专业在校大学生中文书法比赛颁奖典礼在塔巴塔巴伊大学举行，获奖的优秀作品得到了公开展示。中文教育的发展进一步推动了中国伊朗两国人民之间的交往交流交融，对两国增进信任、促进友谊、深化合作、共同发展起到了积极作用。

第二，加强互译出版，为双方直接沟通架起了便捷通道。语言和文学作为人文交流的重要载体，得到了中国和西亚国家的高度重视，双方政府积极推动翻译出版事业，力促民心相通工程。近年来，中阿典籍互译出版工程、"丝路书香出版工程"等项目不断推进，重要作品被翻译成对方文字出版发行，成果颇丰。2021 年 12 月 21 日，卡塔尔第七届"谢赫哈马德翻译与国际谅解奖"公布获奖名单，中国著名历史学家和教育家张岂之教授主编的《中国历史十五讲》阿拉伯文版喜获"谢赫哈马德翻译与国际谅解奖"翻译一等奖，北京语言大学李振中教授获翻译成就奖，中国对外经济贸易大学葛铁鹰教授凭译作《吝人列传》获阿拉伯语汉语翻译一等奖。2022 年 5 月，中国非洲研究院执行院长李新烽研究员主编的《郑和与非洲》阿拉伯语版由中国社会科学出版社与突尼斯东方知识出版有限公司合作在海外正式出版发行，有助于阿拉伯世界理解中国与阿拉伯世界、中国和非洲之间源远流长的和平交往历史，进一步促进中国和非洲、中国和阿拉伯国家的文化交流。"中国日报社""中国观察智库"主编的《历史性句号——全球发展视野下的中国脱贫与世界发展》阿文版在海外正式出版发行，该书由埃及赛福萨法出版社（Sefsafa Publishing House）出版，并在第 31 届阿布扎比国际书展上举行发布会。

与此同时，阿拉伯世界的文学作品也被译介到中国，产生了积极的影响。北京外国语大学薛庆国教授翻译了多部阿拉伯作家的著作，包括叙利亚诗人阿多尼斯的诗集《我的孤独是一座花园》，中国主题诗集《桂花》《风的作品之目录》等作品，受到中国诗歌爱好者的欢迎。薛庆国教授因在中阿文明互鉴事业作出的贡献获得 2017 年卡塔尔"谢赫哈马德翻译与国际谅解奖"。2022 年，薛庆国教授又获第五届袁可嘉诗歌奖，以表彰他在翻译叙利亚诗人阿多尼斯的中国主题诗集《桂花》作出的贡献。2022 年 8 月 25日，薛庆国教授翻译的叙利亚诗人阿多尼斯诗集《风的作品之目录》获第八届鲁迅文学奖"文学翻译奖"，本届共有 10 部作品获"文学翻译奖"提名，最终共 5 部作品荣获"文学翻译奖"，这是中国具有最高荣誉的文学奖之一，这也是中国阿拉伯文学翻译界首次荣获鲁迅文学奖。

第三，影视交流合作成为新亮点。2021 年 12 月 6 日，第五届中阿广播电视合作论坛以线上线下结合方式在北京开幕，中共中央政治局委员、中宣部部长黄坤明，阿拉伯国家联盟秘书长艾哈迈德·阿布·盖特以视频方式出席了开幕式并致辞。论坛通过了《第五届中国-阿拉伯国家广播电视合作论坛共同宣言》，提出了"坚持合作互信、坚守媒体责任、坚定创新引领"三点倡议，发布了北京市广播电视局在阿拉伯国家举办《2021—2022 北京优秀影视剧中东展播季》、福建广播影视集团海峡电视台与埃及国家电视台合作拍摄《海丝双城记——从刺桐港到亚历山大港》、广州广播电视台与卡塔尔赖扬电视台合作拍摄 4K 纪录片《阳光之路》、陕西省广播电视局与中阿卫视合作开播《视听中国·陕西时间》4 项合作成果。① 第五届中阿广播电视合作论坛宣布由阿联酋中阿卫视、中青丝路（北京）传媒有限公司、阿联酋富查伊拉（酋长国）政府媒体办公室、沙特东方电视台等机构共同举办的首届中阿短视频大赛正式启动。大赛以"友谊和希望"为主题，聚焦文化、生活、旅游、科技、经贸五大领域，面向中阿各国青年征集原创短视频作品，旨在深化中阿青年视听交流，共同讲好中阿友好故事。大赛陆续征集了来自中国、阿联酋、沙特、埃及、约旦、摩洛哥、黎巴嫩、苏丹、也门等 10 多个国家的青年代表选送作品 1600 余条，网络投票总数超过 100 万人次，最终评出特等奖 1 名，摩洛哥青年歌手迪娜创作的《唱越山海　爱跨两洲》获此殊荣；另有一等奖 2 名、二等奖 3 名、三等奖 5 名，最佳制作奖

---

① 《第五届中阿广播电视台合作论坛举行》，中东瞭望公众号，2021 年 12 月 8 日，https：//mp. weixin. qq. com/s/iOz_9ZBg8XpCZteHx0KozA，最后访问时间：2022 年 12 月 10 日。

2 名，最佳摄影、最佳创意奖各 1 名。《阿拉伯人眼中的北京冬奥》《欧马尔的新疆情缘》《奇迹》《我看这十年》《中约学子同唱〈一起向未来〉》等获奖短片在多个视频平台展播。

2022 年 11 月 21 日，"共享新视听　共创新未来——中阿合作主题周"启动仪式以线上线下相结合的方式举行。[①] 国家广播电视总局副局长乐玉成、外交部中阿合作论坛事务大使李琛、阿联酋驻华大使阿里·扎希里、约旦驻华大使胡萨姆·侯赛尼、沙特驻华大使阿卜杜拉赫曼·哈勒比出席仪式并致辞。中国和阿拉伯国家政府部门代表、外交使节、媒体专家学者等参加活动。此次论坛上，双方共同举办了首届中阿短视频大赛颁奖典礼暨第二届中阿短视频大赛发布仪式，宣布《电视中国剧场》栏目正式上线沙特中东广播中心（MBC），电视剧《山海情》《小欢喜》等中国优秀视听节目将在沙特、埃及、阿联酋等国家媒体平台播出。本次主题周期间，还举办了中阿技术转播创新论坛、中沙美食文化沙龙、卡塔尔世界杯之夜等一系列视听交流活动。

另外，作为"共享新视听　共创新未来——中阿合作主题周"的重要活动之一，11 月 21 日，由宁夏回族自治区党委宣传部、宁夏回族自治区广播电视局、宁夏广播电视台主办的"中东广播中心（MBC）电视中国剧场推广计划暨《山海情》阿语版展播启动仪式"在北京举行。[②] 该电视剧将通过中东广播中心在沙特、阿联酋、埃及、苏丹、伊拉克、阿尔及利亚、摩洛哥、也门、阿曼等国展播。

（三）文化遗产保护和考古合作开辟交流新渠道

近年来，中国与埃及、沙特阿拉伯等国签署了文物遗产保护和联合考古的协议，中国与埃及联合组建了考古队，在埃及古代卢克索孟图神庙遗址开

---

① 《"共享新视听　共创新未来——中阿合作主题周"启动仪式成功举行　乐玉成出席活动并致辞》，国家广播电视总局网站，2022 年 11 月 24 日，http：//www.nrta.gov.cn/art/2022/11/24/art_3819_62902.html，最后访问时间：2022 年 12 月 6 日。

② 《〈山海情〉阿语版展播仪式在北京举行》，中国日报网站，2022 年 11 月 22 日，https：//cn.chinadaily.com.cn/a/202211/22/WS637c82eca3109bd995a516a7.html，最后访问时间：2022 年 12 月 6 日。

展考古发掘，并取得了重要成果。2022 年 12 月 4 日，任中埃卢克索孟图神庙联合考古项目中方执行领队的中国社会科学院考古研究所贾笑冰研究员撰文回顾了 2018 年以来中国埃及考古学家携手合作考察埃及卢克索孟图神庙遗址的考古工作。他指出，经过 4 年的携手合作，埃及卢克索孟图神庙逐渐褪去神秘的面纱，向公众呈现更为清晰的图景。共同探寻文化宝藏，让古老文明跨越时空对话，成为考古工作者为中埃友谊、中阿友谊添砖加瓦的最佳表达。① 作者指出，中国和埃及同为文明古国，创造了辉煌灿烂的成就，在人类文明发展史上交相辉映。共同探寻文化宝藏，让古老文明跨越时空对话，是考古工作者为中埃友谊、中阿友谊添砖加瓦的最佳表达。

2022 年 6 月 24 日，中国文物交流中心和国家图书馆（国家典籍博物馆）联合主办的"邂逅·美索不达米亚——叙利亚古代文物精品展"正式开幕，来自大马士革国家博物馆、阿勒颇博物馆等 9 家叙利亚博物馆和 3 家国内博物馆的 196 件/组精美文物面向公众公开展出，展现中国与"一带一路"合作伙伴国的传统友谊。

9 月 26 日，中国文化和旅游部副部长、国家文物局局长李群与叙驻华大使卡达姆在中国国家图书馆签署《关于协同开展"亚洲文化遗产保护行动"的联合声明》。

（四）双方智库机构举行研讨会，为加强人文交流合作贡献力量

2022 年 9 月 8 日，第三届中国-阿拉伯国家改革发展论坛以视频连线形式举行。作为此次论坛的后续成果，11 月 29 日，《中阿携手推进全球发展倡议——第三届中国-阿拉伯国家改革发展论坛发言汇编》中阿双语版本在沙特阿拉伯正式发布，该论文集收录了与会中阿嘉宾 24 篇精彩发言，凝聚了中阿携手推进全球发展倡议、促进共同发展的共识，为中阿双方增进互相认知提供了宝贵的智力支持。9 月 27 日，中国社会科学论坛（2022）——

---

① 贾笑冰：《跨越时空的文明对话——中埃卢克索孟图神庙联合考古的故事》，《人民日报》2022 年 12 月 4 日，第 7 版。

"创新发展：共筑中阿命运共同体"国际学术研讨会以线上线下相结合的方式成功举办，此次论坛下设"传承友谊与中阿文明互鉴""创新发展与中阿全面合作""战略互信与中阿命运共同体"三个议题，来自国内外20多所高校和智库的40多名专家学者在研讨中发言。① 中国社会科学院秘书长、党组成员赵奇，埃及前总理伊萨姆·沙拉夫和中国政府中东问题特使、外交部原副部长翟隽应邀出席开幕式并先后致辞。11月20日，2022年中国中东学会年会——"纪念中国中东学会成立四十年暨'百年变局下的中国与中东'"学术研讨会以线上线下相结合的方式举行。中国中东学会名誉会长、中国外交部原副部长杨福昌，中国中东学会副会长兼秘书长、中国社会科学院西亚非洲研究所副所长王林聪先后致辞，提出要为建构中国中东研究自主知识体系、深化中国与中东国家关系贡献智慧和力量。来自全国多所研究机构和高校的中东问题专家学者和师生约200人参加会议。此外，北京大学、西北大学、上海外国语大学、现代国际关系研究院、上海国际问题研究院、上海社科院等高校和智库举办了多场中国与西亚国家关系的研讨会，为增进双方了解和友谊贡献了学者和智库的智慧。

五 中国与西亚地区合作面临的挑战和前景展望

如上所述，在世纪疫情和乌克兰危机的影响下，全球性问题日益严峻，世界的不确定性增大，风险急剧上升。与此相反，中国与西亚国家关系取得了重要进展，在不确定性世界中凸显其稳定性和确定性，也对世界的和平和发展作出了贡献。

首先，首届中阿峰会顺利召开，中阿命运共同体建设提质升级。中国与西亚国家高层领导摆脱新冠疫情限制，恢复直接面对面交流沟通。中国与西亚国家继续在彼此关注的核心议题上相互支持。

---

① 《"创新发展：共筑中阿命运共同体"国际学术研讨会成功举办》，中国社会科学院西亚非洲研究所网站，2022年9月27日，http://iwaas.cssn.cn/xshd/xshy/202209/t20220927_5543591.shtml，最后访问时间：2022年12月3日。

其次，中国与西亚国家的经济合作经历着转型升级。一方面，双方的能源经济合作不断从能源贸易拓展到全产业链投资合作和新能源合作领域，推动绿色经济发展；另一方面，双方高科技领域创新合作成就显著，进一步助力数字经济发展。

再次，西亚国家对中国的安全诉求继续增大，中国不仅进一步增强了与地区国家的双边军事合作，而且越来越多地提供地区安全公共产品，推动西亚地区的和平与稳定。

最后，多个民调机构的数据显示，西亚地区民众对华友好度整体较高，中国与西亚地区的人文、社会和科技合作水平不断提高，民心相通日益深化。

与此同时，中国与西亚地区关系的发展仍面临许多问题和挑战，具体表现如下。

一是从政治发展态势看，西亚多数国家面临严重的治理赤字问题，民众要求变革的呼声很高，西亚国家的政治稳定问题突出，政治动荡的风险仍然较大。同时，战乱国家政治和解步履维艰，重建工作裹足不前。

二是西亚地区安全困境并未根本好转，地区安全赤字问题仍然突出，外部干预问题依然严重，热点问题虽有降温，但结构性矛盾并未解决。

三是乌克兰危机爆发以来，美国加快在西亚地区推行大国竞争战略，将中国、俄罗斯和伊朗进行战略捆绑，拉拢沙特、阿联酋等传统盟友选边站队，甚至有意推动印度与西亚地区合作等，其实质都是破坏中国与西亚地区的正常合作。

四是非传统安全问题尖锐，其中地区恐怖主义威胁有所上升，无论对地区稳定，还是对地区间合作都构成威胁。同时，乌克兰危机外溢带来的负效应日益凸显，粮食安全、气候变化等问题成为影响许多国家稳定的重要因素。

显然，这些内外因素将对中国与西亚国家进一步发展友好关系造成一定程度的制约和掣肘。

展望未来，伴随着西亚国家"向东看"和"向东行"，中国与西亚国家战略互信不断深化，战略合作更为紧密，共同推动双方的高质量合作和双边关系的高水平发展。

第一，中国与西亚地区的政治关系将进一步提升。在中国与西亚国家友好关系史上，中阿峰会是重要里程碑，将中阿关系推上新阶段。中国与西亚国家的战略沟通、战略互信和战略合作将进一步增强，将继续在彼此关切的核心议题上相互支持，共同反对霸权主义、单边主义和强权政治，捍卫世界公平正义，筑牢新型国际关系根基，共同推动人类命运共同体建设。

第二，中国与西亚地区的经济关系将继续深化，更好地落实全球发展倡议。推进共建"一带一路"更高水平发展。中国与西亚国家将继续推动"一带一路"倡议与西亚国家中长期发展战略的深度对接，推动相互高水平对外开放，实现优势互补和共赢。因此，双方不仅会努力巩固传统的能源、制造业、农产品、基建等领域的合作，而且会拓展在人工智能、5G通信、粮食安全、绿色能源、物流和智能供应链、现代金融技术、航空航天等新兴领域的经贸和投资合作。

第三，中国与西亚地区的安全关系将有所提升，中国将在力所能及的范围内通过安全保障，在西亚地区落实全球安全倡议。一方面，中国将与西亚国家在传统安全领域加强合作，帮助西亚国家更好地应对传统军事安全、国土安全、政治安全等方面的挑战；另一方面，中国还将与西亚国家在非传统安全领域提升合作，共同应对好近年愈加严重的经济安全、网络完全、环境安全、粮食安全、水资源安全、生物安全等非传统安全压力，帮助西亚国家提高安全能力，促进西亚地区的安全形势。

第四，中国与西亚地区的人文交流全面快速发展，将进一步推动民心相通。由于历史和现实原因，中国与西亚地区的人文交流是双方关系的一大"短板"。近年，随着双方交往不断增多，彼此重视日益增强，双方的人文交流呈现快速增长的趋势，双方在教育、媒体、艺术、图书、智库、青年、妇女等人文领域的交流日益热络。随着新冠疫情的影响日益减弱，双方的人文交流将会更加密切，彼此的了解和理解也将不断加深，从而为双方关系的进一步发展奠定坚实的人文基础，筑牢人类命运共同体建设根基。

由此观之，中阿峰会掀开了中国与西亚关系的新的一页。在新的历史条件下，随着西亚地区国家战略自主性增强，以自主求安全、以团结谋发展、以合作促复兴的诉求空前强烈，地区大国间关系出现了缓和势头，这不仅为该地区和平与发展带来了新机遇①，而且给中国与西亚关系的进一步发展注入了动力，共同推动双边关系迎来更加美好的明天。

---

① 王林聪：《中东国家发展规划与中东地区发展前景》，载王林聪主编、刘冬副主编《中东发展报告 No. 24（2021~2022）：中东国家的发展规划及其前景》，社会科学文献出版社，2022，第 27 页。

B.5
2022年中国与南亚国家关系评估与展望

田光强*

摘　要： 随着新冠疫情的日益缓解，中国与南亚国家之间各领域、各层次的交往逐步恢复并有所增多。中国与南亚国家积极开展首脑外交、双边外交、多边外交，增进了相互之间的传统友谊和政治互信。虽然南亚国家的经济发展速度有所放缓，但是中国与南亚国家之间的经贸合作稳步提升，共建"一带一路"持续高质量推进。中国在维护中印关系稳定的同时，积极推进阿富汗重建。面对南亚国家发生的严重自然灾害和民生危机，中国及时伸出援手，为其提供急需的资金、物资、人员等人道主义援助，助其纾困解难、渡过难关、重建家园。"国之交在于民相亲"。中国与南亚国家开展了一系列内容丰富、形式多样、喜闻乐见的人文交流活动。中国与南亚国家将在更高起点、更大范围、更深层次推进合作，谱写新时代双方战略合作伙伴关系的新华章。

关键词： 中国　南亚　"一带一路"　战略合作伙伴关系

当前，世界之变、时代之变、历史之变正以前所未有的方式展开。世界又一次站在历史的十字路口。[①] 在此大变局之下，中国与南亚国家之间的关

---

* 田光强，法学博士，中国社会科学院亚太与全球战略研究院助理研究员，研究方向为中国外交、南亚地区国际关系。

① 习近平：《高举中国特色社会主义伟大旗帜　为全面建设社会主义现代化国家而团结奋斗——在中国共产党第二十次全国代表大会上的报告》，人民出版社，2022，第60页。

系也面临着日益错综复杂的局面。在复杂变局中，中国坚持按照亲诚惠容的周边外交理念和与邻为善、以邻为伴的周边外交方针深化同南亚国家的关系，持续推进双方全方位、多层次、宽领域的战略合作伙伴关系。

一 政治关系持续推进

南亚国家和中国互为友好邻邦和发展伙伴，双边关系事关"一带一路"倡议的推进和人类命运共同体的构建。因此，中国高度重视发展与南亚国家的战略合作伙伴关系，坚持亲诚惠容的周边外交理念和与邻为善、以邻为伴的周边外交方针，深化同南亚国家友好互信和利益融合；秉持真实亲诚理念和正确义利观加强同南亚国家团结合作，发展共同利益。中国与南亚国家之间的政治关系是双方巩固传统友谊、深化务实合作、携手应对挑战的重要基础。随着新冠疫情的日益缓和，在双方的积极推动下，中国与南亚国家之间的政治关系得到进一步巩固和发展，呈现持续推进的良好局面。

（一）元首外交引领作用凸显

元首外交是指一项由国家元首亲自参加的外交活动，是追求实现国家战略利益的独特外交方式，具有政治性、原则性、战略性和相对灵活性的鲜明特点。作为一种外交方式，元首外交不仅具有重要的礼仪和象征意义，也对国家的外交政策、外交实践、国际关系产生极其重大而深远的影响。[①] 元首外交在中国与南亚国家之间的政治关系中占据至为重要的地位，发挥着至为关键的引领作用。元首外交深化了中国与南亚国家之间的战略沟通，增进了双方的战略互信，促进了双方的战略合作，为未来双方关系的发展指明了方向。

中国与南亚国家之间的元首外交主要包括三类。一是礼节性的贺电。2022年1月28日，中国国家主席习近平向斯里兰卡总统戈塔巴雅·拉贾帕

---

① 陈志敏、肖佳灵、赵可金：《当代外交学》，北京大学出版社，2008，第193~196页。

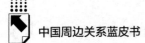

克萨（Gotabhaya Rajapaksa）致独立日贺电。在贺电中，习近平主席表示2022 年是两国建交 65 周年暨《米胶协定》签署 70 周年，愿共同推动中斯真诚互助、世代友好的战略合作伙伴关系迈上新台阶。① 2 月 17 日，中共中央总书记习近平向中斯政党庆祝中斯建交 65 周年暨《米胶协定》签署 70 周年大会致贺信。② 7 月 22 日，习近平主席向斯里兰卡新任总统拉尼尔·维克拉马辛哈（Ranil Wickremesinghe）致贺电。7 月 25 日，习近平主席向印度新任总统德劳帕迪·穆尔穆（Droupadi Murmu）致贺电。10 月 14 日，习近平主席同马尔代夫总统易卜拉欣·穆罕默德·萨利赫（Ibrahim Mohamed Solih）互致贺电，庆祝两国建交 50 周年。双方领导人在贺电中均表示，共同推动中马面向未来的全面友好合作伙伴关系稳步前行。③ 11 月 19 日，习近平主席向第 6 届中国-南亚博览会致贺信。

二是致电慰问。2022 年 1 月 27 日，习近平主席就马尔代夫总统萨利赫感染新冠病毒致慰问电。④ 3 月 7 日，习近平主席就巴基斯坦发生严重恐怖袭击事件向巴总统阿里夫·阿尔维（Arif Alvi）致慰问电。⑤ 8 月 29 日，习近平主席就巴基斯坦发生严重洪涝灾害致电阿尔维总统表示慰问。⑥

---

① 《习近平主席与戈塔巴雅总统互致独立日与新春祝福》，中国驻斯里兰卡民主社会主义共和国大使馆网站，2022 年 1 月 29 日，http：//lk. china – embassy. gov. cn/dssghd/202201/t20220129_10636674. htm，最后访问时间：2022 年 11 月 1 日。

② 《习近平向中斯政党庆祝中斯建交 65 周年暨〈米胶协定〉签署 70 周年大会致贺信》，人民网，2022 年 2 月 17 日，http：//politics. people. com. cn/n1/2022/0217/c1024 – 32354316. html，最后访问时间：2022 年 11 月 1 日。

③ 《习近平同马尔代夫总统萨利赫就中马建交 50 周年互致贺电》，《人民日报》2022 年 10 月 15 日，第 1 版。

④ 《习近平向马尔代夫总统萨利赫致慰问电》，中国外交部网站，2022 年 1 月 28 日，https：//www. fmprc. gov. cn/zyxw/202201/t20220128_10635750. shtml，最后访问时间：2022 年 11 月 1 日。

⑤ 《习近平就巴基斯坦开普省严重恐怖袭击事件向巴基斯坦总统阿尔维致慰问电，李克强向巴基斯坦总理伊姆兰·汗致慰问电》，中国外交部网站，2022 年 3 月 7 日，https：//www. mfa. gov. cn/web/zyxw/202203/t20220307_10649047. shtml，最后访问时间：2022 年 11 月 1 日。

⑥ 《习近平就巴基斯坦发生严重洪灾向巴基斯坦总统阿尔维致慰问电，李克强向巴基斯坦总理夏巴兹致慰问电》，中国外交部网站，2022 年 8 月 29 日，https：//www. mfa. gov. cn/web/zyxw/202208/t20220829_10757198. shtml，最后访问时间：2022 年 11 月 1 日。

三是元首会面。2022年2月6日，习近平主席在人民大会堂会见来华出席北京2022年冬奥会开幕式的巴基斯坦总理伊姆兰·汗（Imran Khan）。习近平主席强调，世界进入动荡变革期，中巴关系战略意义更加突出。中巴要开展更加广泛深入的战略合作，推进中巴经济走廊建设向深入发展，确保重大项目顺利实施。伊姆兰·汗总理感谢中方为巴基斯坦抗击新冠疫情提供的帮助，并表示积极推进中巴经济走廊第二阶段建设。① 访问期间，两国就中巴关系发表联合声明。② 9月16日，习近平主席在乌兹别克斯坦撒马尔罕国宾馆会见巴基斯坦总理夏巴兹·谢里夫（Shahbaz Sharif）。习近平主席指出，中巴都是彼此值得信赖的伙伴，共同推动全天候战略伙伴关系发展，加快构建新时代更加紧密的命运共同体。③ 11月2日，习近平主席在人民大会堂会见正式访华的巴基斯坦总理夏巴兹。夏巴兹总理是中共二十大成功召开后首批受邀访华的外国领导人之一。在会谈中，习近平主席指出，中方始终从战略高度和长远角度看待中巴关系，始终将巴基斯坦置于周边外交的优先方向。夏巴兹总理表示，深化两国全天候战略合作伙伴关系是巴基斯坦外交政策基石和社会各界共识，感谢中方为巴基斯坦抗击新冠疫情和特大洪灾提供的帮助。④

（二）双边外交持续稳步推进

双边外交是国家之间进行政治交流、促进战略理解、增进共同利益的最为重要的外交方式之一，在各国外交战略中发挥着不容忽视的重要作用。随

---

① 《习近平会见巴基斯坦总理伊姆兰·汗》，中国外交部网站，2022年2月6日，https://www.mfa.gov.cn/web/zyxw/202202/t20220206_10639407.shtml，最后访问时间：2022年11月2日。

② 《中华人民共和国和巴基斯坦伊斯兰共和国联合声明》，中国外交部网站，2022年2月6日，https://www.mfa.gov.cn/web/zyxw/202202/t20220206_10639500.shtml，最后访问时间：2022年11月2日。

③ 《习近平会见巴基斯坦总理夏巴兹》，中国外交部网站，2022年9月16日，https://www.mfa.gov.cn/web/zyxw/202209/t20220916_10766931.shtml，最后访问时间：2022年11月2日。

④ 《习近平会见巴基斯坦总理夏巴兹》，中国外交部网站，2022年11月2日，https://www.mfa.gov.cn/web/zyxw/202211/t20221102_10797342.shtml，最后访问时间：2022年11月3日。

着新冠疫情的日益缓解，在双方的积极努力之下，中国与南亚国家之间的双边外交持续稳步推进。受世界经济下行压力的消极影响，南亚国家普遍面临着严峻的经济和安全挑战。在此之际，中国成为南亚国家重要的合作者、支持者、援助者，有力促进了南亚国家的社会稳定、经济复苏、民生改善。

中国外交部长对南亚国家的系列访问成为双方双边外交最为显著的特点和亮点。2022 年中国国务委员兼外交部长王毅访问了除不丹之外的所有南亚国家，巩固了友谊互信，增进了合作共识，收获了丰硕成果。在中国与马尔代夫建交 50 周年、中国与斯里兰卡建交 65 周年、中斯签署《米胶协定》70 周年之际，2022 年 1 月 8 日至 9 日，王毅访问马尔代夫和斯里兰卡。访问期间，双方都表示将全面拓展互利合作，推动战略合作伙伴关系迈上新台阶。2022 年 3 月 21 日至 27 日，王毅在 7 天内访问了巴基斯坦、阿富汗、印度、尼泊尔，并出席在巴基斯坦伊斯兰堡举办的伊斯兰合作组织外长会。3月 21 日至 22 日，王毅访问巴基斯坦，与阿尔维总统、伊姆兰·汗总理、沙阿·马哈茂德·库雷希（Shah Mahmood Qureshi）外长等举行会谈，并出席巴基斯坦国庆日活动。双方高度评价中巴全天候战略合作伙伴关系，并签署了农业、教育、科技等领域的合作文件。① 2022 年 3 月 24 日，王毅在喀布尔同阿富汗临时政府代理副总理阿卜杜勒·加尼·巴拉达尔（Abdul Ghani Baradar）、代理外长阿米尔·汗·穆塔基（Amir Khan Muttaqi）分别举行会谈，并介绍了中国在阿富汗问题上的"三个尊重"和"三个从不"：中国尊重阿富汗独立、主权和领土完整，尊重阿富汗人民做出的自主选择，尊重阿富汗的宗教信仰和民族习惯；中国从不干涉阿内政，从不在阿谋求任何私利，从不寻求所谓势力范围。② 在会谈中，阿富汗临时政府对于中方提供的帮助尤其是抗疫支持和人道援助表示感谢，并愿意进一步发展与中国的友好

---

① 《王毅同巴基斯坦外长库雷希举行会谈》，中国外交部网站，2022 年 3 月 22 日，https：//www.mfa.gov.cn/web/wjbz_673089/bzzj/202203/t20220322_10654058.shtml，最后访问时间：2022 年 11 月 4 日。

② 《王毅谈中国在阿富汗问题上的"三个尊重"和"三个从不"》，中国外交部网站，2022 年 3 月 24 日，https：//www.mfa.gov.cn/web/wjbz_673089/bzzj/202203/t20220324_10655142.shtml，最后访问时间：2022 年 11 月 4 日。

合作关系。王毅是阿富汗临时政府成立以来首位访问阿富汗的联合国安理会常任理事国外长。3月25日，王毅对印度进行工作访问，与印度外长苏杰生（Subrahmanyam Jaishankar）举行会谈，会见了国家安全顾问阿吉特·多瓦尔（Ajit Doval）。这是中印爆发边界摩擦后中国外长首次访问印度。双方都认为，不应让边界问题影响整体中印关系，恢复边境地区和平安宁符合中印共同利益，要在脱离接触基础上实现常态化管控，采取有效措施防止误解误判。① 访问期间，王毅就发展中印关系提出三点思路：要以长远眼光看待双方关系，要以共赢思维看待彼此发展，要以合作姿态参与多边进程。② 3月26日至27日，王毅访问尼泊尔，与纳拉扬·卡德加（Narayan Khadka）外长举行会谈，会见了比迪亚·德维·班达里（Bidhya Devi Bhandari）总统、谢尔·巴哈杜尔·德乌帕（Sher Bahadur Deuba）总理、尼共（毛主义中心）主席普拉昌达（Prachanda）、尼共（联合马列）主席卡德加·普拉萨德·夏尔马·奥利（Khadga Prasad Sharma Oli）等。这是尼泊尔新政府成立后中国外长首次访问尼泊尔。双方都表示将深化务实合作，推动两国关系不断迈上新台阶。在与外长卡德加举行会谈时，王毅阐述了中方对尼泊尔的三个支持：支持尼泊尔走出一条符合自身国情的发展道路；支持尼泊尔奉行独立自主的内外政策；支持尼泊尔更加深入参与"一带一路"建设。③ 访问期间，中尼还签署了经济技术、农业、基础设施、医疗卫生等领域的合作文件。6月29日，中共中央政治局委员、中央外事工作委员会办公室主任杨洁篪访问巴基斯坦，会见了总理夏巴兹、外长比拉瓦尔·布托·扎尔达里

---

① 《王毅同印度外长苏杰生举行会谈》，中国外交部网站，2022年3月25日，https://www.mfa.gov.cn/web/wjbz_673089/bzzj/202203/t20220325_10655747.shtml，最后访问时间：2022年11月4日；《王毅会见印度国家安全顾问多瓦尔》，中国外交部网站，2022年3月26日，https://www.mfa.gov.cn/web/wjbz_673089/bzzj/202203/t20220326_10656035.shtml，最后访问时间：2022年11月4日。

② 《王毅：中印要坚持长远眼光、坚持共赢思维、坚持合作姿态》，中国外交部网站，2022年3月25日，https://www.mfa.gov.cn/web/wjbz_673089/bzzj/202203/t20220325_10655640.shtml，最后访问时间：2022年11月4日。

③ 《王毅谈中国对尼泊尔的三个支持》，中国外交部网站，2022年3月26日，https://www.mfa.gov.cn/web/wjbz_673089/bzzj/202203/t20220326_10656119.shtml，最后访问时间：2022年11月4日。

（Bilawal Bhutto Zardari）、陆军参谋长卡马尔·贾韦德·巴杰瓦（Qamar Javed Bajwa）。杨洁篪表示，中方始终将中巴关系置于周边外交的优先方向，安全、顺利、高质量共建中巴经济走廊，携手构建新时代更加紧密的中巴命运共同体。夏巴兹表示，将加速推进中巴经济走廊建设，推动全天候战略合作伙伴关系迈向新高度。① 8 月 7 日，王毅访问孟加拉国，会见总理谢赫·哈西娜（Sheikh Hasina），与外长阿布尔·卡拉姆·阿卜杜勒·莫门（Abul Kalam Abdul Momen）举行会谈。双方表示，坚定致力于巩固发展中孟关系，将深化两国合作，加强"一带一路"倡议同孟"2041 年愿景""金色孟加拉"梦想对接。② 如表 1 所示。

表 1　2022 年中国与南亚国家之间的双边访问

访问时间	出访/来访	双方会见	访问成果
1 月 8 日	王毅访问马尔代夫	国务委员兼外交部长王毅、总统萨利赫、外长沙希德	签署互免签证、经济技术、基础设施、海水淡化和医疗卫生等合作协议
1 月 9 日	王毅访问斯里兰卡	国务委员兼外交部长王毅、总统戈塔巴雅、总理马欣达、外长佩里斯	签署合作文件
3 月 21~22 日	王毅访问巴基斯坦	国务委员兼外交部长王毅、总统阿尔维、总理伊姆兰·汗、外长库雷希等	签署农业、教育、科技等领域合作文件
3 月 24 日	王毅访问阿富汗	国务委员兼外交部长王毅、代理副总理巴拉达尔、代理外长穆塔基	就有关问题交换了意见，向阿提供人道援助
3 月 25 日	王毅访问印度	国务委员兼外交部长王毅、外长苏杰生、国家安全顾问多瓦尔	就中印关系达成重要共识
3 月 26~27 日	王毅访问尼泊尔	国务委员兼外交部长王毅、总统班达里、总理德乌帕、外长卡德加等	签署了经济技术、农业、基础设施、医疗卫生等合作文件
5 月 22 日	巴基斯坦外交部长比拉瓦尔访华	国务委员兼外交部长王毅会见比拉瓦尔	发表中巴联合声明

---

① 《巴基斯坦总理夏巴兹会见杨洁篪》，《人民日报》2022 年 7 月 1 日，第 3 版。
② 《王毅同孟加拉国外长莫门举行会谈》，中国外交部网站，2022 年 8 月 7 日，https://www.mfa.gov.cn/wjbzhd/202208/t20220807_10736720.shtml，最后访问时间：2022 年 11 月 5 日。

访问时间	出访/来访	双方会见	访问成果
6月12日	巴基斯坦陆军参谋长巴杰瓦访华	中央军委副主席张又侠会见巴杰瓦	就加强两军合作达成重要共识
6月29日	杨洁篪访问巴基斯坦	杨洁篪会见总理夏巴兹、外长比拉瓦尔、陆军参谋长巴杰瓦	就发展中巴关系达成重要共识
8月7日	王毅访问孟加拉国	国务委员兼外交部长王毅会见总理哈西娜、外长莫门	签署基础设施、防灾减灾、文化旅游和海洋等合作文件
8月10日	尼泊尔外长卡德加访华	国务委员兼外交部长王毅会见卡德加	就深化两国合作达成重要共识
9月19日	巴基斯坦陆军参谋长巴杰瓦访华	国务委员兼国防部长魏凤和会见巴杰瓦	提升两军合作水平

资料来源：笔者根据外交部、国防部等网站有关新闻报道整理。

与此同时，南亚国家也高度重视发展对华关系，积极开展对华双边访问，拓展双边务实合作，不断充实深化双方战略合作伙伴关系。在面临严重经济和民生困难之际，南亚国家日益将中国视为相互信赖的好邻居、相互支持的好朋友、相互促进的好伙伴。5月22日，巴基斯坦外长比拉瓦尔访华，在广州与国务委员兼外交部长王毅举行会谈，并发表两国联合声明。中国是比拉瓦尔就任外长后访问的第一个国家。① 6月12日，中央军委副主席张又侠在青岛会见来访的巴基斯坦陆军参谋长巴杰瓦。张又侠表示，中巴将一道妥善应对地区局势中的复杂因素，推动两军关系更加深入发展。巴杰瓦表示，中巴友谊牢不可破，坚若磐石。巴军愿加强与中国军队的对话协调，努力提升双方应对各种安全挑战的能力，维护共同利益。② 8月10日，王毅在青岛同来华访问的尼泊尔外长卡德加举行会谈。双方表示，继续深化互利合

---

① 《王毅同巴基斯坦外长比拉瓦尔举行会谈》，中国外交部网站，2022年5月22日，https：//www.mfa.gov.cn/web/wjbzhd/202205/t20220522_10690887.shtml，最后访问时间：2022年11月5日。

② 《张又侠会见巴基斯坦陆军参谋长》，中国国防部网站，2022年6月12日，http://www.mod.gov.cn/topnews/2022-06-12/content_4912763.htm，最后访问时间：2022年11月6日。

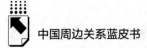

作，推动中尼战略合作伙伴关系不断发展。[①] 9 月 19 日，中国国务委员兼国防部长魏凤和在西安会见巴基斯坦陆军参谋长巴杰瓦。双方表示，两军将进一步提升合作水平，提升共同应对各种风险挑战的能力。[②]

由于南亚国家经济普遍发展乏力并遭遇严重的自然灾害，因此经济合作、抗灾救灾、人道援助就成为中国与南亚国家双边外交中的重要议题。世界经济下行压力的消极影响以及自身经济所具有的结构性问题导致南亚国家经济形势不容乐观，面临增长缓慢、失业率高企、通货膨胀严重、外汇储备锐减、财政赤字等严重的经济问题。在此之际，南亚国家将中国视为其发展经济、摆脱困境的重要助力，希望深化与中国的经济合作，推动其国家发展战略与"一带一路"倡议的对接，实现共同发展。在阿富汗发生严重地震和巴基斯坦遭遇特大洪灾之际，中国及时向其提供急需的救灾物资，帮助其抗击灾情、实现灾后重建。为缓解斯里兰卡等南亚国家所面临的经济困难，中国力所能及地向其提供药品、大米、燃料等紧急人道援助，帮助其稳局纾困。

（三）多边外交成果日益丰硕

多边外交也是中国与南亚国家促进双方关系发展的重要途径和平台。在多边外交之中，中国与南亚国家既可以深化相互之间的战略沟通、增进战略理解、深化战略合作，又可以在重大国际和地区问题上协调立场和政策，维护发展中国家的共同利益和发展空间。

维护地区稳定是中国与南亚国家多边外交的重要议题。美国的完全撤军以及阿富汗塔利班的重新上台执政使阿富汗局势更加错综复杂，其负面外溢效应更加凸显。推动阿富汗实现和平稳定发展成为中国与南亚国家共同的利益和重要的目标。而中国在解决阿富汗问题的多边外交进程之中扮演着十分

---

① 《王毅同尼泊尔外长卡德加举行会谈》，中国外交部网站，2022 年 8 月 10 日，https://www.fmprc.gov.cn/web/wjdt_674879/gjldrhd_674881/202208/t20220810_10740338.shtml，最后访问时间：2022 年 11 月 6 日。

② 《魏凤和会见巴基斯坦陆军参谋长》，《人民日报》2022 年 9 月 20 日，第 3 版。

关键的角色、发挥协调引领作用，主办了阿富汗问题系列会议。3月30日，王毅在安徽屯溪主持中阿巴三方外长会晤，巴基斯坦外长库雷希、阿富汗临时政府代理外长穆塔基出席。中阿巴表示将重启三方合作机制，帮助阿富汗实现和平稳定繁荣。① 3月31日，王毅在安徽屯溪主持召开阿富汗问题"中美俄巴"磋商会议、第三次阿富汗邻国外长会、阿富汗邻国与阿临时政府首次外长对话会。习近平主席向第三次阿富汗邻国外长会发表书面致辞，会议发表了《第三次阿富汗邻国外长会联合声明》和《阿富汗邻国关于支持阿富汗经济重建及务实合作的屯溪倡议》，宣布启动阿富汗特使定期会晤机制，建立政治外交、经济人道、安全稳定三个工作组。② 中方主持召开的阿富汗问题系列会议为相关各方搭建了重要的对话平台，增进了相互之间的理解，凝聚了各方共识，有利于推动阿富汗实现和平稳定发展。

中国与南亚国家积极利用国际会议等多边外交平台增进相互之间的理解，协调相互之间的立场，促进相互之间的合作。7月28日，中国国务委员兼外交部长王毅在乌兹别克斯坦塔什干出席上海合作组织外长会期间会见巴基斯坦外长比拉瓦尔。双方表示致力于深化中巴全天候战略合作伙伴关系，并将加强在上合组织和"七十七国集团和中国"框架内合作，继续坚持真正的多边主义，共同捍卫发展中国家的正当权益。③ 同日，王毅在塔什干会见阿富汗临时政府代理外长穆塔基时表示，中方将继续为阿重建和发展发挥建设性作用。穆塔基感谢中方及时向阿提供紧急赈灾援助，并希望中方给予更多支持。④

---

① 《王毅主持中阿巴三方外长会晤》，中国外交部网站，2022年3月31日，https://www.mfa.gov.cn/web/wjbz_673089/xghd_673097/202203/t20220331_10657945.shtml，最后访问时间：2022年11月7日。

② 《王毅主持第三次阿富汗邻国外长会》，中国外交部网站，2022年3月31日，https://www.mfa.gov.cn/web/wjbz_673089/xghd_673097/202203/t20220331_10658101.shtml，最后访问时间：2022年11月7日。

③ 《王毅会见巴基斯坦外长比拉瓦尔》，中国外交部网站，2022年7月29日，https://www.mfa.gov.cn/web/wjbz_673089/xghd_673097/202207/t20220729_10730045.shtml，最后访问时间：2022年11月8日。

④ 《王毅会见阿富汗临时政府代理外长穆塔基》，中国外交部网站，2022年7月29日，https://www.mfa.gov.cn/web/wjbz_673089/xghd_673097/202207/t20220729_10730035.shtml，最后访问时间：2022年11月8日。

9月23日，王毅在纽约出席联合国大会期间会见斯里兰卡外长阿里·萨布里（Ali Sabry）。双方同意推进高质量"一带一路"建设，发挥汉班托塔港、科伦坡港口城等旗舰项目效应，助力斯经济复苏。① 9月24日，王毅在纽约会见马尔代夫外长阿卜杜拉·沙希德（Abdulla Shahid）。双方表示将继续高质量共建"一带一路"，加快推进批准自贸协定，深化两国合作。②

二 经济关系稳步向好

经济关系是中国与南亚国家构建、深化、推进战略合作伙伴关系的重要基础。随着新冠疫情的逐步缓解，中国与南亚国家之间的经济交往逐渐恢复正常。由于世界经济下行压力的消极影响以及自身经济的结构性问题，南亚国家出现通货膨胀高企、财政赤字严重、外汇储备减少、债务违约等经济问题，但是南亚国家经济依然保持着较为旺盛的活力，依然具有较大的发展潜力，依然是世界经济新的增长点。随着经济的逐步复苏，南亚国家更加重视和珍视中国作为其战略合作伙伴的地位和作用，不断提升与中国经济合作的广度、深度、力度、高度。因此，中国与南亚国家之间的经贸合作稳中有进，并呈现新气象、新亮点、新突破。

（一）南亚国家经济稳中有进

由于自身经济的脆弱性和敏感性，南亚国家经济贸易受外部因素的影响而呈现不稳定性。但是南亚国家经济具有旺盛的活力，快速实现了经济复苏，呈现稳中有进的良好发展势头。

2020年新冠疫情暴发以来，公共卫生能力欠缺的南亚国家成为世界上

---

① 《王毅会见斯里兰卡外长萨布里》，中国外交部网站，2022年9月24日，https：//www.mfa.gov.cn/web/wjbz_673089/xghd_673097/202209/t20220924_10771000.shtml，最后访问时间：2022年11月8日。

② 《王毅会见马尔代夫外长沙希德》，中国外交部网站，2022年9月25日，https：//www.mfa.gov.cn/web/wjbz_673089/xghd_673097/202209/t20220925_10771142.shtml，最后访问时间：2022年11月8日。

疫情最为严重的地区之一，其经济遭受严重冲击，经济发展陷入严重的衰退之中。根据国际货币基金组织（International Monetary Fund）的统计数据，2020年南亚国家的经济增长率均出现了不同程度的下降（见表2）。随着新冠疫情的逐步缓解，2021年南亚国家经济从颓势中逐步复苏，呈现好转的迹象。受世界经济增长疲软的影响，2022年南亚国家的经济增长有所放缓，斯里兰卡甚至出现了较为严重的经济衰退，但是南亚国家经济整体继续保持着复苏、好转、增长的良好势头。

表2　2019~2023年和2027年南亚国家GDP增长率

单位：%

	印度	巴基斯坦	阿富汗	尼泊尔	孟加拉国	斯里兰卡	马尔代夫	不丹
2019年	3.7	3.1	3.9	6.7	7.9	-0.2	6.9	4.4
2020年	-6.6	-0.9	-2.4	-2.4	3.4	-3.5	-33.5	-2.3
2021年	8.7	5.7	—	4.2	6.9	3.3	37	-3.3
2022年	6.8	6	—	4.2	7.2	-8.7	8.7	4
2023年	6.1	3.5	—	5	6	-3	6.1	4.3
2027年(预测)	6.2	5	—	5.3	6.9	3.1	5.6	5.8

资料来源：World Economic Outlook October 2022, International Monetary Fund, October 11, 2022, https://www.imf.org/en/Publications/WEO/Issues/2022/10/11/world - economic - outlook - october - 2022, accessed：2022-11-12。

虽然受世界经济形势的影响，南亚国家经济出现增长减缓的迹象，但是依然保持着增长势头，依然具有巨大的发展潜力，依然是世界经济新的增长点。随着双方经济的持续发展，中国与南亚国家之间的经济合作必然会更多、更广、更深。

（二）双方经贸合作稳步提升

随着新冠疫情的逐步缓解，中国与南亚国家之间的经贸关系逐渐恢复正常，并出现新亮点、新支点、新高点。虽然中国与南亚国家之间的经贸合作有所放缓，但是依然保持着增长势头，依然具有旺盛的活力，依然拥有巨大的潜力。

中国已成为南亚国家最为重要的贸易伙伴之一，双方之间的贸易关系不断深入。中国工业制造能力强，而南亚国家则处于进口工业制成品、出口农产品和原材料的阶段，这种贸易结构的不合理导致南亚国家存在着对华贸易逆差。为了解决双方之间的贸易不平衡问题，中国一方面通过"一带一路"倡议提升南亚国家的工业制造能力，提高其自身工业制成品的自给率；另一方面则通过各种贸易优惠政策促进南亚国家扩大对华出口规模。自 2022 年 9 月 1 日起，中国给予孟加拉国和尼泊尔 98% 税目输华产品零关税待遇。2022 年 11 月，中国和巴基斯坦决定在《中巴自由贸易协定第二阶段议定书》框架下进一步协商推进贸易自由化，并同意尽早召开货物贸易委员会会议。① 自 2022 年 12 月 1 日起，中国对原产于阿富汗的 98% 税目产品实施零关税。

新冠疫情对中国与南亚国家之间的贸易造成了严重的打击，双方之间的贸易额出现较大幅度下降。随着新冠疫情的缓解，2021 年双方之间的贸易额出现大幅增加，贸易总额高达 1875.5 亿美元（见表 3），同比增加 47.46%；中国出口额约 1540.4 亿美元，同比增加 49.57%；中国进口额高达 335.1 亿美元，同比增加 27.8%。

表 3　2021 年中国与南亚国家之间的贸易情况

单位：亿美元，%

	印度	巴基斯坦	孟加拉国	斯里兰卡	阿富汗	尼泊尔	马尔代夫	不丹
总额	1256.64	278.22	251.44	59.03	5.24	19.77	4.11	1.09
出口额	975.21	242.33	240.97	52.52	4.75	19.5	4.07	1.09
进口额	281.43	35.89	10.47	6.51	0.5	0.27	0.04	0
总额同比	43.3	59.1	58.4	41.9	-5.6	67	46.2	700.2
出口额同比	46.2	57.8	59.8	36.7	-5.2	67.1	47.6	702
进口额同比	34.2	68.9	30.9	104.7	-9.1	63	-24.5	-66.3

资料来源：《2021 年 12 月进出口商品国别（地区）总值表（美元值）》，中国海关总署网站，2022 年 1 月 18 日，http：//www.customs.gov.cn/customs/302249/zfxxgk/2799825/302274/302277/302276/4127455/index.html，最后访问时间：2022 年 11 月 12 日。

---

① 《中华人民共和国和巴基斯坦伊斯兰共和国联合声明》，中国外交部网站，2022 年 11 月 2 日，http：//newyork.fmprc.gov.cn/zyxw/202211/t20221102_10799301.shtml，最后访问时间：2022 年 11 月 13 日。

受世界经济下行压力和南亚国家经济增速减缓的影响，双方之间的贸易增长有所放缓，但是依然保持着增长态势。根据中国海关总署的统计数据，2022年上半年，中国与南亚国家之间的贸易总额为994.67亿美元（见表4），同比增长16.59%；中国出口额为872.71亿美元，同比增长28.28%；中国进口额为121.96亿美元，同比下降29.26%。

表4　2022年上半年中国与南亚国家之间的贸易情况

单位：亿美元，%

	印度	巴基斯坦	孟加拉国	斯里兰卡	阿富汗	尼泊尔	马尔代夫	不丹
总额	670.89	143.93	143.22	22.98	2.32	8.72	2.11	0.5
出口额	575.14	124.75	138.35	21.03	2.24	8.62	2.11	0.47
进口额	95.75	19.18	4.87	1.95	0.08	0.1	0	0.03
总额同比	16.5	14.6	28.1	-17.6	-26.4	5.9	22.4	-12.1
出口额同比	34.5	15.2	29.7	-16.2	-23.1	6	25.5	-17
进口额同比	-35.3	11.0	-6.4	-30	-66	-7.4	-99.1	33098.7

资料来源：《2022年6月进出口商品国别（地区）总值表（美元值）》，中国海关总署网站，2022年7月18日，http://www.customs.gov.cn/customs/302249/zfxxgk/2799825/302274/302277/302276/4470834/index.html，最后访问时间：2022年11月12日。

与此同时，虽然中国对南亚国家的对外直接投资额和工程承包合同额有所减少，但是南亚国家依然是中国重要的海外工程承包市场和投资目的地。根据《2021年度中国对外直接投资统计公报》的统计数据，2021年中国对巴基斯坦的对外直接投资流量为7.27亿美元，同比下降23.31%；对印度为2.79亿美元，同比增长36.1%；对孟加拉国为2.41亿美元，同比下降46.56%；对斯里兰卡为1.66亿美元，同比增长69.39%；对尼泊尔为4996万美元，同比下降4.4%；对马尔代夫为2309万美元，同比增长207.8%；对阿富汗为-255万美元，同比下降200.39%。① 2021年中国对南亚国家的

---

① 商务部、国家统计局、国家外汇管理局编《2021年度中国对外直接投资统计公报》，中国商务出版社，2022，第49~50页。

对外直接投资流量为 14.83 亿美元, 同比下降 14.67%。2021 年中国企业在巴基斯坦新签工程承包合同额 44 亿美元, 同比下降 30.9%, 完成营业额 67.3 亿美元, 同比下降 8%; 在印度分别为 16.7 亿美元, 同比下降 26.9%, 19 亿美元, 同比增长 5.6%; 在孟加拉国分别为 42 亿美元, 同比下降 68.1%, 59.8 亿美元, 同比增长 8.6%; 在斯里兰卡分别为 37.3 亿美元, 同比增长 257.2%, 13 亿美元, 同比增长 0.9%; 在尼泊尔分别为 12.8 亿美元, 同比下降 31.4%, 4 亿美元, 同比下降 1.2%; 在马尔代夫分别为 1 亿美元, 同比下降 72%, 2.9 亿美元, 同比下降 40.4%; 在阿富汗分别为 13 万美元, 同比下降 99.9%, 1958 万美元, 同比下降 42.8%。[①]

(三)"一带一路"建设持续推进

自"一带一路"倡议提出以来, 南亚国家就将其视为重要的发展机遇, 积极参与其中。中巴经济走廊项目更成为"一带一路"倡议的旗舰项目, 发挥着引领示范效应, 并取得了丰硕成果, 成为互利共赢的典范、互联互通的枢纽、国际合作的标杆。虽然新冠疫情和世界经济下行压力给南亚国家参与"一带一路"建设带来了严峻挑战, 但是在中国与南亚国家的积极努力下, 共建"一带一路"持续高质量发展。

推动"一带一路"高质量发展是中国与南亚国家的重要共识。由于自身具有依赖性和脆弱性, 南亚国家经济容易受到世界经济形势的影响。世界经济的下行压力导致南亚国家经济面临较为严峻的挑战, 急需实现经济复苏。"一带一路"则有助于增强南亚国家的工业制造能力, 提升其互联互通水平, 提高其抵御世界经济风险的能力, 从而将极大地缓解南亚国家进口工业制成品出口原材料和初级产品所造成的经济内在结构性矛盾。因此, 在世界经济下行、欧美经济民族主义甚嚣尘上的大背景下, 南亚国家将"一带一路"视为实现其复苏经济最为重要的助力。继续积极推进"一带一路"

① 《亚洲司主管国别贸易统计数据》, 中国商务部网站, http://www.mofcom.gov.cn/article/tongjiziliao/sjtj/yzzggb/, 最后访问时间: 2022 年 11 月 13 日。

高质量发展已成为南亚国家的重要战略决策。马尔代夫、斯里兰卡、巴基斯坦、尼泊尔、孟加拉国等南亚国家都积极表示将深化与中国的合作，共同致力于高质量共建"一带一路"。阿富汗临时政府也表示将更充分参与共建"一带一路"，成为地区互联互通的桥梁。[①] 10 月 27 日，中巴经济走廊联合合作委员会举行第十一次会议，双方表示要推进中巴经济走廊高质量建设，确保走廊项目顺利建设运营。[②]

"一带一路"在南亚国家的重大项目取得积极进展。随着新冠疫情的逐渐缓解以及南亚国家支持力度的日益提升，共建"一带一路"在南亚国家获得了长足发展，重大项目取得了突破性进展，并获得了良好的经济、社会收益。2022 年 3 月 21 日，中孟"一带一路"合作项目、孟加拉国最大的发电项目帕亚拉 1320MW 燃煤电站项目落成。[③] 3 月 31 日，巴基斯坦卡拉奇核电 3 号机组首次达到 100% 满功率运行。[④] 4 月 18 日投入商业运营，标志着"华龙一号"海外首个工程两台机组全面建成投产。4 月 17 日，巴基斯坦总理夏巴兹专程来到中国水利水电第七工程局有限公司承建的"一带一路"项目巴沙大坝建设现场视察。这是其上任以来视察的首个大型基建项目。[⑤] 6 月 1 日，中巴经济走廊交通基础设施工作组召开第九次会议，双方就中巴"两大"公路和"橙线"轨道等已建成项目遗留问题商议了解决方案；审议

---

① 《王毅同阿富汗临时政府代理副总理巴拉达尔举行会谈》，中国外交部网站，2022 年 3 月 24 日，https://www.mfa.gov.cn/web/wjbz_673089/xghd_673097/202203/t20220324_10655170.shtml，最后访问时间：2022 年 11 月 13 日。

② 《中巴经济走廊联合合作委员会第十一次会议（视频会议）成功召开》，中国国家发展和改革委员会网站，2022 年 10 月 31 日，https://www.ndrc.gov.cn/fzggw/wld/lnx/lddt/202210/t20221031_1340325.html?code=&state=123，最后访问时间：2022 年 11 月 13 日。

③ 《驻孟加拉国大使李极明出席孟最大发电项目——帕亚拉 1320MW 燃煤电站项目落成典礼》，中国外交部网站，2022 年 3 月 22 日，http://russiaembassy.fmprc.gov.cn/web/wjdt_674879/zwbd_674895/202203/t20220322_10654124.shtml，最后访问时间：2022 年 11 月 15 日。

④ 《100% 努力换 100% 功率！全球第四台华龙一号机组实现满功率运行》，中国核工业集团有限公司网站，2022 年 4 月 2 日，https://www.cnnc.com.cn/cnnc/xwzx65/zhyw0/1204886/index.html，最后访问时间：2022 年 11 月 15 日。

⑤ 《［特别报道］"一带一路"造福世界民众——多国政要盛赞水电七局承建的海外项目》，中国水利水电第七工程局有限公司网站，2022 年 4 月 28 日，http://7j.powerchina.cn/art/2022/4/28/art_11167_1387800.html，最后访问时间：2022 年 11 月 15 日。

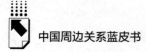
了瓜达尔东湾快速路、瓜达尔新国际机场等在建项目进展，明确了下一步工作安排，就推进一号铁路干线（ML1）等后续项目和深化公路技术合作达成了共识。[①] 6月3日，中巴经济走廊早期收获项目巴基斯坦瓜达尔东湾快速路举行通车仪式，标志着瓜达尔港区对外连接道路正式打通。[②] 6月25日，"一带一路"沿线国家最大桥梁工程孟加拉国帕德玛大桥全线通车。孟加拉国总理哈西娜指出，该大桥可每年为孟加拉国的国内生产总值贡献1.23个百分点，降低该国贫困率0.84个百分点。[③] 6月29日，中巴经济走廊首个水电投资项目巴基斯坦卡洛特水电站全面投入商业运营。[④] 10月6日，"一带一路"重要合作项目马尔代夫维拉纳机场新跑道和水飞航站楼启用，标志着该机场飞行区改扩建工程全面建成并投入使用。[⑤] 10月10日，中巴经济走廊框架下塔尔二区块电站二期煤电一体化项目正式开始商业运行。[⑥] 11月12日，孟加拉国达卡至阿苏利亚高架高速公路项目开工。中国驻孟加拉国大使李极明在致辞中指出，包括帕亚拉电站、孟中友谊八桥、达舍尔甘地污水处理厂、卡纳普里河底隧道等在内的一系列"一带一路"重大项目在

① 《中巴经济走廊交通基础设施工作组召开视频会议　推动走廊交通互联互通高质量发展》，中国一带一路网，2022年6月3日，https://www.yidaiyilu.gov.cn/info/iList.jsp?cat_id=10002&info_id=249105&tm_id=126，最后访问时间：2022年11月15日。

② 《高质量共建"一带一路"｜巴基斯坦瓜达尔东湾快速路通车》，中国商务部网站，2022年6月15日，http://fec.mofcom.gov.cn/article/fwydyl/zgzx/202206/20220603318694.shtml，最后访问时间：2022年11月15日。

③ 《孟加拉"梦想之桥"——帕德玛大桥正式通车》，中国国务院新闻办公室，2022年6月27日，http://www.scio.gov.cn/31773/35507/35513/35521/Document/1726105/1726105.htm，最后访问时间：2022年11月15日。

④ 《中巴经济走廊首个水电投资项目　全面投入商业运营》，中国国家发展和改革委员会网站，2022年7月18日，https://www.ndrc.gov.cn/fggz/gjhz/zywj/202207/t20220718_1330846_ext.html，最后访问时间：2022年11月15日。

⑤ 《马尔代夫国际机场改扩建工程开通之际再获大奖》，北京城建集团有限责任公司网站，2022年10月12日，http://www.bucg.com/ywfz/gczcb/20221012/24613.shtml，最后访问时间：2022年11月15日。

⑥ 《驻巴基斯坦大使农融出席塔尔二区块电站二期煤电一体化项目商业运行仪式》，中国外交部网站，2022年10月13日，http://russiaembassy.fmprc.gov.cn/web/zwbd_673032/wshd_673034/202210/t20221027_10792814.shtml，最后访问时间：2022年11月15日。

2022年相继竣工投入使用或接近完工。① 11月26日，"一带一路"共商共建共享标志项目孟加拉国父隧道主体竣工。

三　积极促进地区稳定

南亚地区地缘政治环境复杂，民族宗教矛盾相互交织，地区安全局势较为紧张，饱受国家冲突、极端主义、恐怖主义之苦，呈现复杂化、碎片化、紧张化的趋势。南亚地区长期不稳的安全局势不仅影响到南亚国家的社会经济发展，还不利于中国良好周边环境的构建。因此，中国在不断深化与南亚地区政治关系、经济合作的同时，以负责任大国的担当积极促进南亚地区实现稳定与和平。与此同时，南亚地区也面临着严峻的洪灾、地震等非传统安全威胁。对此，中国积极主动向有关国家提供急需的物资、设备、人员等人道援助，帮助其尽快渡过难关，早日恢复正常的生产和生活。

（一）维护稳定，助力和平

维护中印边境地区的稳定。在中美战略竞争加剧和印度教民粹主义的双重影响下，莫迪政府自认为其战略地位有所上升，战略环境有所改善，战略空间有所扩大。因此，莫迪政府在中印边界争端问题上采取强硬政策，企图单方面改变现状，导致中印边境地区局势紧张，并爆发小规模武装冲突。面对莫迪政府的挑衅行为，中国在坚决维护领土主权，坚决维护边界现状，坚决回击印军挑衅的同时，保持克制、管控分歧、避免冲突。为了维护边境地区的和平稳定，中国始终保持与印度的对话沟通，通过军长级会谈和边境事务机制实现两军脱离接触，推动边境局势缓和降温，共同维护边境地区的和平稳定。2022年3月25日，中国国务委员兼外交部长王毅在新德里同印度外长苏杰生举行会谈时表示，中印要将边界问题置于双边关系适当位置，不

---

① 《驻孟加拉国大使李极明出席达卡阿苏利亚高架高速公路项目开工仪式》，中国外交部网站，2022年11月13日，http://newyork.fmprc.gov.cn/web/zwbd_673032/wshd_673034/202211/t20221113_10973618.shtml，最后访问时间：2022年11月15日。

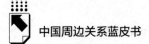

应用边界问题定义甚至影响双边关系整体发展。双方要妥善解决边界问题，处理管控好分歧。苏杰生表示，恢复边境地区和平安宁符合中印共同利益，要在军队脱离接触基础上实现常态化管控，采取有效措施防止误解误判。[①] 5月31日，中印边境事务磋商和协调工作机制第24次会议召开，双方同意继续保持外交军事渠道对话沟通，本着相互同等安全原则解决边界西段剩余问题。[②] 7月17日，中印举行第十六轮军长级会谈。双方同意两军位加南达坂一线部队9月开始同步有计划组织脱离接触。[③] 10月14日，中印边境事务磋商和协调工作机制第25次会议召开，双方积极评价两国边防部队前期脱离接触成果，推动边境局势由应急处置状态向常态化管控迈进。[④] 12月9日，中国边防部队位中印边境东段东章地区实控线中方一侧组织例行巡逻，遭到印军非法越线拦阻。我军应对处置专业规范有力，稳控现地局势，双方脱离接触。[⑤] 12月20日，中印举行第十七轮军长级会谈。双方在7月17日会谈以来取得进展基础上，以开放和建设性方式就推动解决中印边界西段实控线地区有关问题交换意见，同意尽早就解决剩余问题达成双方均能接受的方案。[⑥]

---

① 《王毅同印度外长苏杰生举行会谈》，中国外交部网站，2022年3月25日，https：//www.mfa.gov.cn/web/wjbz_673089/xghd_673097/202203/t20220325_10655747.shtml，最后访问时间：2022年11月17日。

② 《中印举行边境事务磋商和协调工作机制第24次会议》，中国外交部网站，2022年5月31日，http：//new.fmprc.gov.cn/web/wjdt_674879/sjxw_674887/202205/t20220531_10696697.shtml，最后访问时间：2022年11月17日。

③ 《中印位加南达坂一线部队脱离接触促进边境地区和平安宁》，中国国防部网站，2022年9月29日，http：//www.mod.gov.cn/jzhzt/2022-09/29/content_4922197.htm，最后访问时间：2022年11月17日。

④ 《中印举行边境事务磋商和协调工作机制第25次会议》，中国外交部网站，2022年10月14日，http：//switzerlandemb.fmprc.gov.cn/web/wjdt_674879/sjxw_674887/202210/t20221014_10783770.shtml，最后访问时间：2022年11月17日。

⑤ 《西部战区新闻发言人龙绍华大校就我位东章地区例行巡逻发表谈话》，新华网，2022年12月13日，http：//www.news.cn/2022-12/13/c_1129205666.htm，最后访问时间：2022年12月14日。

⑥ 《权威发布｜中印第十七轮军长级会谈联合新闻稿》，中国国防部网站，2022年12月22日，http：//www.mod.gov.cn/topnews/2022-12/22/content_4928913.htm，最后访问时间：2022年12月22日。

助力阿富汗实现和平重建。随着美军完全撤出以及阿富汗塔利班重新上台，阿富汗局势发生剧变，深刻影响到南亚地区的安全态势和地缘政治格局。虽然阿富汗塔利班已基本控制了全国，但是阿富汗仍然面临人道、经济、安全等多重挑战，远未实现稳定、和平、繁荣，依然对包括中国在内的周边地区产生不容忽视的负面溢出效应。阿富汗实现和平重建不仅事关阿富汗人民的前途命运，也事关周边地区的和平稳定。因此，作为负责任的大国，中国积极与相关国家合作推动阿富汗实现和平重建。2022 年 3 月 24日，中国国务委员兼外交部长王毅访问阿富汗，同阿富汗临时政府代理副总理巴拉达尔、代理外长穆塔基举行会谈。王毅表示，中国将继续助力阿富汗实现真正独立和自主发展，愿在尊重阿主权前提下，本着注重改善民生、注重提升阿自主发展能力、注重实际效果、不开空头支票的原则，同阿有序开展互利合作，助力阿将资源优势转化为发展优势。① 3 月 30~31 日，王毅在安徽屯溪主持召开中阿巴三方外长会晤、阿富汗问题"中美俄+"磋商会议、第三次阿富汗邻国外长会、阿富汗邻国与阿临时政府首次外长对话会。王毅在中阿巴三方外长会晤时表示，阿富汗形势出现根本变化以来，中巴第一时间以平等和尊重方式同阿临时政府开展对话交流，第一时间克服困难向阿方提供紧急人道援助，第一时间推动建立阿邻国外长机制。② 第三次阿富汗邻国外长会发表《第三次阿富汗邻国外长会联合声明》和《阿富汗邻国关于支持阿富汗经济重建及务实合作的屯溪倡议》（见表5），宣布启动阿富汗特使定期会晤机制，建立政治外交、经济人道、安全稳定三个工作组。9 月 16 日，习近平主席在乌兹别克斯坦撒马尔罕出席上海合作组织成员国元首理事会第二十二次会议时发表题为《把握时代潮流　加强团结合作共创美好未来》的重要讲话，强调要继续发挥"上海合作组织-阿富汗联

---

① 《王毅同阿富汗临时政府代理副总理巴拉达尔举行会谈》，中国外交部网站，2022 年 3 月 24 日，https://www.mfa.gov.cn/web/wjbz_673089/xghd_673097/202203/t20220324_10655170.shtml，最后访问时间：2022 年 11 月 17 日。

② 《王毅主持中阿巴三方外长会晤》，中国外交部网站，2022 年 3 月 31 日，https://www.mfa.gov.cn/web/wjbz_673089/xghd_673097/202203/t20220331_10657945.shtml，最后访问时间：2022 年 11 月 17 日。

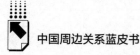
络组"、阿富汗邻国协调合作机制等平台作用，鼓励阿富汗当局搭建广泛包容的政治架构，根除恐怖主义滋生土壤。① 11 月 16 日，中国外交部阿富汗事务特使岳晓勇在莫斯科出席第四次阿富汗问题"莫斯科模式"会议时指出，中方愿同各方共同努力，加强涉阿协调合作，帮助阿富汗尽早实现稳定发展。②

表 5　"屯溪倡议"的主要内容

国家	主要内容
中国	人道援助领域:提供人道援助和抗疫物资 互联互通领域:推动"一带一路"倡议同阿发展战略对接 经贸领域:提供发展援助、中国企业赴阿投资兴业 农业领域:支持农产品对华出口、提供种子等、加强阿农业基础设施建设 能源领域:继续与阿探讨太阳能光伏电站等项目 能力建设领域:加强与阿的人力资源开发合作、为阿开展人才培训
伊朗	人道援助领域:提供人道援助和日常生活必需品 互联互通领域:完成哈夫-赫拉特铁路建设、利用恰巴哈尔港等项目帮助阿改善交通条件 经贸领域:扩大伊阿经贸往来、协助阿勘探和开采矿产资源 农业领域:向阿提供农产品和畜类需求清单 能源领域:扩大对阿电力出口、提供工程技术服务 能力建设领域:为阿提供双多边培训课程
巴基斯坦	人道援助领域:提供人道援助、在向阿运送人道援助方面发挥渠道作用、继续为所有入境巴的阿民众免费接种新冠疫苗 互联互通领域:阿可与中巴经济走廊连接、同阿开展一系列互联互通项目 经贸领域:促进两国过境贸易、允许通过陆路向阿出口多种商品并以巴基斯坦卢比结算、减免阿输巴水果、蔬菜等易腐物关税 农业领域:深化农业合作、在农业和畜牧业向阿提供技术援助和能力建设机会、加强农产品畜牧业渔业等潜在贸易领域合作 能源领域:支持能源基础设施项目、推进 CASA-1000 和 TAPI 等大型项目建设 能力建设领域:提供技术和能力建设培训、积极考虑为阿留学生提供奖学金

① 习近平:《把握时代潮流　加强团结合作　共创美好未来——在上海合作组织成员国元首理事会第二十二次会议上的讲话》，《光明日报》2022 年 9 月 17 日，第 2 版。
② 《外交部阿富汗事务特使岳晓勇出席第四次阿富汗问题"莫斯科模式"会议》，中国外交部网站，2022 年 11 月 22 日，http://switzerlandemb.fmprc.gov.cn/wjdt_674879/sjxw_674887/202211/t20221122_10979209.shtml，最后访问时间:2022 年 11 月 25 日。

续表

国家	主要内容
俄罗斯	人道援助领域:提供人道援助 互联互通领域:支持中亚国家与阿、巴及其他地区国家之间发展交通联通 经贸领域:国有企业和俄阿合资企业在阿开展经贸活动 农业领域:与阿开展农业互利合作、支持俄方企业根据阿市场需求向阿出口农畜产品 能源领域:制定协同重建阿关键基础设施计划 能力建设领域:进一步向阿留学生提供奖学金
塔吉克斯坦	人道援助领域:继续提供多种物流方式运送人道援助、继续向居住在塔阿边境地区的阿公民提供医疗服务 互联互通领域:开发建设塔阿边境喷赤自贸区铁路和货运中心、扩大过境贸易 能源领域:继续以优惠价格向阿供电、支持CASA-1000项目 能力建设领域:向阿公民提供奖学金
土库曼斯坦	人道援助领域:提供人道援助和药品 互联互通领域:维持"阿塔米拉-伊玛目那扎尔-阿基纳-安德胡伊"铁路线运营、继续推进土阿巴交通走廊和"青金石走廊"项目建设、继续维持"伊玛目那扎尔-阿基纳"和"谢尔赫塔巴特-土尔洪吉"光纤线路顺畅运行 经贸领域:发展经贸关系、重点推进土印(TAPI)跨国天然气管道建设 能源领域:继续通过科尔基-希比尔甘输电线等途径向阿北部省份提供可靠的能源供应 能力建设领域:继续向阿学生提供在土高等教育机构留学名额
乌兹别克斯坦	人道援助领域:利用铁尔梅兹市国际交通物流中心向阿运送人道援助 互联互通领域:开展"铁尔梅兹-马扎里沙里夫-喀布尔-白沙瓦"铁路建设等项目、积极参与修复和建设阿国内基础设施、 经贸领域:积极参与发展跨境贸易、拓展与阿的双边贸易 农业领域:继续向阿提供食品(面粉、谷物)等以及生活必需品 能源领域:加快推进苏尔汗-普勒胡姆里输电线项目建设、继续向阿供电、参与阿矿产联合勘探及后续开发和生产项目 能力建设领域:为阿培训专业人才、利用铁尔梅兹教育中心为阿青年提供培训

资料来源:《阿富汗邻国关于支持阿富汗经济重建及务实合作的屯溪倡议》,中国外交部网站,2022年4月1日,https://www.mfa.gov.cn/web/ziliao_674904/1179_674909/202204/t20220401_10661820.shtml,最后访问时间:2022年11月6日。

(二)守望相助,共克时艰

由于复杂的地理环境以及脆弱的经济结构,南亚国家易发生较为严重的自然灾害、经济衰退等，从而导致出现大规模的人道主义危机。作为南亚国家的好邻居、好朋友、好伙伴，中国向有关国家及时伸出援手，为其提供急需的物资、人员等人道援助，助其纾困解难、渡过难关、重建家园。这深化了中国与南亚国家之间的友好互信，践行了中国亲诚惠容的周边外交理念，彰显了中国的负责任大国担当，展现了中国精神、中国智慧、中国力量。

全力支持巴基斯坦抗击特大洪灾和灾后重建。由于持续多轮暴雨及冰川大量融化，2022 年 6 月中旬以来巴基斯坦暴发特大洪灾，造成近 1700 人死亡、超 3304 万人受灾、1/3 的国土被淹，是巴基斯坦自 1961 年有记录以来降水最多的雨季。山川异域，风月同天。特大洪灾暴发之初，中国国务委员兼外交部长王毅第一时间向巴基斯坦外长比拉瓦尔表示慰问。8 月 25 日，全巴中资企业协会向巴总理抗洪赈灾基金捐款 1500 万卢比。26 日，国家国际发展合作署署长罗照辉会见巴基斯坦驻华大使莫因·哈克时表示，中国将全力支持巴基斯坦抗击洪灾，并愿为其灾后重建提供帮助。双方同意成立联合工作组，指定联络员，具体落实紧急救援及后续工作。30 日，中国援巴首批洪灾紧急人道物资——3000 顶帐篷顺利运抵巴基斯坦。同日中国红十字会向巴基斯坦红新月会提供 30 万美元紧急现汇援助。中国在灾情发生之初就通过中巴经济走廊社会民生合作框架向巴基斯坦提供了 4000 顶帐篷、50000 条毛毯、50000 块防水篷等储备物资。鉴于洪灾的蔓延以及巴基斯坦的需求，中国决定追加一批包括 2.5 万顶帐篷及其他急需物资在内的人道援助。[1] 9 月 5 日，中国外交部表示，中国政府决定在已提供 1 亿元人民币紧急人道援助基础上，追加提供 3 亿元人民币救灾物资，并将紧急筹措的 200 吨蔬菜通过喀喇昆仑公路尽快交运巴方。中国气象局将向巴基斯坦提供气象预报信息和技术支持。[2] 截至 9 月 25 日，中国人民对外友好协会为巴基斯坦抗洪

---

[1] 《2022 年 8 月 29 日外交部发言人赵立坚主持例行记者会》，中国外交部网站，2022 年 8 月 29 日，https://www.fmprc.gov.cn/fyrbt_673021/jzhsl_673025/202208/t20220829_10757191.shtml，最后访问时间：2022 年 11 月 25 日。

[2] 《2022 年 9 月 5 日外交部发言人毛宁主持例行记者会》，中国外交部网站，2022 年 9 月 5 日，https://www.fmprc.gov.cn/fyrbt_673021/jzhsl_673025/202209/t20220905_10762291.shtml，最后访问时间：2022 年 11 月 25 日。

赈灾共筹集到善款 1037.24 万元，救灾物资约合 1.14 亿元人民币，总价值共计 1.25 亿元人民币。15 个省区市的 18 对友好城市、24 个友好组织与地方友协、13 家企业和数百位爱心人士参与捐助。① 为了帮助巴基斯坦提升其灾害管理特别是预警系统及防灾能力建设等领域的能力，由应急管理部牵头组建的中国政府专家组于 10 月 11 日赴巴基斯坦开展灾害评估和防洪减灾指导工作。此次专家组由 11 名成员组成，来自应急管理部、水利部、中国气象局等部门。② 10 月 28 日，中国（广西）援巴基斯坦抗洪医疗卫生专家组奔赴遭洪灾较重的信德省海尔布尔县提供医疗服务，并与巴基斯坦国家灾害管理局等政府机构进行工作交流。③ 在 11 月 2 日发布的《中华人民共和国和巴基斯坦伊斯兰共和国联合声明》中，巴基斯坦总理夏巴兹对中方的援助表示感谢。④

及时帮助阿富汗抗震救灾。2022 年 6 月 22 日，阿富汗东部发生 6.2 级地震，已造成 1500 多人死亡，2000 多人受伤，3000 多间房屋被毁。这是阿富汗 20 多年来发生的最严重地震。灾情发生之后，中国国务委员兼外交部长王毅向阿富汗临时政府代理外长穆塔基致慰问电，并第一时间向阿富汗提供抗震救灾援助。中国政府决定向阿富汗提供 5000 万元人民币紧急人道援助，包括帐篷、毛巾被、折叠床等急需物资。6 月 27 日，中国政府援助阿富汗首批抗震救灾物资运抵喀布尔。这批救灾物资包括 120 顶帐篷，320 张折叠床，6000 多条毛毯等。6 月 30 日，中国红

---

① 《"援助'巴铁'中国民间在行动"捐赠过亿元——援助巴基斯坦抗洪赈灾捐赠仪式在京隆重举行》，中国人民对外友好协会网站，2022 年 9 月 25 日，https://www.cpaffc.org.cn/index/news/detail/id/7809/lang/1.html，最后访问时间：2022 年 12 月 1 日。

② 《中国政府专家组启程赴巴基斯坦开展灾害评估和防洪减灾指导工作》，中国应急管理部网站，2022 年 10 月 11 日，http://mem.gov.cn/xw/bndt/202210/t20221011_423795.shtml，最后访问时间：2022 年 12 月 1 日。

③ 《不负重托！我中心援巴基斯坦抗洪医疗卫生专家组平安凯旋》，广西壮族自治区疾病预防控制中心网站，2022 年 11 月 22 日，https://www.gxcdc.com/html/zxdt/2022/1122/13577.html，最后访问时间：2022 年 12 月 1 日。

④ 《中华人民共和国和巴基斯坦伊斯兰共和国联合声明》，中国外交部网站，2022 年 11 月 2 日，https://www.mfa.gov.cn/web/ziliao_674904/1179_674909/202211/t20221102_10799301.shtml，最后访问时间：2022 年 12 月 2 日。

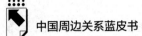

十字会通过包机形式向阿富汗运来 16 吨包括帐篷、折叠床和家庭包等在内的抗震救灾物资，并向阿富汗红新月会提供 20 万美元现金援助。① 7月 28 日，中国中冶集团向阿富汗地震灾区捐赠总计 20 万美元的面粉、大米、食用油等物资。②

积极援助斯里兰卡缓解经济民生危机。2022 年，斯里兰卡爆发了自1948 年独立以来最为严重的经济危机。斯里兰卡遭遇财政赤字、外汇枯竭、物价上涨、物资短缺等严重问题，导致国内出现严重的经济民生危机。为了帮助斯里兰卡克服当前的困境，中国及时向其提供紧急人道援助。2022 年 4~5 月，中国政府宣布向斯提供共计 5 亿元人民币紧急人道主义援助，这是斯里兰卡经济民生危机爆发以来接受的最大一笔无偿援助。中国承诺将向斯里兰卡援助 10000 吨大米，以为其全国 9 个省份、7900 所学校、110 万学生提供长达半年的学生餐。6 月 28 日，中国紧急人道援助斯里兰卡的首批 1000 吨大米抵达科伦坡。③ 6 月 30 日，中国援助的 51 万依诺肝素钠注射液交接给斯里兰卡。9 月 7 日，中国政府宣布对斯里兰卡启动新的援助项目，为该国学生提供 2023 学年所需校服布料的70%。9 月 23 日，中国援助的新一批药品运抵科伦坡。这些药品包括 10 万余支人促红素注射液、27 万支冻干人用狂犬病疫苗（Vero 细胞）、4500 瓶脂肪乳注射液（C14~24）、2400 盒注射用培美曲塞二钠（100mg）、1520 盒注射用培美曲塞二钠（500mg），价值约 1250 万元人民币。④ 11 月 26 日，

① 《驻阿富汗大使王愚出席中国红十字会援助阿红新月会抗震救灾资金和物资交接仪式》，中国外交部网站，2022 年 7 月 3 日，https：//www.fmprc.gov.cn/web/zwbd_673032/gzhd_673042/202207/t20220703_10714651.shtml，最后访问时间：2022 年 12 月 2 日。
② 《驻阿富汗大使王愚出席中冶集团援阿抗震救灾捐赠仪式》，中国外交部网站，2022 年 7 月 29 日，https：//www.mfa.gov.cn/web/wjdt_674879/zwbd_674895/202207/t20220729_10729600.shtml，最后访问时间：2022 年 12 月 2 日。
③ 《中国首批紧急粮食援助运抵斯里兰卡》，中国驻斯里兰卡民主社会主义共和国大使馆网站，2022 年 6 月 30 日，http：//lk.china-embassy.gov.cn/chn/dssghd/202206/t20220630_10712610.htm，最后访问时间：2022 年 12 月 2 日。
④ 《中国新一批紧急人道主义援助药品运抵斯里兰卡》，中国驻斯里兰卡民主社会主义共和国大使馆网站，2022 年 9 月 27 日，http：//lk.china-embassy.gov.cn/chn/dssghd/202209/t20220930_10775192.htm，最后访问时间：2022 年 12 月 2 日。

中国援助的 9000 吨柴油运抵科伦坡港。这些柴油将通过指定加油站向农民和渔民免费发放，预计将惠及 23.2 万个农民家庭和近 4000 艘燃油渔船。①

四 人文交流多姿多彩

国之交在于民相亲，民相亲在于心相通。人文交流既是国家之间交往的主要内容和平台，更是彼此之间赓续传统友谊、增进战略互信、深化务实合作的重要基础。随着新冠疫情的逐步缓解，中国与南亚国家之间的人文交流也逐渐活跃起来，呈现内容丰富、形式多样、效果良好的鲜明特点。中国与南亚国家之间的人文交流不仅丰富了双方的文化生活，更促进了彼此的相互理解、相互包容、相互欣赏，为双方战略合作伙伴关系的持续健康发展奠定了坚实的民意基础。

2022 年北京冬季奥林匹克运动会是新冠疫情发生以来首次如期举办的全球综合性体育盛会，彰显了世界各国的和平、团结、尊重、合作，诠释了人类命运共同体的理念。为迎接冬奥会、宣传冬奥会、参与冬奥会，南亚各国举办了丰富多彩的冬奥会活动。1 月 11 日，印度青年支持北京冬奥会"一起向未来"视频交流活动举办，印中友协本地治里分会、印中贸易中心、徐梵澄文化研究中心、印高校青年、留学生代表等 100 多人参加活动。② 1 月 12 日，中国驻尼泊尔大使馆举办"冬奥缘"文章、书画作品征集活动。③ 北京冬奥会期间，马尔代夫新闻网通过网络平台，推出"2022 北京冬奥会"知识竞赛活动，每天发布 2~3 道题，持续

---

① 《患难知兄弟，耕渔海天间——中国紧急援助 9000 吨柴油运抵斯里兰卡》，中国驻斯里兰卡民主社会主义共和国大使馆网站，2022 年 11 月 29 日，http://lk.china-embassy.gov.cn/chn/dssghd/202211/t20221129_10982597.htm，最后访问时间：2022 年 12 月 2 日。

② 《印度青年支持北京冬奥会"一起向未来"视频交流活动在印成功举办》，环球网，2022 年 1 月 11 日，https://world.huanqiu.com/article/46MZBrw9GkR，最后访问时间：2022 年 12 月 4 日。

③ 《手执笔墨添色彩，喜迎冬奥心连心》，中国驻尼泊尔大使馆网站，2022 年 1 月 12 日，http://np.china-embassy.gov.cn/xwdt/202201/t20220112_10481510.htm，最后访问时间：2022 年 12 月 5 日。

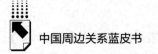

28 天。① 2 月 3 日，中国驻孟加拉国大使馆、中央广播电视总台孟加拉语部、孟加拉国 RTV 电视台共同主办的"同唱一首歌，携手迎冬奥"——北京冬奥主题口号推广曲征歌比赛活动正式启动。②

中国与南亚国家都具有悠久的历史、璀璨的文化、辉煌的文明。因此，文化交流就成为双方人文交流的重点和亮点。2022 年 3 月 15 日，中国驻马尔代夫使馆向中马文化交流协会与马中贸易文化协会赠送中国历史和文化类书籍。8 月 28 日，印中友协卡纳塔克邦分会主办的中国图片展开幕。9 月 3 日，孟加拉国武术联合会举办第四届中孟"大使杯"武术比赛颁奖仪式。10 月 1~4 日，中国驻尼泊尔大使馆举办"中国影像节"暨第五届"中国电影节"，并在尼泊尔国家电视台播放《中国脱贫攻坚》、《我的藏历新年》、《羌塘父子》和《三星堆：再现失落的文明》四部优秀纪录片。③ 10 月 28 日，中国驻孟加拉国大使馆、孟中友谊中心、中央广播电视总台孟语部联合主办的第 21 届"我心中的中国"——全孟少儿绘画大赛在孟加拉国家艺术院圆满落幕。④ 11 月 2 日，中国和巴基斯坦在《中华人民共和国和巴基斯坦伊斯兰共和国联合声明》中指出，2023 年将举办"中巴旅游交流年"，2022~2023 年在北京故宫博物院举办犍陀罗艺术展。⑤ 11 月 12 日，中马建交 50 周年绘画、摄影比赛作品展在马尔代夫国家博物馆举行。12 月 20 日，由中

---

① 《驻马尔代夫大使王立新出席北京冬奥会知识竞赛颁奖仪式》，中国外交部网站，2022 年 3 月 17 日，https：//www.mfa.gov.cn/web/zwbd_673032/beijing2022/202203/t20220317_10652699.shtml，最后访问时间：2022 年 12 月 5 日。

② 《"同唱一首歌，携手迎冬奥"——北京冬奥主题口号推广曲征歌比赛活动在孟开启》，中国驻孟加拉人民共和国大使馆网站，2022 年 2 月 3 日，http：//bd.china-embassy.gov.cn/chn/zmjw/202202/t20220203_10638584.htm，最后访问时间：2022 年 12 月 5 日。

③ 《驻尼泊尔使馆举办"中国影像节"暨第五届"中国电影节"》，中国驻尼泊尔大使馆网站，2022 年 10 月 8 日，http：//np.china-embassy.gov.cn/chn/xwdt/202210/t20221008_10779659.htm，最后访问时间：2022 年 12 月 5 日。

④ 《第 21 届"我心中的中国"——全孟少儿绘画大赛圆满落幕》，中国驻孟加拉人民共和国大使馆网站，2022 年 10 月 29 日，http：//bd.china-embassy.gov.cn/zmjw/202211/t20221102_10799304.htm，最后访问时间：2022 年 12 月 5 日。

⑤ 《中华人民共和国和巴基斯坦伊斯兰共和国联合声明》，中国外交部网站，2022 年 11 月 2 日，http：//newyork.fmprc.gov.cn/zyxw/202211/t20221102_10799301.shtml，最后访问时间：2022 年 12 月 5 日。

国和斯里兰卡两国艺术家参加的"庆祝中斯建交65周年暨《米胶协定》签署70周年文艺演出"在斯里兰卡国家电视台僧语主频道黄金时段播出。

随着中国与南亚国家之间的交流日益增多，南亚国家民众对于学中文、用中文的热情高涨，掀起了一股"中文热"。为了推广中文、深化文化教育交流、增进传统友谊，中国大使馆主办的"汉语桥"中文比赛在印度、斯里兰卡、孟加拉国等南亚国家举行。3月19日，由中国驻孟加拉国大使馆主办，达卡大学孔子学院和云南大学汉语国际教育学院承办的第三期"中孟语言文化交流营"举行结营仪式暨"情景中文演讲比赛"颁奖典礼。① 8月16日，尼泊尔第二所孔子学院特里布文大学孔子学院揭牌。9月8日，由中国驻孟加拉国大使馆、云南省人民政府外事办公室、云南大学、孟中商业工业协会联合举办的首期线上商务汉语培训班开班。② 9月28日，由中国长安大学、湖南大众传媒职业技术学院与马尔代夫维拉学院合办的汉语中心正式揭牌。

智库交流是中国与南亚国家进行人文交流的重要形式，有利于深化相互之间的理解、信赖、合作，有利于增进相互之间的亲切感、认同感、信任感，更有利于相互之间的民相亲、心相通。2022年1月3日，巴基斯坦智库中巴商业投资论坛正式成立。5月28日，孟加拉国首个"一带一路"研究中心在水仙花国际大学成立。8月2日，中国外文出版发行事业局当代中国与世界研究院、巴基斯坦巴中学会、中国互联网新闻中心共同主办"全球发展与治理"中国-巴基斯坦智库对话会。8月18日，巴基斯坦可持续发展政策研究所组织召开"中巴经济走廊绿色发展高层对话会"，中国驻巴基斯坦大使农融、巴基斯坦计划发展部长伊克巴尔等出席并致辞。③ 8月30

---

① 《汉语国际教育学院举办第三期中孟语言文化交流营暨情景中文演讲比赛》，云南大学新闻网，2022年3月24日，http://www.news.ynu.edu.cn/info/1095/27785.htm，最后访问时间：2022年12月5日。

② 《孟加拉国孟中商业工业协会商务汉语培训班开班》，云南省人民政府外事办公室网站，2022年9月9日，http://yfao.yn.gov.cn/wsdt/jlhz/202209/t20220909_1079576.html，最后访问时间：2022年12月5日。

③ 《驻巴基斯坦大使农融出席中巴经济走廊绿色发展高层对话会》，中国驻巴基斯坦共和国大使馆网站，2022年8月20日，http://pk.china-embassy.gov.cn/zbgx/202208/t20220820_10747181.htm，最后访问时间：2022年12月5日。

日，孟加拉国-中国校友会（Association of Bangladesh-China Alumni）举办纪念孟中友谊先驱穆吉布和周恩来的专题线上研讨会。9 月 27 日，阿底峡研究中心（Atish Dipankar Sreegnyan Research Cneter）与孟中文化学院在孟加拉国达卡举办"阿底峡尊者与孟中友谊"专题研讨会。11 月 11 日，为庆祝中国斯里兰卡建交 65 周年，四川大学南亚研究所举办"面向未来的中斯友好关系"线上研讨会。11 月 19 日，由中国外交部、中国人民对外友好协会和云南省政府共同主办的以"守望相助，促进区域共同发展"为主题的第 3 届中国-南亚合作论坛在云南昆明开幕。会议期间还举办了中国-南亚卫生健康论坛暨第 2 届南亚东南亚医学教育与医疗卫生联盟大会、中国-环印度洋地区智库论坛等活动。①

中国和南亚国家积极推进人文交流领域内的机制建设。机制建设既是中国与南亚国家之间人文交流的重要基础和保障，更有利于促进双方人文交流的持续健康发展。2022 年 8 月 7 日，中国和孟加拉国在达卡签署《中孟 2023—2027 文化和旅游交流执行计划》。11 月 2 日，中国和巴基斯坦在《中华人民共和国和巴基斯坦伊斯兰共和国联合声明》中同意将两国政府文化合作协定的执行计划有效期顺延至 2027 年。②

五 前景展望

随着新冠疫情的逐渐缓解，中国与南亚国家在各个领域内的交流逐步恢复并有所发展。双方积极推进首脑外交、双边外交、多边外交，取得良好效果。虽然世界经济下行压力的消极影响以及自身经济的结构性问题使南亚国家经济面临严峻挑战，但是其依然保持着较为旺盛的活力，依然具有较大的

---

① 《第 3 届中国-南亚合作论坛在昆开幕　守望相助促进区域共同发展》，云南省人民政府网站，2022 年 11 月 21 日，https://www.yn.gov.cn/zzms/ynyw/202211/t20221121_250301.html，最后访问时间：2022 年 12 月 5 日。

② 《中华人民共和国和巴基斯坦伊斯兰共和国联合声明》，中国外交部网站，2022 年 11 月 2 日，http://newyork.fmprc.gov.cn/zyxw/202211/t20221102_10799301.shtml，最后访问时间：2022 年 12 月 5 日。

发展潜力，依然是世界经济新的增长点。双方之间的经贸关系逐渐恢复正常，并出现新亮点、新支点、新高点。"一带一路"在南亚国家持续高质量发展。中国积极致力于维护中印关系稳定，致力于实现阿富汗和平，致力于为南亚国家提供人道援助。双方的人文交流日益活跃，呈现内容丰富、形式多样、效果良好的鲜明特点。但是与此同时，中国与南亚国家之间的关系也面临着不容忽视的严峻挑战，主要为美国对华战略竞争的加剧、印度的对华强硬政策、阿富汗局势的动荡等。

从长远角度看，中国与南亚国家之间的合作将持续深化、不断提升、前景广阔。中国与南亚国家将积极推进双方在各领域内的务实合作，促进"一带一路"高质量建设，打造更加紧密的利益共同体和命运共同体，提升双方的战略合作伙伴关系。

第一，中国与南亚国家之间的经济合作将是双方合作的重点。世界经济下行压力的消极影响以及自身经济的结构性问题导致南亚国家经济发展放缓。促进经济复苏、积极发展经济成为南亚国家最为迫切的需求和目标。中国日益被南亚国家视为其经济发展的重要合作伙伴，而中国经济的发展也需要深化与南亚国家之间的合作。因此，双方会积极提升经济合作的广度、深度、力度、高度。

第二，中国与南亚国家将继续推进"一带一路"持续高质量发展。虽然新冠疫情和世界经济下行压力给南亚国家参与"一带一路"建设带来了严峻挑战，但是在双方的共同努力之下，共建"一带一路"持续高质量发展。由于自身的依赖性和脆弱性，南亚国家经济容易受到世界经济形势的影响。受世界经济下行压力的影响，南亚国家经济增长速度有所放缓。而"一带一路"则有助于增强南亚国家的工业制造能力，提升其互联互通水平，提高其抵御世界经济风险的能力，从而将极大地缓解南亚国家经济的内在结构性矛盾。南亚国家将"一带一路"视为实现其经济复苏最为重要的助力。因此，中国与南亚国家将继续全力推进"一带一路"持续高质量发展，将其建设成互利共赢之路、共同发展之带。

第三，中国与南亚国家将继续提升双方的战略合作伙伴关系。在过去的

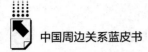

一年，中国与南亚国家之间各层次的政治交往有所增加，并呈现持续推进的良好局面。中国和南亚国家都致力于实现好、维护好、发展好双方的战略合作伙伴关系。在相互尊重、互利共赢的基础上，中国与南亚国家的政治关系将继续保持发展势头。虽然中国与南亚国家存在着一些矛盾分歧，但是在双方的积极沟通和相互协调之下，这些矛盾分歧会得到妥善解决和有效管控，不会影响双方的整体友好关系，不会阻碍双方的各领域合作，不会延缓双方的合作进程。

第四，积极应对美印因素对于中国与南亚国家关系的负面影响。美国政府罔顾事实日益将中国视为其最大的战略竞争对手和战略挑战，对华进行全方位围堵和无底线打压。随着中国与南亚国家关系的持续发展，美国日益加大对于南亚国家的干涉力度，妄图威逼利诱其减少与华合作以打压中国。但是南亚国家始终高度重视与中国的战略合作伙伴关系，不愿更不会成为美国遏制中国的"马前卒"。对此，中国应持续深化与南亚国家的务实合作，推动双方关系不断走深走实。在中美战略竞争加剧和印度教民粹主义的双重影响下，莫迪政府自认为其战略地位有所上升，战略环境有所改善，战略空间有所扩大。因此，莫迪政府在中印边界争端问题上采取强硬政策，企图单方面改变现状，导致中印边境地区局势紧张，并爆发小规模武装冲突。面对莫迪政府的挑衅行为，中国应在坚决维护领土主权，坚决维护边界现状，坚决回击印军挑衅的同时，保持克制、管控分歧、避免冲突，维护中印关系稳定。

中国始终高度重视维护好、发展好与南亚国家的战略合作伙伴关系；始终坚持与邻为善、以邻为伴的周边外交方针，发展与南亚国家的睦邻友好关系；始终秉持亲诚惠容理念，深化与南亚国家的各领域合作。在新冠疫情逐渐缓解和双方的积极努力之下，中国与南亚国家全方位、多层次、宽领域的战略合作伙伴关系将继续深化。双方将在更高起点、更大范围、更深层次推进合作，谱写新时代中国与南亚国家友好关系的新华章。

B.6
2022年中国与东南亚国家
关系评估与展望

刘静烨*

摘　要： 2022年，东南亚地区仍然面临着系列挑战，如经济复苏、大国博弈和部分地区国家政治不稳定等。2022年中国与东南亚国家关系仍然保持积极发展的趋势。在政治层面，中国与东南亚国家关系不断稳步提升；在经济层面，中国与东南亚国家关系加速紧密融合；在安全层面，中国与东南亚国家合作有序开展；在社会人文层面，中国与东南亚国家合作多点并进。2023年，虽然中国与东南亚国家关系可能面临着一些挑战，中国与东南亚国家仍将继续保持合作协商，在重点领域推动务实合作，持续推动更为紧密的中国-东盟命运共同体建设走深走实。

关键词： 中国　东南亚　中国-东盟全面战略伙伴关系　命运共同体《南海各方行为宣言》

2022年，东南亚地区仍然面临着内外困难，经济复苏、大国博弈、部分地区国家政治不稳定等问题，东盟团结性和中心地位都面临着挑战。2022年中国共产党第二十次全国代表大会召开，中国外交也开启了新征程，东南

---

* 刘静烨，中国社会科学院中国边疆研究所助理研究员，研究方向为中国海疆问题，中国与东南亚国家关系。

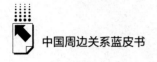
亚始终是中国周边外交的优先方向。① 2022 年中国与东南亚国家在政治、经济、安全、社会文化等多方面取得了积极进展并展现出一些新特点。

一 政治关系稳步提升

2022 年，中国与东南亚国家关系在多个层面都得到发展。双边层面，中国与东南亚国家领导人保持密切交往，共同推动双边关系深入发展。次区域层面，澜湄合作确定了六大合作领域，中国也计划实施六大惠湄举措，进一步推动次区域合作互惠互利、走深走实。地区层面，中国-东盟全面战略伙伴关系稳步推进，各方共同制定了行动计划，中国与东盟国家共同推动更为紧密的中国-东盟命运共同体行稳致远。

首先，中国与东南亚国家双边关系深入发展。2022 年中国与东南亚国家领导人保持了密切的沟通和交流，有效推进了双边关系的深入发展。一方面，在由东南亚国家举办的全球性峰会上，中国与东南亚国家领导人举办了多场会晤。2022 年东南亚国家在推动全球多边合作中发挥了重要作用，东南亚国家作为东道主举办了多场全球性的峰会。中国积极支持东南亚国家在全球治理中发挥更大的作用，同时也在峰会期间与多个东南亚国家的领导人举行会晤，进一步深化双边关系。2022 年中国与印度尼西亚两国关系在两国元首的共同推动下取得重要进展。2022 年，中国国家主席习近平与印度尼西亚总统佐科·维多多举行了两次会晤②，通了两次电话③。当地时间 11 月 14 日下午，习近平主席抵达印度尼西亚巴厘岛应邀出席二十国集团领导

---

① 《王毅就出席澜湄合作外长会、二十国集团外长会、访问东南亚五国、主持同越南、柬埔寨双边机制会议接受中央媒体采访》，中国外交部网站，2022 年 7 月 15 日，https://www.fmprc.gov.cn/ziliao_674904/zyjh_674906/202207/t20220715_10720161.shtml，最后访问时间：2022 年 12 月 27 日。

② 2022 年 7 月 26 日下午，中国国家主席习近平在北京钓鱼台国宾馆同印度尼西亚总统佐科·维多多举行会谈。2022 年 11 月 16 日，中国国家主席习近平和印尼总统佐科在印尼巴厘岛举行双边会晤。

③ 2022 年 1 月 11 日，中国国家主席习近平同印度尼西亚总统佐科·维多多通电话。2022 年 3 月 16 日下午，国家主席习近平同印度尼西亚总统佐科通电话。

人第十七次峰会。① 2022 年，两国共同发布了《中华人民共和国和印度尼西亚共和国两国元首会晤联合新闻声明》（2022 年 7 月 26 日）、《中华人民共和国和印度尼西亚共和国联合声明》（2022 年 11 月 16 日），共同制定了《中印尼加强全面战略伙伴关系行动计划（2022—2026）》，双方就中印尼全面战略伙伴关系和共建中印尼命运共同体达成新的重要共识，并签署了多项合作协议。11 月 17 日至 19 日，习近平主席赴泰国曼谷出席亚太经合组织（APEC）第二十九次领导人非正式会议并对泰国进行访问。② 2022 年是中泰建立全面战略合作伙伴关系十周年，习近平主席访问泰国期间，双方宣布构建更为稳定、更加繁荣、更可持续的中泰命运共同体。两国领导人还共同见证签署《中泰战略性合作共同行动计划（2022—2026）》《中泰共同推进"一带一路"建设的合作规划》以及经贸投资、电子商务、科技创新领域合作文件。在曼谷期间，习近平主席会见了菲律宾总统马科斯。双方就推动农业、基建、能源、人文四大重点领域合作以及提升双边关系达成一系列重要共识。③ 习近平主席也与新加坡总理李显龙举行会晤，将共同推动中新两国与时俱进的全方位合作伙伴关系发展。④ 习近平主席还与文莱苏丹哈桑纳尔举行会晤，双方一致同意进一步推动中文战略合作伙伴关系发展。⑤ 另一方面，中国与东南亚国家领导人保持了传统的密切交往与沟通，共同推动双边关系稳步发展。2022 年是中国和东帝汶建交 20 周年。5 月 20 日，

---

① 《习近平抵达印度尼西亚巴厘岛出席二十国集团领导人第十七次峰会》，中国政府网，2022 年 11 月 14 日，https://www.gov.cn/xinwen/2022-11/14/content_5726909.htm，最后访问时间：2022 年 12 月 27 日。

② 《彰显理性、自信、负责任的大国担当》，《人民日报》2022 年 11 月 22 日，第 3 版。

③ 《习近平会见菲律宾总统马科斯》，中国外交部网站，2022 年 11 月 18 日，https://www.mfa.gov.cn/web/zyxw/202211/t20221118_10977294.shtml，最后访问时间：2022 年 12 月 27 日。

④ 《习近平会见新加坡总理李显龙》，中国外交部网站，2022 年 11 月 18 日，https://www.mfa.gov.cn/web/zyxw/202211/t20221118_10977296.shtml，最后访问时间：2022 年 12 月 27 日。

⑤ 《习近平会见文莱苏丹哈桑纳尔》，中国外交部网站，2022 年 11 月 18 日，https://www.mfa.gov.cn/web/zyxw/202211/t20221118_10977742.shtml，最后访问时间：2022 年 12 月 27 日。

习近平主席同东帝汶总统奥尔塔互致贺电，庆祝东帝汶恢复独立 20 周年暨中东建交 20 周年。① 双方表示将共同推动两国合作和双边关系进一步发展。此外，3 月，中国国家主席习近平与柬埔寨首相洪森通电话，双方一致表示要进一步推动共建"一带一路"和中柬命运共同体建设。11 月初，中国国务院总理李克强对柬埔寨正式访问，双方共同发表了《中华人民共和国政府和柬埔寨王国政府联合公报》，签署了应对气候变化、农业和农产品贸易、海关、科技、中医药、教育、发展合作、民生、基础设施等领域合作文件。② 双方通过加强务实合作，共同推动中柬命运共同体建设走深走实。10 月，中共中央总书记、国家主席习近平与越共中央总书记阮富仲在北京举行会谈。双方表示深入推动新时代中越全面战略合作伙伴关系不断发展。③ 11 月，中共中央总书记、国家主席习近平在人民大会堂同老挝人民革命党中央总书记、国家主席通伦举行会谈。双方强调将不断深化中老命运共同体建设。④ 11 月 24 日，安瓦尔·易卜拉欣就任马来西亚第 10 任总理。11 月 25 日，国务院总理李克强致电安瓦尔，祝贺他就任马来西亚总理。⑤

其次，澜沧江-湄公河次区域合作深入推进。在 2022 年召开的澜沧江-湄公河合作第七次外长会上，六国外长一致认为澜湄次区域合作对本地区繁荣、和平和人民福祉具有重要意义。中国在此次会议上提出了"加强战略引领、深化经济融合、做大农业合作、坚持绿色发展、促进数字合作、密切

---

① 《习近平同东帝汶总统奥尔塔就中东建交 20 周年互致贺电　李克强同东帝汶总理鲁瓦克互致贺电》，中国外交部网站，2022 年 5 月 20 日，https：//www.mfa.gov.cn/web/zyxw/202205/t20220520_10690123.shtml，最后访问时间：2022 年 12 月 27 日。

② 《中华人民共和国政府和柬埔寨王国政府联合公报（全文）》，中国外交部网站，2022 年 11 月 11 日，https：//www.mfa.gov.cn/web/zyxw/202211/t20221111_10973004.shtml，最后访问时间：2022 年 12 月 27 日。

③ 《习近平同越共中央总书记阮富仲举行会谈》，中国政府网，2022 年 10 月 31 日，https：//www.gov.cn/xinwen/2022-10/31/content_5722861.htm，最后访问时间：2022 年 12 月 27 日。

④ 《习近平同老挝人民革命党中央总书记、国家主席通伦举行会谈》，中国外交部网站，2022 年 11 月 30 日，https：//www.mfa.gov.cn/web/zyxw/202211/t20221130_10983370.shtml，最后访问时间：2022 年 12 月 27 日。

⑤ 《李克强向马来西亚新任总理安瓦尔致贺电》，中国外交部网站，2022 年 11 月 25 日，https：//www.mfa.gov.cn/web/zyxw/202211/t20221125_10981013.shtml，最后访问时间：2022 年 12 月 27 日。

人文交往"六大合作方向，以及"澜湄农业合作百千万行动计划""澜湄兴水惠民计划""澜湄数字经济合作计划""澜湄太空合作计划""澜湄英才计划""澜湄公共卫生合作计划"六大惠湄举措。上述六大新合作方向和六大惠湄举措受到了其他五国的认可和欢迎。① 此次会议六国共同总结了澜湄合作相关进展和成果，共同发布了《澜湄合作五年行动计划（2018—2022）2021年度进展报告》和《2022年度澜湄合作专项基金支持项目清单》。此外，六方还共同发布了关于深化海关贸易安全和通关便利化合作、农业合作和保障粮食安全、灾害管理合作、文明交流互鉴四份联合声明。六国将探索成立澜湄灾害管理合作机制②，进一步务实地推动澜湄地区农业合作、文化交流和旅游合作，开展"智慧海关、智能边境、智享联通"（"三智"）合作，以及加强海关执法合作和通关便利化合作。③

最后，中国-东盟全面战略伙伴关系稳步发展。2021年中国与东盟宣布建立面向和平、安全、繁荣和可持续发展的全面战略伙伴关系，为推动共建和平、安宁、繁荣、美丽、友好"五大家园"。2022年11月11日，中国与东盟共同制定了《中国-东盟全面战略伙伴关系行动计划（2022—2025）》，就进一步深化务实合作，丰富全面战略伙伴关系的内涵提出了五大方面，四十八点具体的行动计划。④ 在应对全球与地区挑战中，中国与东盟坚定推动地区合作。在第25次中国-东盟领导人会议期间中国国务院总理李克强指出，"中国与东盟是命运与共、休戚相关的全面战略伙伴，选边站队不应是

---

① 《澜沧江-湄公河合作第七次外长会在缅甸举行》，中国外交部网站，2022年7月4日，https：//www. mfa. gov. cn/web/wjbzhd/202207/t20220704_10715100. shtml，最后访问时间：2022年12月27日。

② 《关于在澜沧江-湄公河合作框架下深化灾害管理合作的联合声明》，中国外交部网站，2022年7月6日，https：//www. mfa. gov. cn/web/ziliao _ 674904/1179 _ 674909/202207/t20220706_10716046. shtml，最后访问时间：2022年12月27日。

③ 《关于在澜沧江-湄公河合作框架下深化海关贸易安全和通关便利化合作的联合声明》，中国外交部网站，2022年7月6日，https：//www. mfa. gov. cn/web/ziliao_674904/1179_674909/202207/t20220706_10716042. shtml，最后访问时间：2022年12月27日。

④ 《中国-东盟全面战略伙伴关系行动计划（2022—2025）》，中国外交部网站，2022年11月11日，http：//www1. fmprc. gov. cn/ziliao_674904/1179_674909/202211/t20221111_10972996. shtml，最后访问时间：2022年12月27日。

我们的选择，开放合作才是克服共同挑战的必由之路"①。在第 25 次中国-东盟领导人会议上，通过了《关于加强中国-东盟共同的可持续发展联合声明》《纪念〈南海各方行为宣言〉签署 20 周年联合声明》《中国-东盟粮食安全合作的联合声明》等成果文件。此外，中国持续支持东盟在地区合作中的中心地位。② 在东亚合作系列平台上，中国发挥积极作用，为促进地区繁荣发展、维护世界和平稳定作出了重要贡献。11 月 11 日至 13 日，李克强总理在金边出席东亚合作系列领导人会。李克强总理就如何增强东亚峰会在引领地区发展的驱动力提出"三点支持"，即坚持战略对话，开展建设性互动；坚持互利合作，携手应对风险挑战；坚持东盟中心地位，构建包容性区域架构。③

二　经贸关系紧密融合

中国和东盟分别为世界第二和第五大经济体，经济总量之和超过全球经济总量的 1/5，对全球经济贡献率超过 30%。④ 2020 年以来，中国与东盟连续互为彼此第一大贸易伙伴。2022 年，部分大国试图在亚太地区贸易规则、供应链等方面打造"小集团"，企图制造地缘经济层面的分裂。但中国与东南亚国家不断加强经贸合作，推动地区经济一体化和自由化，共同推动地区发展与繁荣。

---

① 《李克强出席第 25 次中国-东盟领导人会议》，中国政府网，2022 年 11 月 20 日，https：//www.gov.cn/xinwen/2022-11/12/content_5726315.htm，最后访问时间：2022 年 12 月 27 日。

② 《中国支持东盟中心地位的立场文件》，中国外交部网站，2022 年 8 月 4 日，https：//www.mfa.gov.cn/web/ziliao_674904/tytj_674911/zcwj_674915/202208/t20220804_10734026.shtml，最后访问时间：2022 年 12 月 27 日。

③ 《李克强在第 17 届东亚峰会上的讲话（全文）》，中国政府网，2022 年 11 月 14 日，https：//www.gov.cn/xinwen/2022-11/14/content_5726700.htm？eqid=c43f6e0500110bf00 0000003648c4d2b，最后访问时间：2022 年 12 月 27 日。

④ 《王毅：中国和东盟为全球复苏提供信心和动能》，中国外交部网站，2022 年 7 月 11 日，https：//www.mfa.gov.cn/web/wjbz_673089/bzzj/202207/t20220711_10718602.shtml，最后访问时间：2022 年 12 月 31 日。

首先，密切的经贸往来为中国与东南亚国家经贸合作奠定基础。一方面，中国与东南亚国家经贸投资保持稳步增长。2022年，中国与东南亚国家进出口总额达到6.52万亿元，同比增长15%；出口达3.79万亿元，同比增长21.7%；进口达2.73万亿元，同比增长6.8%。东盟占我国外贸比重较2021年上升1个百分点，达到15.5%。① 其中，与越南、马来西亚、印度尼西亚的贸易总额位列前三。2022年，中国东盟国家农业合作深化，带动了中国对东盟国家的农产品进口。2022年中国自东盟进口农产品2468.6亿元，同比增长21.3%，占同期中国农产品进口值的15.7%。② 2022年，中国仍是东盟第三大外国直接投资来源国。截至2022年7月底，中国与东盟累计双向投资额超过3400亿美元。③ 在第19届中国-东盟博览会上，共签订267个合作项目，总投资额超4000亿元，较上届增长37%。④ 另一方面，中国与东南亚国家不断推动区域贸易投资自由化便利化。2022年1月1日，《区域全面经济伙伴关系协定》（RCEP）也正式生效实施，全球经贸规模最大、最具发展潜力的自由贸易区正式落地，区域内90%以上的货物贸易将最终实现零关税，这进一步推动了本区域贸易投资的发展。此外，中国与区域内国家双边自贸协定也不断升级。1月1日，《中华人民共和国政府和柬埔寨王国政府自由贸易协定》正式生效实施，根据协定，中柬货物贸易零关税产品税目比例达到90%以上。中柬还将在服务贸易、投资、"一带一路"倡议、电子商务、经济技术等领域加强合作。8月1日，中国-新加坡自贸协定升级后续谈判第四轮谈判首席谈判代表会议

① 《贸易快报 | 2022年中国与东盟、RCEP成员国及"一带一路"沿线国家贸易情况》，中国商务部网站，2023年1月13日，http://asean.mofcom.gov.cn/article/jmxw/202301/20230103379195.shtml，最后访问时间：2023年3月20日。

② 赵雅丽：《又是第一！2022年中国-东盟贸易合作全景》，《中国-东盟博览》2023年2月刊，第25页。

③ 唐艺：《扬帆投资蓝海，中国-东盟合作春风劲》，《中国-东盟博览》2023年2月刊，第26页。

④ 《第19届东博会闭幕　签约总投资额较上届增长37%》，中国政府网，2022年9月19日，https://www.gov.cn/xinwen/2022-09-19/content_5710659.htm，最后访问时间：2022年12月31日。

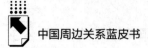

以视频方式召开。双方就相关章节文本、服务贸易和投资负面清单等展开深入讨论。①

其次，经贸合作区升级助力中国与东南亚国家产能合作。中国与东南亚国家合作建立了一批经贸合作区，这些经贸合作区为当地吸引外资提供了平台，同时也加强了中国与东南亚国家的投资合作，形成了中国-东盟"多国多园"的合作模式。2022年中国与东南亚国家的经贸合作区已从早期收获阶段步入升级优化阶段。2022年是中马"两国双园"建设十周年。面向未来，中马双方共同推动中马"两国双园"升级，促进两园产业转型升级、经济深度融合。7月12日，港湾工程公司与马来西亚IJM集团、北部湾控股（马来西亚）有限公司就马来西亚关丹国际物流园项目正式签署了合资协议。据统计，中马钦州产业园自园区设立以来，累计注册企业超15000家，签约落户项目超200个，协议总投资超1900亿元。马中关丹产业园累计签约项目12个，协议投资超400亿元，投资累计完成约120亿元，为当地创造就业岗位近两万个，带动关丹港新增吞吐量1800万吨。② 2022年，柬埔寨西哈努克港经济特区启动中柬（锡西）协作平台2.0版。2022年1~8月，全区企业累计实现进出口总额17.49亿美元，比去年同期增长27.39%。③ 同时，西哈努克港经济特区也开始加强电子商务等方面的业务。6月24日，中国（江苏）-柬埔寨"丝路电商"合作项目柬埔寨国家馆正式启动。"丝路电商"为柬埔寨农产品对华出口提供了新机遇。④ 作为首批

① 《余本林司长出席中国-新加坡自贸协定升级后续谈判第四次首谈会议》，中国商务部网站，2022年8月2日，http：//gjs.mofcom.gov.cn/article/fta/asia/202208/20220803337746.shtml，最后访问时间：2022年12月31日。
② 《中马钦州产业园｜广西：凝聚共识促"两国双园"合作升级》，中国国际贸易促进委员会网站，2022年3月25日，https：//oip.ccpit.org/ent/parkNew/3161，最后访问时间：2022年12月27日。
③ 《柬埔寨西哈努克港经济特区｜中柬合作西港特区打造共赢样板》，中国国际贸易促进委员会网站，2022年9月30日，https：//oip.ccpit.org/ent/parkNew/3722，最后访问时间：2022年12月27日。
④ 《西哈努（克）港经济特区｜中国（江苏）-柬埔寨"丝路电商"合作项目柬埔寨国家馆正式启动》，中国国际贸易促进委员会网站，2022年7月6日，https：//oip.ccpit.org/ent/parkNew/3440，最后访问时间：2022年12月27日。

境外园区，中国企业对泰中罗勇工业园的投资额已经超过 43 亿美元，占中国对泰国制造业投资额比例超过 40%，累计工业总产值超 240 亿美元。园区吸引了 180 家中国制造企业、30 多家配套企业在泰投资，为当地解决超过 4.5 万个就业岗位。① 经过十多年的建设，老挝万象赛色塔综合开发区是老挝基础设施最完善的园区，也是其对外开放和吸引外资的重要平台。截至 2022 年 3 月底，开发区已有来自 7 个国家的 108 家企业入驻。②

再次，互联互通建设为中国与东南亚国家经贸合作提供动力。至 2022 年 12 月，中老铁路已开通一周年。一年来，中老铁路累计发送旅客 850 万人次、运输货物 1120 万吨，其中跨境货物超 190 万吨。为更好地满足货运需求，中老铁路创新开行客车化、点对点的中老铁路"澜湄快线"国际货物列车，至 12 月初，已累计开行 260 多列。③ 7 月 1 日，中老铁路万象南站换装场正式建成投用④，为推动中老泰铁路互联互通提供了基础。11 月 16 日对雅万高铁德卡鲁尔车站至 4 号梁场间线路进行了全面检测，各项指标参数表现良好。中印尼合作的雅万高铁首次试验运行成功。⑤ 2022 年是西部陆海新通道开行五周年。4 月 2 日，陆海新通道中缅印国际联运班列首发，西部陆海新通道开启印度洋航线。截至 2022 年 11 月，运输货物 68.7 万标箱，同比增长 18.9%。⑥ 其

① 《泰中罗勇工业园 ｜ 在园区见证"深圳速度"》，中国国际贸易促进委员会网站，2022 年 11 月 28 日，https：//oip.ccpit.org/ent/parkNew/3871，最后访问时间：2022 年 12 月 27 日。
② 《万象赛色塔综合开发区 ｜ 老挝国家副主席本通·吉玛尼一行莅临赛色塔综合开发区考察调研》，中国国际贸易促进委员会网站，2022 年 4 月 22 日，https：//oip.ccpit.org/ent/parkNew/3241，最后访问时间：2022 年 12 月 27 日。
③ 《中老铁路开通一周年：发送旅客 850 万人次、运输货物 1120 万吨》，新华网，2022 年 12 月 3 日，http：//www.xinhuanet.com/2022-12/03/c_1310681374.htm，最后访问时间：2022 年 12 月 27 日。
④ 《中老泰铁路实现互联互通》，中国政府网，2022 年 7 月 1 日，https：//www.gov.cn/xinwen/2022-07/01/content_5698851.htm，最后访问时间：2022 年 12 月 27 日。
⑤ 《雅万高铁试验运行圆满成功》，新华网，2022 年 11 月 16 日，http：//www.xinhuanet.com//silkroad/2022-11/16/c_1129134816.htm？from = singlemessage&isappinstalled = 0，最后访问时间：2022 年 12 月 20 日。
⑥ 《前 11 月，西部陆海新通道铁海联运班列运输货物 68.7 万标箱》，西部陆海新通道门户网，2022 年 12 月 13 日，https：//www.xibulhxtd.cn/html/2022/12/311.html，最后访问时间：2022 年 12 月 20 日。

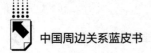

中，1月至10月，西部陆海新通道沿线经钦州港对泰国、印度尼西亚等"一带一路"沿线国家进出口达643.5亿元，同比增长1.7倍。① 西部陆海新通道铁海联运也取得新发展，到2022年，物流运输网络已经覆盖113个国家和地区的338个港口。截至12月10日，西部陆海新通道铁海联运班列当年累计发送货物71.3万标箱，同比增长19.8%。②

最后，共建数字基础设施助力中国-东盟数字伙伴关系发展。中国与东盟国家数字经济合作早已取得一定成效，2022年中国与东盟国家跨境电商发展平稳，双方在共建数字基础设施、推动跨境数字产业集聚、增强数字服务等方面取得重要进展。一是以中国-东盟信息港为核心，打造中国-东盟数字设施和数据要素枢纽。经过6年的建设，中国-东盟信息港在数字基础设施、技术合作和经贸服务等领域取得了良好的成效。2022年9月16~17日，在南宁举办了第五届中国-东盟信息港论坛。主论坛共签约了32个项目，包括来自柬埔寨、新加坡、越南等国的企业，签约总金额超100亿元，涵盖数字经济、跨境贸易、物联网、5G通信技术、科技成果转化等多个领域。③ 二是以经贸数字服务为基础，共建包容型数字服务走廊。2022年9月28日，中国-东盟（钦州）华为云计算及大数据中心上线启用，该中心将为中国与东盟开展港口物流、海上互联互通、跨境贸易、跨境电商等业务提供全方位的数据支撑和云计算服务。④ 截至9月30日，"中国-东盟标准云

① 《近900亿！西部陆海新通道经钦州港进出口总值创历史新高》，西部陆海新通道门户网，2022年12月5日，https://www.xibulhxtd.cn/html/2022/12/308.html，最后访问时间：2022年12月20日。

② 《广西钦州：西部陆海新通道开通"铁海联运班列"新航线》，北部湾经济区规划建设管理办公室网站，2022年12月12日，http://bbwb.gxzf.gov.cn/ywdt/t14250244.shtml，最后访问时间：2022年12月20日。

③ 《第五届中国-东盟信息港论坛在南宁举行》，中国-东盟信息港网站，2022年9月17日，http://dmxxg.gxzf.gov.cn/xxfb/xmxw/t13081341.shtml，最后访问时间：2022年12月20日。

④ 《中国-东盟（钦州）华为云计算及大数据中心上线启用》，中国-东盟信息港网站，2022年9月29日，http://dmxxg.gxzf.gov.cn/xxfb/xmxw/t13132312.shtml，最后访问时间：2022年12月20日。

平台"标准题录信息量达 52850 项，较 2021 年增加 40.12%。① 此外，在建的或筹备的各领域数字服务中心或基地项目也不断取得新进展。2022 年 1 月，中国-东盟信息港小镇（研发中心）项目竣工。中国-东盟（巴马）大数据云计算基地项目预计 2003 年初完工。② 2 月 24 日，在北京召开了中国-东盟卫星遥感应用中心筹建启动会。该中心将助力建立长效可持续的中国-东盟卫星遥感应用合作机制。三是以数字经济产业园为抓手，推动跨境数字产业集聚发展。2022 年 6 月 30 日，中国-东盟数字经济产业园正式开园。与产业园签订合作协议的企业超 70 家，签署意向入园投资协议达 61 家，签约企业计划总投资约 44 亿元人民币。③

三 安全合作有序展开

2022 年以美国为首的西方国家加大了在东南亚地区的军事存在和安全投入，继续在东南亚地区打造安全"小圈子"，给地区安全与稳定带来了较大的负面影响。2022 年，中国与东南亚国家不断增强安全共识与互信，加强安全领域合作，积极维护地区稳定与安全。

第一，中国与东盟国家不断增强安全共识与互信。2022 年 4 月，在博鳌亚洲论坛年会上，中国国家主席习近平首次提出全球安全倡议。他强调，安全是发展的前提，人类是不可分割的安全共同体。全球安全倡议秉持共同、综合、合作、可持续的安全观，从基本原则、实施路径等六个方面阐释了"怎样实现共同安全"，为应对全球性、地区性安全问题提供中国思路。全球安全倡议提出后，得到柬埔寨、越南、老挝、新加坡、印度尼西

---

① 《中国-东盟卫星遥感应用中心筹建工作启动》，中国-东盟信息港网站，2022 年 2 月 28 日，http：//dmxxg. gxzf. gov. cn/xxfb/xmxw/t11360443. shtml，最后访问时间：2022 年 12 月 20 日。

② 《"中国-东盟标准云平台"已覆盖多个 RCEP 成员国》，中国-东盟信息港网站，2022 年 10 月 31 日，http：//dmxxg. gxzf. gov. cn/xxfb/xmxw/t13259003. shtml，最后访问时间：2022 年 12 月 20 日。

③ 《中国-东盟数字产业园蓬勃发展》，中国-东盟信息港网站，2022 年 8 月 29 日，http：//dmxxg. gxzf. gov. cn/xxfb/xmxw/t13004088. shtml，最后访问时间：2022 年 12 月 20 日。

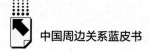
亚等东南亚国家的积极回应和支持。此外，中国也积极参与东盟主导的地区安全合作平台，不断推动相互间的战略互信与安全共识。11月21日至24日，中国国务委员兼国防部长魏凤和出席东盟防长扩大会。5月17日，外交部亚洲司司长刘劲松参加了东盟地区论坛建立信任措施与预防性外交会间辅助会议。各方积极评价东盟地区论坛下推动地区稳定与安全所做的积极努力。①

第二，中国与东南亚国家积极加强安全治理合作。围绕地区出现的安全问题，中国与东盟国家不断加强安全治理合作，如军事合作、执法合作等。中国与老挝、缅甸、泰国持续开展湄公河全线联合巡逻、分段联合巡逻及驻训巡逻。2022年，四国共成功开展联合巡逻执法行动12次、驻训巡逻80次、各类执法行动162次。② 中国与东南亚国家执法部门也积极合作沟通，不断加强执法合作。11月29~30日，中国举办了全球公共安全合作论坛（连云港）首届大会，其间向柬埔寨副首相兼内政大臣韶肯颁发金质"长城纪念章"，表彰其"开创性启动中柬执法合作年，为全面取缔网络赌博、打击各类跨国犯罪作出的杰出贡献"，柬国家警察总署总监奈萨文、副总监迪维杰也分别荣获金质和银质"长城纪念章"。③ 2022年，中印尼双方同意恢复因疫情暂停的两军联演联训。2022年还举办了中国援菲军事装备操作技能培训班。2月，中国对菲律宾1.3亿元人民币无偿军事援助首批物资交接。④ 2022年，中柬两军战略沟通、人员培训、军兵种交流等领域合作取得

① 《外交部亚洲司司长刘劲松出席东盟地区论坛建立信任措施与预防性外交会间辅助会议》，中国外交部网站，2022年5月17日，http：//new. fmprc. gov. cn/wjdt_674879/sjxw_674887/202205/t20220517_10687176. shtml，最后访问时间：2022年12月20日。

② 《2022年度中老缅泰湄公河联合巡逻执法 总结会成功召开》，中国日报中文网，2023年1月9日，http：//ex. chinadaily. com. cn/exchange/partners/82/rss/channel/cn/columns/j3u3t6/stories/WS63bbde1da3102ada8b22a569. html，最后访问时间：2023年1月31日。

③ 《全球公共安全合作论坛（连云港）首届大会开幕》，中国政府网，2022年11月30日，https：//www. gov. cn/xinwen/2022-11/30/content_5729553. htm，最后访问时间：2022年12月31日。

④ 《黄溪连大使出席中国对菲律宾无偿军事援助交接仪式》，中国驻菲律宾共和国大使馆网站，2022年2月10日，http：//ph. china-embassy. gov. cn/sgdt/202202/t20220210_10640787. htm，最后访问时间：2022年12月31日。

积极进展。3月，中柬签署了《中国人民解放军陆军与柬埔寨王家军陆军合作谅解备忘录》，为中柬军事合作进一步提供机制化保障。6月，由中国援助的柬云壤海军基地升级改造项目于正式开工建设，有助于提高柬海军现代化建设水平。8月柬副首相兼国防大臣迪班访华，中国国务委员兼国防部长魏凤和11月访柬，双方就两军各领域务实合作进行全面对接。

第三，中国与东南亚国家继承《南海各方行为宣言》精神，维护南海和平与稳定发展。2022年是《南海各方行为宣言》签署20周年，中国与东盟国家围绕《南海各方行为宣言》签署20周年开展了系列活动。中国多次表态坚定支持并在南海问题上作出的"维护南海和平稳定和航道畅通，愿同东盟国家一道把南海建设成为和平、友谊和合作之海"的承诺，这有助于中国与东盟增强安全互信和开展务实合作。在第25次中国-东盟领导人会议上，双方发表《纪念〈南海各方行为宣言〉签署二十周年联合声明》，表明中国和东盟在南海问题上形成了重要的共识。各方认为，《南海各方行为宣言》签署以来南海形势发生了深刻变化，有必要加大努力、增进善意，全面有效落实《南海各方行为宣言》。① 2022年，中国与东盟国家也持续推动"南海行为准则"磋商，并取得一定进展。

四　社会人文交流深入推进

"文明因交流而多彩，因互鉴而丰富。"中国与东南亚国家地缘相近，在人文交流方面具有独特优势与深厚底蕴。2022年中国与东南亚国家以"中国东盟可持续发展合作年"为契机，持续深入推进可持续发展合作和社会治理合作，各类文化交流活动精彩纷呈，青年交流活动密集开展，中国与东南亚国家民心相通不断深入。

第一，中国与东南亚国家社会治理合作走深走实。2022年是中国东盟

---

① 《纪念〈南海各方行为宣言〉签署二十周年联合声明》，中国外交部网站，2022年11月14日，https://www.mfa.gov.cn/gjhdq_676201/gj_676203/yz_676205/1206_676572/1207_676584/202211/t20221114_10974207.shtml，最后访问时间：2022年12月31日。

可持续发展合作年。双方以《中国-东盟环境合作战略及行动框架（2021—2025）》为基础，对接地区可持续发展的核心需求，进一步提升区域社会治理合作。2022 年召开了中国-东盟应对气候变化与生态环境对话——气候政策与行动对话，这是中国与东盟首次召开的应对气候变化的会议。在这个会议下，2022 年也召开了诸多平行论坛，推动中国与东盟国家气候变化和环境合作领域的学者交流，增加彼此对保护地区生态环境的共识，也推动地区生态环境治理合作开展。此外，中国与东南亚国家也开展了许多绿色发展项目。4 月中老应对气候变化南南合作万象赛色塔低碳示范区揭牌。赛色塔综合开发区将打造"绿色、生态、宁静、现代"的新城，也将成为东南亚国家中低碳环保城市的典范。① 印尼吉配经济特区也持续向绿色方向发展。此外，中国与东南亚国家也开展了多个层面的社会治理合作，助力民生改善。6 月 25 日，由中国政府资金支持的菲律宾赤口河泵站灌溉项目竣工，杜特尔特总统在竣工仪式上的视频致辞中指出，该项目将促进当地自然资源的可持续利用和发展，帮助改善老百姓的生活。② 2022 年 6 月 13 日，达沃-萨马尔岛大桥项目框架协议及贷款协议交换仪式。中国政府将向菲律宾政府提供约 3.5 亿美元的优惠贷款。③ 中国政府援菲律宾比诺多-因特拉穆罗斯（B-I）桥，在当地被称为民心桥、网红桥。11 月 22 日，中国通过全球发展和南南合作基金同联合国世界粮食计划署合作向老挝提供粮食援助项目启动。作为全球发展倡议在老挝落地的首个项目，中方将向世界粮食计划署及老挝教育和体育部国家校餐计划援助 930 吨大米和 120 吨鱼罐头，为老挝 8 个省 1400 多所小学超过 13 万名学生提供校餐，助力老挝基础教育发展和儿

---

① 《万象赛色塔综合开发区丨中老应对气候变化南南合作万象赛色塔低碳示范区揭牌》，中国国际贸易促进委员会网站，2022 年 5 月 9 日，https：//oip. ccpit. org/ent/parkNew/3283，最后访问时间：2022 年 12 月 27 日。
② 《中菲合作的赤口河泵站灌溉项目举行竣工仪式》，中国驻菲律宾共和国大使馆网站，2022 年 6 月 25 日，http：//ph. china-embassy. gov. cn/sgdt/202206/t20220625_10710018. htm，最后访问时间：2022 年 12 月 31 日。
③ 《中菲签署达沃-萨马尔岛大桥项目框架协议及贷款协议》，中国驻菲律宾共和国大使馆网站，2022 年 6 月 13 日，http：//ph. china-embassy. gov. cn/sgdt/202206/t20220613_10702322. htm，最后访问时间：2022 年 12 月 31 日。

童营养保障。①

第二，中国与东南亚国家文化交流深入推进。以推动中菲人文交流互鉴的"中菲人文之驿"，自2022年1月启动以来开展了多场活动。中国与东南亚国家之间也举办了多场文化交流活动，如首届中菲青年音乐会、2022年菲律宾·中国福建（泉州）电视周、2022年马来西亚"中国电影节"、"东盟-中国书法联展"、第16届曼谷中国电影节等。11月25日，曼谷中国文化中心举行成立十周年庆典。12月9日，主题为"中国共产党第二十次全国代表大会后的中国和中菲关系"的第七届"中国-菲律宾马尼拉论坛"正式举办。菲律宾议会、政党、政府等各界代表参与了此次论坛。参会各方探讨了中共二十大后中菲关系的发展。②

第三，中国与东南亚国家青年交流创新发展。中国与东南亚国家共同推动青年事业发展，让青年成为沟通中国和东南亚国家的友谊桥梁。2022年中国与东盟国家举办了年度性的青年交流活动，如"中国-东盟青年跨文化交际活动营"、2022年中国（广西）-东盟青年手拉手活动、2022年中国-东盟青年营、中国-东盟青少年民族歌会等活动，促进中国青年与东南亚国家青年深入交流，为促进地区和平发展、构建中国-东盟命运共同体贡献青年主张。此外，中国与东南亚国家也创新青年交流形式，关注青年感兴趣的话题领域，开展了形式多样，内容丰富的活动，如2022年"中马大学生汉语辩论赛"、第二届中马青年创新创业大赛、"泰中新时代青年领导精英研修班"等。10月26日，中国驻文莱大使于红应邀出席文莱理工学院2022年度毕业典礼，并与文莱教育部长罗麦扎共同向14名优秀学生颁发"中国大使奖"。③

---

① 《中国同联合国机构合作在老挝启动全球发展倡议项目》，中国一带一路网，2022年11月24日，https://www.yidaiyilu.gov.cn/p/292375.html，最后访问时间：2022年12月31日。

② 《聚焦中共二十大，展望中菲关系新机遇——第七届"中菲马尼拉论坛"成功举行》，中国驻菲律宾共和国大使馆网站，2022年12月10日，http://ph.china-embassy.gov.cn/sgdt/202212/t20221210_10988505.htm，最后访问时间：2022年12月31日。

③ 《中国驻文莱大使于红向文莱理工学院优秀学生颁发"中国大使奖"》，中国驻文莱达鲁萨兰国大使馆网站，2022年10月28日，http://bn.china-embassy.gov.cn/sgxss/202210/t20221028_10793389.htm，最后访问时间：2022年12月31日。

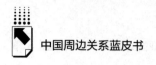
五　展望

综上，2022 年中国与东南亚国家关系稳步推进。2022 年是"10＋3"（东盟-中日韩）合作机制建立 25 周年，也是《南海各方行为宣言》签署 20 周年。中国与东南亚国家不论在双边还是多边层面，持续深化务实合作，加强政策沟通与协调，共同推动地区和平、繁荣、安全和可持续发展。2023 年，中国与东南亚国家关系整体将保持平稳，但仍不可忽视存在的风险与挑战。各方将秉持互利合作、开放包容的传统，在战略合作、经贸合作、农业合作、可持续发展合作、民心相通等领域取得积极进展。

首先，中国与东南亚国家政治关系将稳中有进。2023 年将迎来中柬建交 65 周年以及"中柬友好年"，中印尼建立全面战略伙伴关系 10 周年，中文战略合作伙伴关系建立 5 周年。在中国与东南亚国家关系友好发展的传统下，2023 年中国与东南亚国家政治关系的基本面将保持稳定。但由于部分国家国内政治影响，其对华外交政策是否能保持连贯性和稳定性仍有待观察，如菲律宾、马来西亚、泰国等。2023 年是"建设更为紧密的中国-东盟命运共同体"倡议十周年，双方也将进一步加强政策沟通与协调，为双边及多边合作提供有效的政治保障。

其次，中国与东南亚国家经贸关系将融中有新。中国与东南亚国家经济复苏呈现积极发展态势，成为拉动全球经济复苏的中心。2023 年，中国与东盟经贸合作仍呈现上升态势，随着中国东盟自贸协定 3.0 谈判的启动，中国与东南亚国家经贸融合将不断加深。而数字经济、绿色发展、可持续发展等方面合作的深化将提升中国与东南亚国家经济合作的发展韧性。2023 年将迎来共建"一带一路"倡议十周年，印度尼西亚作为"21 世纪海上丝绸之路"的首倡地，东南亚国家也是"一带一路"重要合作伙伴。十年来，中国与东南亚国家共建"一带一路"取得了许多丰硕成果，在新的起点上，中国与东南亚国家也将在新的领域开展务实合作。

最后，中国与东南亚国家安全关系将变中有序。随着拜登政府进一步推动对华战略竞争，尤其是美国将增大对中国周边战略环境的塑造。而加大与东南亚国家的军事安全合作，是其维护全球霸权的重要手段。同时，西方国家也将进一步加大与美国的战略配合与协调，增强对东南亚地区的战略投入。为此，东南亚地区安全局势将面临新的挑战与变化。2023年是中国加入《东南亚友好合作条约》20周年，虽然中国与东南亚国家安全关系仍将面临一定外部压力，中国与东南亚国家将加强合作协商与交流沟通，共同维护地区稳定与和平。

B.7

2022年中国与太平洋岛国
关系评估与展望

冯军南　吕桂霞*

摘　要： 2022年，中国与太平洋岛国全面战略伙伴关系发展迅速，势头迅猛。其中，中国国务委员兼外交部长王毅出访10个建交的太平洋岛国，并以线上线下相结合方式，共同主持第二次中国-太平洋岛国外长会是双边关系发展最重要的契机，取得了重要成就。同时，中国政府以建交40周年为契机，继续深化与瓦努阿图等岛国的关系，双方政治互信进一步深化。针对太平洋岛国遭受新冠疫情、自然灾害和地区安全等多重挑战，中国积极对汤加进行援助，与所罗门群岛签署安全协议，加强了与太平洋岛国的经济与安全合作。双边对话磋商机制逐步发展，高质量共建"一带一路"取得较大成效。

关键词： 中国　太平洋岛国　第二次中国-太平洋岛国外长会　中国-所罗门群岛安全协议　全面战略伙伴关系

在百年未有之大变局与世纪疫情相互交织下，2022年中国与太平洋岛国的交流合作以真实亲诚为理念，以平等协商为基础，以互利共赢为原则，以共同发展为目标，收获了实实在在的成果。中国同太平洋岛国相互尊重、共同发展的全面战略伙伴关系不断向前发展，双方合作不断拓展。

---

* 冯军南，中国社会科学院中国边疆研究所助理研究员，研究方向为海洋史；吕桂霞，中国社会科学院世界历史研究所研究员，研究方向为太平洋岛国问题。

一　中国与太平洋岛国双边关系迅猛发展

2022年，在元首外交的擘画引领下，中国与太平洋岛国继续巩固政治互信，双方关系不断取得发展。第二次中国-太平洋岛国外长会取得丰硕成果，受到全世界瞩目。其他外交活动也有条不紊地进行，双边关系稳步发展。

（一）元首外交

2022年，元首外交继续引领中国与太平洋岛国的关系发展，因为新冠疫情，本年度的元首外交以贺电为主，但双方也充分利用国际舞台进行面对面的交往。

2022年是中国与瓦努阿图建交40周年，为推动两国关系继续向前发展，2022年3月26日，中国国家主席习近平同瓦努阿图共和国总统摩西互致贺电，表示将以建交40周年为新起点，深化拓展两国各领域对话、交流、合作，为打造中国-瓦努阿图命运共同体不断注入新动力。

2022年是萨摩亚独立60周年，作为与我国最早建交的太平洋岛国之一，中国一直十分重视发展与萨摩亚的关系。在图伊马莱阿利法诺连任萨摩亚独立国国家元首后，中国国家主席习近平于8月30日致贺电，表示中国和萨摩亚是相互尊重、共同发展的全面战略伙伴，中国高度重视中萨关系发展，将继续努力充实双边关系内涵，拓展各领域友好交流合作。

作为领土面积最大的太平洋岛国，巴布亚新几内亚（以下简称巴新）一直是中国的老朋友。自1976年两国正式建立大使级外交关系后，中国与巴新的关系持续向前，2018年中国国家主席习近平还对巴新进行了国事访问。巴新总理马拉佩也多次出访中国，首脑外交堪称太平洋岛国地区的典范。11月18日，中国国家主席习近平利用参加APEC会议的机会，在曼谷与巴新总理马拉佩举行会晤，这是本年度双边领导人不为多见的面对面交流。双方将继续更高水平、更加互惠的全面战略伙伴关系，为构建更加紧密的中国同太平洋岛国命运共同体发挥引领和示范作用。

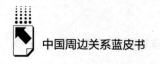
（二）第二次中国-太平洋岛国外长会

2022 年，第二次中国-太平洋岛国外长会备受世界关注，推动中国与太平洋岛国关系迅速发展。

2022 年 5~6 月，中国国务委员兼外长王毅应邀对所罗门群岛、基里巴斯、萨摩亚、斐济、汤加、瓦努阿图、巴布亚新几内亚等国进行正式访问，分别会见所罗门群岛外长马内莱、基里巴斯总统兼外长马茂、萨摩亚国家元首图伊马莱阿利法诺和萨摩亚总理兼外长菲娅梅、斐济总理兼外长姆拜尼马拉马，加强基础设施、卫生抗疫、气候变化、海洋等各领域合作。此外，还对密克罗尼西亚联邦进行"云访问"，同库克群岛总理兼外长、纽埃总理兼外长举行视频会晤。

2022 年 5 月 30 日，中国国务委员兼外交部长王毅同斐济总理兼外长姆拜尼马拉马在苏瓦共同主持第二次中国-太平洋岛国外长会，进一步强化了与太平洋岛国的政策沟通。① 基里巴斯、萨摩亚等八国外长与太平洋岛国论坛秘书长普纳，以线上线下结合的方式与会。中国国家主席习近平向会议发表书面致辞，提出中国愿同太平洋岛国一道，坚定共迎挑战的信心，凝聚共谋发展的共识，汇聚共创未来的合力，携手构建更加紧密的中国同太平洋岛国命运共同体。②

第二次中国-太平洋岛国外长会取得圆满成功，达成五方面共识：深化全面战略伙伴关系、捍卫国家主权独立和民族尊严、追求共同发展繁荣、促进民心民意相通、中国同岛国友好交往源远流长。③ 会后，中国发表《中国关于同太平洋岛国相互尊重、共同发展的立场文件》，提出 15 条原则倡议和 24 项

---

① 吕桂霞：《中国与太平洋岛国的"一带一路"合作及未来前景》，《人民论坛·学术前沿》2022 年第 17 期。

② 《习近平向第二次中国-太平洋岛国外长会发表书面致辞》，新华网，2022 年 5 月 30 日，http：//www.news.cn/2022-05/30/c_1128696333.htm，最后访问时间：2022 年 12 月 30 日。

③ 《王毅谈第二次中国-太平洋岛国外长会共识》，中国外交部网站，2022 年 5 月 30 日，https：//www.mfa.gov.cn/web/wjdt_674879/gjldrhd_674881/202205/t20220530_10694566.shtml，最后访问时间：2022 年 12 月 30 日。

具体举措，包括根据岛国发展需要，打造应对气变、脱贫发展、防灾减灾、农业推广、菌草技术和应急储备库6个区域合作中心，成为瞩目亮点。随着这些措施的实施，太平洋岛国地区的人民将获得更多、更加实实在在的利益。

（三）第二届中国-太平洋岛国政党对话会

2022年7月14日，中共中央对外联络部以视频连线方式举办第二届中国-太平洋岛国政党对话会，斐济优先党议员、国防部长塞鲁伊拉图，瓦努阿图瓦库党秘书长、财政部长科纳坡等太平洋岛国的政党政要和工商界人士以线上的方式参会，太平洋岛国驻华使节现场出席会议。

第二届中国-太平洋岛国政党对话会的召开，进一步加强了治国理政经验交流互鉴，推动各领域务实合作，构建更加紧密的中国同太平洋岛国命运共同体。太平洋岛国政党领导人表示，中国的成功经验为太平洋岛国实现繁荣发展提供了重要借鉴，岛国政党将坚定奉行一个中国政策，推动"一带一路"等倡议和本国发展战略对接，共同构建人类命运共同体。[①]

（四）其他

除元首外交、第二次中国-太平洋岛国外长会和第二届中国-太平洋岛国政党对话会外，中国与太平洋岛国的其他交往也在有序进行。

2022年2月17日，全国人大常委会委员长栗战书在北京人民大会堂以视频方式同汤加议长法卡法努阿举行会谈，双方表示中汤全面战略伙伴关系快速发展，推动中汤关系不断迈上新台阶。4月19日，全国政协主席汪洋在北京以视频方式会见萨摩亚议长帕帕利，表示中国全国政协同萨议会加强交流合作，为两国关系发展夯实社会和民意基础，助力两国关系发展。

二 中国与太平洋岛国深挖经济合作潜力

2022年，中国与太平洋岛国高质量共建"一带一路"持续发展，战略

---

① 《第二届中国-太平洋岛国政党对话会举行》，《人民日报》2022年7月15日，第3版。

对接日益强化。中国向太平洋岛国提供不附加政治条件的经济技术援助，助力岛国减贫振兴。双方经贸合作呈现机制化和规划性特点。

（一）加强农业发展援助，提升岛国可持续发展能力

在太平洋岛国地区，农业仍然是各国的优势产业，在 GDP 中的占比较高，且与人民的生活息息相关，但由于历史原因，岛国的农业发展水平普遍较低。为此，中国政府根据各岛国的实际需要，以选派专家，提供咨询，援助农业机器和农用物资为主，不断强化对太平洋岛国的农业发展援助，并通过南南合作，助力太平洋岛国减贫减灾，共同发展。

第一，以椰子、菌草等作物为核心的农业合作进展迅速。在汤加，中国热带农业科学院椰子研究所选派种植和植保专家，协助执行中国援汤加第六期农业技术援助项目中的椰树苗培育及病虫害防治内容，并帮助汤加政府制定"汤加椰子产业十年发展规划"。[①] 在基里巴斯，2022 年 10 月 10 日，中国驻基里巴斯使馆与基里巴斯旅游、商务、工业和合作部及中国热带农业科学院共同举办基里巴斯外岛椰子产业发展视频会议[②]，中国热带农业科学院专家结合中国椰子产业综合利用的经验，提出在基里巴斯外岛开展椰子产品多元化的方案和建议，中国驻基里巴斯使馆则会同基里巴斯商务部共同推进该方案早日实现，帮助基里巴斯实现椰子产品与出口多元化，提供更多的就业机会，提升独立自主的可持续发展能力。

第二，农业援助项目顺利进行。比如，在萨摩亚，中国的农业援助持续发展。农业是萨摩亚粮食、就业、出口和收入来源的关键领域，也是中国长期援助萨摩亚的重点领域。3 月 8 日，中国援萨摩亚第五期农业技术项目在中萨示范农场举行蔬菜示范农户培训启动仪式；12 月 8 日，该项目附带工

---

① 《授人以渔，中国农业专家改变了这座太平洋岛国的椰子种植》，环球网，2022 年 5 月 31 日，https://3w.huanqiu.com/a/5e93e2/48DxJR3tVda，最后访问时间：2022 年 12 月 30 日。
② 《驻基里巴斯使馆举办基外岛椰子产业发展视频会议》，中华人民共和国驻基里巴斯共和国大使馆网站，2022 年 10 月 11 日，http://ki.china-embassy.gov.cn/sghd/202210/t20221011_10780998.htm，最后访问时间：2022 年 12 月 30 日。

程顺利移交。援萨农业项目专家在促进蔬菜、水果和畜牧生产，帮助农户增加生产、提高收入、提升能力方面积累了经验，并进行了创新性努力。① 中国对萨摩亚的农业援助，不仅持续助力萨摩亚农业的可持续发展，而且取得的成就得到了世界的认可。2022年11月28~30日，联合国粮农组织与萨摩亚政府在阿皮亚成功举办了"太平洋小岛屿发展中国家解决方案论坛"，中国驻萨摩亚大使巢小良出席论坛并致辞，介绍了中国在减贫方面的成就，以及中国通过南南合作促进发展中国家减贫和农业发展所作的贡献。②

第三，中国积极向太平洋岛国提供农业机器、农用物资等援助。在所罗门群岛，2022年4月，中国政府资助所罗门群岛中的瓜达尔卡纳尔岛和马莱塔的农业机器成功交付。据此，瓜达尔卡纳尔岛和马莱塔的主要的根茎类经济作物的生产成本有望下降，有助于增加消费和出口产量，加快所罗门群岛恢复经济。③ 在斐济，11月11日，中国应斐济要求，向斐济政府紧急援助720吨化肥，充分体现了中国政府和人民对斐济政府和人民的友好情谊。④

第四，中国在消除绝对贫困、全面建成小康社会的同时，致力于通过南南合作促进太平洋岛国的共同发展。7月20日，中国-太平洋岛国减贫与发展合作中心在福建省福州市正式启用。这是中方积极落实全球发展倡议、积极履行减贫国际责任、参与国际减贫合作的生动实践，也是助力岛国实现发展振兴的重要举措。该中心启用后便进入紧锣密鼓的工作中，并于12月5~7日成功举办了主题为"聚焦农业减贫，推进太平洋岛国农业农村可持续发

---

① 《巢小良大使出席援萨第五期农业技术援助项目附带工程移交仪式》，中华人民共和国驻萨摩亚独立国大使馆网站，2022年12月12日，http://ws.china-embassy.gov.cn/sgxw/202212/t20221212_10988964.htm，最后访问时间：2022年12月30日。

② 《巢小良大使出席太平洋小岛屿发展中国家解决方案论坛》，中华人民共和国驻萨摩亚独立国大使馆网站，2022年12月6日，http://ws.china-embassy.gov.cn/sgxw/202212/t20221206_10985626.htm，最后访问时间：2022年12月30日。

③ 《所罗门群岛接收中国资助的农业机器以提升农业产量》，《太平洋岛国动态》2022年第14期。

④ 《钱波大使出席中国援斐济化肥交接仪式》，中华人民共和国驻斐济共和国大使馆网站，2022年11月13日，http://fj.china-embassy.gov.cn/sgxw/202211/t20221113_10973247.htm，最后访问时间：2022年12月30日。

展"的农业农村可持续发展线上培训。来自基里巴斯、斐济、巴布亚新几内亚、萨摩亚、所罗门群岛、瓦努阿图6国的官员和专家共35人参加培训，驻岛国中资机构也派员参与。① 可以说，该中心已经顺利进入机制化运行，期待其为太平洋岛国的发展谋求更多福祉。

（二）探索渔业合作新模式，实现互利共赢

在海洋渔业资源开发方面，中国与太平洋岛国拥有广泛的合作空间。双方的渔业资源合作与开发在克服新冠疫情带来的影响下，不断摸索前进。2022年4月21日，驻所罗门群岛使馆与青岛市举办远洋渔业合作线上交流会，双方均表示将推动青岛市有关企业与所罗门群岛深化合作，鼓励企业积极开拓所罗门市场。参会渔业企业代表就开展远洋渔业投资合作的具体问题进行了深入交流。②

休闲渔业进一步筑牢海南和瓦努阿图的海洋联系。7月6日，"海南·南太平洋岛国渔旅产业发展论坛"在陵水召开，来自瓦努阿图的代表和海南省内外嘉宾、业内专家围绕海南自贸港与南太平洋岛国渔旅发展和合作展开深入交流。会议期间，南太平洋岛国渔业协会和海南省休闲渔业协会等共同签约了"海南·南太平洋岛国国际渔旅合作示范区"项目，南太平洋岛国渔业协会与大洲岛（海南）海钓产业有限公司共同签约了"中国（陵水）南太平洋岛国渔业合作交流中心"项目。会上，海南省休闲渔业协会向南太平洋岛国渔业协会提出五点倡议：一是开展岛屿经济体海洋文化经贸交流，不定期举办休闲渔业、海洋旅游论坛；二是合作在瓦努阿图共建多元化的国际海洋旅游综合体验基地；三是合作在海南和瓦努阿图举办各种形式的国际海钓赛事及相关海钓培训；四是海南省休闲渔业协会派出专家、投资

---

① 《中国-太平洋岛国减贫与发展合作中心成功举办太平洋岛国农业农村可持续发展线上培训》，福建农林大学经济管理学院网站，2022年12月8日，https：//jjglxy.fafu.edu.cn/_t10/2b/8a/c271a338826/page.htm，最后访问时间：2022年12月30日。

② 《驻所罗门群岛使馆与青岛市举办远洋渔业合作线上交流会》，中华人民共和国驻所罗门群岛大使馆网站，2022年4月28日，http：//sb.china-embassy.gov.cn/sgxw/202204/t20220428_10674970.htm，最后访问时间：2022年12月30日。

商、经验丰富的渔民，帮助瓦努阿图加快发展现代渔业；五是合作在海南试点共建集产品进口、美食体验、文化交流于一体的南太平洋岛国金枪鱼文化体验中心。本次论坛的成功召开是两国民间组织国际交流合作的一件盛事，开展了以"休闲渔业+海洋旅游"为主要内涵的民间外交，相关项目将通过双方民间交流合作推动海洋产业、休闲渔业产业发展，将为两国民间跨区域合作奠定基础。对此，瓦努阿图总统摩西发来贺信称真心期盼能与中国开展形式多样的经贸、文化等领域的合作。①

（三）强化基础设施合作，夯实减贫发展根基

2022 年，中国援助太平洋岛国的一系列经济发展重大基础设施建设竣工。代表性项目包括：（1）中国援助基里巴斯拖驳船项目，显著提升基里巴斯各岛屿间互联互通水平，解决困扰基民众的诸多民生难题。该项目是中基共建"一带一路"、落实"全球发展倡议"的重要合作成果，与"基里巴斯二十年发展规划"精神高度契合。（2）中国援助瓦努阿图马勒库拉岛公路二期项目，充分对接瓦努阿图国家可持续发展规划，筑牢当地的发展基础。（3）所罗门群岛目前最大的金矿及综合基础设施项目——所罗门群岛金岭金矿项目正式投产，年产值将占所罗门群岛 GDP 的 20% 以上，有力促进了所罗门群岛经济发展和社会进步，同时也是中所两国互利互惠的见证。

多项契合太平洋岛国实际需求的新项目陆续开工。比如，瓦努阿图塔纳岛公路项目、瓦努阿图彭特考斯特岛公路项目一期工程陆续开工；中国援助纽埃的第一个大型基础设施项目纽埃环岛公路升级项目的启动等。这些项目建成后将会不断改善太平洋岛国与外界联通的状况，有效促进当地经济发展。

---

① 《"一带一路"中国（海南）与南太平洋岛国"民心相通"的成功尝试》，海南省休闲渔业协会网站，2022 年 7 月 8 日，http：//www.hnrfa.cn/newsinfo/3075156.html，最后访问时间：2022 年 12 月 30 日。

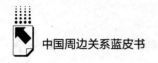

三　中国与太平洋岛国携手应对安全挑战

太平洋岛国普遍面临经济复苏、改善民生以及安全挑战，亟须国际社会加大关注和投入。中国与太平洋岛国加强安全合作，携手应对地区安全挑战，促进南太地区的和平、安全和稳定发展。

（一）加强执法合作，维护地区安全

在所罗门群岛，由于一些社会因素，所罗门群岛犯罪率正在以惊人的速度上升，叠加新冠疫情传播给警务工作带来了巨大压力。2022 年 3 月 14 日，中所正式启动了中国警察和所罗门群岛皇家警察部队培训项目，有助于提高警务人员的搏击技术、行动能力和协作能力。未来，中国警察联络组将继续支持所罗门群岛皇家警察部队加强能力建设，维护所罗门群岛的和平与安全。① 3 月 30 日，经中所双方友好协商和两国政府批准，中国驻所罗门群岛大使和该国外交与外贸部常秘草签了中所双边安全合作框架协议。11 月，中国援助所罗门群岛的警用车辆交予所方，为所方主办 2023 年太平洋运动会安保提供有力支持，切实提高所警察部队执法和维护公共秩序的能力。

在巴新，应巴新请求，中方向巴新紧急提供一批警用物资援助。2022 年 8 月 19 日，驻巴布亚新几内亚大使曾凡华同巴新政府代表、警察总监大卫·曼宁签署中国政府援巴新警用物资交接证书。这批物资运抵巴新后第二天就被分配到高地地区的一线警力手中，有效增强了巴新警方履行职能任务的信心和能力，将对巴新警方顺利完成大选安保任务发挥重要作用。②

在萨摩亚，2022 年 10 月 25 日，中国援萨摩亚警察学院项目隆重开工。

---

① 《中国与所罗门群岛进一步深化警务合作》，《太平洋岛国动态》2022 年第 14 期。

② 《曾凡华大使出席中国政府警用援助物资交接仪式》，中华人民共和国驻巴布亚新几内亚独立国大使馆网站，2022 年 8 月 19 日，http://pg.china-embassy.gov.cn/xwdt/202208/t20220819_10746171.htm，最后访问时间：2022 年 12 月 30 日。

该项目旨在支持萨警察部门加强能力建设，更好地服务当地人民。出席仪式的舒斯特部长代表萨摩亚政府和萨摩亚警察部向中国政府表达诚挚谢意，认为警察学院建成后，将为所有有志于警察事业的萨摩亚青年提供机会，并帮助萨摩亚警察队伍提高专业技能。①

首次中国-部分南太岛国执法能力与警务合作部级对话会顺利举办。为建立更友好的合作关系、形成更高效的合作方式，提升更专业的执法能力，首次中国-部分南太岛国执法能力与警务合作部级对话会于2022年11月22日以视频形式举行，对话主题是"让合作更专业、更高效、更友好，让岛国更安全"。② 会议宣布了中国同所罗门群岛推进安全合作的三项原则：一是充分尊重所方国家主权；二是协助维护所社会稳定；三是与地区安排并行不悖。③

上述合作都是中国在南太地区推动构建人类命运共同体的具体体现。中国对太平洋岛国的安全协力是真心实意的，旨在提升岛国推动经济发展、维护自身安全的能力，不附加任何政治条件，不谋求所谓地缘政治影响。

（二）应对新冠疫情新挑战，拓展医疗卫生合作

2022年多个太平洋岛国新冠疫情确诊病例激增，新冠疫情防控形势严峻。面对疫情难关，中国政府迅速回应相关太平洋岛国的请求，积极为其抗击疫情提供帮助和支持。

首先，中国积极向太平洋岛国援助抗疫物资和技术，筑牢防疫防线。在所罗门群岛，2022年1月26日，中国向所方提供了5万支国药疫苗、2万个快速抗原检测试剂盒、2.1万个一次性注射器、50顶帐篷和32万美元的人道

---

① 《巢小良大使出席援萨摩亚警察学院项目开工仪式》，中华人民共和国驻萨摩亚独立国大使馆网站，2022年10月27日，http://ws.china-embassy.gov.cn/sgxw/202210/t20221027_10792826.htm，最后访问时间：2022年12月30日。

② 《首次中国-部分南太岛国执法能力与警务合作部级对话举行》，新华网，2022年11月22日，http://www.news.cn/2022-11/22/c_1129150669.htm，最后访问时间：2022年12月30日。

③ 《王毅阐述中所安全合作三项原则》，中国外交部网站，2022年5月26日，https://www.mfa.gov.cn/web/wjdt_674879/gjldrhd_674881/202205/t20220526_10693097.shtml，最后访问时间：2022年12月30日。

主义援助。2月7日,应所罗门群岛政府邀请,来自中国的四人专家组抵达霍尼亚拉,对该国转诊医院升级改造和新自来水厂两个项目进行现场调研,帮助其遏制疫情传播。2月18日,中国政府新一批援助所罗门群岛政府抗疫物资运抵所首都霍尼亚拉,其中既有中国中央政府援助的检测试剂和制氧机,也有广东省政府从中国-太平洋岛国应急物资储备库调拨的个人防护设备。①在萨摩亚,2月1日,驻萨摩亚大使巢小良代表中国政府向萨摩亚国立医院捐赠抗疫物资。② 2月4日,中方捐赠了价值420万基纳的医疗设备,包括300台制氧机、30台重症监护室呼吸机、500台一次性呼吸机、500台脉搏血氧仪和60台高流量加热呼吸加湿器。在基里巴斯,2月23日,中国政府援助基里巴斯的一批紧急抗疫物资运抵基首都塔拉瓦,这批抗疫物资包括血氧仪、监护仪、心电图机、超声诊断系统以及口罩、防护服等。3月24日,中国援助基里巴斯第二批紧急抗疫物资顺利交接。在瓦努阿图,7月4日,驻瓦努阿图使馆临时代办江溥和瓦努阿图旅游商务部长、代理卫生部长布莱户进行援瓦防疫物资交接,该批防疫物资包括医用口罩、隔离衣、隔离面罩、护目镜、呼吸机等。在太平洋岛国面临新冠疫情挑战之际,中国政府急其所需,积极提供抗疫援助,这正是中国秉持人类命运共同体理念的体现。

其次,在助力太平洋岛国筑牢抗疫防线之外,中国在力所能及的范围内支持其医疗卫生事业,援建相关基础设施,帮助改善医疗状况。2022年,中国援助瓦努阿图护士学校校车、向巴新乡村诊所捐赠药品、向所罗门群岛卫生部及国家转诊医院捐赠医疗物资,帮助太平洋岛国部分地区解决因交通不便就医困难问题,保障其农村偏远地区民众生命安全和身体健康,缓解当前缺医少药的局面。6月20日,中国援助巴布亚新几内亚恩加省医院项目

---

① 《中国空军运20抵达所罗门群岛首都 机上装载中方援助的抗疫物资》,新华网,2022年2月18日,http://www.news.cn/mil/2022-02/18/c_1211577944.htm,最后访问时间:2022年12月30日。

② 《巢小良大使向萨摩亚捐赠抗疫物资》,中华人民共和国驻萨摩亚独立国大使馆网站,2022年2月1日,http://ws.china-embassy.gov.cn/sgxw/202202/t20220201_10638060.htm,最后访问时间:2022年12月30日。

竣工交接仪式在该省首府瓦巴格举行。巴新总理马拉佩、恩加省省长伊帕塔斯和中国驻巴新大使曾凡华出席。恩加省医院是一个现代化设施和先进技术的医疗健康中心，是中国政府通过优惠贷款支持建设的巴新重点民生项目，由广东建工对外建设有限公司承建。该医院将成为巴新乃至南太平洋岛国地区最现代化的综合性医院之一。恩加省医院体现了"中国建造"的高水平，将积极增进巴新人民福祉。

最后，中方继续向太平洋岛国派遣医疗队。建交以来，中国一直坚持向瓦努阿图、巴新等国派遣医疗队。2022年7月，中国援巴新第12批医疗队在疫情中逆行，支持"中国巴新友好微创外科中心"在巴新最大的综合性医院——莫尔兹比港总医院的运行。2022年又新增援所罗门群岛和基里巴斯医疗队。3月，首批中国援所医疗队在所疫情最严峻时刻抵达所罗门群岛，开始为期一年的援外医疗任务，包括提升当地医务工作人员的能力，帮助民众提升健康水平和参加义诊等。截至12月初，医疗队共展开三次义诊，受到了当地医院和群众的欢迎。① 5月底，首批中国援基里巴斯医疗队抵达基里巴斯，帮助基里巴斯当地医生提高医疗技术，助推基里巴斯中央医院加强各科室规划和管理，让基里巴斯民众在家门口享受到了优质医疗服务。

中国与太平洋岛国的医疗卫生合作着眼长远，规划科学，是构建人类卫生健康共同体、加强双方人民友谊的重要体现。

（三）加强减灾防灾合作、携手应对气候变化和加强海洋治理

2022年1月15日，汤加火山爆发导致汤加多地电力、通信、航路一度中断，不少房屋、设施、农作物被毁，水源被污染，物资极度紧缺。中国政府高度关注，紧急驰援。中国红十字会向汤加提供10万美元紧急人道主义现汇援助。1月19日，中国政府通过驻汤加使馆以最快速度筹措

---

① 《援所罗门群岛中国医疗队在所西部省开展义诊》，新华网，2022年12月1日，http：//www.news.cn/photo/2022-12/01/c_1129177084.htm，最后访问时间：2022年12月30日。

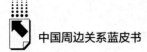

了一批饮用水、食品等应急物资交付汤加。1月27日，由中国驻斐济大使馆紧急筹集的50吨救灾物资，通过海运运抵汤加。这批物资包括饮用水、应急食品、个人防护和医疗用品等救灾物资。在汤加电力和网络已基本恢复、食品和饮用水困难得到缓解后，中国的援助即开始着眼于汤加灾后重建，陆续到达的包括推土机、卡车、挖掘机等重型机械设备，以及移动板房、拖拉机、发电机、水泵等大件物资。海底电缆断裂导致汤加对外失联，在失联后不久，向汤加提供国际通信业务的中国电信，积极与当地合作运营商协调沟通，帮助汤加恢复通信。

9月11日，巴新发生了严重地震。中国政府和人民十分牵挂，中方第一时间向巴新政府和人民表达诚挚慰问。地震发生后中国红十字会随即向巴新政府提供人道主义援助。①

11月25日，国家主席习近平就所罗门群岛遭受地震灾害向所罗门群岛总督武纳吉致慰问电。同日，国务院总理李克强向所罗门群岛总理索加瓦雷致慰问电。② 中国根据太平洋岛国的需要，通过多种渠道的援助有效助力了当地开展救灾行动和灾后恢复重建。

气候变化是世界各国面临的共同挑战，也是太平洋岛国面临的最现实、最紧迫挑战。中国高度重视太平洋岛国在气候变化问题上的特殊处境和关切，一直积极帮助岛国减轻气候灾害影响，提升应对气候变化能力。4月，中国-太平洋岛国应对气候变化合作中心（下文简称"气变中心"）在山东聊城正式启用，成为双方共建蓝色伙伴、共同应对气候变化的重要机制。其间，签署了3对友好省州、友好城市合作文件，推动了南南合作、物资捐赠、气变合作等6个合作项目落地，发布了山东省与太平洋岛

---

① 《驻巴布亚新几内亚使馆临时代办陈季良出席中国红十字会捐赠巴新抗震救灾人道主义援助转交仪式》，中华人民共和国驻巴布亚新几内亚独立国大使馆网站，2022年9月29日，http：//pg. china-embassy. gov. cn/xwdt/202209/t20220929_10774474. htm，最后访问时间：2022年12月30日。

② 《习近平就所罗门群岛遭受地震灾害向所罗门群岛总督武纳吉致慰问电》，中国外交部网站，2022年11月25日，https：//www. fmprc. gov. cn/zyxw/202211/t20221125_10980993. shtml，最后访问时间：2022年12月30日。

国友好省州、友好城市应对气候变化合作倡议，并宣布向太平洋岛国提供山东省应对气候变化国际学生奖学金。4月28日下午，中国-太平洋岛国应对气候变化高端对话会在聊城市成功举办，双方知名专家和学者围绕"绿色发展：中国和太平洋岛国携手应对气候变化"主题进行了研讨，为气变中心发展建言献策。作为中国与太平洋岛国在气候变化领域成立的第一个多边合作平台，气变中心的正式启用对推动双方开展应对气候变化合作起到积极促进作用，对加强中国与太平洋岛国之间对话交流，推动开展务实合作具有重要意义。

5月，中国国务委员兼外交部长王毅与基里巴斯副总统托阿图会见后，双方共同出席了经济技术、应对气变等合作文件签字仪式。中国将以签署应对气变南南合作物资援助项目执行协议为契机，继续为基方提升气变应对能力提供支持帮助。

9月，中国-太平洋岛国应对气候变化对话交流会召开，中国气候变化事务特使解振华与汤加、斐济、密克罗尼西亚、所罗门群岛、基里巴斯、萨摩亚、瓦努阿图的驻华使节就应对气候变化政策行动、2022年联合国气候变化大会第27次缔约方会议（COP27）成果预期、气候变化南南合作需求等问题深入交换意见，取得积极成效。

11月，由中国-太平洋岛国应对气候变化合作中心主办"中国-太平洋岛国应对气候变化高级培训班"开班。这是气变中心自2022年4月成立以来举办的首个培训班，设置了气候变化风险评估、应对策略和成功案例分析等系列课程，旨在加强经验分享，帮助太平洋岛国进一步提升应对气候变化能力，也是落实第二次中国-太平洋岛国外长会成果的具体举措，受到了太平洋岛国学员的广泛好评。

中国将通过拓展合作领域，创新设计合作项目，持续开展能力建设培训等方式，帮助南太岛国提升应对气候变化的能力，同时进一步加强同太平洋岛国对话交流、协调立场、扩大合作，维护发展中国家共同利益。中国致力于帮助岛国加强应对气候变化能力的实际行动也受到国际好评。太平洋岛国论坛秘书长普那高度评价中国为应对气变所作的巨大努力，赞赏中国设立中国-太平洋岛国应对气变合作中心，表示愿共同推动《巴黎协定》付诸行动。①

11 月 9 日，以"生态海岛 蓝色发展"为主题的中国-岛屿国家海洋合作高级别论坛在福建平潭召开。本次论坛聚焦岛屿国家普遍关注的气候变化、经济复苏与发展等问题进行研讨。论坛发布了《海岛可持续发展倡议》，提出探索建立蓝色伙伴关系、推广基于生态系统的海洋治理模式、增强海洋灾害应对能力和海岛发展韧性、推动海洋科学赋能海洋政策创新、推动可持续蓝色经济发展、提升可持续发展能力建设水平 6 项倡议，并从加强战略对接、政策融合，夯实蓝色伙伴关系，促进海洋事业共同发展；推动多双边合作提质增效，定期举办高层海洋合作论坛，共建中国-太平洋岛国海洋防灾减灾合作分中心等合作新平台；促进知识信息服务共享，推动共建海洋数据产品服务与管理系统，助力岛屿国家的海洋开发与管理；强化在全球海洋治理中的协作，在海洋生物多样性养护和可持续利用、海洋资源开发与环境保护、应对气候变化等方面加强协同配合与合作。中国-岛屿国家海洋合作高级别论坛，将进一步加强各国之间的联系，强化合作行动，保护并可持续利用海洋资源，为开展治理优良、管理有序的海洋经济发展活动奠定基础，推动岛屿国家海洋资源可持续发展。作为太平洋沿岸大国，中国应注重强化同太平洋岛国政府间的沟通与协商，树立太平洋沿岸国家同太平洋岛国海洋环境保护合作的样板。②

四 中国与太平洋岛国的文化交流纵深推进

中国有着数千年的文明，且已成为世界第二大经济体，充满了勃勃生机

---

① 《王毅会见太平洋岛国论坛秘书长普那》，中国外交部网站，2022 年 5 月 29 日，https：//www.mfa.gov.cn/web/wjdt_674879/gjldrhd_674881/202205/t20220529_10694194.shtml，最后访问时间：2022 年 12 月 30 日。
② 梁甲瑞：《中国与太平洋岛国蓝碳合作机制构建》，《中国社会科学报》2022 年 8 月 3 日，第 11 版。

与活力。中国长期对太平洋岛国的教育文化体育事业发展提供了支持帮助，加强文化交流，促进双方人文交流和青年友好往来。

（一）文化交流活动蓬勃开展

文化的交流互鉴，是推进不同文明的传播、文化的交融，促进民心相通、增进互信的重要途径。中国与太平洋岛国克服新冠疫情带来的影响，采取多种方式开展文化交流活动。如斐济中国文化中心和斐济邮政有限公司继续联合推出中国农历虎年生肖邮票及首日封。斐济中国文化中心在海外社交媒体平台推出"水韵江苏"线上文旅推介活动。中国驻所罗门群岛使馆举办中国健康美食节暨妇女交流活动向所罗门群岛人民展示了中国传统舞蹈、美食等，增进了所人民对中国文化的了解和兴趣。[①] 同样，12月14日，驻瓦努阿图使馆同瓦外交部在瓦首都维拉港市共同举办庆祝中瓦建交40周年活动。现场展出了中国新时代十年非凡成就和中瓦务实合作硕果的图片和视频。与会人员现场还品尝中国美食，欣赏中国书法，体验中医之神奇，纷纷盛赞中国共产党带领中国人民取得的举世瞩目成就和中国文化的博大精深，盛誉中瓦关系发展让瓦国家和人民切实获利受益。[②]

中国的发展经验证实了教育同国家前途命运紧密相连。因此，中国十分重视与太平洋岛国的教育合作，不断地提供图书、电脑等教育教学资源。例如，6月3日，王旭光参赞出席逸仙小学首届"汉语桥"中文大赛决赛，代表钱波大使向逸仙学校转交广东省人民政府侨务办公室捐赠的1015册中文图书，用于搭建"广东书屋"。驻所罗门群岛使馆向霍尼亚拉市贝提卡玛中学捐赠电脑，解决了该校信息化建设面临的困难。在各方的努力下，中国同巴布亚新几内亚友好学校布图卡学园首届毕业生顺利毕

① 《驻所罗门群岛使馆举办中国健康美食节暨妇女交流活动》，中华人民共和国驻所罗门群岛大使馆网站，http://sb.china-embassy.gov.cn/sgxw/202207/t20220718_10722798.htm，最后访问时间：2022年12月30日。

② 《驻瓦努阿图使馆同瓦外交部共同举办庆祝中瓦建交40周年活动》，中华人民共和国驻瓦努阿图共和国大使馆网站，2022年12月14日，http://vu.china-embassy.gov.cn/sgxx_132387/sgxw_132388/202212/t20221214_10990419.htm，最后访问时间：2022年12月30日。

业。此外，中国继续通过孔子教育文化研究中心、设置奖学金等方式推广中文学习，促进双方交流。可以说，中国力所能及帮助太平洋岛国保证新冠疫情下正常的教学活动。这是中国加强同太平洋岛国务实合作、造福地区人民的生动体现。

（二）基础设施援建助力太平洋岛国社会发展

2022年中国援助太平洋岛国的一系列社会文化设施项目克服疫情等不利因素影响，顺利竣工。4月下旬，中国援建的所罗门群岛2023年太平洋运动会体育场馆项目练习跑道和足球场正式完工并交付所方。所罗门群岛总理索加瓦雷在交付仪式上感谢中国政府和人民提供的支持和帮助。[①] 他高度评价建设者克服困难、高质量完成项目建设，表示这对所方筹备2023年太平洋运动会具有里程碑意义。9月27日，佛山市援维拉港市社区综合运动场线上交付仪式成功举行。该运动场包含跑道、足球场、篮球场、网球场、停车场、看台以及管理员办公室、卫生间、更衣室等配套设施。场区采用太阳能灯照明，看台区辅以室外防水壁灯进行亮化。[②] 这将缓解了维拉港市运动设施短缺问题，有利于增强周边社区民众身体素质。中国向所罗门群岛东马莱塔地区捐赠水泥、钢筋、水罐等建材用于建造社区医院和供水设施，改善民众生活条件。中国援助萨摩亚友谊公园项目、中国援纽埃广播电视发射设备维修项目也如期交付，中国援助所罗门群岛伊莎贝尔省塔塔姆巴社区服务中心落成。这都将为改善太平洋岛国落后的社区基础设施及通信条件、丰富地区民众文化生活作出重要贡献，也为双方友好合作注入了新动力。

此外，新的援助项目也陆续开启。如2022年2月中国政府援瓦努阿图政府办公楼项目开工、6月中国援所罗门群岛国立大学宿舍楼项目动工、

---

① 《中国援建项目助力所罗门群岛筹办太平洋运动会》，新华网，2022年5月26日，http：//www.xinhuanet.com/world/2022-05/26/c_1128687272_2.htm，最后访问时间：2022年12月30日。

② 《佛山市援维拉港市社区综合运动场线上交付仪式成功举行》，中华人民共和国驻瓦努阿图共和国大使馆网站，2022年9月28日，http：//vu.china-embassy.gov.cn/sgxx_132387/sgxw_132 388/202210/t20221012_10782232.htm，最后访问时间：2022年12月30日。

9月中铁一局基里巴斯青年公园修缮项目开始启动等，中国的支持为当地的社会经济发展作出了重要贡献。

五 结论与展望

2022年，在疫情延宕和国际地缘政治纷繁复杂的背景下，中国与太平洋岛国继续增强政治互信，探索经贸发展，增强技术援助，助力太平洋岛国减贫发展，积极携手太平洋岛国共克时艰，同舟共济应对新冠疫情、地区安全、突发灾害、气候变化、海洋治理等新挑战。同时将共建"一带一路"与"太平洋高质量基础设施倡议"等地区合作倡议对接，在力所能及的范围内为援建岛国道路、医院、运动场等一系列基础设施项目，为岛国发展建设提供支持和帮助。

中国同太平洋岛国的友好交往和互利合作不断深入，具有全方位、多层次的特点。既有中央政府层面的合作，也有来自山东、福建、广东等地方和民间的友好合作。以"中国-太平洋岛国外长会"为代表的对话机制逐渐完善与丰富，中国-太平洋岛国应急物资储备库、中国-太平洋岛国应对气候变化合作中心运行逐渐制度化和规范化。

在同太平洋岛国的交往中，中国强调不干涉别国内政的原则；在经济发展合作项目中，讲求实效，授之以渔。不过，中国与太平洋岛国之间的一些正常合作，被某些国家和媒体歪曲成对地区安全稳定的威胁。中国与太平洋岛国的合作是公开透明的，不附加政治条件，更不针对任何第三方。今后，中国将继续同太平洋岛国一道，坚定共迎挑战的信心，共谋合作治理之路，携手构建更加紧密的中国同太平洋岛国命运共同体，打造不同大小、不同制度国家相互支持、团结合作的新典范。

双 边 篇
Bilateral Reports

B.8
2022年中俄关系评估与展望

柳丰华*

摘　要： 2022年，在俄乌冲突、俄罗斯与西方地缘政治经济对抗和中美博弈加剧等形势下，中俄两国不断加强在政治、经贸、能源、军事安全和国际事务等领域的合作，中俄新时代全面战略协作伙伴关系经受住了外部因素的又一次考验，稳步前行。2023年，中俄两国将继续努力排除外部因素的干扰，发展全方位合作，推动中俄新时代全面战略协作伙伴关系持续发展。

关键词： 中俄新时代全面战略协作伙伴关系　中俄经贸合作　中俄能源合作　中俄外交协作

2022年，中俄新时代全面战略协作伙伴关系持续深入发展。而俄乌冲

---

* 柳丰华，法学博士，中国社会科学院俄罗斯东欧中亚研究所俄罗斯外交研究室主任、研究员，研究方向为俄罗斯外交、中俄关系。

突以及随之而来的西方对俄罗斯经济制裁和军事政治对抗双双升级，促使俄进一步加强与中国关系，从而使两国在经贸与能源等领域的合作获得了加速发展。中俄各领域合作日益加深，外部因素又促使两国团结协作，因此，中俄关系前景光明。

一　政治关系持续发展

2022年2月4日，俄罗斯总统普京访华，两国元首在北京举行会谈，就中俄关系、国际和地区形势等问题充分交流，共同发表《中华人民共和国和俄罗斯联邦关于新时代国际关系和全球可持续发展的联合声明》。联合声明阐述了中俄两国在国家民主、世界发展、国际安全和国际秩序问题上的共同立场，主要包括：各国人民有权选择适合本国国情的民主形式，民主原则应当在国内治理和全球治理层面都得到体现；全球发展应平衡、协调、包容，中俄两国将推进"一带一路"与欧亚经济联盟对接合作以及"一带一路"与"大欧亚伙伴关系"协调发展；国际社会应致力于实现共同、综合、合作、可持续的安全，中俄两国反对北约继续扩张，反对在亚太地区建立封闭的结盟体系；中俄将继续维护以联合国为核心的国际体系和以国际法为基础的国际秩序。[①]普京来华访问期间，中俄两国有关部门和企业签订15份合作文件，包括《中俄外交部2022年磋商计划》《中国商务部和俄罗斯经济发展部关于完成制定〈中俄货物贸易和服务贸易高质量发展的路线图〉的联合声明》《中国石油天然气集团有限公司与俄罗斯天然气工业股份公司远东天然气购销协议》（以下两公司分别简称中石油、俄气）等。

普京此访的另一目的，是出席2022年北京冬季奥运会开幕式。会谈时习近平主席与普京总统共同祝愿两国运动员在北京冬奥会期间取得佳绩，后

---

① 《中华人民共和国和俄罗斯联邦关于新时代国际关系和全球可持续发展的联合声明（全文）》，中国外交部网站，2022年2月4日，https://www.fmprc.gov.cn/web/gjhdq_676201/gj_676203/oz_678770/1206_679110/1207_679122/202202/t20220204_10638953.shtml，最后访问时间：2022年11月17日。

又共同出席冬奥会开幕式。2014 年习近平主席赴俄罗斯出席索契冬奥会开幕式，2022 年普京来华履行"冬奥之约"，奥运互访已成为两国元首密切关系的表现和良好传统。在北京举办冬奥会的背景下，两国元首宣布中俄体育交流年正式启动，这对于加深两国人民体育交流和传统友好具有重要的意义。

9 月 15 日，在上海合作组织元首理事会会议召开之前，习近平主席与普京总统在撒马尔罕举行双边会晤，就中俄两国在双边与上合组织框架下的各领域合作、国际及地区问题交流看法，双方都表示将加强该组织内的多领域合作。

俄乌冲突没有对中俄政治关系产生消极影响，相反，由于中国在该问题上秉持客观公正的立场，俄罗斯深感中国的同情和理解，因而中俄战略伙伴关系经受住了考验，政治互信持续增进。2 月 24 日，即俄乌冲突爆发当天，中国国务委员兼外交部长王毅同俄罗斯外长拉夫罗夫通电话。拉夫罗夫表示，美国和北约不断向东扩张，拒绝执行新明斯克协议，因此俄罗斯被迫采取措施维护其利益。王毅阐述了中方在俄乌冲突问题上的立场：中方一贯尊重各国的主权和领土完整；中方注意到乌克兰问题有其复杂和特殊的历史经纬，理解俄方在安全问题上的合理关切；中方主张彻底摒弃冷战思维，通过对话谈判，最终形成均衡、有效、可持续的欧洲安全机制。[①] 2 月 25 日，习近平主席与普京总统通电话，就乌克兰局势交换意见。普京介绍了乌克兰问题的历史现状和俄罗斯在乌东部地区实施特别军事行动的情况，认为是"美国和北约长期无视俄合理安全关切，一再背弃承诺，不断向东推进军事部署，挑战了俄战略底线"。[②] 习近平主席指出，"要重视和尊重各国合理安全关切，通过谈判形成均衡、有效、可持续的欧洲安全机制。中方支持俄

---

① 《王毅同俄罗斯外长拉夫罗夫通电话》，中国外交部网站，2022 年 2 月 24 日，https：//www.fmprc.gov.cn/web/gjhdq_676201/gj_676203/oz_678770/1206_679110/xgxw_679116/2022
02/t20220224_10645222.shtml，最后访问时间：2022 年 11 月 21 日。

② 《习近平同俄罗斯总统普京通电话》，中国外交部网站，2022 年 2 月 25 日，https：//www.fmprc.gov.cn/web/gjhdq_676201/gj_676203/oz_678770/1206_679110/xgxw_679116/2022
02/t20220225_10645684.shtml，最后访问时间：2022 年 11 月 21 日。

同乌方通过谈判解决问题。中方关于尊重各国主权和领土完整、遵守联合国宪章宗旨和原则的基本立场是一贯的。中方愿同国际社会各方一道，倡导共同、综合、合作、可持续的安全观，坚定维护以联合国为核心的国际体系和以国际法为基础的国际秩序"。①

10月，中国共产党第二十次全国代表大会成功召开，预示了中国对俄政策的延续性和光明前景。10月23日，习近平总书记在第二十届中央政治局常委同中外记者见面会上表示，中国将同各国一道，"弘扬和平、发展、公平、正义、民主、自由的全人类共同价值，维护世界和平、促进世界发展，持续推动构建人类命运共同体"。② 众所周知，俄罗斯是中国促进世界和平与发展、构建人类命运共同体的主要战略伙伴，习总书记对外交方针的上述表态表明，中国发展中俄全面战略协作伙伴关系的政策将得以延续。同日，普京总统就向习近平总书记发来贺信，祝贺他当选为中国共产党第二十届中央委员会总书记。普京表示，中共二十大的成功举行充分体现了习总书记崇高的政治威望，大会作出的各项决定将助力中国成功实现经济社会发展的宏伟目标；他愿继续同习总书记开展建设性对话和密切协作，推动俄中全面战略协作伙伴关系向前发展。③ 普京总统是最先向习近平总书记发来贺信的外国元首之一，此举体现了中俄两国间高水平的互信和相互支持。中俄两国元首在中共二十大期间的外交互动，预示着中俄关系更加友好而光明的发展前景。10月27日，中共中央政治局委员、国务委员兼外交部长王毅与俄罗斯外长拉夫罗夫通电话。王毅说，中方将坚定支持俄罗斯在普京总统的领导下，实现发展战略目标，进一步确立俄

---

① 《习近平同俄罗斯总统普京通电话》，中国外交部网站，2022年2月25日，https://www.fmprc.gov.cn/web/gjhdq_676201/gj_676203/oz_678770/1206_679110/xgxw_679116/202202/t20220225_10645684.shtml，最后访问时间：2022年11月21日。

② 《习近平：在二十届中央政治局常委同中外记者见面时的讲话》，新华网，2022年10月23日，http://www.xinhuanet.com/2022-11/15/c_1129130270.htm，最后访问时间：2022年11月21日。

③ 《世界政党政要热烈祝贺习近平当选中共中央总书记》，新华社客户端官方账号，2022年10月23日，https://baijiahao.baidu.com/s? id = 1747487120256072845&wfr = spider&for = pc，最后访问时间：2022年11月21日。

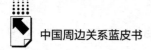
大国地位；中方愿同俄方深化各层级交往，推动中俄关系和各领域合作不断迈向更高水平。拉夫罗夫祝贺中共二十大取得圆满成功，祝贺习近平总书记再次当选，表示俄方愿同中方加强交流，深化合作，共同维护亚太地区与世界和平稳定。①

12月5日，中俄两国总理定期会晤以视频方式举行，李克强总理与俄罗斯总理米舒斯京就两国贸易、投资、能源、科技、农业和基础设施互联互通等领域合作进行了深入的交流。李克强总理指出，中俄两国持续推进合作，取得显著成果；未来中方将与俄方一道，进一步深化全面合作，以造福两国人民。② 米舒斯京总理表示，2022年前10个月俄罗斯和中国贸易额接近1500亿美元，其中几乎一半是以两国货币结算的，未来每年双边贸易额都将超过2000亿美元；③ 俄愿意确保履行俄中签署的能源领域所有合同义务，正在推动实施新的大规模合作倡议；④ 两国有必要继续努力恢复货物流动，并建立新的物流链。⑤

二　务实合作加速发展

中俄两国长期在经贸、能源、金融和交通基础设施互联互通等领域开展合作，取得丰硕的成果。俄乌冲突爆发后，西方实施对俄罗斯"升级版"

① 《王毅同俄罗斯外长拉夫罗夫通电话》，中国外交部网站，2022年10月27日，https：//www. fmprc. gov. cn/web/gjhdq＿676201/gj＿676203/oz＿678770/1206＿679110/xgxw＿679116/202210/t20221027_10793138. shtml，最后访问时间：2022年11月22日。

② 27－я регулярная встреча глав правительств России и Китая, 5 декабря 2022, http：//government. ru/news/47237/，最后访问时间：2022年12月7日。

③ 《俄总理：俄中贸易额将在未来达到2000亿美元》，俄罗斯卫星通讯社网站，2022年12月5日，https：//sputniknews. cn/20221205/1046080461. html，最后访问时间：2022年12月7日。

④ 《俄总理：俄罗斯愿意确保履行俄中能源领域所有合同义务》，俄罗斯卫星通讯社网站，2022年12月5日，https：//sputniknews. cn/20221205/1046082077. html，最后访问时间：2022年12月7日。

⑤ 《俄总理：俄罗斯和中国应继续努力恢复货物流动》，俄罗斯卫星通讯社网站，2022年12月5日，https：//sputniknews. cn/20221205/1046081612. html，最后访问时间：2022年12月7日。

制裁，促使俄大力加强与中国各领域合作，从而为中俄务实合作注入了强大的动力。

1. 中俄贸易再创新高

中俄两国贸易密切，互为主要贸易伙伴。2021年中俄贸易额创下历史新高，达到1468.87亿美元，同比增长35.9%。[①] 2022年2月俄乌冲突爆发后，西方全面升级对俄罗斯制裁，促使俄空前加强与中国等亚太国家的经贸合作，中俄贸易加速发展。根据中国海关总署统计，2022年1~10月，中俄贸易额为1539.38亿美元，同比增长33.0%。其中，中国对俄罗斯出口595.96亿美元，增长12.8%；中国从俄进口943.42亿美元，增长49.9%。就贸易商品结构而言，中国对俄罗斯主要出口机械设备、纺织品和日用消费品，从俄进口石油、天然气、铁矿石和木材等。

2. 中俄能源合作进一步密切

两国建立了能源战略伙伴关系，在石油、天然气、核能和电力等领域深入地开展合作。俄乌冲突后，德国搁置"北溪-2"天然气管道运营进程，西方限制从俄罗斯进口油气，导致俄与西方，特别是欧盟的能源联系显著缩减。在这种背景下，俄罗斯加大"转向东方"的力度，扩大在中国等亚太国家能源市场的份额，从而使中俄能源合作再上新台阶。

俄罗斯对华石油出口快速增长。在2022年2月普京访华期间，中石油与俄罗斯石油股份公司（以下简称俄油）签署《〈保障中国西部炼厂供油的原油购销合同〉补充协议》，根据该协议，在10年内俄方将过境哈萨克斯坦向中国供应1亿吨原油。11月18日，俄罗斯副总理诺瓦克表示，2022年，包括石油、天然气、煤炭出口和电力供应在内在俄中能源贸易额将增长64%，能源贸易总量增长10%。[②] 11月29日，俄油总裁谢钦表示，2022年

① 《商务部：2021年中俄货物贸易额首次突破1400亿美元大关》，中国新闻网官方账号，2022年1月27日，https：//baijiahao.baidu.com/s？id=1723100944291958690&wfr=spider&for=pc，最后访问时间：2022年11月22日。

② 《俄副总理：2022年俄中能源贸易额增长64%》，俄罗斯卫星通讯社网站，2022年11月18日，https：//sputniknews.cn/20221118/1045641305.html，最后访问时间：2022年年11月27日。

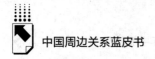
1~10月俄罗斯对中国石油出口总量增长9.5%，达到近7200万吨，俄油保障了中国石油市场7%的需求。①

俄罗斯积极扩大对华天然气供应，两国商定增修中俄天然气管道。2022年2月4日，中石油与俄气签署远东天然气购销协议。两国将修建从萨哈林岛（库页岛）到中国东北的天然气管道，项目完全投产后，对华供气量为每年100亿立方米。此外，中俄两国已就"西伯利亚力量-2"天然气管道建设项目达成共识，该管道将过境蒙古国，对华供气量为每年500亿立方米。根据俄气消息，俄通过"西伯利亚力量"管道对华天然气出口量持续增长；2022年前6个月，通过这条管道出口至中国的天然气增加63.4%。②12月，俄气科维克金气田和科维克塔-恰扬达输气管道投入运营，为"西伯利亚力量"管道的年供气量在2025年达到380亿立方米提供了气源和运输保障。

3. 中俄扩大金融合作

近年来，两国金融合作逐渐扩大，其中包括双边贸易本币结算、在对方境内设立银行分支机构、开放资本市场，等等。俄乌冲突爆发后，西方冻结俄罗斯黄金和外汇储备、将部分俄银行移出环球银行金融通信协会（SWIFT）支付系统、进一步限制俄贷款融资，这些金融制裁意在打击俄金融系统，破坏其国民经济。俄罗斯在稳定卢布汇率、维护金融秩序的同时，积极反制西方，并发展与中国等友好国家的金融合作。在这种形势下，中俄本币结算金额明显增长。俄罗斯银行开始寻求以多种替代方式，比如人民币跨境支付系统（CIPS）和俄金融信息传输系统（SPFS）等，以本币进行跨境汇款。据俄罗斯媒体报道，中小企业在俄罗斯银行以人民币方式结算的数额在增长，俄"泽尼特"银行、"金克福"银行、"俄罗斯银行"和"莫斯

---

① 《俄石油总裁：1~10月俄对华石油供应量增长9.5%，达7200万吨》，俄罗斯卫星通讯社网站，2022年11月29日，https：//sputniknews.cn/20221129/1045903464.html，最后访问时间：2022年年11月29日。

② 《俄气：上半年通过"西伯利亚力量"管道对华天然气出口量增长63.4%》，俄罗斯卫星通讯社网站，2022年7月1日，https：//sputniknews.cn/20220701/1042248693.html，最后访问时间：2022年11月27日。

科信贷银行"的人民币周转量都在增长。① 与此同时，大型俄罗斯银行开始更加积极地对自然人和法人推出人民币产品。在俄罗斯外贸银行、俄邮储银行、俄天然气工业银行、俄工业通讯银行、阿尔法银行、俄通用商业银行、莫斯科信贷银行等信贷机构，俄企业可以使用人民币进行借贷、对冲、获得担保，个人可开设人民币存款账户、储蓄账户并接收人民币现金。②

4. 中俄两国基础设施互联互通成果显著

2022年4月，中俄间首个铁路桥同江—下列宁斯阔耶大桥竣工，11月投入运营。主桥长约2.2公里，其中中方境内段长1886米，俄方段长309米，设计运营时速为100公里。初期年过货量为520万吨，未来将增加到2000万吨。③ 同年6月，中俄黑河—布拉戈维申斯克公路桥正式通车。大桥总长1080米，日通行能力为630辆卡车、164辆公共汽车、68辆轿车，以及约5500人。④ 这些跨境桥梁的运营，为两国人员和贸易往来提供了便捷的通关、物流服务，促进了中国东北与俄罗斯远东合作。中俄"新陆路粮食走廊"项目取得重要进展。该项目包括在俄罗斯外贝加尔斯克建设粮食转运站，在俄境内建设一批粮食储存库用于保障供应等，旨在构建俄罗斯西伯利亚粮食出口到中国的最短、最经济的路线。2022年9月6日，在符拉迪沃斯托克第七届东方经济论坛期间，普京总统下令启用外贝加尔斯克—满洲里粮食铁路运输货运站。外贝加尔斯克—满洲里粮食铁路枢纽包括能够处理整列发送业务的宽轨、窄柜火车车场各一座，一个可容纳6台厂内无人机车的车库，以及一个配备有运输设施的大型谷仓，可储存8万吨粮食和豆类作物。粮食铁路运输枢纽启用后，俄罗斯对华粮食出口到岸时间将从海运所

① 《俄罗斯中小企业去美元化，增加人民币结算额》，俄罗斯卫星通讯社网站，2022年10月21日，https://sputniknews.cn/20221021/1044920779.html，最后访问时间：2022年11月28日。
② 《俄媒：俄罗斯银行推出全新人民币银行产品》，俄罗斯卫星通讯社网站，2022年11月4日，https://sputniknews.cn/20221104/1045242461.html，最后访问时间：2022年11月28日。
③ 《中俄首座跨江铁路大桥通车》，新华丝路网站，2022年11月20日，https://www.imsilkroad.com/news/p/497278.html，最后访问时间：2022年11月28日。
④ 《俄中首座跨境公路大桥正式通车》，俄罗斯卫星通讯社网站，2022年6月10日，https://sputniknews.cn/20220610/1041862208.html，最后访问时间：2022年11月29日。

需的 3 个月减少到 2～3 个星期。① 中俄"新陆路粮食走廊"的建成,将有助于俄罗斯大幅增加对华粮食及其他农产品出口。

5. 中国积极参与俄罗斯远东开发

近年来,中国与俄罗斯远东地区在贸易、能源、农业、科技和基础设施建设等领域开展合作,取得显著成果。中国全国人大常委会委员长栗战书在出席第七届东方经济论坛的致辞中指出,中国是俄罗斯远东开发的重要合作伙伴,中方将进一步加强与俄罗斯的贸易、能源、科技、农业及基础设施建设等领域的全方位合作,继续支持和参与俄罗斯远东开发,助推中国东北全面振兴与俄远东开发国家战略深度对接,促进中俄在远东合作取得丰硕成果。② 第七届东方论坛会议期间,中国多家企业与俄罗斯公司签署合作文件。

三 军事与安全合作持续发展

2022 年,中俄两军各领域交流频繁,军事与安全合作持续发展。在俄乌冲突形势下,外界高度关注中俄军事合作,虽然美西方时有诋毁中俄军事关系之辞,但是,中国始终坚持对俄乌冲突中立立场,没有对任何冲突方提供军事技术援助,③ 始终主张有关方通过政治途径解决冲突。中俄军事与安全合作是在例行性和不针对第三方的原则下进行的。对此,俄罗斯无异议,美西方也无可指责。

2022 年 2 月 4 日,习近平主席在北京同普京总统会谈时,双方就国际

① 《普京总统下令启用俄中粮食铁路运输枢纽》,俄罗斯卫星通讯社网站,2022 年 9 月 7 日,https：//sputniknews. cn/20220907/1043743534. html,最后访问时间：2022 年 11 月 29 日。
② 《栗战书出席第七届东方经济论坛全会并致辞》,人民网官方账号,2022 年 9 月 9 日,https：//baijiahao. baidu. com/s? id＝1743441248799178983&wfr＝spider&for＝pc,最后访问时间：2022 年 11 月 21 日。
③ 《中国是否会向俄罗斯提供武器? 华春莹回应》,环球时报社官方账号,2022 年 2 月 24 日,https：//baijiahao. baidu. com/s? id＝1725635625590234071&wfr＝spider&for＝pc,最后访问时间：2022 年 12 月 2 日;《欧洲理事会主席：习近平称北京没有向俄罗斯提供武器》,俄罗斯卫星通讯社网站,2022 年 12 月 2 日,https：//sputniknews. cn/20221202/1045988043. html,最后访问时间：2022 年 12 月 2 日。

战略安全稳定等重大问题进行了深入的交流，表达了继续发展包括军事安全在内的中俄各领域合作的共同意愿，重申了协作维护国际战略稳定和地区安全的一贯立场。9月19日，中共中央政治局委员、中央外事工作委员会办公室主任杨洁篪在福建同俄罗斯联邦安全会议秘书帕特鲁舍夫共同主持中俄第17轮战略安全磋商，双方围绕中俄关系、国际安全形势、国际事务及多边框架内协作等深入交流，一致同意继续用好战略安全磋商机制这一重要平台，增进互信，共同维护全球战略稳定。①

1月18~22日，中国、俄罗斯、伊朗三国海军在阿拉伯海北部的阿曼湾举行联合军演。三国海军对水面目标进行了舰炮射击演练、协同机动演练、组织甄别和解救被劫持船只演练。② 1月24日，中俄海军在阿拉伯海北部海域举行反海盗联合演习。双方共派出5艘舰艇、舰载直升机及海军陆战队队员参演。演习以中俄舰艇编队联合打击海盗活动为课题，主要演练了联合机动、解救被劫持船舶、使用直升机转运伤员等科目。③ 演习为双方共同遂行反海盗任务积累了有益经验，提升了两军共同应对海上威胁、维护海上战略通道安全的能力。

5月24日，由中国轰-6K轰炸机和俄罗斯图-95MS战略轰炸机组成的联合编队，在日本海和东海上空进行联合战略巡航。这是两军2022年度例行性联合空中战略巡航，也是自2019年以来两军联合实施的第四次战略巡航。中国国防部发言人表示，此次联合巡航的目的是提升两国空军协作水平，推进两军战略互信与务实合作；不针对第三方，与当前国际和地区局势无关。④

---

① 《杨洁篪主持中俄第十七轮战略安全磋商》，中国外交部网站，2022年9月19日，https://www.fmprc.gov.cn/web/gjhdq_676201/gj_676203/oz_678770/1206_679110/xgxw_6791 16/202209/t20220919_10767887.shtml，最后访问时间：2022年11月22日。

② 《俄、中、伊海军在阿曼湾举行联合军演》，俄罗斯卫星通讯社网站，2022年1月21日，https://sputniknews.cn/20220121/1037228436.html，最后访问时间：2022年11月29日。

③ 《中国国防部：中俄海军举行反海盗联合演习》，俄罗斯卫星通讯社网站，2022年1月25日，https://sputniknews.cn/20220125/1037294448.html，最后访问时间：2022年11月29日。

④ 《中国国防部：中俄年度联合空中战略巡航与当前国际和地区局势无关》，俄罗斯卫星通讯社网站，2022年5月25日，https://sputniknews.cn/20220525/1041570161.html，最后访问时间：2022年11月30日。

8月31日至9月7日，"东方-2022"演习在俄罗斯乌苏里斯克市谢尔盖耶夫斯基训练场和日本海相关海域进行，包括中国在内的14个国家参加此次演习。这是中国首次同时派出陆海空三军部队参加俄罗斯的"东方"系列军演，中国参演部队主要由北部战区所属陆军、海军和空军部队组成，参演兵力为2000余人，另有各型车辆（装备）300余台，固定翼飞机和直升机21架，舰船3艘。陆军演习分为兵力集结部署、联合战役筹划、联合战役实施、组织兵力回撤四个阶段，参演各国军队共同组建导演部和联合战役指挥机构。[1] 通过多国部队联合谋划指挥、共同研讨战术战法、实兵演练竞技等方式，中、俄等国军队加深了战斗友谊，提升了联合遂行军事行动的能力。中、俄海军舰艇在西太平洋相关海域组织实施第二次联合巡航，两国编队在12天内航行3000多海里。[2] 海上联合巡航旨在加强两国海军合作，维护亚太地区和平与稳定，监测海域，保护中、俄海上经济活动的设施。

11月30日，中俄两国空军战机再次在亚太地区联合巡航，中国轰-6K轰炸机和俄罗斯图-95MS战略轰炸机组成空中编队，联合巡航日本海和东海上空。在此次联合巡航中，中国战机首次降落在俄罗斯机场，俄战机也首次在中国机场降落。[3] 中俄一年两次联合战略巡航，致力于提高战略协同能力，共同维护全球和地区战略稳定。

四 在国际事务中的战略协作愈益深化

在俄乌冲突爆发之前，中俄两国就保持着密切的外交协作。随着俄乌冲

---

① 《中方参加俄罗斯"东方-2022"演习的兵力2000余人，各型车辆300余台》，俄罗斯卫星通讯社网站，2022年8月31日，https：//sputniknews.cn/20220831/1043551016.html，最后访问时间：2022年11月30日。

② 《中国驻俄大使：中俄两国海军联合巡航有助于增强两国战略互信，有助于维护地区安全稳定》，俄罗斯卫星通讯社网站，2022年9月30日，https：//sputniknews.cn/20220930/1044381104.html，最后访问时间：2022年11月30日。

③ 《俄中飞机在巡逻中首次降落在彼此飞机场》，俄罗斯卫星通讯社网站，2022年11月30日，https：//sputniknews.cn/20221130/1045942416.html，最后访问时间：2022年11月30日。

突爆发后美国对中俄两国军事政治遏制的强化，两国在结伴不结盟原则基础上，加强了在国际事务中的合作。

1. 中俄两国维护以联合国为核心的国际体系和以国际法为基础的国际秩序，推动建立公正合理的多极世界

2022年1月3日，中国、俄罗斯、美国、英国、法国五个有核武器国家的领导人共同发表《关于防止核战争与避免军备竞赛的联合声明》。该文件主要内容包括：五国共同申明核战争打不赢也打不得，核武器应当服务于防御目的、慑止侵略和防止战争；五国维护和遵守双、多边不扩散、裁军和军控协议和承诺；五国重申不将核武器瞄准彼此或其他任何国家；五国避免军事对抗，防止军备竞赛。① 这是五个有核国家，也是联合国安理会五个常任理事国首次发表的关于防止核战争的声明，反映了它们防止核战争、减少核冲突风险的共同意愿。该文件的签署，与中俄两国的外交协作密不可分。

2月4日中俄两国元首共同发表《中华人民共和国和俄罗斯联邦关于新时代国际关系和全球可持续发展的联合声明》，重申两国坚定维护联合国在国际事务中发挥核心协调作用的国际体系，坚定维护包括《联合国宪章》宗旨和原则在内的以国际法为基础的国际秩序，推动世界多极化和国际关系民主化，共同建设繁荣稳定、公平公正的世界，携手构建新型国际关系。两国反对个别国家破坏国际战略稳定，主张维护国际战略稳定与战略安全。反对强权政治、霸凌行径、单边制裁和"长臂管辖"，主张维护以世贸组织为核心的多边贸易体制。②

① 《五个核武器国家领导人关于防止核战争与避免军备竞赛的联合声明》，中国外交部网站，2022年1月3日，https://www.fmprc.gov.cn/web/gjhdq_676201/gj_676203/oz_678770/1206_679110/1207_679122/202201/t20220103_10478507.shtml，最后访问时间：2022年11月21日。

② 《中华人民共和国和俄罗斯联邦关于新时代国际关系和全球可持续发展的联合声明（全文）》，中国外交部网站，2022年2月4日，https://www.fmprc.gov.cn/web/gjhdq_676201/gj_676203/oz_678770/1206_679110/1207_679122/202202/t20220204_10638953.shtml，最后访问时间：2022年11月17日。

2. 中俄两国在金砖国家与上海合作组织等多边框架内保持密切的沟通与合作

2022 年 5 月 19 日，国务委员兼外交部长王毅在北京主持金砖国家外长视频会晤，俄罗斯、南非、巴西、印度四国外长与会。外长们表示，愿为中方成功主办领导人会议而开展合作；各方同意深化金砖战略伙伴关系，推动改革全球治理体系，构建公平、公正、合理、包容的国际格局。① 金砖国家外长发表关于"应对国际形势新特点新挑战加强金砖国家团结合作"的联合声明。

6 月 23 日，习近平主席在北京以视频方式主持金砖国家领导人第十四次会晤，俄罗斯、南非、巴西三国总统和印度总理与会。五国领导人围绕"构建高质量伙伴关系，共创全球发展新时代"的主题，就金砖国家各领域合作与共同关心的重大问题深入交流，达成重要共识。一致认为，五国要坚持多边主义，推动全球治理民主化；共同防控疫情，提升应对公共卫生危机的能力；深化经济务实合作，维护多边贸易体制，推动构建开放型世界经济，加强数字经济、科技创新、产业链供应链、粮食与能源安全等领域合作，推动世界经济复苏；促进全球共同发展，落实联合国 2030 年可持续发展议程；推进金砖扩员进程，推动金砖机制提质增效。会议发表《金砖国家领导人第十四次会晤北京宣言》。②

11 月 1 日，李克强总理在北京以视频方式主持上海合作组织成员国政府首脑（总理）理事会第二十一次会议，俄罗斯、哈萨克斯坦、吉尔吉斯斯坦、塔吉克斯坦、乌兹别克斯坦五国总理和印度、巴基斯坦两国外长以及观察员国代表与会。与会各方表示，愿继续挖掘合作潜力，完善现有合作机制，加强彼此在经贸、投资、创新、环保、农业、人文、互联互通、数字经

---

① 《王毅主持金砖国家外长会晤》，中国外交部网站，2022 年 5 月 19 日，https://www.fmprc.gov.cn/web/gjhdq_676201/gj_676203/oz_678770/1206_679110/xgxw_679116/202205/t20220519_10689661.shtml，最后访问时间：2022 年 11 月 22 日。

② 《金砖国家领导人第十四次会晤举行 习近平主持会晤并发表重要讲话》，中国外交部网站，2022 年 6 月 24 日，https://www.fmprc.gov.cn/web/gjhdq_676201/gj_676203/oz_678770/1206_679110/xgxw_679116/202206/t20220624_10709069.shtml，最后访问时间：2022 年 11 月 22 日。

济等领域的合作，坚持多边主义，共同应对粮食、能源安全与气候变化等挑战，促进地区和世界稳定与繁荣。会议发表《上海合作组织成员国政府首脑（总理）理事会第二十一次会议联合公报》，批准多项关于上合组织经贸、数字经济等领域合作的文件和决议。[1]

中俄两国还在二十国集团、亚太经济合作组织以及东亚峰会等多边框架内保持交流与协调。在俄乌冲突爆发后，美西方极力孤立俄罗斯，拉拢非西方国家，企图将俄排除在二十国集团等国际组织之外，以对俄施加压力。中国不仅没有参与对俄罗斯外交围堵，认为那种方式不利于同俄对话，共同寻求有助于解决争端的方案，而且反对美西方单方面将国际机制正式成员国排除其外的做法。[2] 中国的仗义执言，赢得了俄罗斯的赞赏和广大发展中国家的称道。

3. 中俄两国在国际和地区问题上协调政策，开展合作

在欧洲安全问题上，中俄立场相近，共同呼吁建立均衡、有效、可持续的欧洲安全机制。在俄乌冲突爆发前，中俄两国就呼吁个别国家、军事政治联盟或同盟不要追求单方面军事优势，不要损害他国安全，加剧地缘政治竞争，严重破坏国际安全秩序。中俄共同反对北约继续扩张，呼吁北约摒弃冷战思维，尊重他国安全利益；都敦促美国放弃在欧洲部署陆基中程和中短程导弹的计划。中国理解并支持俄罗斯提出的构建有法律约束力的欧洲长期安全保障的相关建议。[3] 俄乌冲突爆发后，中国呼吁美国和北约同俄罗斯对话，共同构建均衡、有效、可持续的欧洲安全机制。

---

① 《李克强主持上海合作组织成员国政府首脑（总理）理事会第二十一次会议》，中国外交部网站，2022 年 11 月 1 日，https://www.fmprc.gov.cn/web/gjhdq_676201/gj_676203/oz_678770/1206_679110/xgxw_679116/202211/t20221101_10795573.shtml，最后访问时间：2022 年 11 月 23 日。

② 《王毅：中国反对将俄罗斯排除在 G20 和其他国际平台之外》，俄罗斯卫星通讯社网站，2022 年 11 月 15 日，https://sputniknews.cn/20221115/1045521402.html，最后访问时间：2022 年 12 月 2 日。

③ 《中华人民共和国和俄罗斯联邦关于新时代国际关系和全球可持续发展的联合声明（全文）》，中国外交部网站，2022 年 2 月 4 日，https://www.fmprc.gov.cn/web/gjhdq_676201/gj_676203/oz_678770/1206_679110/1207_679122/202202/t20220204_10638953.shtml，最后访问时间：2022 年 11 月 17 日。

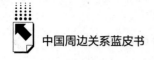

中俄两国都致力于建立平等、开放、包容、不针对第三国的亚太安全体系，维护该地区安全与稳定。中俄都反对在亚太地区构建封闭的结盟体系、制造阵营对抗；都反对美国、英国、澳大利亚建立三国联盟，并开展核潜艇合作，因其将带来严重核扩散风险；都反对美国推进美日印澳四方安全对话与合作，从而破坏地区稳定；都敦促美国放弃在亚太部署陆基中程和中短程导弹的计划，以维护该地区战略稳定。

中俄两国继续在阿富汗问题上开展合作。2022 年 3 月 30 日，中国国务委员兼外交部长王毅在安徽屯溪会见俄罗斯外长拉夫罗夫，次日共同参加第三次阿富汗邻国外长会，以帮助阿实现和平稳定与经济重建。与会者发表《第三次阿富汗邻国外长会联合声明》和《阿富汗邻国关于支持阿富汗经济重建及务实合作的屯溪倡议》，开展"阿富汗邻国+阿富汗"外长对话。在阿富汗邻国外长会期间，中方主持召开阿富汗问题"中美俄+"磋商机制会议，中国、美国、俄罗斯和巴基斯坦四国阿问题特使或特别代表参会。

中俄两国在国际事务中的密切合作，为维护世界安全与稳定、建设公正合理的国际体系发挥了重要的作用。

五　中俄关系展望

2022 年，在俄乌冲突、俄罗斯与西方地缘政治经济对抗和中美博弈加剧等形势下，中俄两国不断加强在政治、经贸、能源、军事安全和国际事务等领域的合作，中俄新时代全面战略协作伙伴关系经受住了外部因素的又一次考验，稳步前行。未来，中俄两国将继续努力排除外部因素的干扰，发展全方位合作，推动中俄新时代全面战略协作伙伴关系持续发展。中俄关系的这种发展趋势是由以下因素决定的。

其一，中俄关系已经具有坚实的物质基础。主要包括：中俄经贸关系密切，中国连续 11 年保持俄罗斯最大贸易伙伴国地位；在油气上下游及核能、电力等方面建立了牢固的合作，形成了能源战略协作伙伴关系；安全合作密切，互相信任；人文交流与合作频密，为两国关系奠定了可靠的社会基础；

外交协作紧密，是维护世界和平与稳定的重要因素。两国为发展中俄全面战略协作关系建立了完备而富有成效的对话与合作机制，它涵盖两国元首、政府首脑和各部部长以及能源、投资、人文、地方合作等功能性领域。

其二，只要两国遵循结伴不结盟的方针，相互关系就能稳步前行。建交70多年以来，中俄两国在相互关系方面积累了极为宝贵的思想结晶，主要包括：保持独立，国家间关系非意识形态化；不结盟、不对抗、不针对第三国；平等互尊，睦邻友好；互利合作，利益均衡等。[①] 遵循这些思想共识，亦即两国关系的指导原则，中俄新时代全面战略协作伙伴关系可望持续发展。

其三，发展中俄全面战略协作伙伴关系一直是中国和俄罗斯外交政策的优先方向之一。在新的形势下，中俄两国将继续发展中俄新时代全面战略协作伙伴关系，特别是在以下三个重点领域开展协作：以政治互信为基石，坚持中俄睦邻友好与战略协作方针，相互支持对方的核心利益；深化两国全方位、深层次、多领域的互利合作，建立密切的相互依存关系；发挥中国和俄罗斯的大国作用，共同推动世界多极化和国际关系民主化，构建新型国际关系和人类命运共同体。

其四，美国推行同时遏制中俄两国的政策，将继续促使中俄加强战略协作。美国对中国奉行经济压制政策，对俄罗斯不断强化经济制裁，促使中俄两国加强经贸合作。美国在欧洲携北约对俄罗斯进行军事政治遏制，在印太地区利用美日、美韩等同盟，打造美英澳联盟、发展美日澳印四方安全合作以遏制中国，自然促使中俄两国开展协作，以维护本国安全利益。

---

① 柳丰华：《中俄战略协作模式：形成、特点与提升》，《国际问题研究》2016年第3期；《中华人民共和国和俄罗斯联邦关于发展新时代全面战略协作伙伴关系的联合声明》，新华网，2019年6月5日，http://www.xinhuanet.com/world/2019-06/06/c_1124588552.htm，最后访问时间：2023年6月9日；《中华人民共和国和俄罗斯联邦关于深化新时代全面战略协作伙伴关系的联合声明》，中国外交部网站，2023年3月22日，https://www.fmprc.gov.cn/web/gjhdq_676201/gj_676203/oz_67 8770/1206_679110/1207_679122/202303/t20230322_11046188.shtml，最后访问时间：2023年6月9日。

B.9
2022年中日关系评估与展望

孟晓旭　吴怀中*

摘　要： 在中日邦交正常化50周年的历史节点，中日关系迎难发展，并未实现期望中的回暖。日本追随美国强化制华外交，台湾问题成为影响中日关系的突出性问题。涉海和历史等问题制约中日关系的发展，安全互信缺失、国民感情薄弱等深层次问题依然存在，给中日关系持续造成干扰。未来中日关系仍是机遇与挑战并存，并且会因为形势复杂导致挑战的一面更为突出。中日互为邻国，日本应秉持客观理性的对华认知，把两国领导人重要共识落实到具体政策和实际行动上，践行真正的多边主义和开放的区域主义，与中国一道构建契合新时代要求的中日关系，推动两国关系行稳致远。

关键词： 邦交正常化　台湾问题　新时代　中日关系

2022年值中日邦交正常化50周年，是两国总结历史、共创未来的重要契机。在2021年习近平主席同日本首相岸田文雄就推动构建契合新时代要求的中日关系达成的重要共识的指引下，2022年的中日关系继续发展，双方举行上百场纪念邦交正常化50周年系列活动，凝聚改善发展中日关系的共识。但在百年未有之大变局下，中日关系面临新老问题交织凸显等复杂挑战，在行至50周年的重要历史节点未能实现期望中的回暖，再次到了新的

---

* 孟晓旭，中国社会科学院日本研究所研究员，主要研究方向为日本战略与对外关系；吴怀中，中国社会科学院日本研究所副所长、研究员，主要研究方向为日本政治与外交。

十字路口。未来，中日更需在正确的方向下坚持合作共赢，增进互信，共同促进地区的和平与繁荣。

一 2022年中日关系的特点

（一）政治外交迎难开展，挑战不断

值中日邦交正常化50周年的重要历史节点，两国各层级外交互动频繁，在面临各种挑战和困难的情况下努力推动构建契合新时代要求的中日关系。首脑高层外交互动不断。2022年7月9日，习近平主席就日本前首相安倍晋三逝世向岸田致唁电，表示愿与岸田一道，根据中日四个政治文件确立的各项原则，继续发展中日睦邻友好合作关系。在岸田感染新冠病毒后，8月22日，习近平主席又致电岸田对其表示慰问。同日，李克强总理也致电岸田对其感染新冠病毒表示慰问。为纪念中日邦交正常化50周年，9月29日，习近平主席同岸田互致贺电，重温共识。同日，李克强总理与岸田互致贺电。

10月，岸田致电祝贺习近平主席当选中国共产党第二十届中央委员会总书记，并表示愿加强沟通，向中日民众和国际社会指明中日关系发展方向，大力推动构建建设性、稳定的日中关系。11月17日，经双方共同商定，在曼谷亚太经合组织第二十九次领导人非正式会议期间，习近平主席与岸田举行双边会晤，这是两位领导人首次正式会晤，是中日首脑自2019年12月以来再次面对面会谈，也是岸田与习近平主席自2021年10月通电话后的再次对话。双方就稳定和发展双边关系达成"五点共识"，一是中日关系的重要性没有变，也不会变。共同恪守中日四个政治文件原则，践行"互为合作伙伴、互不构成威胁"的政治共识。加强高层交往和对话沟通，不断增进政治互信，共同致力于构建契合新时代要求的建设性、稳定的重要关系。二是尽早举行新一轮中日经济高层对话，加强节能环保、绿色发展、医疗康养、养老照护等领域合作，共同为企业提供公平、非歧视、可预期的营商环境。三是积极评价纪念中日邦交正常化 50 周年系列活动。尽早举行新一轮中日高级别人文交流磋商机制会议。积极开展政府、政党、议会、地方及青少年等交往交流。四是尽早开通防务部门海空联络机制直通电话，加强防务、涉海部门对话沟通，共同遵守 2014 年四点原则共识。五是共同肩负维护国际地区和平与繁荣的责任，加强国际地区事务协调合作，努力应对全球性挑战。① 这"五点共识"为发展中日关系确定了基调，指明了方向。

中日政府各级外交持续开展，就共同关心的国际和地区问题交换意见。5 月 18 日，中国国务委员兼外交部长王毅同日本外务大臣林芳正举行视频会晤，提出中日关系的当务之急要重点做好"三件事情"。一要切实把握两国关系正确方向，毫不动摇坚持中日四个政治文件原则精神，筹划好邦交正常化 50 周年纪念活动，加强各层级各领域交流合作，营造积极的民意和社会氛围。二要充沛两国关系前进动力。经贸合作是双边关系的"压舱石"和"推进器"。双方应加强协调合作，实现更高水平互惠共赢。三要及时排除干扰因素。② 6 月 7 日，中共中央政治局委员、中央外事工作委员会办公室主任杨洁篪同日本国家安全保障局局长秋叶刚男通电话，向日本阐明中国在台湾、涉港、钓鱼岛等问题上的原则立场。8 月 17 日，杨洁篪与秋叶刚男共同主持中日第九次高级别政治对话，加强两国高层的战略沟通。8 月 31 日，中日举行外交部门的局长级磋商。9 月 27 日，应日本政府邀请，中国政府代表、全国政协副主席万钢赴日出席安倍国葬仪式，并参加日本政府及安倍遗属致谢仪式。11 月 22 日，中日举行第十四轮海洋事务高级别磋商，双方一致同意认真落实两国领导人会谈达成的重要共识，以构建契合新时代要求的稳定和建设性的中日关系为指引，就涉海问题加强对话沟通，妥善管

① 《中日双方就稳定和发展双边关系达成五点共识》，中国新闻网，2022 年 11 月 18 日，https：//www.chinanews.com/gn/2022/11-18/9896928.shtml，最后访问时间：2023 年 2 月 10 日。

② 《2022 年 5 月 18 日外交部发言人汪文斌主持例行记者会》，中国外交部网站，2022 年 5 月 18 日，https：//www.mfa.gov.cn/web/wjdt_674879/fyrbt_674889/202205/t20220518_106884 14.shtml，最后访问时间：2023 年 2 月 20 日。

控矛盾分歧，持续推进涉海务实合作和人员交流，为把东海建设成为和平、合作、友好之海作出积极努力，并达成"六点共识"，包括继续开展防务领域交流、加强海上执法合作、深化海上搜救领域务实合作、积极开展应对海洋塑料垃圾的双多边合作、深入开展渔业领域合作以及开展海洋科研、发展蓝色经济创新技术等领域的合作。①

在两国外交关系持续发展的同时，中日政治外交和安全关系也因日本的消极动向而出现困难。日本追随美国对华施压，通过"印太外交"试图对华构建"包围圈"，相互勾连频繁干预中国内部事务，为"台独"势力撑腰打气。2022 年 1 月，美日外长防长"2+2"会议渲染所谓"中国威胁"，大肆炒作台海议题，并针对中国就强化西南诸岛自卫队的态势及增加日美军事设施的共同使用程度等达成一致。2 月 13 日，美日韩三国外长会议发表近五年来首份联合声明，强调"台湾海峡和平稳定的重要性"，表示反对所谓单方面改变现状的行为。5 月 12 日，日欧首脑会谈后的联合声明也对东海和南海局势表示"严重关切"，表明反对所谓单方面改变现状的立场，强调台湾海峡和平与稳定的重要性。5 月，美国总统拜登访日期间，日本不仅和美国一道对涉台、涉海、涉港、涉疆等中国内部事务指手画脚，岸田还在联合记者会上直接点名中国，声称日本将与美国合作促使中国"按照国际规则履行责任"。日美首脑《联合声明》表示，反对所谓"中国试图改变东海和南海的现状"，强调台湾海峡和平与稳定的重要性，并确认《日美安保条约》第五条适用钓鱼岛，强调反对所谓任何有损日本在钓鱼岛长期施政的单方面行动。同时，日本还迎合拜登政府的"人权外交"，基于所谓民主价值观对华挥舞"人权大棒"。2 月 1 日，日本众议院以多数赞成表决通过所谓涉华人权决议，该决议对新疆等地的所谓人权问题表示担忧，并要求中国政府以国际社会可接受的形式进行说明。12 月 5 日，日本参议院又执意通过同类所谓涉华人权决议，继续妄议中国所谓人权问题，妄图借世界人权日节点对中

---

① 《中日举行海洋事务高级别磋商机制第十四轮磋商》，中国外交部网站，2022 年 11 月 22 日，http://new.fmprc.gov.cn/wjdt_674879/sjxw_674887/202211/t20221122_10979395.shtml，最后访问时间：2023 年 2 月 20 日。

国进行"点名"。①

日本利用俄乌冲突蓄意将乌克兰问题与台湾问题联系在一起，宣称欧洲与印太地区的安全保障不可分割，针对中国强调所谓任何单方面以武力改变现状的行为在世界任何地方均不可接受，以台湾问题为抓手对华开展博弈。6月，岸田在德国G7峰会上阐释所谓东亚存在严峻的安保环境，强调不能让某些国家从乌克兰局势中获得错误信号，反对所谓依靠武力单方面改变现状的企图。6月29日，岸田出席西班牙举行的北约峰会，成为首位出席该会议的日本首相，岸田在会议上呼吁北约把注意力转向亚洲，强调欧洲与印太地区的安全密不可分。对于日本的恶意行为，中国警惕并表达反对。7月1日，中国外交部发言人指出，日本"这一做法完全是出于一己之私，抱持冷战思维，这只会在本地区挑动阵营对抗，制造对立分裂。这对包括日本在内的地区国家没有任何好处"。②

日本政客在台湾问题上极为活跃，自民党亲台议员频繁窜访台湾。2月27日，日本前首相安倍在富士电视台对其访谈期间称，中国同样有可能像俄罗斯一样通过武力单方面改变现状，要求美国应明确阐明"保卫台湾"。3月22日，日本亲台跨党派议员团体"日华议员恳谈会"在东京举行年度大会，蔡英文受邀与日本前首相安倍进行视频对话。5月，日本自民党青年局访问团时隔3年再次窜访台湾。7月，日本前防卫大臣石破茂、滨田靖一等国会议员窜访台湾并会见蔡英文。8月，日本自民党议员、"日华议员恳谈会"会长古屋圭司窜访台湾并会见蔡英文。日本在高度敏感的军事安全领域做文章，积极筹划派遣防卫省现役文职官员"常驻"台湾，意在与派驻在"日台交流协会台北办事处"的日本退役自卫官合作，强化所谓情报收集能力；日本防卫省还以所谓"担心台湾有事"为由，拟成立统一指挥陆海空自卫队的统合司令部。日本2022年《防卫白皮书》关于中国台湾地

---

① 孟晓旭：《日本跟打"人权牌"必将自食其果》，《光明日报》2022年12月13日，第16版。
② 《2022年7月1日外交部发言人赵立坚主持例行记者会》，中国外交部网站，2022年7月1日，https://www.mfa.gov.cn/web/wjdt_674879/fyrbt_674889/202207/t20220701_10713938.shtml，最后访问时间：2023年2月20日。

区的内容较2021年翻倍，渲染所谓大陆对台"军事威胁"。日本还借台湾问题"碰瓷"，在对华牵制的同时谋求侵占中国利益，对于8月中国在台湾岛周边实施的军事演习，日本单方面宣称中国导弹落入日本所谓的"专属经济区"（EEZ），不负责任地炒作，罔顾中日在部分海域并没有划界的事实。

日本在台湾问题上企图掏空一个中国原则的行为，严重影响中日关系的政治基础和安全互信。8月，中日拟在东盟外长会议期间举行的双边外长会谈就因岸田会见窜访台湾后访日的佩洛西而被迫取消。针对日本对华消极动向，中国政府多次向日本提出严正交涉，指出日本对中国人民负有历史罪责，更应谨言慎行，汲取历史教训，避免重蹈覆辙，强烈敦促日本恪守中日四个政治文件原则和在台湾问题上所作政治承诺，停止干涉中国内政，慎重妥善处理涉台问题，不要在错误的道路上越走越远。8月4日，中国外交部副部长邓励紧急召见日本驻华大使垂秀夫，就七国集团外长以及欧盟外交与安全政策高级代表发表涉台错误声明向日方提出严正交涉，表示日本伙同七国集团和欧盟发表涉台错误声明，颠倒黑白、倒打一耙，替美国纵容佩洛西窜台、侵犯中国主权的错误行径张目，无理指责抹黑中方，粗暴干涉中国内政，严重违反国际关系基本准则和中日四个政治文件原则，向国际社会发出严重错误信号，性质影响十分恶劣，表达了坚决反对和强烈谴责。8月18日，中国外交部表示，日方理应清楚台湾问题的高度敏感性，深刻认识到为"台独"势力张目的危险性和危害性。希望日方真正做到不折不扣、言行一致地恪守一个中国原则，多做有利于维护台海和平稳定的事。①

（二）经贸合作继续发展，但也面临"安全化"困境

中日两国利益深度融合，经贸关系密不可分。中日邦交正常化50年来，

---

① 《2022年8月18日外交部发言人汪文斌主持例行记者会》，中国外交部网站，2022年8月18日，https://www.mfa.gov.cn/web/wjdt_674879/fyrbt_674889/202208/t20220818_10745415.shtml，最后访问时间：2023年2月20日。

两国双边贸易额已增至 3700 亿美元，有近 3 万家日企在华投资兴业。特别是两国经贸合作发展迅猛，双边贸易额从邦交正常化当年的仅 10 亿美元增长到现今的 3700 多亿美元的体量。中国已连续 15 年成为日本最大贸易伙伴，日本是中国第二大贸易对象国。中国高度重视对日经济关系。2022 年 9 月 22 日，李克强总理专门同日本经济界代表举行高级别视频对话会，就中日关系以及经贸合作，应对全球经济金融挑战、气候变化、老龄化等广泛议题开展对话交流，日方有日本经团联、日中经济协会、日中投资促进机构负责人以及其他日本经济界的代表出席会议。

中日贸易具有较强的互补性。新冠疫情下中日经贸合作的继续发展表明两国经济关系的强劲韧性，显示出在经济上的相互依存和互利共赢特征。数据显示，2022 年 1~9 月，日本对华贸易总额为 2536.36 亿美元，同比下降 1.5%，占日本全部货物贸易总额的 20.43%。其中，日本对华出口总额为 1108.55 亿美元，下降 8.2%，占日本全部货物出口总额的 19.62%；自华进口总额为 1427.81 亿美元，增长 4.4%，占日本全部货物进口总额的 21.11%；对华货物贸易逆差额为 319.26 亿美元，扩大 101.0%，占日本全部货物贸易逆差净额的 28.67%。

但是，日本对中日经贸合作的非市场化、人为设限和政治干扰，也破坏了中日关系的经济基础。在美国对华竞争战略及日本国内反华保守派的压力下，岸田政府实际上是在深化经济安保战略的名义下，阻碍中日正常经贸合作，并弱化中日在区域层面的经济合作。在经济上，日本追随美国，以"国家安全"名义打压中国科技企业和推进对华经济"脱钩"，出资 2200 亿日元资助日企把在华生产迁回国内。为了防止尖端技术出口至中国，日本还与美国研究成立高新技术出口管制的框架。截至 2022 年 6 月，进驻中国的日企有 12706 家[①]，按省级行政区划分，上海的日企最多，达 6028 家，多为 IT 企业，而江苏、广东紧随其后，但过半数属制造业，日本并未将关键的经济产业部门与中国深度融合。应该看到，虽然日企加

---

① 数据未包括进驻港、澳、台的日本企业数量。

入中国市场的意愿仍然高涨，但在华日企数量创十年新低，出现了"去中国化"倾向。为规避风险，今后"CHINA+1"的采购战略或许是日本乐于选择的战略路径。

此外，日本在维持国际经济秩序的名义下，阻碍中国与地区国家间开展深度经济合作，阻碍"一带一路"推进。日本积极与美国进行供应链合作，参加美国主导的排除中国的地区经济框架"印太经济框架"（IPEF）。2022年7月29日，日本外务大臣林芳正同美国国务卿布林肯举行会谈，双方在所谓应对中国对印太施加经济压力的共识基础上，一致肯定美国参与区域经济秩序建设的重要性。林芳正还表达了希望美国尽快重返《全面与进步跨太平洋伙伴关系协定》（CPTPP）的要求。

（三）文化交流进一步发展，历史问题及日本核污水排放问题构成障碍

2022年北京冬奥会推动中日文化交流进一步发展。1月，包括东京都知事小池百合子、日中友好协会会长丹羽宇一郎等在内的日本多地知事和友好团体负责人发表新春贺词，预祝北京冬奥会取得圆满成功，表达希望在中日邦交正常化50周年之际深化中日地方及民间友好关系的积极愿望。2月，在北京冬奥会赛事期间，中日友好的暖心画面频现，体育文化友好交流在赛场内外不断发展。北京冬奥会吉祥物"冰墩墩"在日本"一墩难求"，中国运动员苏翊鸣在夺得单板滑雪男子大跳台项目金牌后与他的日本教练佐藤康弘的流泪分享感动无数中日民众，日本花滑选手羽生结弦获得中国观众的广泛支持。中国外交部发言人还在推特上用日语发布推文，感谢日媒记者"义墩墩"辻冈义堂在北京冬奥会期间的有趣报道。

两国围绕纪念中日邦交正常化50周年进一步推动文化交流。2022年6月1日，日本外务省新闻发言人小野日子就推进中日国民交流，做出积极表态。7月20日，中国雕塑作品鉴真铜像在东京上野公园"不忍池"湖畔落成揭幕。9月24~25日，"2022年日中交流节"活动在日本东京代代木公园举办。9月29日，中日邦交正常化50周年纪念日当天，中国人民对外友好

协会和中日友好协会在京举办中日邦交正常化50周年纪念招待会。同日，日本邮政公司正式发售以中国"国宝"大熊猫为主要设计元素的"日中邦交正常化50周年"纪念邮票。中日文化产业交流合作也由此迈上新台阶。11月7日，以"中日文化贸易的成功实践与未来展望"为主题的、旨在深化北京东京结对友好城市产业交流和企业合作的"联通世界·感知北京"文化产业交流对接活动在北京举行。此外，多边层面的中日文化交流也不断发展。8月26日，第十三次中日韩文化部长会议在山东曲阜召开，会议审议通过《中日韩文化部长会议——曲阜行动计划（2022年—2024年）》，为三国深化开展文化交流提出指导。

另外，两国民间感情令人担忧，但未来年轻人之间的交流令人期待。1980年日本民众对华好感度达到高点，日本方面的民调显示，当时79%的日本人对中国持正面印象。与50年前相比，当前的中日民间感情友好度令人担忧。2022年1月，日本内阁府发表的"关于外交的舆论调查"结果显示，回答对中国"没有亲近感"的人从2021年的77.4%微增到78.9%。比较而言，日本年轻人的对华友好度相对较高，20岁以下为58.4%。关于"现在的日中关系"，回答"认为不好"的占85.2%。而根据日本每日新闻社和社会调查研究中心在2022年6月18日实施的全国舆论调查，61%的日本受访者认为中国最有可能威胁日本。

在反省侵略历史以及与军国主义划清界限的问题上，日本仍然在淡化和逃避历史罪责，中日间的历史问题依然是发展中日关系的重要障碍。在教科书审定问题上，日本玩弄文字游戏，模糊史实，否认和歪曲自身侵略历史。2022年3月29日，日本文部科学省审定通过一批高中教科书，依然对强征"慰安妇"、强征劳工等历史事实进行淡化和歪曲，并不顾历史和事实宣扬日本对中国钓鱼岛的非法主张。在靖国神社问题上，日本政要仍持消极态度、坚持参拜，再次反映日本对待侵略历史问题的错误态度。4月21日，岸田以"内阁总理大臣"的名义向靖国神社献上名为"真榊"的祭品。同日，日本厚生劳动大臣后藤茂之也向靖国神社供奉了"真榊"祭品。8月15日是日本战败投降77周年。当天，岸田又以"自民党总裁"的名义，向供奉有二战甲级战犯的靖国神社供奉了"玉串料"。同日，日本经济安全保障担当大臣高市早苗、复兴大臣秋叶贤也到靖国神社进行了参拜。在此之前，经济产业大臣西村康稔于8月13日参拜靖国神社。对于日本的消极动向，中国多次通过外交渠道提出交涉，表达严正立场。

日本福岛第一核电站事故是迄今全球发生的最严重的核事故之一，该事故造成大量放射性物质泄漏，给海洋环境、食品安全和人类健康带来深远影响。日本政府在福岛核污染水处置问题上的有关决策不仅关系日本民众健康权等基本人权，还涉及环太平洋国家民众的权益。日本政府理应以负责任态度做好灾害赔偿、损毁核反应堆退役、核污染水处置等灾后处置工作。但事实上，日本政府不顾国内民众和国际社会反对，单方面决定向海洋排放福岛核事故污染水，而且对福岛核污染水排海方案的正当性、核污染水数据的可靠性、净化装置的有效性、环境影响的不确定性等问题一直未作出充分、可信的说明。中国多次敦促日本重视各方正当合理关切，同包括周边邻国在内的利益攸关方和有关国际机构充分协商，寻找核污染水的妥善处置办法，停止强推排海方案，日本均未给予积极回应。2022年5月19日，中国外交部发言人在例行记者会上就表示，中方对日本强推核污染水排海方案表示关切，日方应正视国际社会和日本国内广大民众的正当诉求，同包括周边国家在内的利益攸关方和有关国际机构充分协商，寻找核污染水的妥善处置办法。① 7月22日，中国外交部发言人再次重申，福岛核污染水处置关乎全球海洋环境和环太平洋国家公众健康，绝不是日本一家的私事。中方再次敦促日方，切实履行应尽的国际义务，以科学、公开、透明、安全的方式处置核污染水，停止强推排海方案。②

---

① 《2022年5月19日外交部发言人赵立坚主持例行记者会》，中国外交部网站，2022年5月19日，https：//www.mfa.gov.cn/web/wjdt_674879/fyrbt_674889/202205/t20220519_10689450.shtml，最后访问时间：2023年2月20日。
② 《2022年7月22日外交部发言人汪文斌主持例行记者会》，中国外交部网站，2022年7月22日，https：//www.mfa.gov.cn/web/wjdt_674879/fyrbt_674889/202207/t20220722_10726447.shtml，最后访问时间：2023年2月20日。

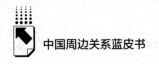

二 中日关系展望

2022 年在迎来中日邦交正常化 50 周年的同时也开启了中日关系下一个征程，是中日关系承前启后、继往开来的重要节点。这一年，中国共产党第二十次全国代表大会胜利召开，强调继续全面推进中国特色大国外交，将为中日互利合作带来新机遇和新动能。日本方面，岸田政府也同意与中国一道共同构建契合新时代要求的稳定和建设性的中日关系，但同时却又强调"对中国主张应该主张的""要求中国采取负责任的行动"的对华外交。2022 年 10 月 3 日，岸田在国会的施政方针演说中就表示："上个月迎来了中日邦交正常化 50 周年。尽管两国间至今仍有诸多课题及悬案，我会对中国坚持应该坚持的主张，切实呼吁中国采取负责任的行动，同时，包括各项悬案在内，通过认真对话，围绕共通的课题开展合作，希望在日中双方的努力下推动构筑具有建设性的、稳定的日中关系。"① 显然，未来一段时间，中日关系在落实两国领导人在曼谷会晤达成的重要共识的同时，面临的挑战和困难仍然存在，需要给予重视。

（一）战略互动层面的挑战

美国强化对华竞争战略以及日本国内政治中的对华强硬态势，将继续对发展中日关系提出挑战，扩大矛盾和分歧，而日本加速推动"正常国家化"和军事大国化的进程还可能引发中日关系的新一轮紧张。

俄乌冲突下日本加大对美国的战略追随，坚持维护美国主导的所谓"以规则为基础的国际秩序"。2022 年 10 月 12 日，美国拜登政府新《国家安全战略》强调应对大国战略竞争对手，称中国是唯一有意图也越来越有能力重塑国际秩序的竞争者，将中国定义为"美国最重大的地缘政治挑战"。12 月 16

---

① 「第二百十回国会における岸田内閣総理大臣所信表明演説」，日本首相官邸网站，2022 年 10 月 3 日、https://www.kantei.go.jp/jp/101_kishida/statement/2022/1003shoshinhyomei.html，最后访问时间：2023 年 2 月 25 日。

日，日本发布新版《国家安全保障战略》，对标美国，认为中国是日本和相关国家需要应对的"前所未有的最大战略挑战"。日本国内保守势力特别是对华强硬势力掌握话语主导权，并继续利用所谓的价值观外交对华实施打压。

在东海南海问题上，日本对华仍持对抗态度。日本在西南诸岛及冲绳方向加强军力部署，还多次炒作东海油气田问题，对中国在东海油气田的正常开发作业横加指责。2022年5月，日本外务省曾就东海油气田开发问题向中国驻日大使馆提出抗议，随后岸田也对此表达不满。日本在南海问题上也还保持积极介入的姿态和政策。11月13日，日越首脑会谈就南海局势进行磋商并确认合作。

为达到修宪目的，日本可能会故意加大与中国之间的争端和分歧，炒作所谓"中国威胁"，这必将会进一步恶化中日安全关系。根据当前政治形势，日本修宪势力已经跨过国会层面的障碍，超过所需三分之二以上的多数议席。岸田政府修宪决心也比较强，多次表示将尽早推动发起修宪，而修宪的核心一条就是"自卫队入宪"。为博得民众支持以尽快推进"自卫队入宪"议程，日本需要提升自卫队存在的必要性和重要性，其可能采取的路径之一就是恶化中日关系，以中国为假想敌推动国内政治议程。在实现修宪的目标下，岸田政府主张从根本上强化防卫力，谋求"对敌基地攻击能力"，主要针对目标就是中国。

日本大幅增加防卫费用，目的就是要加速提升对华威慑力，将进一步加剧中日安全不信任和地缘政治矛盾。日本2023年的防卫费申请额高达55598亿日元，比2022财年增加1910亿日元，连续10年增加国防预算，创下战后最高纪录。在未来5年内，日本计划将军费提高到10万亿日元，增加至国内生产总值（GDP）的2%，增额主要用于强化七项能力，包括防区外打击能力、综合导弹防空能力、无人机作战能力、跨领域协同作战能力、机动运输能力等。①

---

① 「我が国の防衛と予算」、2022年8月31日、https：//www.mod.go.jp/j///budget/yosan_gaiyo/2023/yosan_ 20220831.pdf，最后访问时间：2023年2月25日。

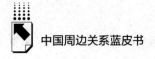
（二）政治关系层面的挑战

日本将继续在中日关系中打"台湾牌"，图谋"以台制华"，持续挑战中日关系的政治基础。日本持续炒作台湾问题，积极筹划所谓"台湾有事"时的对华预案，有推动形势恶化的意图。日本支持中国台湾地区加入世界卫生组织（WHO）和《全面与进步跨太平洋伙伴关系协定》（CPTPP）等国际组织和协议的想法也一直未变，而且这种主张在日本具有很强的国内支持基础，这将进一步挑战中日关系的政治基础。2022 年 12 月，日本出台的新《国家安全保障战略》《国家防卫战略》《防卫力整备计划》这"安保三文件"明确涉及台湾问题，干涉中国内政。"安保三文件"还写入了包括突发事态之际由防卫相统管海上保安厅，加强自卫队与海保的携手合作，在所谓"台海有事"及钓鱼岛争端之际加大对华军事应对的意图明确。同时，日本陆上自卫队正积极考虑组建"冲绳防卫集团"，以为离冲绳最近的台海发生战事备战。

（三）经济关系层面的挑战

日本在经济安全政策下推动对华局部"脱钩断链"挑战中日经济合作关系，未来中日经济关系的挑战与机遇并存的前景更加复杂。中日均是世界主要经济体，在构建开放型全球经济、推动区域合作以及应对全球性课题方面拥有共同利益和很大的合作空间。2022 年，第十八届"北京-东京论坛"公布的中日关系舆论调查结果显示，两国受访者均认同经济因素在中日关系中的重要作用，77.4%的中国受访者和 73%的日本受访者认为，中日经济合作对本国未来"重要"。面对全球自由贸易受到严峻挑战，支持维护自由贸易体系并加大开展经济合作，共同应对不利的国际贸易环境是中日关系发展的责任所在。

中国是日本最大贸易伙伴，日本是中国第二大贸易对象，这是中日经济关系的基本面。中日贸易总额虽然在不断增加，但中日贸易发展受国际形势及政治因素的影响日益突显，中日经济关系有出现变化的迹象。2022 年 3 月，始于 1979 年并持续 40 多年的日本对华"政府开发援助"（ODA）全部结束，与此同时，日本政府决定 2023 年修订"开发合作大纲"的重点将是体现经济安全保障观点的打造强韧供应链的政策。在美国加大对华战略竞争和"逆全球化"影响下，日本对华关键供应链也出现新的压力。2022 年 9 月，美国副总统哈里斯与日本半导体相关企业的高管进行座谈，就呼吁日本半导体企业加大对美投资、建立不依赖中国的供应链。12 月 9 日，美国商务部部长雷蒙多与日本经济产业大臣西村康稔举行电话会谈，围绕半导体的对华出口管制，雷蒙多提出，希望日本作为共享对华战略的同盟国予以响应，要求日本在关键领域对华"脱钩断链"。同时，在各种经营困境下，在华日企也有寻求调整的动向，这些负面的动向不利于未来中日经济合作的深入开展。

但与此同时，中日经济未来新的合作点正在出现，折射出中日经贸迎来新走向。新兴低碳经济正成为中日经济合作的新领域。基于中国未来的产业需求，在华日企变中求新，做大对华契合点。同时，在华日企的投资理念也悄然改变，从追求传统规模经济转向跨界整合的新经济模式，这也为中日新的经贸合作提供了新的机遇。日本企业已经开始对 EV 电动汽车和 5G 手机重要的高附加值电子零配件增资扩产。松下中国跨界进军氢能源、EV 电池等领域。本田汽车也将在中国市场投放第二批概念车，在竞争激烈的 EV 市场启动电动化战略。东芝把目光投向二氧化碳捕获和封存技术（CCS）、锂离子电池等低碳产品。日企还紧跟中国市场新特点，瞄准消费服务市场，在非传统产业之外的物流、批发、零售等行业有显著的投资增长。

另外，2022 年正式生效的《区域全面经济伙伴关系协定》（RCEP）也将增强中日经济合作的新动力，推动中日经济合作进入新阶段。该协议涉及货物贸易、服务贸易和投资等多方面的市场开放规则，增大了中日间的自由贸易关系，有利于发挥中日双方比较优势，中日经济合作的渠道将会越来越畅通，领域也将更加开放，有利于扩大双边贸易、投资，以及促成更坚韧的产业链和供应链。在 RCEP 推动下，最终两国承诺的零关税率将达到 86%，这将促进双方贸易的进一步发展。如果中国成功加入 CPTPP，日本收益将会更大。根据彼得森国际经济研究所预测，中国加入 CPTPP 将会使日本 2030 年的实际收入增加 680 亿美元。

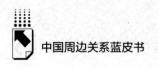

三　结语

中日两千多年交往史和邦交正常化 50 周年来的历程启示双方，和平共处、友好合作是两国发展关系唯一正确选择。中日互为近邻，都是地区和世界重要国家。2022 年 11 月第十八届"北京-东京论坛"公布的中日关系舆论调查结果显示，中日双方受访者对中日关系重要性存在广泛共识。71.3%的中国受访者认为中日关系"重要"或"比较重要"，74.8%的日本受访者持同样观点。2023 年，两国迎来《中日和平友好条约》缔结 45 周年。在新的历史节点，双方应进一步合力开创两国关系的更加美好的未来。

中日应发挥高层互动领航定向作用，以领导人重要共识为政治指引和行动遵循，秉持高度责任感和使命感，排除内外干扰，妥善处理分歧，共同致力于构建契合新时代要求的中日关系。两国要努力发展两国面向未来的务实合作，在加强战略沟通基础上构建行之有效的危机管控机制。中日更需加强两国关系的政治基础，践行"互为合作伙伴，互不构成威胁"的政治共识。日本应重回《中日联合声明》的原点，不应以任何形式向"台独"势力发出错误信号，不要给地区和平稳定制造祸端。

中日要继续发挥经济在两国关系中的压舱石作用。经过 50 年的经济交流合作，两国已经互为密不可分的合作伙伴，产业链供应链密切结合，中国已经连续 15 年稳居日本最大贸易伙伴地位，对华进出口在日本对外贸易中占比均超过 20%。双方应共同努力进一步深化经济联系，共同抵制"脱钩断链"的错误做法，维护全球产业链供应链稳定畅通和贸易投资环境公平开放，推动两国经济合作全方位、宽领域、多层次合作提质升级，在数字经济、绿色发展、财政金融、医疗养老等领域进一步加强合作。中日需客观理性看待对方发展，相互尊重，着眼疫后有序恢复人员往来，广泛开展人文交流合作及民间、地方、青少年交往，就彼此最关切的问题展开交流与对话，改善民间感情，加强文化交流，推动中日关系行稳致远。

B.10
2022年中韩关系评估与展望

王俊生*

摘 要： 2022年是中韩建交30周年，也是韩国尹锡悦政府上台后的第一年。这一年，中韩政治关系实现了平稳过渡，两国高层互动频繁。中韩经济合作也实现了新发展。在安全合作上，两国实现了国防安全领域的高层次对话。在人文交流上，也出现了新气象。但是，由于韩国加大了与美国"印太战略"的配合，韩美经贸合作的政治化与意识形态化，韩美安全合作显示出超出半岛范围的动向，以及尹锡悦政府对外关系上强调价值观因素，中韩关系发展遇到一定困难，两国关系发展存在一定的不确定性。

关键词： 中韩关系 韩美同盟 半岛局势 "印太战略"

2022年中韩两国建交30周年，是温故而知新的年份。建交以来，中韩两国本着"相互尊重、平等互利、和平共处、睦邻友好"的精神加强合作，双方政治交往热络频繁，经贸合作日益密切，军事关系稳步发展，人文交流持续深化。面对世界百年未有之大变局，中韩两国如何在继承传统基础上稳步推进双边关系发展是摆在两国面前的重要任务。2022年又是韩国的大选年。3月9日保守派候选人尹锡悦以0.73个百分点的微弱优势击败进步派候选人李在明，当选韩国第二十届总统。尹锡悦所代表政党的保守色彩使其与文在寅政府有很大不同，再加上对国际环境变化的认知变化，尹锡悦政府

---

* 王俊生，中国社会科学院亚太与全球战略研究院研究员，研究方向为朝鲜半岛问题、东北亚安全、中国周边外交。

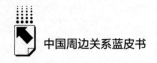

上台后中韩两国关系既保持了一定的连续性，同时在政治、经济、安全、人文等层面也出现一定调整。

一　中韩政治关系发展

（一）尹锡悦当选后中韩两国政治关系开局良好

2022年初韩国选出了新总统，中国对尹锡悦执政后的中韩关系高度期待。尹锡悦当选后，3月10日国家主席习近平向其致贺电，贺电指出，"建交以来，中韩关系快速发展，给两国人民带来实实在在的利益，为促进地区乃至世界和平稳定和发展繁荣作出积极贡献"。① 3月25日，习近平主席与其通话，谈话讨论了地区局势与国际局势。② 5月9日，中国国家副主席王岐山作为习近平主席的特别代表赴韩参加尹锡悦的就职仪式。③

尹锡悦也高度重视对华关系。3月11日尹锡悦在会见邢海明大使时，高度评价中韩关系，指出将以中韩建交30周年为契机进一步将中韩关系提质升级。8月9日，国务委员兼外交部长王毅与韩国外长朴振在山东青岛举行了会谈，这也是尹锡悦5月就职后首次派出政府高层官员到访中国。

8月24日，两国举行活动隆重庆祝中韩建交30周年，中国国家主席习近平同韩国总统尹锡悦互致贺函。8月24日，中韩两国外长王毅与朴振分别在北京、首尔出席"中韩关系未来发展委员会"共同报告提交仪式并致辞。中韩关系未来发展委员会系两国官方支持、二轨性质的临时性机构，旨在以2022年中韩建交30周年为契机开展共同研究，规划两国关系发展蓝图，向两国政府建言献策，委员会于2021年8月24日举行启动仪式暨首次

---

① 《习近平向韩国当选总统尹锡悦致贺电》，新华网，2022年3月11日，http：//m.news.cn/2022-03/11/c_1128460570.htm，最后访问时间：2022年11月19日。

② 《习近平同韩国当选总统尹锡悦通电话》，新华网，2022年3月25日，http：//m.news.cn/2022-03/25/c_1128504239.htm，最后访问时间：2022年11月19日。

③ 《王岐山出席韩国新任总统尹锡悦就职仪式》，新华网，2022年5月10日，http：//www.news.cn/asia/2022-05/10/c_1128638020.htm，最后访问时间：2022年11月19日。

全体会议。在共同报告提交仪式上，王毅代表中国政府祝贺"中韩关系未来发展委员会"圆满完成共同研究工作，表示委员会在中韩建交30周年纪念日向两国政府正式提交这一报告，具有重要象征意义。韩国外长朴振在致辞中表示，这份报告具有极其深远的意义，是未来韩中关系政策制定的重要参考。共同报告提出，要积极推动两国多层级战略沟通，扩大议会、地方、青年交往，促进相互之间的文化交流，加强在数字、卫生、环境、海洋等具体领域合作，有助于推动韩中关系向着更加成熟、健康的方向发展。韩中两国未来要秉持"和而不同"精神，在相互尊重的基础上深化合作，共谋发展。①

10月29日韩国首尔梨泰院发生死亡154人的踩踏事故，事故发生第二天，习近平主席就向韩国总统尹锡悦致慰问电，同日，国务院总理李克强向韩国总理韩德洙致慰问电。

11月15日，习近平主席在出席二十国集团峰会时与韩国总统尹锡悦举行会晤。习近平表示，双方要加强战略沟通，增进政治互信。尹锡悦表示，同中国发展基于相互尊重和互利成熟的关系，这符合两国共同利益。

两国还加强了在朝鲜半岛问题上的沟通交流。6月9日与7月26日，中国政府朝鲜半岛事务特别代表刘晓明应约同新任韩国外交部半岛和平交涉本部长金健通电话。11月15日，刘晓明应约同金健举行视频会晤。此前的3月26日与5月3日，刘晓明特别代表也与文在寅政府时期的韩国外交部半岛和平交涉本部长鲁圭德应约通电话和见面会谈，就半岛局势深入交换意见。

（二）中韩两国政治关系出现新挑战

1. 韩国积极参与美国的"印太战略"

尹锡悦政府上台后放弃"战略模糊"政策，追求所谓"战略清晰"，以

---

① 《王毅出席"中韩关系未来发展委员会"共同报告提交仪式》，中国外交部网站，2022年8月24日，https://www.mfa.gov.cn/wjbzhd/202208/t20220824_10751022.shtml，最后访问时间，2022年11月11日。

韩美同盟为框架，以价值观外交为基础，在此框架下全面加强与美国"印太战略"的配合，对中韩两国政治关系发展构成了一定挑战。在5月底美国总统拜登访问韩国与日本期间，韩国作为创始成员国积极加入"印太经济框架"（IPEF），并明确表达了对加入"四方安全对话"与"五眼联盟"的积极愿望。[①] 6月底，尹锡悦总统参加了北约峰会，也就是在这次峰会上北约称中国构成了所谓"系统性挑战"。[②] 9月27日，北约同意韩国在比利时设立北约代表处，进一步强化同北约合作。此外，韩国还参加北约网络防御中心并积极加强和北约的情报合作。

尤其值得关注的是，5月底拜登访韩达成的美韩联合声明公然指出，"两国领导人反复指出，保持台湾海峡的和平与稳定对于维护印太地区安全与繁荣至关重要"。[③] 相比于2021年5月文在寅访美与拜登达成的联合声明中提到"拜登与文在寅强调了维护台湾海峡和平与稳定的重要性"，这次是在"印太战略"下首次提到台湾问题，直接将台湾问题与美国"印太战略"挂钩。

11月11日，韩国总统尹锡悦在柬埔寨金边出席韩国-东盟领导人会议时正式宣布基于自由、和平、繁荣三大原则的韩国版"印太战略"，其中提到"反对任何一方以实力改变现状"等与美方表述高度一致的观点。11月13日，尹锡悦与美日领导人在柬埔寨金边举行会晤并签署了《关于印太美日韩三国伙伴关系的金边声明》，其中声明提到谋求所谓"台海和平稳定的方案"。

韩国上述做法的原因除了美国施压外，也与尹锡悦提出要把韩国打造成

---

① "United States-Republic of Korea Leaders' Joint Statement," May 21, 2022, https：//www. whitehouse. gov/briefing-room/statements-releases/2022/05/21/united-states-republic-of-korea-leaders-joint-statement/，accessed：2022-11-19.

② 《中国日报网评：北约应警惕被美国当枪使》，中国日报网，2021年6月16日，http：// cn. chinadaily. com. cn/a/202106/16/WS60c9bee7a3101e7ce9755ad2. html，最后访问时间：2022年11月19日。

③ "United States-Republic of Korea Leaders' Joint Statement," May 21, 2022, https：//www. whitehouse. gov/briefing-room/statements-releases/2022/05/21/united-states-republic-of-korea-leaders-joint-statement/，accessed：2022-11-19.

"全球枢纽国家"有关。在 2021 年成为全球发达国家以及位列全球第十大经济体后，尹锡悦政府志在推动韩国在全球层面发挥更大作用，而实现该目标的路径在外交上看起来是试图与美西方保持更紧密关系。

在美国将中国视为最大的战略竞争对手，试图通过"印太战略"对中国进行打压的背景下，韩国强化与美国"印太战略"的配合，显然会对中韩政治关系发展带来一定挑战。

2. 两国对半岛相关问题的看法存在区别

韩国作为当事国，高度重视半岛相关问题走向。中国作为半岛问题重要利益攸关方，也高度重视半岛相关问题走向。长期以来，中韩双方均主张通过对话解决朝鲜半岛相关问题，尤其是在半岛无核化和半岛稳定等方面。两国也均认为中韩合作是建设性解决朝鲜半岛问题的重要因素之一。尽管如此，尹锡悦政府 5 月 10 日就职后，中韩在处理朝鲜半岛相关问题上产生了一定的分歧。

相比于尹锡悦政府认为朝鲜半岛问题政治解决处于僵局的责任在于朝鲜，在对朝政策上以施压为主，中国一直从事情的是非曲直出发，认为当前局势停滞的原因在于有关方没有回应朝鲜的正当关切，在解决方式上以劝和促谈为目的，积极推动各方间对话。2022 年 7 月 26 日，中国政府朝鲜半岛事务特别代表刘晓明在同韩国外交部半岛和平交涉本部长金健通电话时指出，"当前形势僵局的症结在于朝方有关无核化措施和正当合理关切未得到应有回应"。[①] 早在 2022 年 3 月，中国常驻联合国代表张军大使公开指出，"问题根源在于朝鲜面临的外部安全威胁长期得不到消除，朝方的合理安全关切始终没有得到解决"。[②]

---

① 《中国政府朝鲜半岛事务特别代表刘晓明同韩国外交部半岛和平交涉本部长金健通电话》，中国外交部网站，2022 年 7 月 26 日，http://new.fmprc.gov.cn/web/wjdt_674879/sjxw_674887/202207/t20220726_10728305.shtml，最后访问时间：2022 年 11 月 19 日。

② 《常驻联合国代表张军大使：中方呼吁朝鲜半岛问题有关各方保持冷静克制，坚持对话协商的正确方向》，中国外交部网站，2022 年 3 月 26 日，https://www.fmprc.gov.cn/gjhdq_676201/gj_676203/yz_676205/1206_676404/1206x2_676424/202203/t20220326_10655964.shtml，最后访问时间：2022 年 11 月 19 日。

尽管中国为半岛和平与稳定做出了巨大努力，但韩国还是有部分观点认为和美国合作对于实现半岛无核化更重要。韩国《中央日报》与首尔大学亚洲研究所 2022 年初共同进行的民调显示，韩国有超过 70% 的民众希望通过加强和美国安全合作形成对朝威慑。① 2022 年，面对半岛局势的再度紧张，相比于韩国外交部半岛和平交涉本部长金健与美日的频繁通话与线下会晤，同期，金健与中国半岛事务代表仅仅进行两次通话与一次视频会议。

二　中韩经济关系发展

（一）中韩经济关系继续稳步推进

中韩建交以来，中韩关系发展的重要动力一直是经贸合作。2021 年两国贸易规模突破 3600 亿美元，相互投资达千亿美元规模。2022 年 7 月公布的经贸数据显示，2022 年 1~6 月，中韩双边贸易额达到 1842.5 亿美元，尽管受到新冠疫情的冲击，贸易额相较去年同期仍增长了 9.4%。中韩双方贸易额的增长，也充分展示出双方经贸关系的健康和潜力。

2022 年初，《区域全面经济伙伴关系协定》（RCEP）正式生效，为两国在电子通信、制造业等货物贸易，金融等服务贸易领域，以及知识产权、电子商务等标准领域加强合作提供了新的平台。2022 年 8 月，韩国外长朴振访华与王毅外长举行会谈，双方同意加快中韩自贸协定第二阶段谈判，表示将争取尽快达成一致。

维护供应链产业链稳定是中韩两国 2022 年都高度关注的事情。尹锡悦上台后，多次强调"经济就是安全"，韩国总统府国家安保室（NSC）新设了经济安全秘书官，外交部也成立"经济安全外交中心"。从韩方的

① 《韩国民调："改善韩日关系"外交优先度垫底》，光明网，2022 年 1 月 22 日，https：//m. gmw. cn/baijia/2022-01/22/1302773736. html，最后访问时间：2022 年 11 月 19 日。

角度，考虑到其自身在半成品和材料零件方面对中国的依赖度高于日本和美国，并远高于10.4%的国际平均水平，当前韩国约30%的材料零部件进口来自中国，韩国也担心再陷类似于"工业尿素事件"的供应链不稳的困境。2022年7月，朴振外长参加美国主导的18国部长会议时称，"工业尿素事件"后韩国积极构建关键产品项目预警系统监控供需情况，增强供应链韧性。

值得关注的是，自2022年5月，韩国连续六个月对中国贸易逆差，这也是中韩建交30年以来，韩国对华首次出现连续逆差。① 导致这一现象的原因很多，与近年来中国工业竞争力的水平提升密切相关。当前，中国工业竞争力的水平已经逐渐赶上了韩国，在电动汽车、人工智能、5G通信、太阳能发电设备等新兴产业领域还领先韩国，这导致中国对韩国高附加值商品的需求越来越少，而韩对中国高附加值商品的需求却越来越多，两国贸易结构正在悄然发生变化。当前，中国向韩出口的不仅仅是服装、玩具，中高附加值商品的比例也开始增多。

（二）中韩经贸关系面临一定的不确定性

与此同时，中韩两国经贸关系受政治关系以及全球经济形势影响，存在一定的不确定性，2022年6月底韩国首席经济秘书崔相穆甚至公开发表了夺人眼球的言论，他说，"（韩国）通过中国实现出口经济繁荣的时代，已经结束了"。② 尽管这一言论随后遭到韩国国内的强烈批评，但是这也在一定程度上反映出尹锡悦政府对中韩经贸关系的认知，以及试图寻求市场多元化的考虑。

为牵制中国，拜登政府在全球半导体供应链和尖端技术等方面不断强

---

① 《2022年统计月报》，中华人民共和国海关总署网站，http://gdfs.customs.gov.cn/customs/302249/zfxxgk/2799825/302274/302277/4185050/index.html，最后访问时间：2023年9月11日。

② 《2022年7月1日外交部发言人赵立坚主持例行记者会》，中国外交部网站，2022年7月1日，https://www.mfa.gov.cn/web/wjdt_674879/fyrbt_674889/202207/t20220701_10713938.shtml，最后访问时间：2022年11月19日。

调韩国企业的重要作用，在经济、高科技领域加大了对韩国的诱拉力度。而韩国主张构建"更深更强大的韩美同盟"，从加强韩美同盟及抢占美国市场考虑，希望与美国在高科技领域的合作及供应链构建上关系更趋于紧密。2022年5月下旬拜登访韩达成的《韩美领导人联合声明》三个部分中的第二部分专门讨论了与美国加强经济安全合作，双方达成共识启动韩美经济安全"2+2"对话。① 两国在声明中明确提到的具体合作领域有：半导体、环保电动汽车电池、人工智能、量子技术、生物技术、生物制造、自主机器人、关键矿产品。当时拜登出访韩国的第一站是参观了三星晶圆厂，了解即将在全球首次投入量产的半导体芯片。5月22日，在拜登见证下，现代汽车集团宣布计划在美国投资105亿美元，包括建造一座电动汽车（EV）制造厂，并投资面向未来的技术，比如机器人技术、城市空中交通（UAM）、无人驾驶和人工智能。7月26日，美国总统拜登与韩国SK集团会长崔泰源举行视频会谈，崔泰源承诺对美追加投资220亿美元。加上此前公布的70亿美元，SK对美投资总额将达290亿美元。2022年，美国还想拉拢韩国、日本及中国台湾地区组建"芯片四方联盟"，其指向中国大陆的目的不言而喻。

综上可见，美韩经济关系已超越经贸投资范畴，具有鲜明政治安全及意识形态色彩。尹锡悦在与拜登达成的联合声明中明确指出，"两国领导人承诺根据民主和价值观原则开发、使用和推进技术发展"。② 这不可避免地会对中韩经贸合作产生消极影响。2022年11月，习近平主席在印尼巴厘岛会见韩国总统尹锡悦时明确指出，"反对将经济合作政治化、泛安全化"。③

---

① "United States-Republic of Korea Leaders' Joint Statement," May 21, 2022, https：//www. whitehouse. gov/briefing-room/statements-releases/2022/05/21/united-states-republic-of-korea-leaders-joint-statement/, accessed：2022-11-19.

② "United States-Republic of Korea Leaders' Joint Statement," May 21, 2022, https：//www. whitehouse. gov/briefing-room/statements-releases/2022/05/21/united-states-republic-of-korea-leaders-joint-statement/, accessed：2022-11-19.

③ 《习近平会见韩国总统尹锡悦》，中国外交部网站，2022年11月15日，https：//www. fmprc. gov. cn/zyxw/202211/t20221115_10975673. shtml，最后访问时间：2022年11月20日。

实际上，上述趋势自从拜登政府上台后就已经开启。2021年5月，韩国时任总统文在寅访美期间发表的韩美联合声明明确提到，两国要在新兴技术领域加深伙伴关系，合作发展最尖端半导体制造业等，深化在供应链、高科技技术、核电领域合作。韩国三星等四大财团在政府支持下大举投资美国高科技产业，特别是半导体、新能源电池等美国制造业短板，总规模达394亿美元。

尽管如此，中韩经贸合作30年来奠定的良好基础及形成的结构性高度融合绝非轻易能改变，而且对韩而言还没有任何一个国家可以取代中国与其的供应链关系以及取代中国的巨大市场。特别是中国持续扩大市场开放、积极推进新基建和数字经济等高科技产业，以及鼓励消费，不断增加进口等，都将对韩国产生巨大吸引力。

三 中韩安全关系发展

由于美韩军事同盟关系以及美国对华打压，安全关系一直是中韩两国关系的短板。再加上受制于新冠疫情影响，2022年中韩两国安全交流与合作继续受限。但值得称赞的是，6月10日，在新加坡参加香格里拉对话会的中国国防部长魏凤和同韩国国防部长官李钟燮举行会谈，两国在尹锡悦政府上台后不久就实现了国防安全领域的高层次对话。这一次中韩两国防长会晤时间超出预期时间半个小时之久，会晤结束后，韩国防长李钟燮称，双方就多领域话题广泛交换了意见，此次会面会成为中韩加深互相理解的好机会，对此次会晤表达了赞许。这也是两国防长2019年以来的首次会面。11月23日，中国国防部长魏凤和与韩国国防部长官李钟燮在柬埔寨的东盟防长扩大会议期间再度会晤，双方表示将视新冠疫情形势逐步恢复军方人员往来，包括2015年起中断的防长互访、2019年起停摆的副防长级国防战略对话，以及中韩国防部之间的直通电话等军事交流。

2022年也出现了一些可能影响两国安全关系发展的议题。其一，制约两国关系发展的"萨德"议题再次出现。2016 年后因为韩国部署美国"萨德"导弹防御系统，一度使中韩关系平稳发展受到巨大冲击。尹锡悦在参加总统竞选期间多次表示如果当选将尽快完成并追加"萨德"部署。在2022 年大选过程中，保守势力一再主张部署"萨德"是韩国主权事项，中国无权"干预"，攻击文在寅政府与中国在此问题上达成的共识。中国认为，"韩国政府正式对外作出的'三不一限'的政策宣示，中方重视韩国政府的这一立场。基于双方的谅解，中韩双方阶段性稳妥处理了'萨德'问题"。① 2022 年 8 月韩国外长朴振访华回国后，韩国国防部与总统办公室接连公开表示将尽快完成部署。2022 年 9 月，尹锡悦政府完成向美军提供用于部署"萨德"反导系统的地皮相关程序，继 2017 年以来再次供地 40 万平方米，基本完成"萨德"基地正常运转所需的相关程序。该议题目前仍然处于发酵中，如果韩国政府处理不当，将会对中韩关系发展造成负面影响。

其二，美国可能在韩国及其周边部署战略资产。考虑到对地区大国以及对半岛局势的影响，美国在韩国部署战略资产始终是一个十分敏感的话题。2022 年 4 月，韩国总统尹锡悦派遣的特使团在访美时正式提出在韩部署美方战略资产的请求，美方当时的回应是暂不考虑。5 月底美国总统拜登在访问韩国时与尹锡悦达成的《共同声明》中公开表示，"美国承诺必要时将在韩国及时部署战略军事资产"②，为核潜艇、轰炸机等在韩部署埋下了伏笔。尹锡悦政府上台后，9 月韩美两国在华盛顿恢复了延伸威慑战略协商机制磋商会议，这也是 2018 年 3 月该机制中断后再次重启。在这次会议上，美国承诺"里根号"航母、F-35A 战斗机、B-52 战略轰炸机等战略资产在韩国及其附近水域加强日常巡航，确保能随时应对朝鲜的所谓"军

---

① 《2022 年 8 月 10 日外交部发言人汪文斌主持例行记者会》，中国外交部网站，2022 年 8 月 10 日，https://www.mfa.gov.cn/web/wjdt_674879/fyrbt_674889/202208/t20220810_107399 31.shtml，最后访问时间：2022 年 11 月 19 日。

② "United States-Republic of Korea Leaders' Joint Statement," May 21, 2022, https://www.whitehouse.gov/briefing-room/statements-releases/2022/05/21/united-states-republic-of-korea-leaders-joint-statement/, accessed：2022-11-19.

事挑衅"。①

随着所谓朝鲜频繁试射导弹，美韩有关在韩部署战略资产成为 2022 年一个显著的地区安全议题。韩国国内重要政治人物以及著名学者纷纷发出在韩重新部署美国战术核武器或者美韩之间实现"北约式核共享"的呼声，其中有些人还提出韩国自主研制核武器的极端主张。韩国国内对"拥核"也具有一定的舆论支持基础。2022 年 2 月美国芝加哥全球事务委员会对韩国的调查结果显示，受访者中有 71% 支持韩国自主研制核武器，56% 支持在韩国部署美国核武器。②

韩国"拥核"动因除了加强对朝威慑的需要外，还有许多韩国人质疑美国的安全承诺。通过部署美国战略资产希望在安全上捆绑美国，进一步强化美韩同盟关系。此外，尹锡悦政府还希望追求与韩国经济实力相匹配的国际影响力，旨在国际社会发挥更大作用，以及在解决半岛问题和重塑东北亚格局上争取主导权。

当前，考虑到对半岛无核化、大国关系以及半岛局势的影响，美国对在韩部署战术核武器态度消极，韩国外交部、国防部、统一部等部门明确表示不考虑自主"拥核"或部署美国战术核武器，但是不排除随着半岛局势紧张以及大国竞争加剧，美国在该方面实现突破的可能性。同时，随着 2022年下半年半岛紧张局势再度加剧，美国接下来极有可能借机加大相关战略武器在半岛及周边出没。这不仅将进一步恶化半岛安全态势，也会对中国形成一定的安全压力，有可能成为中韩安全关系新的摩擦点。

四　中韩人文交流发展

建交 30 年来，中韩两国人文交流取得巨大进展，双方人员往来自建交

---

① 《韩美商定压倒性应对朝核全面强化延伸威慑力》，韩联社，2022 年 9 月 17 日，https：//cn. yna. co. kr/view/ACK20220917000100881？section＝search，最后访问时间：2022 年 11 月19 日。

② 《民调：逾七成韩国人支持自研核武器》，韩联社，2022 年 2 月 23 日，https：//cn. yna. co. kr/view/ACK20220223000500881？section＝search，最后访问时间：2022 年 11 月 19 日。

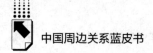
以来增长 100 倍①，两国友城数超过 200 对②，新冠疫情暴发前，韩国在华留学生与中国在韩留学生均超过了 5 万名③。同时，中韩人文交流政策论坛、中韩人文学论坛、中韩公共外交论坛等平稳运行，为两国关系的整体发展做出了巨大贡献。

2022 年 11 月初，韩国导演洪尚秀执导的影片《江边旅馆》上线腾讯视频。这也是继 2021 年 12 月韩国电影《哦！文姬》重新在中国电影院上映后的中韩两国人文交流中的重要事件，再次表明中国对开展与韩国人文交流的积极态度。11 月 15 日，中国国家主席习近平在巴厘岛会见韩国总统尹锡悦时明确表示，"中方愿同韩方开展人文交流合作"。但是受新冠疫情的影响，两国民间面对面交流已中断近 3 年，在人文关系方面也存在一些问题。

中韩两国在人权问题上的矛盾也有所显现，这在中韩建交以来两国关系发展的历史上还十分罕见。2022 年 10 月 6 日，联合国人权理事会第 51 届会议对美国牵头提交的一项涉疆问题决定草案进行表决，其中有 19 个国家反对，17 个国家赞成，韩国是除了日本外唯一投赞成票的亚洲国家。究其原因，尹锡悦政府上台后强调"基于价值观外交"，尤其强调所谓的民主、自由、政治体制等价值观。由于韩国政治体制本来就是从美国学习的，外交上强调价值观因素，自然就和美国更为一致。由此可见，韩国强调的"价值"是美西方世界的所谓普遍价值——自由、民主、人权和美国主导的国际规范，这与中国主张的和平、发展、公平、正义、民主、自由的人类共同价值存在明显区别。2022 年 5 月底美韩领导人联合声明指出，"尹锡悦提出韩国

① 《通讯：中韩关系：冰壶映寒月　互鉴共发展》，中国政府网，2019 年 11 月 6 日，https：//www.gov.cn/xinwen/2019-11/06/content_5449542.htm，最后访问时间：2022 年 11 月 11 日。

② 《中国同韩国的关系》，中国外交部网站，2023 年 7 月，https：//www.mfa.gov.cn/web/gjhdq_676201/gj_676203/yz_676205/1206_676524/sbgx_676528/，最后访问时间：2023 年 9 月 11 日。

③ 《2018 年来华留学统计》，中华人民共和国教育部网站，2019 年 4 月 12 日，http：//www.moe.gov.cn/jyb_xwfb/gzdt_gzdt/s5987/201904/t20190412_377692.html，最后访问时间：2022 年 11 月 11 日。

要做全球枢纽国家，拜登总统热烈欢迎韩国在民主峰会进程中发挥领导作用"①，也暗示韩国将在下届"民主峰会"上发挥重要作用。如果尹锡悦政府对此处理不当，也必然会影响中韩关系的健康稳定发展。

五　结论与展望

整体而言，中韩关系在2022年实现了平稳过渡与良好开局，但是也面临一些新问题与新挑战，尤其是尹锡悦政府在发展与美国关系的同时如何避免对中韩关系造成负面影响是一个需要高度关注的课题。当前韩美同盟正处于重新定义阶段，由传统以军事安全合作为主、只限于半岛范围和主要针对朝鲜，提升为全球全面战略同盟，即包括军事安全、经济安全、价值观等在内的涵盖全球事务的战略同盟，这已超越冷战时期韩美军事同盟的势头，这种局面不利于中韩关系发展。如果中美竞争加剧以及半岛局势持续紧张，韩国有可能进一步强化与美国的同盟关系，这将进一步增加中韩关系发展的难度。

为了促进中韩关系发展，要加大与韩国进行形式多样、务实高效的沟通，尽快实现两国高层更多互访，积极推动中韩关系健康发展。建议在政府层面上，选定并特别保障若干重要、可靠的1.5轨、2轨交流机制，确保其定期稳定运行。中韩两国应该共同努力积极推动朝美对话，推动朝韩关系缓和，尽快推动当前居高不下的半岛紧张局势降温，同时切实解决朝鲜的关切，鼓励朝鲜往无核化的方向继续努力。

在经贸领域，两国也存在巨大合作空间。尽管韩国在高科技领域以及关键矿产品领域更倾向于与美国合作，但在数字经济、相关制造业、低碳节能、中间产品等领域中韩合作潜力巨大。考虑到韩国对产业链供应链也具有一定的忧虑，两国应通过现有经贸合作框架以及考虑新设副

---

① "United States-Republic of Korea Leaders' Joint Statement," May 21, 2022, https：//www.whitehouse.gov/briefing-room/statements-releases/2022/05/21/united-states-republic-of-korea-leaders-joint-statement/, accessed：2022-11-19.

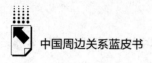

部长级经济外交"2+2"年度对话等平台，加强沟通与合作，继续保持产业互补优势，扩大和固化双方的经济融合度，维护地区产业链、供应链的稳定。

两国应尽快落实两国防长 2022 年达成的共识，尽快恢复两军对话交流，建议加强两军高层战略沟通，推动两军高层交流和对话机制化。可以将东北亚和亚太地区安全问题纳入两军战略对话议题，维护地区和平稳定。建立两军重要情况互相通报和及时沟通机制，避免战略误判。同时，利用"北京香山论坛""首尔安全对话"等多边安全合作机制，推动两国军事关系的发展。

两国政府可以推动开展形式多样的公共外交，增进两国民众对彼此社会制度、历史文化、价值观念、国情民意的交流与了解，积极弥合矛盾、消除误解、增进互信、管控分歧，避免民众情绪政治化，对两国关系大局造成冲击。夯实"中韩媒体高层对话"机制，扩大两国媒体间交流与合作。建立官民共同参与的联合协商委员会，就两国间敏感问题进行长期深入沟通。双方应加强对本国国民的正向引导，促进两国民众相互理解、尊重、包容，谋求共同价值、共同利益。

两国关系发展要尊重对方核心利益，台湾问题、南海问题、香港问题等涉及中国主权核心利益，是韩国不应该也不能碰触的敏感问题。同时，鉴于美国"印太战略"的主要目的在于打压中国，韩方参与其中必然会损害中韩两国互信，尤其是政治安全领域的合作。"萨德"正式部署以及美国战略资产在半岛的部署也必然对中韩关系健康发展造成负面影响。希望尹锡悦政府能从中韩关系发展的大局出发，稳妥处理与美国的同盟关系。

B.11
2022年中国与印尼关系评估与展望

许利平 孙云霄[*]

摘 要： 2022年中国与印尼关系迎来了突破性发展。双方确立共建命运共同体大方向，在"四轮驱动"的框架下，政治、经济、人文与海上合作取得了丰硕成绩。同时，在历史遗留问题、纳土纳专属经济区争议、美西方国家对印尼的拉拢，以及印尼国内政治的复杂性等方面，中国与印尼关系受到挑战。未来，中国与印尼合作大方向不可逆转，经济联系将更加紧密，两国在地区和全球合作中也会发挥更大作用。

关键词： 中国与印尼关系 命运共同体 四轮驱动

2022年，是中国和印尼关系历史上具有里程碑意义的一年。7月底，印尼总统佐科第五次访华，同时成为北京冬奥会后中国接待的首位外国元首。佐科总统访华期间，两国元首会晤，确立了共建命运共同体的大方向，印尼成为东盟国家中第一个与中国共建命运共同体的海上国家，标志着两国关系取得突破性进展。11月中旬，习近平主席赴印尼出席二十国集团领导人第十七次峰会并参加中国和印尼系列双边活动，印尼成为中国最高领导人在二十大之后出访的首站，体现了两国关系的紧密性和重要性。尽管当今世界面临着诸多不确定性和不稳定性，但中国和印尼始终秉持相互尊重、共同发展的理念，正在打造发展中大国互利共赢的典范，共同发展的样板，公平正义的表率，南南合作的先锋。

---

* 许利平，中国社会科学院亚太与全球战略研究院研究员，研究方向为东南亚政治与国际关系；孙云霄，北京体育大学人文学院讲师，研究方向为东南亚政治与法律。

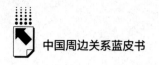
一 确立共建人类命运共同体大方向，引领两国关系全面升级

中国和印尼都属于发展中大国和新兴经济体成员，双方具有相似的发展任务。中国正在迈入第二个百年现代化目标新征程，按照总体战略安排，从2020年到2035年，基本实现社会主义现代化；从2035年到本世纪中叶，建成富强民主文明和谐美丽的社会主义现代化强国。印尼也在探索现代化道路。按照印尼的战略规划，2045年，即印尼建国100周年，将达成"2045年黄金印尼"目标，GDP达到7万亿美元，贫困率接近0，跻身全球第五大经济体。这奠定了双方共建命运共同体的目标基础。

双方都是有着悠久历史文化传统的文明古国，具有相似的价值观和文化传统。中华文明中的"以和为贵""敦亲睦邻""和而不同"与印尼文明中的"和谐思想""互助合作""殊途同归"等具有高度的一致性，体现了两国对东方传统价值观的认同。双方共同遵循《联合国宪章》宗旨和原则、和平共处五项原则，共同弘扬团结、友谊、合作的万隆精神，奠定了共建人类命运共同体的价值基础。

无论面对亚洲金融危机，还是面对印度洋海啸、"非典"、汶川地震、新冠疫情，双方政府和人民守望相助，第一时间向对方提供力所能及的帮助。特别是在新冠疫情期间，双方在医疗物资的捐助、诊疗技术的分享、疫苗的合作生产等方面，生动阐释了共建命运共同体的实践基础。

在此背景下，2022年两国通过领导人互访，以"联合声明"的形式，确立了共建命运共同体的大方向。这在战略上规划了双边关系发展大方向，引领两国关系全面升级。

二 以"四轮驱动"推动全面战略伙伴关系向前发展

2013年，中国和印尼建立全面战略伙伴关系，通过政治、经济、人文

"三驾马车"推动中国和印尼在双边、地区和国际层面合作。进入2022年，中国和印尼关系由"三驾马车"推动升级为政治、经济、人文、海上"四轮"驱动，进一步推动双边全面战略伙伴关系向前发展。

（一）政治方面

1. 以元首外交推动政治互信

两国元首密切互动，极大地增强了两国政治互信，并引领两国合作方向。佐科总统自上任以来至2022年底，先后5次访华，习近平主席也两次访问印尼。两国元首在双边和多边场合举行了近10次会晤。新冠疫情发生后至2022年3月，习近平主席和佐科总统通电话6次。[①] 两国元首多次就双边关系和共同关心的问题交换意见，进行战略沟通，达成了很多重要的共识，累积了坚实的政治互信。

2. 建立机制推动战略对接

2015年，中印尼启动副总理级人文交流机制，这是中国首次与发展中国家建立高级别人文交流机制；2018年，中印尼正式签署共同推进"一带一路"和"全球海洋支点"建设谅解备忘录，2022年，双方又续签这一谅解备忘录；2021年，中印尼成立高级别对话合作机制，将三个副总理对话机制进行整合。2022年，双方制定《中印尼加强全面战略伙伴关系行动计划（2022—2026）》。这些机制和行动计划，为双方战略对接奠定了坚实基础。

（二）经济方面

经济合作是中印尼两国交往中最为重要的部分。在"一带一路"与"全球海洋支点"战略对接的基础上，基础设施、经贸往来、数字科技、产能等领域合作构成了中印尼经济合作的基本框架。

1. 基础设施合作稳步推进

就基础设施而言，"全球海洋支点"战略提出了依海发展、岛屿联通的

---

① 笔者根据新华社、人民网等官方报道整理。

需求，而"一带一路"倡议将互联互通作为基础支撑和重要保障。由此，两国在基础设施建设上具有极高的契合度。雅万高铁、"区域综合经济走廊"、"两国两园"是两国基础设施合作的重点项目。

首先，雅万高铁取得实质性进展。作为中国与印尼推动共建"一带一路"高质量发展的标杆项目，雅万高铁于2016年1月正式开工，经历了技术、各方面沟通协调及疫情影响等方面的重重困难后，在2022年取得了实质性的进展。7月，雅万高铁开始铺轨。8月，雅万高铁高速动车组和综合检测列车在中国制造完成，并分批运往印尼，首列高速动车组和综合检测车已于9月1日晚运抵印尼雅加达港。11月9日，雅万高铁试验段接触网热滑试验全面展开，中国制造的高速动车组首次在雅万高铁线路上亮相。11月16日晚，习近平主席和佐科总统共同通过视频观摩雅万高铁试验运行。雅万高铁于2023年10月开通运营。

其次，"区域综合经济走廊"开始起步。"区域综合经济走廊"是继雅万高铁后，中国和印尼两国共建"一带一路"第二阶段的标志性工程。2017年，佐科来华出席"一带一路"国际合作高峰论坛时，提出在北苏门答腊、北加里曼丹、北苏拉威西和巴厘四省建设综合经济走廊，以此吸引投资，促进当地就业。2018年5月，两国签署《关于推进区域综合经济走廊建设合作的谅解备忘录》，合作正式启动。2019年3月，中印尼"区域综合经济走廊"建设合作联委会首次会议召开，双方就中印尼共建"一带一路"合作以及产能合作、走廊合作规划、重点港口和产业园区重大项目等合作事宜交换了意见。2022年，中国能建国际集团、葛洲坝国际公司、广西院组成的联营体落实"区域综合经济走廊"的战略部署，与业主PT. TIRTA ABADI RAYA公司签署印尼森巴孔250兆瓦水电站项目EPC合同，拟在加里曼丹岛北加里曼丹省安装3台轴流式水轮发电机组，以缓解加里曼丹地区电力紧缺问题，赋能印尼新能源转型和新首都建设，培养一批水电产业工人。

最后，"两国双园"加速推进。2021年1月，中国商务部、福建省人民政府和印尼海统部签署了《中国-印尼"两国双园"项目合作备忘录》，一致同意在平等互利的基础上，推动中印尼"两国双园"项目合作。中方确定福建省福州市元洪投资区为中方园区，印尼方采取一园多区模式，确定民丹工业园、阿维尔那工业园和巴塘工业园为印尼方合作园区。"两国双园"项目围绕海洋经济、食品制造、新型建材、能源经济、航空运维服务、电子信息等重点产业，按照"中印尼合作、全球招商"的思路，整合提升原有经贸合作渠道。2022年，"两国双园"项目建设加速，取得了一系列新进展。3月，由胜田食品和印尼三林集团联合打造的印尼海洋渔业中心首个基地投产，主要进行渔货和鱼糜的精深加工。11月底，园区数字化基础设施项目暨公共服务平台一期投建，重点开展食品产业大数据采集存储、安全保障、开放共享、开发利用、互联网+服务及运营等数字化融合基础设施建设工作，打造国际化一流科技创新示范园区。同在11月，福建省商务厅等9部门印发《加快推进预制菜产业高质量发展的措施》，特别提出打造福建省内首家预制菜产业园和中印尼"两国双园"预制菜产业示范园区。

此外，2022年1月，印尼国会批准将首都从雅加达迁至东加里曼丹省的《国家首都法草案》，新首都对基础设施建设的大量需求将为中印尼的基建合作提供更多契机。在2022年12月举办的第六届联合国工业发展组织全球科技创新大会印度尼西亚迁都项目说明会上，中方机构和企业代表表示将联合国电投、中南建、中交、中建、中铁等企业协助印尼政府顺利完成首都搬迁，并把新首都建设成为零碳之都、数字化城市、信息化港口。

2. 经贸往来逆势而上

中印尼两国关系的恢复和发展始于经贸往来，经贸往来的不断拓展也见证着中印尼两国关系的不断进阶。在国际局势和世纪疫情的影响下，全球经贸往来受到巨大冲击。但中印尼在高度互信、相互理解的基础上，保持着畅通的贸易往来，双边经贸往来在全球经济持续低迷的情况下逆势而上。

截至2021年，中国已连续9年成为印尼的第一大贸易伙伴，连续6年保持印尼最大出口目的地。[①] 2021年，印尼与中国的贸易额达1244.3亿美

---

① 《陆慷：中印尼经贸合作跨越疫情影响实现逆势增长》，中国新闻网，2022年6月23日，https://www.chinanews.com.cn/gn/2022/06-23/9787279.shtml，最后访问时间：2023年3月23日。

元，同比增长 58.6%。其中，中国对印尼出口总额为 606.7 亿美元，相比 2020 年同比增长 48.1%；中国自印尼进口总额为 637.6 亿美元，同比增长 70.1%。① 而 2022 年 1~11 月，中国与印尼贸易进出口总额再创新高，为 1359.2 亿美元，同比增长 22.7%。② 2022 年前三季度中国对印尼直接投资达到 51.9 亿美元，同比大增 128%。③ 在金融合作方面，中国大型国有银行、亚投行、丝路基金等机构持续向中印尼合作项目提供资金支持。2022 年 6 月，丝路基金与印尼投资局签署投资框架协议，构建长期互利共赢的战略伙伴关系，共同开发在印尼的投资合作机会。同时，丝路基金总经理王燕之表示，丝路基金有意向出资 200 亿元人民币或等值外币，并优先使用人民币，与印尼投资局携手开发联合投资机会。④ 2022 年底，中国进出口银行与印尼财政部签署中印尼重点合作项目三宝垄—德马克收费公路 2 个项目贷款协议。进出口银行为三宝垄—德马克收费公路第一部分提供融资支持，包含 10.644 公里高架及海堤公路、2 个蓄水池及河道处理。⑤

3. 数字科技引领新增长

佐科政府将"工业 4.0"作为印尼制造业转型升级的重大举措。2018 年 4 月，发布《印尼工业 4.0 路线图》，提出了印尼工业 4.0 的基本背景、核心目标、五大优先领域和十大国家议程，试图将印尼打造为全球数字时代

---

① 数据来自《2021 年 1-12 月中国与亚洲国家（地区）贸易统计》，中国商务部网站，2022 年 3 月 15 日，http://yzs.mofcom.gov.cn/article/date/202203/20220303285584.shtml，最后访问时间：2023 年 3 月 23 日。

② 《RCEP 对印尼生效　中国与印尼经贸合作迎新机遇》，央广网，2023 年 1 月 4 日，https://news.cnr.cn/native/gd/20230104/t20230104_526113774.shtml，最后访问时间：2023 年 3 月 23 日。

③ 《驻印度尼西亚大使陆慷出席印尼中国商会总会 2022 年度大会》，中国外交部网站，2022 年 12 月 19 日，https://www.fmprc.gov.cn/zwbd_673032/jghd_673046/202212/t20221219_10992064.shtml，最后访问时间：2023 年 3 月 23 日。

④ 《丝路基金与印尼投资局投资合作框架》，丝路基金官网，2022 年 12 月 11 日，http://www.silkroadfund.com.cn/cnweb/2022-12/11/article_20221211117533386606.html，最后访问时间：2023 年 3 月 23 日。

⑤ 《进出口银行与印尼财政部签署三宝垄—德马克收费公路 2 个项目贷款协议》，中国证券报·中证网，2022 年 11 月 18 日，https://www.cs.com.cn/sylm/jsbd/202211/t20221118_6309065.html，最后访问时间：2023 年 3 月 23 日。

的制造强国，推动印尼经济高质量发展。在此背景下，中印尼在移动通信、电商、互联网金融、应用与游戏等领域开展了广泛的合作，成为中印尼深度合作的新增长点。在移动通信领域，PT 华为技术投资有限公司、中兴通讯印尼公司等中资企业，积极联手印尼运营商，共建"数字印尼"。2022 年，中兴通讯携手印尼本地运营商和矿产企业，开展了地下 5G 智能矿场探索，搭建了印尼第一张 5G SA 网络，率先在东南亚地区实现了首个 5G 无人矿场远程操控。在电子商务领域，阿里巴巴、腾讯、京东等中国企业早在 2015 年前后即进入印尼市场，积极投资印尼本土的初创或独角兽公司，并发展成为印尼电商领域的头部企业。在互联网金融领域，印飞科技、Rupiah Plus 等众多金融科技公司进入印尼市场，开展 P2P 网贷、消费分期、大数据封控、供应链金融等业务。在应用与游戏领域，中国开发商旗下产品占据着重要的市场份额。此外，2022 年 11 月，中国银联下属子公司银联国际与印尼国家银行签署合作协议，推动印尼银联受理网络进一步完善，提升银联在当地卡基支付、移动支付、互联网支付三个领域的服务水平，并加快印尼银行业数字化转型。

4. 产能合作不断拓展

印尼作为能源大国，与中国在油气、煤炭、电力、新能源等领域展开了大量合作，包括共建冶炼厂、钢铁厂、水泥厂、发电厂，以及产业新城等。近年来，双边产能合作的重点转移到新能源领域，在 2022 年间取得了丰硕的成果。4 月，协鑫能源科技股份有限公司旗下协鑫智慧能源（苏州）有限公司与印尼 Sarana Jaya 公司、SSPT 公司签署可再生能源项目三方股东协议。9 月，中国能建葛洲坝集团、安徽电建二公司承建的印尼第一座抽水蓄能电站——上西索凯抽水蓄能电站正式开工，该项目建成后，每年将向爪哇-巴厘电网供应 1479 亿千瓦时绿色电力，大幅增强区域电网调峰能力和稳定性。11 月，中国电建与印尼方签订了一系列合作协议，包括中国电建所属山东电建三公司联合体与印尼国家石油公司下属地热公司 PGE 签订位于南苏门答腊省的卢穆特巴莱二期 55MW 地热项目 EPC 合同；中国电建湖北工程公司与项目业主 PT. Andalan Globalindo（PTAG）签署印尼东爪哇 200MW 光伏

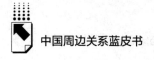

项目 EPC 合同；中国电建与印尼亚细亚公司签订印尼中加里曼丹能源全产业链项目合作协议等。

（三）人文交流

随着中印尼两国关系的不断密切和深化，两国人文交流也取得了飞速发展，为促进两国民众间的相互认知和理解提供了大量的桥梁和平台，奠定了良好的民意基础。两国建立的副总理级人文交流机制在 2015~2017 年间共举办了三次会议，为中印尼两国人文交流提供了宏观指导和制度保障。在高级别人文交流机制的推动下，官方和民间的人文交流相得益彰，涵盖教育、科技、卫生、文化、旅游、体育、青年、媒体等多个领域。尽管新冠疫情极大地影响了传统的双边人文交流模式和效果，但在双方共同努力下，两国克服了疫情带来的重重困难，既保持了传统领域的良性对接，又根据疫情后的新形势新情况开拓了新的领域和模式。

1. 保持教育、文化等传统优势领域的良性运行

在中印尼两国人文交流中，教育、旅游、文化、青年、媒体等领域是起步较早、平台较多、成效更为明显的传统优势领域。在新冠疫情出现前，两国每年都会开展如互访和座谈、互派留学生、联合建学、联合打造艺术空间、共办电影周、合作报道等形式多样的交流与合作活动。受疫情影响，这些活动大多取消或转战"云上"，但尚维持着良好的沟通机制和交流效果。

在教育领域，2022 年的交流合作以研讨会、培训、合作办学等形式开展。比如，3 月，中国-东盟中心和印尼驻华使馆联合主办"中国-印尼STEM 教育合作研讨会"，就遴选优秀印尼学生赴中国知名高校攻读科学、技术、工程、数学（STEM）学位，加强相关专业合作，进一步深化中印尼双方人文交流等议题进行深入探讨。同月，印尼三一一大学与中国西华大学共建的中文与中国文化系成立并举行了揭牌仪式。3~11 月，印尼"中文+职业技能"本土师资培训班、"中文+特殊教育"培训项目、中小学校长及本土中文教师能力建设系列培训、"国际中文教师奖学金"线上专项研修项目（印尼）、印尼国家警察总部中国语言文化培训项目等针对印尼的专项培

训先后开展。11月，格林美、中南大学、印尼海洋事务与投资统筹部签署"关于合作培养印度尼西亚籍国际学生的协议"，致力于为印尼培养和输送冶金工程技术人才。12月，2022年"汉语桥"线上团组交流项目——"中国-印尼跨文化交流人才专项团组"学习交流营在线上开展了两周的语言交流与培训。

在文化领域，双边就传统和现代文化交流开展了形式多样的活动。比如，7月，浙江越秀外国语学院举办了2022中国·印尼文化夏令营，就神话故事、皮影、武术、美食、音乐、舞蹈、服装等10余个主题开展了文化讲座。9月，2022年"花好月圆"中秋文化交流活动走进印尼，以赏月、吟月、咏月、画月、舞月、食月等一系列可观、可感、可体验的活动，向印尼展示中国传统中秋佳节的文化意境。10月，由印尼阿拉扎大学孔子学院和印尼书法家协会联合主办的"2022传承书法——全国书法比赛决赛仪式暨书法展览"在印尼阿拉扎大学礼堂举行，带动了更多的印尼朋友领略汉字的美妙和中国文化的丰富内涵，进一步深化了两国人民的友好交流。11月，2022年中印尼文化艺术交流赛事启动，以在中印尼两国寻找"智慧、感恩、独立、耀眼"的风采青少年。11月，"2022视听中国·优秀视听节目印尼展播活动"在雅加达启动，来自长信传媒、柠萌影业、印尼爪哇邮报传媒集团电视网、印尼VIU等的两国影视制作和传播机构，共同见证并达成了《山海情》《三十而已》等优秀中国影视作品在印尼的落地播出和拍摄制作意向。

此外，青年、科技等领域的交流合作也在持续推进。比如9月，黎明职业大学举办中印尼青少年"庆中秋，话团圆"线上文化体验活动，采用直播方式，带领印尼华裔青少年们赏海丝技艺、品"中国味道"，沉浸式体验中国传统中秋文化，这一青年领域的交流活动亦具有文化交流的意涵。11月，两国共同召开以"科技改变生活、创新引领未来"为主题的"中国-印尼科技创新合作与发展论坛"，通过连接中印尼两地科创信息与资源，借助RCEP开放机遇，推进中印尼数字经济和科创建设合作。

2.卫生成为重点领域

自新冠疫情出现以来，中印尼在卫生领域的交流合作顺势而为，不断深化。

疫情出现初期，两国互相提供抗疫物资、交流抗疫经验。之后，两国又在疫苗的开发和生产中实现了深度合作。2020年8月，中国科兴公司与印尼国营制药企业Bio Farma签署《新冠疫苗批量产品的购买和供应初步协议》和后续合作的谅解备忘录，成为第一家与印尼合作生产新冠疫苗的公司。2021年3月，中国国务委员兼外交部长王毅表示中国政府将支持印尼建设东南亚地区新冠疫苗生产中心。① 此后，泰康生物、康希诺生物、国药中生等新冠疫苗生产商生产的各类型新冠疫苗在印尼获批使用。此外，2022年，中国沃森生物同印尼开展了新冠mRNA疫苗在印尼的本地化生产合作，沃森生物将帮助印尼建设自己的区域疫苗生产中心。② 新冠肺炎疫苗合作中取得的良好效果为中印尼开展其他疫苗制品的交流合作奠定了基础。2022年11月，二十国集团工商峰会（B20）期间，印尼生物制药公司PT Etana Biotechnologies Indonesia（Etana）在巴厘岛与康希诺生物股份公司、云南沃森生物技术股份有限公司和苏州艾博生物科技有限公司三家中国企业签署合作协议，就吸入式结核病疫苗、脑膜炎疫苗、PCV 13和15、HPV2疫苗开发，mRNA疗法研发以及病毒载体平台建设设施等方面达成协议。③ 同月，国药集团与印尼国有医药企业Kimia Farma达成战略合作，并启动双方首个原料药本地化生产合作项目。④ 此外，印尼食品药品管理局批准SINOVAC科兴肠道病毒71型（EV71）灭活疫苗益尔来福©在印尼使用，这是印尼首款获批用于儿童预防由EV71感染所致手足口病的疫苗。⑤ 12月，SINOVAC

---

① 《国务委员兼外交部长王毅就中国外交政策和对外关系回答中外记者提问》，中国政府网，2021年3月8日，https://www.gov.cn/guowuyuan/2021-03/08/content_5591330.htm，最后访问时间：2023年3月23日。

② 《我国首款mRNA新冠疫苗在印尼获准使用》，人民网，2022年9月29日，http://world.people.com.cn/n1/2022/0929/c1002-32537274.html，最后访问时间：2023年3月23日。

③ 《携手抗疫基础上，中国同印尼继续扩展疫苗合作》，环球网，2022年11月16日，https://world.huanqiu.com/article/4AUppGN8GAB，最后访问时间：2023年3月23日。

④ 《国药重磅签约！迈出中印尼合作新步伐》，中国国际医药卫生有限公司官网，2022年11月29日，https://www.sinopharmintl.com/content/details_17_2710.html，最后访问时间：2023年3月23日。

⑤ 《SINOVAC科兴肠道病毒71型灭活疫苗在印尼获批使用》，科兴公司官网，2022年11月18日，http://www.sinovac.com.cn/news/1587.html，最后访问时间：2023年3月23日。

科兴甲肝灭活疫苗孩尔来福©在印尼正式上市。①

在疫苗合作之外，两国积极在卫生领域开展沟通交流和合作。比如，4月，清华大学东南亚中心与万科公共卫生与健康学院共同举办"中印尼繁荣公共卫生云论坛"，就如何加强公共卫生体系建设、促进公共卫生领域投资进行讨论；6月，中国亚洲经济发展协会医药卫生交流合作委员会与印度尼西亚 MBS 公司签署战略合作框架协议；11月，清华大学科研人员与中国疫苗企业代表一行，赴印尼巴厘岛和雅加达，与印尼卫生部、有关高校、企业、医院等开展实地考察和交流，并就"印尼中国疫苗与基因组联合研发中心"的建立和实施达成一致；同月，执行"和谐使命—2022"任务的中国海军"和平方舟"号医院船抵达印尼雅加达北区丹戎不碌港，开始为期8天的友好访问。访问期间，"和平方舟"号医院船于11月11~17日，采取码头门诊和船上诊疗相结合的方式免费提供医疗服务。

3. 拓展农业、减贫等新领域的交流合作

粮食安全是印尼政府的重要议题，中印尼在杂交水稻种植、经济作物开发等领域进行了深入的合作，在印尼合作建立了农业合作产业园区和水稻合作生产园区。目前，印尼政府已审定的80余个杂交水稻品种，有超过60个品种来自中国。2022年11月，在北京举办中印尼农产品贸易促进活动，中国与印尼多个农产品商协会和贸易商签署了多份合作协议和采购合同。

中印尼在减贫领域的合作呈现政府主导、参与主体多元的特点，包括中方向印尼提供优惠贷款开展益贫基建、通过多边或双边渠道交流扶贫经验、中方驻印尼机构或企业进行小规模扶贫援助等。在新冠疫情的影响下，两国都面临更为严峻的减贫局势，更加强了减贫领域的交流合作。2022年6月，中国驻印尼大使陆慷拜会印尼农村、发展落后地区与移民部长伊斯甘达尔，就进一步深化脱贫减贫交流，推动两国农业农村务实合作取得新发展达成共

---

① 《SINOVAC 科兴甲肝灭活疫苗孩尔来福©在印度尼西亚上市》，科兴公司官网，2022年12月6日，http://www.sinovac.com.cn/news/1596.html，最后访问时间：2023年3月23日。

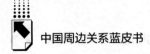

识。11 月，华中师范大学举办"中国-印度尼西亚减贫经验交流工作坊"，以"共话减贫经验，共创复苏繁荣"为主题，就新时代中印尼减贫经验进行交流研讨。

（四）海上合作

2013 年，习近平主席对印尼进行国事访问期间首次提出共同建设"21世纪海上丝绸之路"的倡议，2014 年佐科总统提出"全球海洋支点"构想，中印尼不断加强海上交流与合作。2021 年，中印尼高级别对话合作机制专门增加了海上合作的内容，双边海上合作得以提升。

中印尼的海上合作包括防务、海上基础设施、产业投资、工程建设、海洋经济、海洋文化、海洋旅游等领域。2015 年 3 月，在中印尼领导人共同签署的《中华人民共和国与印度尼西亚共和国关于加强两国全面战略伙伴关系的联合声明》中，双方强调"21 世纪海上丝绸之路"倡议与"全球海洋支点"的战略构想高度契合，双方同意发挥各自优势，加强战略交流和政策沟通，推动海上基础设施互联互通及深化产业投资、重大工程建设等领域合作，推进海洋经济、海洋文化、海洋旅游等领域的务实合作，携手打造"海洋合作伙伴"。2015 年 4 月，两国领导人在两国联合新闻公报上再次强调要全面对接中方建设"21 世纪海上丝绸之路"战略构想和印尼方"全球海洋支点"发展规划，加强政策协调、务实合作和文明互鉴，打造共同发展、共享繁荣的"海洋发展伙伴"。为推动两国的海洋合作落到实地，中印尼共同推动了两国海上合作委员会的建立，设立了中印尼海上合作基金。2021 年 6 月，中印尼签署关于加强海上合作的谅解备忘录，内容涵盖经济、贸易、政治、安全和国防合作等，具体包括消除 IUU 捕捞、渔业水产养殖合作、渔业产品加工、冷藏和营销以及技术和知识产权转让等方面。同一时期，中国科学院海洋研究所与印尼科学院海洋研究中心签署了《印尼海洋生态牧场建设项目合作意向书》，将建立中印尼热带海洋生态牧场示范基地及中印尼联合研究中心，开展海洋牧场环境观测、生物多样性保护、海洋牧场建设和生物资源利用等领域的合作。

2022年7月，印尼海事和渔业部长萨克蒂·瓦赫尤·特伦戈诺与中国自然资源部部长王广华以线上方式签署了双边海上合作协议。双方同意在海事领域重新开展合作，以加强两国的经济联系。具体合作内容包括海洋相关领域的联合技术合作、海岸带综合管理、海岸带和小岛屿减缓适应、蓝色经济发展及人力资源能力建设等，合作主要通过高等及职业教育、联合座谈会、研讨会、讲习班、培训和专家交流等方式进行。在中印尼高级别对话合作机制第二次会议期间，中印尼签署《中国科学技术协会与印度尼西亚共和国海洋与投资统筹部关于海洋科技领域的合作意向书》，将共同开展"印尼国家海洋人工智能平台"建设、推动中国与印尼海洋产业在数字化领域的全面合作。

随着两国合作框架和文件的不断完善，中印尼的海上合作也取得了务实的成果。在海上防务层面，双边合作形式包括高层会面、联合军演等。2021年5月，中印尼海军在雅加达附近海域举行了海上联合演练，进一步提高了双方舰艇的协同配合能力，促进了专业交流，增进了互信与合作。在海洋经济层面，海洋基础设施、海洋贸易、海洋渔业都有了实质性的进展。2015年，中国港湾工程有限责任公司签下印尼雅加达马伦达工业区1B码头工程项目，合同额约2400万美元。同年，宁波舟山港和中国交通建设工程分别与印尼港口运营商签署谅解备忘录，共同开发新丹戎不碌和肯德尔国际港口。2017年，中国水产科学研究院与印尼巴淡海洋研究所就渔业科技领域展开合作洽谈。渔业合作也成为中印尼两国双园项目的重要内容，比如，中国福建省的鱼类加工公司和印度尼西亚的Salim Group在爪哇岛北部海岸共同开设生产基地，允许公司收购水产品，粗加工成鱼糜，然后将鱼糜进口到福建总部进行深加工。这样的生产基地还将建设8个，鱼糜日处理量预计将达到2000吨。2022年10月，广东启迪分别与印尼佳通集团佳应科技、佳通集团龟乐岛在印度尼西亚巴厘龟乐岛签署合作协议，将结合中国深圳、印尼巴厘岛的资源禀赋和市场需求，打造双边合作新旗舰项目，助推双边经贸合作提质提级。

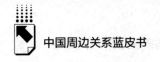

三 中国与印尼关系发展面临的困境与挑战

需要注意的是，尽管中国与印尼关系在不断夯实和密切，但仍然存在一些影响双边关系发展的敏感和棘手的问题。包括历史遗留问题、纳土纳海洋权益争议、美西方国家对印尼的拉拢，以及印尼国内政治的复杂性等。

（一）历史遗留问题

冷战时期的中印尼两国自 1967 年到 1990 年，有过长达 23 年的断交历史。在这个阶段中，一方面，印尼归属于美西方阵营，对中国的认知长期处于敌对的视角。另一方面，由于印尼国内意识形态的斗争，苏哈托政府刻意塑造了印尼共产党、印尼华人和中国所谓"三角威胁"的对华认知。九卅事件、长期的华人歧视政策，造成了印尼民众的对华负面认知总是先入为主，难以改变。两国恢复外交关系至今，印尼多数民众仍然囿于"西方视角"或历史敏感性来片面地看待中国，导致中国的国家形象在印尼没有得到根本改善，成为两国关系发展的绊脚石。在中印尼不断深化和拓展双边关系的过程中，总会出现排华抵中的声音，误导印尼民众反对中印尼的战略合作与广泛交流。

（二）纳土纳海洋权益争议

中印尼在南海并不存在领土主权争端，但就纳土纳海域存在海洋权益主张差异。佐科的"全球海洋支点"构想尤其注重海洋权益的维护。因此，佐科就任总统以来，中印尼多次因捕鱼问题在纳土纳海域对峙，甚至引发外交纠纷。印尼还单方面撕毁中印尼渔业协定，严重影响了双边关系。

此外，2020 年初，印尼在双方争议区附近岛屿部署战斗机和军舰巡逻，总统佐科还亲自登岛巡视，强硬表示与中国就纳土纳领土权没有讨价还价的余地。

同年 6 月，印尼外长蕾特诺在第 36 届东盟峰会上呼吁东盟团结起来共同抵制中国在南海的"九段线"主张。虽然此后两国通过外交照会缓和了双边的对峙氛围，但这一问题并没有得到根本解决，成为中印尼关系中的不稳定因素，而西方媒体的恶意炒作进一步导致印尼等相关国家对中国南海权益主张的过分担忧。

（三）美西方国家对印尼的拉拢

中美之间从贸易摩擦逐渐转向战略性竞争，拜登上台以后，重新开始重视位于印太区域中心位置的东南亚各国，积极拉拢它们以达到遏制中国的战略目的。印尼作为东南亚的区域大国，一直以来奉行"大国平衡"的外交战略，历史上曾与美国关系密切，成为拜登政府的主要拉拢对象。

自2021年初以来，美国及其盟友通过高层会面、军事合作、"2+2"会谈等拉拢印尼。高层会面方面，美国副国务卿谢尔曼、国务卿布林肯，英外交大臣特拉斯先后到访印尼。2021年8月初，印尼外长蕾特诺应布林肯之邀访问美国。11月，佐科与英国首相鲍里斯会面商谈加强合作事宜。2022年11月，佐科与拜登举行双边会晤，就双边战略伙伴关系进行深入探讨。

军事合作方面，印尼与美国于2021年8月初举办了有史以来规模最大的联合军演。美国、法国向印尼出售军备，以帮助印尼在地区事务中发挥更大影响力等。"2+2"会谈则是印尼2021年3月底与日本共同举行，这是日本与东南亚国家举行的首次"2+2"会谈，双方确认将推进旨在提高印尼海上执法能力的支援并提供渔业监视船，还商定在印尼港湾等基础设施建设、反恐和防灾上携手合作。2022年5月，印尼成为美国发起的"印太经济框架"的首批成员国之一。在"独立积极"的务实外交政策和"大国平衡"的外交原则指导下，印尼在诸多方面对美西方国家的印太战略和拉拢措施积极回应，这成为中印尼两国关系中的不稳定因素。

（四）印尼国内政治的复杂性

印尼的国内政治具有高度复杂性。一方面，印尼国内政治受到政党、地方主义、军队的深刻影响，在历史上曾发生政党纷争、地方分裂运动、军事政变等危及国家政权稳定并迅速扭转国家政策方向的事件；另一方面，佐科在执政期间对于国家发展方向和重点领域进行了大刀阔斧的改革。2024 年，佐科的任期即将届满，他的政治遗产在多大程度上能够得到保留和继承依然具有不确定性；此外，印尼 2024 年即将迎来又一次大选，政党、族群、宗教、军队等敏感因素在大选期间更容易引发示威游行和暴力活动，从而影响其国内政治稳定，进而可能对中印尼关系的稳定和发展产生影响。

四　中国与印尼关系展望

作为在全球和区域治理中影响力不断提升的发展中大国，中印尼保持良性互动和密切合作不仅符合两国的国家利益，更是有利于区域乃至全球的秩序与和平发展。在复杂多变的国际环境和国内政治影响下，中印尼关系面临着严峻的挑战，需要两国保持高度的政治互信与信息沟通，共同致力于双边关系的发展与区域和全球秩序的维护。

其一，中印尼保持良性互动与密切合作的大方向不会发生改变。尽管美西方国家积极拉拢印尼对抗中国，且印尼面临更换领导人的现实，但印尼奉行"大国平衡"外交原则和民主改革以来建立和维护的稳定宪制结构不会发生改变。由此，中印尼之间已经形成的建立在高度政治互信、紧密经济联系、友好人文交流、多领域合作基础上的友好关系在未来较长的一段时期内都不会发生根本的变化。

其二，中印尼的经济联系将会更加紧密。2023 年 1 月 2 日，《区域全面经济伙伴关系协定》（RCEP）对印度尼西亚生效，中印尼将互相实施 RCEP 协定税率，印尼在中国-东盟自贸区基础上，给中国新增 700 多个税号产品零关税待遇，包括部分汽车零部件、摩托车、电视、服装鞋靴、塑料制品等。中国也将在中国-东盟自贸协定基础上，对印尼产菠萝汁和罐头、椰子汁、胡椒、柴油、纸制品、部分化工品和汽车零部件等降税，进一步开放市场。1 月 2 日起，按照 RCEP 协定的承诺，印尼对原产自中国 65.1% 比例的产品实施立即零关税，中国也将对原产自印尼 67.9% 比例的产品实施立即零关税。① RCEP 将会对双边贸易范围和体量的扩大起到积极的促进作用。

其三，中印尼将共同在全球和区域治理中发挥更大作用。近年来，中印尼通过积极主动的外交，在国际和区域事务中的话语权和影响力都得到了极大的提升。2022 年印尼首次担任 G20 轮值主席国，虽面临中美竞争、世纪疫情和俄乌冲突带来的困境和挑战，但佐科通过在成员国之间积极的斡旋和沟通，圆满地促成了峰会的顺利举办。2023 年，印尼接任东盟轮值主席国，佐科表示，东盟须成为区域和全球稳定支柱，由此表明印尼的努力方向和发展愿景。在 2022 年 11 月发布的中印尼联合声明中，中方表示将支持印尼当好 2023 年东盟轮值主席国，共同推动"一带一路"倡议同东盟印太展望和《东盟互联互通总体规划 2025》协同增效并深化互利合作，积极实施区域全面经济伙伴关系协定。同时，中印尼表示在通过对话和外交途径维护和平与稳定方面拥有共同利益，将就地区和全球安全事务密切沟通协作，共同应对地区争端和恐怖主义、气候变化、网络安全、生物安全等全球性挑战，并一致同意将就全球安全倡议加强沟通、探讨合作。此外，双方表示将致力于强化多边主义，加强在联合国、亚太经合组织、二十国集团等框架下合作，通过金砖国家、不结盟运动和七十七国集团等机制积极开展南南合作，坚定维护发展中国家权益和国际公平正义，共同彰显发展中大国担当，推动全球治理体系向更加公正合理的方向发展，为推动构建人类命运共同体作出更大贡献。

---

① 《RCEP 对印尼生效　中国与印尼经贸合作迎新机遇》，光明网，2023 年 1 月 4 日，https：//world. gmw. cn/2023-01/04/content_36279011. htm，最后访问时间：2023 年 3 月 23 日。

专题篇
Special Topics

B.12
2022年中国与周边国家经贸关系发展评估与展望

石先进　苏庆义　邹治波*

摘　要： 2022年中国与周边国家经贸关系发展势头良好。贸易方面，中国与周边国家贸易总额呈增长态势。投资方面，中国与周边国家开展积极投资合作，尤其是 RCEP 生效之后大幅推动中国与东盟和日韩的投资合作。尽管中国与周边国家经贸关系面临地缘政治和经贸格局演变以及宏观经济政策逆转等风险，但未来中国与周边国家合作前景可期。RCEP 将继续赋能中国与东盟、日韩以及大洋洲经贸关系。中日韩合作有望取得实质性进展。中国与俄罗斯将继续拓展在科技、能源、农业、市场等领域的合作空间。中国与中亚5国合作将取得新进展。中国与中东国

* 石先进，中国社会科学院世界经济与政治研究所助理研究员，研究方向为开放宏观经济与国际贸易；苏庆义，中国社会科学院世界经济与政治研究所研究员，研究方向为国际贸易理论与政策；邹治波，中国社会科学院世界经济与政治研究所副所长、研究员，研究方向为国际政治、国际安全战略、军控与防扩散。

家合作也将更加多元化。

关键词: 中国 周边国家 经贸关系 贸易协定 投资

一 中国与周边国家贸易发展势头良好

（一）总体层面：贸易发展势头良好

2022年，中国与周边国家贸易总额达29066亿美元，同比增加9.8%，占中国全球贸易的份额从2021年的43.8%上升到46.1%。其中出口15040亿美元，同比增加14.9%，占中国全球出口的41.9%；进口14026亿美元，同比增加4.9%，占中国全球进口的51.7%。①

如图1及表1所示，在中国周边国家中，中国与东盟10国和东北亚4国的贸易额较高，共计17148亿美元，占与周边国家贸易总额的58.9%。与

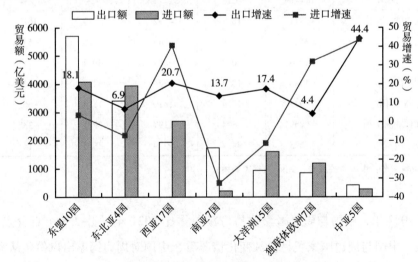

图1 2022年中国与周边国家贸易额与贸易增速

资料来源：中国海关总署（Wind数据库提供）。

---

① 数据由笔者根据中国海关总署的数据计算所得。

周边国家的贸易总体呈顺差状态，顺差额为 1015 亿美元。其中，与东盟 10 国、南亚 7 国、中亚 5 国贸易顺差较高，分别为 1629 亿美元、1522 亿美元、147 亿美元，与西亚 17 国、大洋洲 15 国、东北亚 4 国、独联体欧洲 7 国贸易逆差较高，分别为 745 亿美元、665 亿美元、535 亿美元、338 亿美元。2022 年，中国对周边国家出口均有所上升，出口增速最高的中亚 5 国为 44.4%，增速最低的独联体欧洲 7 国为 4.4%，对其余国家的出口增速为：西亚 17 国 20.7%、东盟 10 国 18.1%、大洋洲 15 国 17.4%、南亚 7 国 13.7%、东北亚 4 国 6.9%。中国从周边国家进口方面表现有所差别，进口增速从高到低依次为：中亚 5 国 43.5%、西亚 17 国 40.7%、独联体欧洲 7 国 32.1%、东盟 10 国 3.7%、东北亚 4 国 -7.5%、大洋洲 15 国 -11.4%、南亚 7 国 -32.7%。

表 1 2022 年中国与周边国家贸易情况

单位：亿美元，%

类别	出口额	增速	进口额	增速	平衡
东盟 10 国	5711	18.1	4082	3.7	1629
东北亚 4 国	3410	6.9	3945	-7.5	-535
西亚 17 国	1944	20.7	2689	40.7	-745
南亚 7 国	1746	13.7	224	-32.7	1522
大洋洲 15 国	945	17.4	1610	-11.4	-665
独联体欧洲 7 国	859	4.4	1197	32.1	-338
中亚 5 国	425	44.4	279	43.5	147

资料来源：中国海关总署（Wind 数据库提供）。

2022 年，中国与周边国家贸易份额总体比 2021 年上升 2.3 个百分点。从表 2 中国与周边国家贸易份额变化情况看，中国对周边国家出口份额从大到小依次为：东盟 10 国 15.9%、东北亚 4 国 9.5%、西亚 17 国 5.4%、南亚 7 国 4.9%、大洋洲 15 国 2.6%、独联体欧洲 7 国 2.4%、中亚 5 国 1.2%。其中中国对东盟 10 国出口份额上升 1.5 个百分点，中国对东北亚 4 国和独联体欧洲 7 国出口份额降幅在 0.1 个百分点以内，其余国家变化不大。中国从周边国家进口份额从大到小依次为：东盟 10 国 15.0%、东北亚 4 国 14.5%、西亚 17 国 9.9%、大洋洲 15 国 5.9%、独联体欧洲 7 国 4.4%、中亚 5 国 1.0%、南亚 7 国 0.8%。中国从西亚 17 国进口份额变化较大，增加了 2.8 个百分点，从独联体欧洲 7 国进口份额增加了 1 个百分点。

表2　2022年中国与周边国家贸易份额变化情况

单位：%

地区	出口份额	出口份额变化	进口份额	进口份额变化
中国周边国家	41.9	2.9	51.7	1.9
东盟 10 国	15.9	1.5	15.0	0.4
东北亚 4 国	9.5	−0.01	14.5	−1.3
西亚 17 国	5.4	0.6	9.9	2.8
南亚 7 国	4.9	0.3	0.8	−0.4
大洋洲 15 国	2.6	0.2	5.9	−0.8
独联体欧洲 7 国	2.4	−0.1	4.4	1.0
中亚 5 国	1.2	0.3	1.0	0.3

数据来源：中国海关总署（Wind 数据库提供）。

（二）区域层面：对多国出口的增速高于从多国进口的增速

从表 3 中 2022 年中国与东北亚 4 国贸易情况看，韩国和日本是中国在该区域的主要贸易伙伴国。2022 年，中国与东北亚 4 国的贸易总额为 7354.4 亿美元，与 2021 年相比下降 1.4%，占中国贸易份额从 2021 年的 12.3% 降至 2022 年的 11.7%。与 2021 年相比，2022 年中国与日本和韩国贸易总份额均有所下降。中国与韩国贸易份额从 2021 年的 6.0% 下降至 5.8%，主要由于中国从韩国进口份额从 7.9% 降至 7.4%；中国与日本贸易份额从 7.7% 降至 5.7%，是由于中国从日本进口份额、对日本出口份额都在下降，对日本出口份额从 4.9% 降至 4.8%，从日本进口份额从 7.7% 降至 6.8%。[1]

---

① 本报告中的贸易份额数据均由笔者根据中国海关总署数据计算所得。

表3   2022年中国与东北亚4国贸易情况

单位：亿美元，%

国别	出口额	出口增速	进口额	进口增速	平衡
日本	1731.0	4	1848.3	-10	-117.3
韩国	1640.8	9	2001.6	-6	-360.8
蒙古国	28.9	29	93.5	37	-64.6
朝鲜	9.0	243	1.3	132	-7.7

资料来源：中国海关总署（Wind数据库提供）。

从贸易增速看，中国对东北亚4国出口都有所上升，中国从韩国、日本进口有所下降。从贸易差额看，中国与韩国、日本和蒙古国贸易呈逆差状态，总逆差为542.7亿美元，其中与韩国逆差为360.8亿美元，与日本逆差为117.3亿美元。

2022年，中国与东盟10国贸易发展势头良好（见表4）。2022年中国与东盟的贸易总额为9793亿美元，与2021年相比增长11.6%，占中国全球贸易份额从2021年的14.5%上升到15.5%，份额增长1个百分点。其中出口额5710.8亿美元，与2021年相比增长18.1%，占中国全球出口的15.9%，份额增长1.5个百分点；进口额4082.0亿美元，与2021年相比增长3.7%，占全球进口的15.0%，份额增长0.3个百分点。

表4   2022年中国与东盟10国贸易情况

单位：亿美元，%

国别	出口额	出口增速	进口额	进口增速	平衡
越南	1476.3	7.0	879.4	-4.7	596.9
马来西亚	951.2	20.5	1098.9	12.0	-147.7
新加坡	820.0	49.0	339.5	-12.3	480.5
泰国	788.0	13.6	565.3	-8.4	222.7
印尼	715.0	17.8	779.1	22.4	-64.1
菲律宾	649.0	13.4	231.3	-6.5	417.7
柬埔寨	142.3	22.9	18.4	-12.5	123.9
缅甸	136.8	29.8	114.6	41.9	22.2
老挝	23.7	41.8	33.6	40.1	-9.9
文莱	8.3	34.3	22.0	10.4	-13.7

资料来源：中国海关总署（Wind数据库提供）。

中国与东盟 10 国贸易中，越南、马来西亚、泰国、印尼、新加坡是主要贸易伙伴国。2022 年中国与东盟各国的贸易占中国全球贸易的份额分别为：越南 3.7%、马来西亚 3.3%、印尼 2.4%、泰国 2.1%、新加坡 1.8%、菲律宾 1.4%、缅甸 0.4%、柬埔寨 0.3%、老挝 0.1%、文莱 0.1%。进口比重分别为：马来西亚 4.0%、越南 3.2%、印尼 2.9%、泰国 2.1%、新加坡 1.3%、菲律宾 0.9%、缅甸 0.4%、柬埔寨 0.1%、老挝 0.1%、文莱 0.1%。

从贸易份额变化看，中国与马来西亚、印度尼西亚、泰国贸易占中国全球贸易的份额均上升 0.3 个百分点。与越南贸易的份额有下降趋势，出口从上年的 4.1% 降至 3.8%，进口从 3.4% 降至 3.2%。贸易份额从大到小依次是越南 3.7%、马来西亚 3.3%、印尼 2.4%、泰国 2.1%、新加坡 1.8%、菲律宾 1.4%。

从贸易增速看，中国对东盟各国出口均有所上升，但从越南、菲律宾、泰国、新加坡和柬埔寨的进口有所下降。出口增速从高到低依次为新加坡 49.0%、老挝 41.8%、文莱 34.3%、缅甸 29.8%、柬埔寨 22.9%、马来西亚 20.5%、印尼 17.8%、泰国 13.6%、菲律宾 13.4%、越南 7.0%。进口增速从高到低分别是缅甸 41.9%、老挝 40.1%、印尼 22.4%、马来西亚 12.0% 文莱 10.4%、越南 −4.7%、菲律宾 −6.5%、泰国 −8.4%、新加坡 −12.3%、柬埔寨 −12.5%。

从贸易差额看，中国对东盟总体呈贸易顺差状态，顺差额为 1629 亿美元，较上年增长 81.2%。与马来西亚、印度尼西亚、文莱和老挝呈贸易逆差状态，贸易逆差较大的是马来西亚，2022 年逆差为 147.7 亿美元；与其余国家呈顺差状态，顺差增量较大的是泰国、菲律宾、新加坡。

2022 年，中国与中亚 5 国贸易发展良好（见表 5）。2022 年中国与中亚 5 国的贸易总额为 703.8 亿美元，与 2021 年相比增长 44.0%，占中国全球贸易份额从 2021 年的 0.8% 上升到 1.1%，份额增长 0.3 个百分点。其中出口额 425 亿美元，与 2021 年相比增长 48.2%，占中国全球出口比重从 0.8% 上升到 1.1%，比 2021 年增长 0.3 个百分点；进口额 279 亿美元，与 2021 年相比增长 43.5%，占全球进口份额从 0.7% 上升到 1.0%，份额增长 0.3 个百分点。

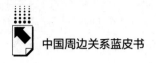

表5 2022年中国与中亚5国贸易情况

单位：亿美元，%

国 别	出口额	出口增速	进口额	进口增速	平衡
哈萨克斯坦	163.9	17.2	148.1	46.9	15.8
吉尔吉斯斯坦	155.0	107.2	0.8	2.3	154.2
乌兹别克斯坦	75.4	27.7	22.7	1.8	52.7
塔吉克斯坦	22.3	42.5	3.8	117.5	18.5
土库曼斯坦	8.7	68.6	103.1	50.7	-94.4

资料来源：中国海关总署（Wind 数据库提供）。

哈萨克斯坦是中国在该地区最主要的贸易伙伴。2022年中国与中亚各国的贸易总额占中国全球贸易的比重分别为：哈萨克斯坦0.49%、吉尔吉斯斯坦0.25%、土库曼斯坦0.18%、乌兹别克斯坦0.16%、塔吉克斯坦0.04%。其中出口比重分别为：哈萨克斯坦0.46%、吉尔吉斯斯坦0.43%、乌兹别克斯坦0.21%、塔吉克斯坦0.06%、土库曼斯坦0.02%。进口比重分别为：哈萨克斯坦0.55%、土库曼斯坦0.38%、乌兹别克斯坦0.08%、塔吉克斯坦0.02%、吉尔吉斯斯坦0.003%。

从贸易份额来看，中国向该地区出口份额有所上升，其中向吉尔吉斯斯坦出口份额增长明显，从0.13%增长至0.25%。进口方面，中国从哈萨克斯坦的进口份额上升明显，从2021年的0.38%上升到2022年的0.55%。

从贸易增速看，中国向中亚5国出口和从中亚5国进口增速均为正值。出口增速从高到低依次为吉尔吉斯斯坦107.2%、土库曼斯坦68.6%、塔吉克斯坦42.5%、乌兹别克斯坦27.7%、哈萨克斯坦17.2%。进口增速从高到低依次为塔吉克斯坦117.5%、土库曼斯坦50.7%、哈萨克斯坦46.9%、吉尔吉斯斯坦2.3%、乌兹别克斯坦1.8%。

从贸易差额看，中国在该地区呈贸易顺差状态，总顺差为147亿美元，其中对吉尔吉斯斯坦贸易顺差较大，达154.2亿美元，对土库曼斯坦贸易逆差较大，为94.4亿美元。

2022年，中国与西亚17国贸易发展良好（见表6）。2022年中国与西亚 17 国贸易总额为 4633 亿美元，同比增长 31.5%，贸易份额从 5.8% 上升到 7.3%。其中出口 1944 亿美元，同比增长 43.1%，出口份额从 4.8% 上升到 5.4%；进口 2689 亿美元，同比增长 75.7%，进口份额从 7.1% 上升到 9.9%。

表 6 2022 年中国与西亚 17 国贸易情况

单位：亿美元，%

国 家	出口额	增速	进口额	增速	平衡
阿联酋	539.5	23.0	451.5	60.2	88.0
沙 特	381.0	25.3	778.1	37.3	−397.1
土耳其	341.0	16.8	45.3	−9.8	295.7
以色列	164.3	7.2	89.7	19.0	74.6
伊拉克	140.5	31.3	392.8	47.9	−252.3
伊 朗	94.7	14.0	63.7	−1.7	31.0
约 旦	57.2	43.1	7.4	75.7	49.7
科威特	49.8	13.4	264.4	49.3	−214.6
阿 曼	42.2	18.2	360.9	27.3	−318.7
卡塔尔	39.9	0.7	225.1	70.7	−185.1
也 门	28.0	9.0	6.3	34.6	21.7
黎巴嫩	25.3	67.2	0.64	38.7	24.7
巴 林	17.8	28.8	2.4	−39.2	15.4
塞浦路斯	11.7	34.3	0.35	20.7	11.3
阿富汗	5.5	16.7	0.42	−13.1	5.1
叙利亚	4.3	−11.8	0.02	74.6	4.2
巴勒斯坦	1.6	23.5	0.0002	−94.7	1.6

资料来源：中国海关总署（Wind 数据库提供）。

该地区石油输出国是中国的主要贸易伙伴，2022 年中国与沙特贸易额为 1159 亿美元，与阿联酋贸易额为 991 亿美元，与伊拉克贸易额为 533 亿美元，与阿曼贸易额为 403 亿美元，与科威特贸易额为 314 亿美元。在非主要石油输出国中，中国与土耳其贸易额为 386 亿美元，与以色列贸易额为 254 亿美元。从出口来看，中国对该地区出口前五个国家及出口额为：阿联酋 539.5 亿美元、沙特 381 亿美元、土耳其 341 亿美元、以色列 164.3 亿美元、伊拉克 140.5 亿美元。中国从该地区进口前五个国家及进口额为：沙特 778.1 亿美元、阿联酋 451.5 亿美元、伊拉克 392.8 亿美元、阿曼 360.9 亿美元、科威特 264.4 亿美元。

从贸易份额来看，中国与该地区主要伙伴贸易份额都同比上升。主要贸易伙伴份额变化上升情况：沙特 0.40%、阿联酋 0.38%、伊拉克 0.23%、卡塔尔 0.14%、科威特 0.13%、阿曼 0.11%。

从出口增速看，除叙利亚下降 11.8% 之外，中国对该地区其他国家贸易均呈增长状态，主要贸易国出口增速为：沙特 25.3%、阿联酋 23%、伊拉克 31.3%、阿曼 18.2%、土耳其 16.8%、科威特 13.4%、卡塔尔 0.7%、以色列 7.2%、伊朗 14.0%。

从贸易差额看，中国与该地区呈贸易逆差状态，总逆差额为 745 亿美元，其中主要逆差国及逆差额为：沙特 397.1 亿美元、阿曼 318.7 亿美元、伊拉克 252.3 亿美元、科威特 214.6 亿美元、卡塔尔 185.1 亿美元。主要顺差国为：土耳其 295.7 亿美元、阿联酋 88.0 亿美元、以色列 74.6 亿美元、约旦 49.7 亿美元、伊朗 31.0 亿美元、黎巴嫩 24.7 亿美元、也门 21.7 亿美元、巴林 15.4 亿美元、塞浦路斯 11.3 亿美元。

除乌克兰以外，2022 年中国与其余独联体欧洲国家贸易发展良好（见表 7）。2022 年中国与独联体欧洲国家 7 国贸易总额为 2056 亿美元，同比增长 18.9%，贸易份额从 2021 年的 2.9% 上升到 3.3%。其中出口 859 亿美元，同比增 4.4%，出口份额从 2021 年的 2.5 下降到 2.4%；进口 1197 亿美元，同比增长 32.1%，进口份额从 2021 年的 3.4% 上升到 4.4%。俄罗斯是中国在该地区的主要贸易伙伴，2022 年中国与俄罗斯贸易总额为 1885 亿美元，其次是乌克兰和白俄罗斯，与乌克兰贸易总额为 75.1 亿美元，与白俄罗斯贸易总额为 50.9 亿美元。出口方面，向俄罗斯出口 762.6 亿美元，占中国全球出口总额的 2.1%；进口方面，从俄罗斯进口 1122.3 亿美元，占中国全球进口总额的 4.1%，相对 2021 年份额上升 1.2 个百分点。与乌克兰的贸易份额相对下降，从 2021 年的 0.32% 降至 2022 年的 0.12%。

表7 2022年中国与独联体欧洲7国贸易情况

单位：亿美元，%

国　家	出口额	增速	进口额	增速	平衡
俄罗斯	762.6	12.8	1122.3	43.2	-359.7
乌克兰	33.0	-64.9	42.1	-56.9	-9.1
白俄罗斯	32.8	20.0	18.1	85.0	14.7
格鲁吉亚	12.5	21.6	1.6	-7.3	10.9
阿塞拜疆	11.4	14.3	2.5	32.0	8.9
亚美尼亚	4.8	44.5	9.5	-9.1	-4.7
摩尔多瓦	2.1	15.7	0.8	-18.9	1.3

资料来源：中国海关总署（Wind 数据库提供）。

从贸易差额看，与该地区总体呈贸易逆差状态，2022 年逆差为 337.7 亿美元。逆差主要来源于俄罗斯，为 359.7 亿美元，与 2021 年相比逆差扩大 252 亿美元。

2022 年，中国与南亚主要伙伴贸易发展良好（见表 8）。2022 年中国与南亚 7 国贸易总额为 1970 亿美元，同比增长 5.4%，贸易份额从上年的 2.1%上升到 2.2%。其中出口 1746 亿美元，同比增 13.7%，出口份额从上年的 4.6%上升到 4.9%；进口 224 亿美元，同比下降 32.7%，进口份额从上年的 1.2%降到 0.8%。印度、巴基斯坦和孟加拉国是中国在该地区的主要贸易伙伴，2022 年占中国全球贸易的份额分别为 2.2%、0.4%、0.4%。中国向南亚 7 国出口增速分别为：印度 21.7%、孟加拉国 11.3%、巴基斯坦-4.9%、斯里兰卡-28.4%、尼泊尔-15.3%、马尔代夫 11.2%、不丹 52.5%。进口方面，只有中国从不丹进口呈正增长，从其余 6 国进口均呈负增长。

从贸易差额看，中国与该地区贸易主要呈顺差状态，总顺差为 1522 亿美元，其中印度 1012.8 亿美元、孟加拉国 258.2 亿美元、巴基斯坦 195.9 亿美元、斯里兰卡 32.7 亿美元、尼泊尔 16.4 亿美元、马尔代夫 4.5 亿美元、不丹 1.7 亿美元。

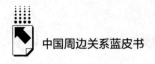

表 8　2022 年中国与南亚 7 国贸易情况

单位：亿美元，%

国　别	出口额	增速	进口额	增速	平衡
印　度	1187.7	21.7	174.9	-37.6	1012.8
孟加拉国	268.0	11.3	9.8	-6.2	258.2
巴基斯坦	230.3	-4.9	34.4	-4.3	195.9
斯里兰卡	37.6	-28.4	4.9	-24.1	32.7
尼泊尔	16.6	-15.3	0.2	-17.8	16.4
马尔代夫	4.5	11.2	0.00055	-98.7	4.5
不　丹	1.7	52.5	0.029	25845.5	1.7

资料来源：中国海关总署（Wind 数据库提供）。

从表 9 中 2022 年中国与大洋洲 15 国贸易情况看，中国与大洋洲绝大多数国家贸易发展良好。2022 年中国与大洋洲 15 国贸易总额为 2555 亿美元，同比下降 2.6%，贸易份额从 2021 年的 4.3% 下降到 4.1%。其中出口 945 亿美元，同比增 17.4%，出口份额从 2021 年的 2.4% 上升到 2.6%；进口 1610 亿美元，同比下降 11.4%，进口份额从 6.8% 降到 5.9%。

从贸易份额看，澳大利亚、新西兰是中国在该地区的主要贸易伙伴，2022 年中国与澳大利亚贸易额为 2196.9 亿美元，占中国全球贸易总额的 3.5%，且相比 2021 年下降 0.3 个百分点。中国与新西兰贸易额为 251.6 亿美元，占贸易总额的 0.4%，与 2021 年相比保持不变。中国对澳大利亚出口 789.8 亿美元、对新西兰出口 91.9 亿美元，从澳大利亚进口 1407.1 亿美元、从新西兰进口 159.7 亿美元。其中对澳大利亚出口份额从 2.0% 升至 2.2%，但从澳大利亚进口份额由 6.3% 降至 5.2%。

从贸易差额看，中国与该地区贸易主要呈逆差状态，总逆差为 665 亿美元，其中与澳大利亚贸易逆差为 617.3 亿美元，与新西兰贸易逆差为 67.8 亿美元。

表 9　2022 年中国与大洋洲 15 国贸易情况

单位：亿美元，%

国　别	出口额	增速	进口额	增速	平衡
澳大利亚	789.8	18.8	1407.1	−13.2	−617.3
新西兰	91.9	7.2	159.7	−1.1	−67.8
马绍尔群岛	34.6	9.0	0.00191	−93.1	34.6
巴布亚新几内亚	14.3	36.3	38.2	31.1	−23.8
斐济	5.1	25.7	0.4	−22.3	4.6
东帝汶	2.9	12.2	1.5	30.4	1.4
所罗门群岛	2.0	19.5	3.0	−6.0	−1.0
萨摩亚	1.2	21.7	0.00942	56.5	1.2
瓦努阿图	0.97	10.7	0.1	−9.1	0.9
汤加	0.6	6.0	0.0	−97.6	0.6
基里巴斯	0.4	18.5	0.00000	−100.0	0.4
图瓦卢	0.3	−28.3	0.00011	−71.1	0.3
密克罗尼西亚联邦	0.3	51.7	0.00102	−99.4	0.3
瑙鲁	0.13	16.0	0.00107	−1.8	0.1
库克群岛	0.1	189.6	0.00823	−59.9	0.11

资料来源：中国海关总署（Wind 数据库提供）。

（三）中国与周边国家贸易协定进展顺利

1. 全球最大自由贸易协定生效

《区域全面经济伙伴关系协定》（Regional Comprehensive Economic Partnership，RCEP）是由东南亚国家联盟 10 国发起，由中国、日本、韩国、澳大利亚、新西兰共同参加，共 15 个国家构成的全球最大自由贸易协定。根据世界银行数据，2020 年 RCEP 15 国 GDP 总额为 259634 亿美元，占全球 GDP 的 30.66%；人口总计 22.86 亿人，占世界总人口的 29.46%；贸易总额为 116525 亿美元，占全球贸易总额的 26.39%。2022 年各国相继批准 RCEP 生效。RCEP 生效后，中国对 RCEP 其他成员国实施大幅降税措施，中国对 RCEP 其他成员国关税削减情况见表 10。在关税削减的第 20年，中国对 RCEP 其他成员国关税几乎削减为零关税。已核准成员国之间

90%以上的货物贸易将最终实现零关税。协定生效当天，中国与东盟、澳大利亚、新西兰之间立即零关税比例将超过65%。中国与日本是新建立自贸关系，协定生效时的零关税比例分别达到25%和57%。[①]

表 10　中国对 RCEP 其他成员国关税削减情况（简单平均关税率）

单位：%

	基准税率	第 1 年	第 5 年	第 10 年	第 15 年	第 20 年	20 年之后
日　本	9.8	7.2	4.6	1.4	0.3	0.1	0.0
韩　国	9.8	6.2	3.8	0.7	0.3	0.1	0.1
澳大利亚	9.8	3.3	2.4	1.2	0.8	0.4	0.4
新西兰	9.8	3.3	2.4	1.2	0.8	0.4	0.4
东　盟	9.8	3.2	2.3	1.1	0.7	0.4	0.4

资料来源：笔者根据 RCEP 关税减让表绘制。

成员国围绕 RCEP 展开更多具有拓展性合作。一是组建 RCEP 智库机构。2022 年 9 月 23 日，中国（海南）改革发展研究院、新加坡国立大学东亚研究所共同倡议发起"RCEP 智库联盟"（RCEP Think Tank Network），包含 9 个 RCEP 成员国的 13 家智库。"RCEP 智库联盟"将围绕政府、企业、市场和民众都高度关注的议题开展研究，为政府提供政策咨询。二是成员国积极推进 RCEP 机制建设。2022 年 8 月 26 日，成员国召开联委会第二次会议，推进实施好协定、推进做实 RCEP 机制建设。9 月 17 日，第 21 次中国–东盟（10+1）经贸部长会议、第 25 次东盟–中日韩（10+3）经贸部长会议和第 10 次东亚峰会国家（10+8）经贸部长会议等东亚合作经贸部长系列会议举行，就深化中国–东盟经贸合作、推动中国–东盟自贸区 3.0 版建设、高质量实施 RCEP 协定、增强区域产业链供应链韧性、促进疫后经济复苏合作、维护多边贸易体制等国际和地区重点经贸合作达成多项共识。同时，成员国举行 RCEP 生效后首次部长级会议，发布联合声明。

2022 年是中国与 RCEP 其他 14 个成员国进行贸易的重要年份。RCEP

---

① 数据由笔者根据 RCEP 关税减让表直接计算所得。

的生效实施对中国与周边国家经贸发展带来了如下利好。

一是降低关税所带来的贸易成本下降。根据 RCEP，区域内 90% 以上的货物贸易最终将实现零关税，其中一部分立即降至零关税，另一部分则在 10 年内逐步降至零关税，这大大激发了区域内贸易的意愿。2022 年，中国与 RCEP 其他 14 个成员国的进出口贸易总额为 12.95 万亿元，增长了 7.5%，占中国外贸进出口总额的 30.8%；超过两位数增长的有 8 个成员国，其中对印度尼西亚、新加坡、缅甸、柬埔寨、老挝的进出口增速均超过了 20%。RCEP 涵盖的关税削减和贸易便利化等措施为企业降低了成本、提高了效益，RCEP 其他 14 个成员国成为中国企业拓展出口市场和进口消费品的重要来源国，并激发了区域内贸易合作潜力。

二是成员国间的产业合作不断增强，直接投资也持续增长。2022 年，中国与 RCEP 其他 14 个成员国的中间产品进出口总额达到 8.7 万亿元，增长了 8.5%，占同期中国与 RCEP 其他 14 个成员国进出口贸易总额的 67.2%。这显示了中国与 RCEP 其他 14 个成员国在中间产品贸易方面的密切合作。

三是促进了中国与东盟，中国与韩国的合作。2022 年韩国和东盟对中国的投资分别增长了 64.2% 和 8.2%。RCEP 的生效使得成员国之间在农产品贸易合作方面更为紧密，一些来自东盟国家的农产品，如缅甸的香蕉、柬埔寨的龙眼、越南的榴梿等，丰富了中国消费者的选择。

2. 中国递交加入 CPTPP 申请

中国在落实 RCEP 的同时，还在积极推动国内各项改革，为加入《全面与进步跨太平洋伙伴关系协定》（CPTPP）做进一步准备。例如，为满足 CPTPP 关于电子商务的高标准要求，近几年中国积极推出《数据安全法》《网络安全法》和《个人信息保护法》，制定与这三部法相配套的实施条例，既能满足 CPTPP 高标准要求，也符合中国深化改革方向。为此，2021 年 9 月 16 日，中国商务部部长王文涛向 CPTPP 保存方新西兰提交正式的加入申请。中国将继续深化改革，努力满足 CPTPP 的高标准要求；加快就劳工问题、环境保护、国企改革、争端解决等方面改革，同时就与 CPTPP 规则存

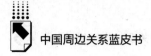

在的差异，和成员国展开一一沟通，加强协商，就相关问题缩小理解上的偏差。

3. 其他贸易协定进展

《中国-新西兰自由贸易协定升级议定书》正式生效。2008年4月7日，中国与新西兰签署《中国-新西兰自由贸易协定》；2016年11月，启动自由贸易协定升级谈判；2021年1月26日，签署《中国-新西兰自由贸易协定升级议定书》，扩大货物、服务、投资等领域市场开放，进一步提升贸易便利化等规则水平，新增电子商务、竞争政策、政府采购、环境与贸易等章节。2022年RCEP生效将进一步提质增效，深化中国-新西兰各领域务实合作。货物领域，双方新增部分木材和纸制品市场开放，进一步优化原产地规则、技术性贸易壁垒、海关便利化等贸易规则。服务贸易领域，中方在RCEP基础上，进一步在航空、教育、金融、养老、客运等领域扩大对新西兰的开放。新西兰在特色工种工作许可安排中，将中国公民申请量较大的汉语教师和中文导游赴新就业配额在原有基础上增加一倍，分别提高到300名和200名。投资领域，新西兰放宽中资审查门槛，确认给予中资与CPTPP成员同等审查门槛待遇。规则领域，双方承诺在电子商务、竞争政策、政府采购、环境与贸易等领域增强合作，其中环境与贸易章节超出RCEP，就提高环境保护水平、加强环境执法、履行多边环境公约达成较高水平合作条款。①

《中国-柬埔寨自由贸易协定》正式生效。② 2022年1月1日，协定生效后，双方货物贸易零关税产品税目比例均达到90%以上，服务贸易市场开放承诺也体现了各自给予自贸伙伴的最高水平。双方在RCEP基础上继续深化合作。

---

① 《商务部国际司负责人就中国-新西兰自由贸易协定升级议定书生效答记者问》，中国自由贸易区服务网，2022年4月7日，http://fta.mofcom.gov.cn/article/chinanewzealand/newzealandnews/202204/48080_1.html，最后访问时间：2022年10月26日。

② 《中国-柬埔寨自由贸易区》，中国自由贸易区服务网，http://fta.mofcom.gov.cn/cambodia/cambodia_special.shtml，最后访问时间：2022年11月13日。

《中国-新加坡自由贸易协定升级》后续谈判取得积极进展。2021年12月14日，中国与新加坡通过视频方式举行自由贸易协定升级后续谈判第三次首席谈判代表会议。2022年8月1日，双方通过视频方式举行自由贸易协定升级后续谈判第四轮谈判首席谈判代表会议，就有关章节文本、服务贸易和投资负面清单等议题方面取得谈判进展。

中国与海合会积极推进中国-海合会自贸协定谈判。2022年1月中国国务委员兼外交部长王毅与海湾阿拉伯国家合作委员会秘书长纳伊夫·本·法拉赫·本·穆巴拉克·哈吉拉夫举行会谈，双方同意尽快建立中海战略伙伴关系，签署中海战略对话2022~2025年行动计划，以及尽快完成中海自贸协定谈判，并计划在沙特阿拉伯王国首都利雅得召开第四轮中海战略对话。2022年9月29日，中国-海合会自贸协定第十轮谈判部级首席谈判代表会议召开，双方就货物贸易、服务贸易、投资、原产地规则、海关程序与贸易便利化等议题开展深入讨论，取得积极进展。①

中韩双方积极推动自贸协定第二阶段谈判。2022年7月13日，中国商务部与韩国产业通商资源部通过视频方式举行自贸协定第二阶段谈判首席谈判代表会议。双方就跨境服务贸易、投资和金融服务等议题规则和负面清单市场准入问题开展深入磋商，取得积极进展。②

二 中国与周边国家投资合作发展良好

（一）中国与东盟双向投资持续增长

2022年上半年，中国对东盟投资达到62.3亿美元，同比增长53.1%，

---

① 《中国与海合会举行自由贸易协定第十轮谈判部级首席谈判代表会议》，中国自由贸易区服务网，2022年9月，http://fta.mofcom.gov.cn/article/chinahaihehui/haihehuinews/202209/49887_1.html，最后访问时间：2022年10月26日。
② 《中国与韩国积极推动自贸协定第二阶段谈判》，中国商务部网站，2022年7月13日，http://mofcom.gov.cn/article/xwfb/xwrcxw/202207/20220703333274.shtml，最后访问时间：2022年10月26日。

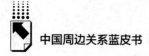
占中国 2022 年上半年对共建"一带一路"国家投资的 76.7%，东盟对华实际投入外资金额同比增长 5.9%。1 月至 7 月，中国与东盟累计双向投资额超过 3400 亿美元。

从国别来看，2022 年上半年，中国对印尼投资比 2021 年上半年的 17 亿美元增加一倍多，达到 36 亿美元。[1] 中国对越南投资也在持续上升，2022 年 1 月至 8 月，中国对越南投资存续有效项目共 3450 个，注册投资总额已超过 224 亿美元。越南统计局数据显示，2022 年 9 月，在越南新获批投资项目的 63 个国家和地区中，新加坡以 14.5 亿美元的投资额位居第一，占新注册资本总额的 20.4%；中国以 7.353 亿美元位居第五，占 10.3%。[2] 中国在马来西亚投资中也占主导地位。2022 年 1 月至 6 月，马来西亚外国直接投资占批准投资的 70.9%，价值 199 亿美元；在批准的总投资中，中国投资总额为 110 亿美元，其次是德国 20 亿美元、新加坡 14 亿美元、文莱 12 亿美元和荷兰 9 亿美元。[3] 中国对缅甸投资上升明显。2022 年 1 至 9 月，中国对缅甸投资 217 亿美元，同比增速 23.5%，仅次于新加坡的 257 亿美元和 27.9% 的增速。[4] 中国对老挝的投资也在加快推进。2022 年第四季度，中国老挝磨憨-磨丁经济合作区将开工项目 13 个，其中，产业项目 1 个、农林水利项目 1 个、市政基础设施项目 6 个、口岸配套设施项目 4 个、商业配套项目 1 个，总投资 382.3 亿元，2022 年计划完成投资

① Dandy Koswaraputra, "China Doubles Investment in Indonesia during First Half of 2022," October 24, 2022, https：//www. benarnews. org/english/news/indonesian/chinese－investment－indonesia－2022－10242022122341. html, 2022－10－24, accessed：2022－10－26.

② General Statistics Office of Vietnam, "Disbursement of Public Investment Capital, Foreign Direct Investment, Expecting the Last Months of 2022," September 10, 2022, https：//www. gso. gov. vn/en/data－and－statistics/2022/10/disbursement－of－public－investment－capital－foreign－direct－investment－expecting－the－last－months－of－2022/, accessed：2022－10－26.

③ "Malaysia Attracts RM87. 4 Billion in FDI from Jan-June 2022," September 3, 2022, https：//www. businesstoday. com. my/2022/09/03/malaysia－attracts－rm87－4－billion－in－fdi－from－jan－june－2022, accessed：2022－10－26.

④ Ministry of Investment and Foreign Economic Relations (MIFER), "The Republic of the Union of Myanmar. Foreign Investment by Country," September 30, 2022, https：//www. dica. gov. mm/en/topic/foreign－investment－country, accessed：2022－10－26.

16.9亿元。中国是柬埔寨的最大投资者。2022年1月至6月，柬埔寨吸引中国12.9亿美元固定资产投资，占该国同期批准资金的43%，[1]重点投资在农业和农产品加工业、制造业、旅游业等。但中国对菲律宾投资有所下降，从2021年的10.77亿菲律宾比索下降到2022年的4.93亿菲律宾比索，降幅达54.2%，对该国投资增速较高的国家是新加坡、越南、法国、加拿大、日本。[2]

（二）韩国、日本对中国投资持续增长

韩国、日本对中国投资持续增长，在逆境中不断突破。中国商务部数据显示，2022年前8个月中国吸引外资总共8927.4亿元人民币（约合1384.1亿美元），同比增长16.4%。其中，韩国实际对中国投资涨幅最大，达到58.9%。2022年上半年韩国企业总体海外直接投资金额为451.8亿美元，同比增长59.2%，中国也成为韩企第二大投资目的地。2022年1月至7月，日本累计对华投资超过1200亿美元，在华日企超过3万家。2021年日本对华直接投资达到39.1亿美元，同比增长16%。[3]2022年1月至8月，日本对华投资同比增长26.8%。[4]

（三）中国与俄罗斯投资合作势头正劲

2021年中俄贸易额达1468.87亿美元，同比增长35.8%，彰显中俄经贸合作潜力巨大。中国和俄罗斯双方正在积极研究价值1600亿美元的投资

---

① "Cambodia Attracts Copy. 29bn Investment from China in H1 of 2022," July 22, 2022, https：//www. bangkokpost. com/business/2352922/cambodia-attracts-1-29bn-investment-from-china-in-h1-of-2022, accessed：2022-10-26.

② Phulippine Statistics Authorty, "Approved Investment Second Quarter 2022," August 16, 2022, https：//psa. gov. ph/sites/default/files/% 28ons - cleared% 29 _ 4. % 20Q2% 202022% 20AI% 20Full%20Report%20ao%2015Aug2022_R_ONS-signed. pdf, accessed：2022-10-26.

③ 笔者根据中国商务部亚洲司《2020年1~12月中国-日本经贸合作简况》和《2021年1~12月中国-日本经贸合作简况》的数据计算。

④ 《外国投资者持续看好中国市场》，中国政府网，https：//www. gov. cn/xinwen/2022-09-27/content_5712603. htm，最后访问时间：2022年11月13日。

组合，用于资助 79 个重要且有前途的项目。① 双方在能源、渔业、农业、重金属、太空方面，将会有较广阔的合作空间。俄罗斯滨海边疆区设置中俄货运中转基地将会使两国贸易额增加超过 474 亿元人民币。② 基础设施建设方面，2021 年 8 月 17 日，中俄第一座跨江铁路桥梁通江铁路大桥安装完成；2022 年 6 月 10 日，中俄汽车桥黑河－布拉戈维申斯克正式开通，保障客货运输发展。在能源方面，中俄继续积极发展天然气、石油和新能源领域合作。中国石油天然气集团公司、俄罗斯天然气工业股份公司和俄罗斯石油公司签署中俄在远东地区购买和销售天然气的协议和附加协议，保证中国西部炼油厂的石油供应。2022 年 2 月 4 日中俄两国企业签署的《远东天然气供销协议》成为继东线天然气管道之后能源领域又一重大标志性合作，为我国实现双碳目标提供了新保障。中俄远东天然气购销协议是两国签署的第二份天然气长期供销协议，经由"远东管道"输气。该线路达产后，俄罗斯每年输往中国的管道天然气供应量将增加 100 亿立方米，加上"西伯利亚力量"管道的输气量，届时对华供气总量将达到每年 480 亿立方米。③

（四）中国与中亚5国投资合作逐渐加深

2022 年是中国与中亚 5 国建交 30 周年，双边于 2022 年 1 月 17 日举行中国-中亚经贸合作论坛，将共同加强共建"一带一路"倡议与中亚各国发展战略对接，推动基础设施联通合作，保障中吉乌公路、中塔公路、中国-中亚天然气管道、中哈原油管道等项目安全稳定运行，中国与中亚 5 国推动

① 《中国投资有助于加快与俄罗斯实施联合项目》，俄罗斯卫星通讯社，2022 年 12 月 13 日，https://spuntniknews.cn/20221213/1046346412.html，最后访问时间：2022 年 11 月 13 日。

② 《中俄或强强联手：价值 1600 亿美元的项目在酝酿！投资项目多达 79 个》，搜狐网，2022 年 9 月 8 日，https://www.sohu.com/a/583420353_334198? scm=9010.68.0.0.0&spm=smpc.content.fd-d.93.1662952339786rUwBfeI&_trans_=000019_wzwza，最后访问时间：2022 年 10 月 26 日。

③ 《中俄能源合作再进一步，签署远东天然气供销协议》，央视网，https://news.cctv.com/2022/02/06/ARTIl7qzVKif6l8ali6CKgFA220206.shtml，最后访问时间：2023 年 5 月 29 日。

油气、采矿、农业、纺织、加工制造等项目建设，提升中亚地区自主发展能力。未来双边将会加强跨境电商、数字经济、产业绿色转型、减贫、新冠疫苗、粮食安全、发展筹资等方面的合作交流。

在与中亚5国合作之中，中国与哈萨克斯坦投资合作成效良好。在新冠疫情和贸易、经济环境恶化背景之下，中哈经贸合作仍保持积极势头。2021年双边贸易额比2020年增长15.2%，达到182亿美元。中国是哈萨克斯坦的最大投资国，占该国总投资的4.7%。2005~2020年，中国对哈投资192亿美元，哈萨克斯坦对中国投资额为6.672亿美元。根据双边产业投资合作计划，中国已在哈萨克斯坦开工建设56家工厂，价值近245亿美元，哈中合资企业有700家。[①]

（五）中国与中东国家投资合作正在加深

中国与沙特投资空间广阔。2022年10月18日，中国能建与沙特新能源开发商ACWA Power签署沙特PIF二期2.6GW光伏项目合作协议。[②] 随着沙特"2030愿景"逐渐实施，沙特政府积极推动经济转型、发展非油产业，除能源、建筑、交通等传统领域之外，中国企业还将对沙特电商、新能源、5G、人工智能等领域进行投资。2022年7月，沙特公布THE LINE城市项目设计方案，中国在基建方面有比较强的优势，中国公司正在活跃参与THE LINE以及更大范围的NEOM未来城市计划。2022年10月，沙特王储穆罕默德发起全球供应链韧性倡议（GSCRI），将吸引106.4亿美元投资，用于推动沙特成为全球供应链重要枢纽。这些领域都将为中沙合作开创广阔空间。[③]

---

① 《综述：共建"一带一路"为中哈合作注入新的生机与活力》，中国政府网，2022年9月14日，https：//www.gov.cn/xinwen/2022-09/14/content_5709676.htm，最后访问时间：2022年11月13日。

② 《重磅！中国能建签下3.6GW风电、光伏国际大单（2.6GW光伏+1GW风电）》，中国电力网，2022年10月20日，http：//mm.chinapower.com.cn/tynfd/hyyw/20221020/171368.html，最后访问时间：2022年11月13日。

③ 《沙特王储发起全球供应链倡议》，中国商务部网站，2022年11月1日，http：//jedda.mofcom.gov.cn/article/jmxw/202211/20221103363944.shtml，最后访问时间：2022年11月13日。

中国也在积极推进与阿联酋投资合作。中国是阿联酋最大的贸易伙伴，阿联酋也是中国对外投资最重要的二十大目的地之一。2020年中国对阿联酋投资约652亿元人民币，2021年两国非石油贸易达4218亿元人民币，比2020年增长27%。截至2019年9月，阿联酋在中国已投资超过650个项目，多数集中于能源、银行、海运、自由贸易区等领域。[①] 中方在基础设施建设、能源等方面有丰富的经验，阿联酋则在航空物流、先进制造、城市规划、消费中心建设等方面具有先进经验。双方投资合作可以取长补短，扩大投资空间。

中国与伊朗全方位投资合作进展顺利。2021年3月，中国和伊朗正式签署为期25年的合作协议，加强两国在经贸、能源和安全领域全方位合作。中国将大幅增加在伊朗能源、电力、银行、电信、港口、铁路及农业等方面投资，具体项目包括在波斯湾的格什姆岛（Qeshm）等地设立自由贸易区、智慧城市、5G和多个城市地铁线建设，投资总额为4000亿美元。[②]

（六）中国与南亚、大洋洲投资潜力还需继续挖掘

受疫情影响以及中巴经济走廊建设第一阶段结束，2021至2022财年，中国对巴基斯坦投资下降29.27%至5.316亿美元，上一财年为7.516亿美元。但就国家而言，中国仍是巴基斯坦最大份额的净外国直接投资国。大部分中国投资属于CPEC范围，一期工程主要与电力和基础设施有关。当前，中巴经济走廊建设已经进入第二阶段，将会重点发展工业合作与农业合作，将加快中巴经济走廊框架下的特别经济区建设，也会借此推动巴基斯坦工业化。

受多种因素限制，中国对印度投资相对较少。2021~2022年，流入印度

---

① 《驻华大使：阿联酋在中国投资项目超650个》，中国日报网，2019年9月5日，https：//cn. chinadaily. com. cn/a/201909/05/WS5d709b17a31099ab995de20d. html，最后访问时间：2022年11月13日。

② 《中国与伊朗签署25年全面合作协议》，中国网，2021年3月28日，http：//henan. china. com. cn/news/2021-03/28/content_41511390. htm，最后访问时间：2022年11月13日。

的外国直接投资（FDI）共 588 亿美元，新加坡和美国是印度最大的两个投资国，新加坡以 159 亿美元的流入量位居印度 FDI 榜首，其次是美国的 105 亿美元，毛里求斯的 94 亿美元。2021~2022 年印度收到的 382 项中国 FDI 提案中，只有 80 项获得批准。中企在印度的 FDI 从 2017~2018 财年的 3.56 亿美元降到 2019~2020 财年的 1.63 亿美元，降幅达 54%。这主要与印度对外资持不欢迎态度，以及中国与印度地缘政治关系有关。印度政府经常修改外商投资规则。2020 年 4 月，印度总理纳伦德拉·莫迪为限制与印度接壤的国家对印投资，规定来自这些国家的投资者在投资印度或增加其在印度公司股份之前，必须获得监管部门批准。2022 年 4 月，印度通过《特许会计师、成本和工程会计师和公司秘书（修正案）法案》，提高了中国公司在印度投资的难度。①

澳大利亚紧密追随美国安全战略，导致其逐渐失去来自中国的投资机会。澳大利亚过于宽泛地定义"战略资产"，以及过于严格地设置针对中国投资的规则限制，使中国对澳投资从 2016 年 154 亿澳元的最高纪录，下降到 2021 年的 8 亿澳元，为近 15 年最低水平。

三 中国与周边国家经贸关系风险与展望

（一）风险

在风云变幻的国际格局之中，中国与周边国家经贸发展主要面临三重风险：一是地缘政治格局演变风险；二是发达国家主导的经贸格局演变风险；三是宏观经济政策逆转的风险。

地缘政治格局演变的风险。2022 年 3 月乌克兰危机爆发使全球经济蒙上阴影。俄罗斯与乌克兰都是中国在独联体国家中的重要贸易伙伴，两国也

---

① James Fox, "How is India Treating FDI Proposals Involving Chinese Entities?" August 18, 2022, https：//www.india-briefing.com/news/india-fdi-policy-china-companies-associated-entities-security-concerns-approvals-25534.html/, accessed：2022-10-26.

是全球价值链的重要构成部分，尤其是在农产品、化肥、半导体上游材料等方面，两国都占据重要市场地位。乌克兰危机爆发之后，全球大宗商品价格持续上涨，使本就处在通胀环境之中的全球经济雪上加霜，遭受供给侧与需求侧的双重打击。当前全球地缘政治风险有以下方面。一是乌克兰危机导致欧洲能源危机仍在持续，欧洲经济将经历加息和能源短缺风险。二是粮食安全危机在加剧。乌克兰危机爆发前，乌克兰和俄罗斯占世界小麦出口的30%，占葵花籽油出口的60%，为超过 26 个国家提供至少 50% 的谷物，但港口被封锁和军事化行动，导致该地区粮食出口困难。三是美国对亚洲地区地缘干预，可能导致中国市场半导体和高科技供应受阻。因此，地缘政治格局变化将冲击全球供应链。

发达国家主导的经贸格局演变风险。新冠疫情发生以来，美国在多个方面积极推出对外经济合作新框架，以分布于欧洲、亚洲和南美洲的美国-欧盟贸易和技术委员会（EU-US Trade and Technology Council，TTC）、"印度-太平洋经济框架"（Indo-Pacific Economic Framework，IPEF）、"美洲经济繁荣伙伴关系"（Americas Partnership for Economic Prosperity，APEP）为代表，推动其安全供应链和制造业战略新布局，从传统"本土生产"+"离岸外包"模式，转向"本土生产"+"再岸生产"+近岸外包+"友岸外包"的模式。同时，美国还联合全球至少 90 个国家或地区，推出高技术领域、互联网与数字、半导体、人工智能、锂电池、基础设施投资、关键矿产、医药、航空等 10 个方面新经济框架。这些框架所涉及领域是全球产业链的基础领域，也是推动全球科技进步的基础领域，框架内容与 WTO 非歧视原则背道而驰，将框架内容泛化为政治工具后，可能使全球供应链更加脆弱。

宏观经济政策逆转的风险。在前期过于宽松的政策刺激以及乌克兰危机导致的供应链受阻冲击之下，2022 年 9 月欧元区通胀率为 9.9%，英国为10.1%，美国为 8.2%。根据各国最近数据计算，全球 181 个经济体平均通胀率为 16.0%，GDP 加权平均通胀率为 9.0%。欧元区和美联储将转向更严格的政策立场，以促进就业最大化和物价稳定。但这种政策逆转对发展中国家而言可能是灾难。从资本渠道看，欧美加息可能导致资本从发展中国家流出，而受到疫情影响这些国家经济尚未完全恢复，尤其是在 2022 年供应链冲击之下，部分发展中国家还处于负增长中。从债务渠道看，重债国家将是加息最直接的受害者。根据世界银行国际债务统计（IDS）数据，2020 年各类国家外债占 GNI 比重中，最不发达国家为 40.2%、低收入国家为 33.2%、中低收入国家为 29.1%、中等收入国家为 29.0%、中高收入国家为 27.7%。在中国周边国家中，外债占 GDP 比重较高的有：蒙古国 280.0%、不丹130.7%、哈萨克斯坦 105.2%、老挝 94.9%、约旦 87.3%、白俄罗斯73.7%、柬埔寨 72.3%、斯里兰卡 71.8%、塔吉克斯坦 71.1%、摩尔多瓦68.4%、土耳其 61.3%、越南 48.7%、泰国 41.9%、印度尼西亚 40.5%、阿塞拜疆 37.5%、俄罗斯联邦 32.8%。欧美央行加息，将使那些外债占 GDP比重较高、经常账户赤字且短期负债比重较高的国家受到严重损害，增加其债务违约风险。从汇率角度看，发达国家升息将会导致发展中国家本币贬值风险。全球各国货币政策不同步，国内融资成本不一致，将导致继续实施宽松货币政策的发展中国家面临汇率灾难，进一步加剧其国内通胀和资本外逃。

（二）展望

2022 年，全球政治与经济格局遭遇诸多新挑战，既受新冠疫情的持续冲击，也受地缘政治、宏观经济政策逆转的冲击。但中国与周边国家经贸关系平稳发展，在逆境中仍然保持良好势头。贸易方面，在中国周边 64 个国家中，中国前 10 大贸易伙伴及贸易额分别为：韩国 2782 亿美元、日本 2710亿美元、越南 1722 亿美元、澳大利亚 1655 亿美元、马来西亚 1502 亿美元、俄罗斯 1348 亿美元、印尼 1102 亿美元、印度 1038 亿美元、泰国 1026 亿美元、沙特 869 亿美元。其中，中国对 59 个国家出口保持增长态势，对前 10大贸易伙伴平均出口增速为 19.1%；从 36 个国家进口保持增长态势，从前10 大贸易伙伴平均进口增速为 7.4%。投资方面，除受到南亚和大洋洲部分国家投资规则变动影响之外，中国与多数地区多数国家投资合作都有实质性进展，尤其是与东盟和日韩国家投资合作。在 RCEP 生效赋能之下，中国与

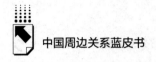

大多数 RCEP 成员国之间投资合作跨上新台阶。

未来中国与周边国家合作前景可期。

第一，RCEP 将继续赋能中国与东盟、日韩以及大洋洲国家经贸关系。一方面，RCEP 生效后为该地区带来了更多便利化投资机会，通过 RCEP 可解决市场准入和国民待遇问题，贸易方面原产地累积规则也有利于优化产业链投资布局，服务和投资方面累积机制以及很多投资互惠条例将进一步激励成员国内部投资。负面清单安排提升投资透明，特定的投资补偿机制也能对冲部分投资风险。因此 RCEP 生效为成员国投资提供更广阔的空间。另一方面，东盟各国也在深化改革、扩大市场开放力度，东盟部分国家签署 RCEP、CPTPP、IPEF 等经贸协定，将激发东盟投资便利化和贸易便利化红利，增强对外资吸引能力。

第二，中日韩合作有望取得实质性进展。中日韩三国 GDP、贸易额均占 RCEP 成员国总额的 80% 以上，中日韩合力推进 RCEP 成员国经贸合作，将促其成为全球最具活力、最具增长潜力的自由贸易协定。RCEP 生效虽然使中日和日韩首次形成相互开放市场、降低关税的制度安排，但仍需要利用 20 年以上时间实现 90% 左右的零关税商品比例目标。2022 年中日韩三国举办"中日韩地方政府合作对接会""第十一届东北亚产业技术论坛""2022 年中日韩合作国际论坛"，在 RCEP 成员国合作基础上，2023 年努力促成"第九次中日韩领导人会议"，尽快达成中日韩自由贸易协定，提前实现零关税大范围覆盖。

第三，中国与俄罗斯将继续拓展在科技、能源、农业、市场领域的合作空间。今年美欧贸易和技术委员会（TTC）在高端技术领域加强技术出口管制。随着乌克兰危机加深，美欧通过该工作组实施较为严格的出口管制措施，共同修改出口管制法律，严重冲击中国与俄罗斯全球高技术产品贸易和投资活动，大范围影响两国半导体行业、车辆制造、精密加工、通信、航空行业，损害两国高科技发展，将"次级制裁"扩大化和泛化。因此，中国与俄罗斯将继续保持强烈的合作意愿，发挥各自比较优势，继续拓展在科技、能源、农业、市场领域的合作。

第四，中国与中亚5国合作将取得新进展。2022年6月8日，"中国+中亚五国"外长第三次会晤通过《关于深化"中国+中亚五国"互联互通合作的倡议》。6国表示，将充分发挥跨境铁路运输优势，积极推进国际公路运输便利化，逐步恢复客货运航班正常往来，全面加强口岸通关能力建设，积极打造人畅其行的"快捷通道"，不断完善物畅其流的"绿色通道"，完善互联互通体制机制建设。①

第五，中国与中东国家合作将更加多元化。近年来，中国已成为中东国家，尤其是沙特和阿联酋的重要贸易伙伴。中东国家受制于产业结构单一，以沙特和科威特为代表的国家正在寻求产业机构多元化和产业转型升级，沙特和科威特分别推出"2030愿景"和"2035愿景"。中国与这些国家的合作，逐渐从传统能源领域转向多元化领域，包括旅游、电信、可再生能源、智慧城市、人工智能和科技、社交网络应用程序、数字支付平台等。中国已经与海合会举行了自贸协定第十轮谈判部级首席谈判代表会议，取得了积极进展。

---

① 《关于深化"中国+中亚五国"互联互通合作的倡议》，中国政府网，2022年6月9日，https://www.gov.cn/xinwen/2022-06-09/content_5694743.htm，最后访问时间：2022年11月13日。

B.13
2022年中国与周边国家高质量共建
"一带一路"的发展现状及法律机制建设

孙南翔*

摘　要： 共建"一带一路"已成为深受欢迎的国际公共产品和国际合作
平台。2022年，中国与共建"一带一路"国家的贸易投资规模
持续稳定增长，跨境合作的机制化程度不断提高，但也面临大国
政治博弈以及发展中国家债务可持续性不足等挑战。推动共建
"一带一路"高质量发展需要法治提供支撑和保障。目前，中国
与周边国家共建"一带一路"面临跨境合作法律机制不健全、
海外投资规制手段不充分、涉外法治体系系统性不足等制度障
碍。有鉴于此，我国应加快建立完善的海外投资保障法律机制，
升级对外援助立法体系，同时应加强保障境外人员安全的法律机
制建设，进一步推动国际商事法庭制度的改革。

关键词： 中国　"一带一路"　周边国家　法治　海外投资

党的二十大报告中指出，"共建'一带一路'成为深受欢迎的国际公共
产品和国际合作平台"，"推动共建'一带一路'高质量发展"。[①] 建设"一

＊ 孙南翔，中国社会科学院国际法研究所副研究员、科研处副处长，研究方向为国际经济法、
网络法。
① 《习近平：高举中国特色社会主义伟大旗帜　为全面建设社会主义主义现代化国家而团结
奋斗——在中国共产党第二十次全国代表大会上的报告》，中国政府网，2022 年 10 月 25
日，https://www.gov.cn/xinwen/2022-10/25/content_ 5721685.htm，最后访问时间：2022
年 12 月 10 日。

带一路"不仅为我国改革开放和持续发展提供了新动力，也为中国和周边国家经贸合作以及世界经济繁荣发展提供了新方案。中国通过共建"一带一路"，提高了国内各区域开放水平，拓展了对外开放领域，推动了制度型开放，构建了广泛的朋友圈，探索了促进共同发展的新路子，实现了同共建国家互利共赢。①

当然，与高质量共建"一带一路"的任务相比，中国与周边国家在推进"一带一路"合作的机制建设方面存在一些挑战。例如个别周边国家存在贸易投资法律滞后问题，跨区域层面的贸易投资争端解决机制仍匮乏。②高质量共建"一带一路"需要法治理念和法律制度发挥引领和规范作用。③"一带一路"作为中国发起、多方参与的国际合作机制，要求明确共同合作方所认可的原则以及相关的法律规范，并以此为基础建立治理平台，推动形成广泛的共识，解决潜在的分歧。上述种种均离不开法治的保障和支持。总体而言，法治是防止"一带一路"建设无序发展的关键因素，也是规范中资企业海外投资行为的重要手段。为确保中国与周边国家在共建"一带一路"方面取得实质性成果，我们必须强化法治思维和法治方法的运用。

一 中国与周边国家共建"一带一路"的发展现状

（一）贸易投资规模持续增长，经贸合作领域不断扩展

自中国提出"一带一路"倡议以来，"一带一路"沿线国家不断携手推进自由贸易和投资进程。据统计，2013年至2021年中国对沿线国家累计直

---

① 《习近平出席第三次"一带一路"建设座谈会并发表重要讲话》，中国政府网，2021年11月19日，http://www.gov.cn/xinwen/2021-11/19/content_5652067.htm，最后访问时间：2022年12月10日。

② 刘敬东：《"一带一路"法治化体系构建的再思考》，《环球法律评论》2021年第3期，第183~186页。

③ 王灵桂：《法治"一带一路"的内涵与构建路径》，《国际法研究》2022年第2期，第3页。

接投资 1613 亿美元, 年均增长 5.4%, "一带一路"沿线国家已成为我国企业对外投资的首选地。[1] 2022 年 1~11 月, 我国对"一带一路"沿线国家合计进出口 12.54 万亿元, 增长 20.4%。其中, 出口 7.13 万亿元, 增长 21%; 进口 5.41 万亿元, 增长 19.7%。[2] 在对外承包工程方面, 截至 2022 年 9 月底我国企业在"一带一路"沿线国家新签对外承包工程项目合同 4357 份, 新签合同额 767 亿美元, 完成营业额 573.3 亿美元。[3] 必须指出的是, 周边国家是我国扩大进出口和对外投资的主要国家。2022 年, 东盟再次成为我国第一大贸易伙伴。2022 年前三个季度, 中资企业在"一带一路"沿线国非金融类的直接投资达到 156.5 亿美元, 主要投向新加坡、印尼、马来西亚、巴基斯坦、阿拉伯、越南、泰国、柬埔寨、塞尔维亚和孟加拉国等。

共建"一带一路"不仅着眼于当前共同应对新冠疫情的挑战, 更长远布局后疫情时代经济复苏的新机遇。[4] 在全球新冠疫情暴发的背景下, 人类面临共同的挑战, 共建"一带一路"提出了新的应对方案。中国向周边国家供应口罩、防护服、检测试剂及疫苗等, 携手与 30 多个国家开启疫苗合作伙伴关系倡议, 为防护相关国家民众健康和生命安全提供了保障。同时"一带一路"互联互通取得新进展, 为周边国家带来新的机遇。截至 2022 年 1 月底, 中欧班列累计开行已超过 5 万列, 运送货物突破 455 万标箱, 货值高达 2400 亿美元, 中欧班列的开通惠及我国周边国家的经济发展。根据巴基斯坦计划委员会不完全统计, 中巴经济走廊第一阶段早期收获项目已创造约 3.8 万个工作岗位, 75%以上为当地就业, 其中能源项目吸纳 1.6 万名

---

[1] 《"一带一路"建设成果丰硕 推动全面对外开放格局形成——党的十八大以来经济发展成就系列报告之十七》, 中国政府网, 2022 年 10 月 9 日, http://www.gov.cn/xinwen/2022-10/09/content_5716806.htm, 最后访问时间: 2022 年 12 月 10 日。

[2] 《海关总署: 前 11 个月我国对"一带一路"沿线国家进出口增长 20.4%》, 中国新闻网, 2022 年 12 月 7 日, https://www.chinanews.com/cj/2022/12-07/9909749.shtml, 最后访问时间: 2022 年 12 月 10 日。

[3] 《2022 年 1~9 月我对"一带一路"沿线国家投资合作情况》, 中国商务部网站, 2022 年 10 月 28 日, http://fec.mofcom.gov.cn/article/fwydyl/tjsj/202210/20221003363217.shtml, 最后访问时间: 2022 年 12 月 10 日。

[4] 翟东升:《共建"一带一路"在全球性危机中育新机》,《光明日报》2022 年 3 月 16 日, 第 12 版。

巴方工人和工程师就业，交通基础设施建设创造约 1.3 万个工作岗位。① 由此可见，"一带一路"不仅成为推动构建人类命运共同体的有效方案，而且也是建设更加美好世界的生动实践。

（二）与区域组织的合作机制建设不断增强

中国与周边国家共建"一带一路"的合作机制不断强化。截至 2022 年 12 月，中国已经同 150 个国家和 32 个国际组织签署 200 余份共建"一带一路"合作文件，② 产生了广泛的号召力和影响力。我国与周边国家通过共商共建持续深化合作。2022 年 11 月 11 日，中国-东盟领导人会议在柬埔寨金边举行，发表《关于加强中国-东盟共同的可持续发展联合声明》，推动"一带一路"倡议与"东盟印太展望"战略的结合。

"一带一路"为深化上合组织区域经济合作提供了强有力支撑，得到广泛认可。2022 年 9 月 16 日，上海合作组织成员国元首理事会第二十二次会议在撒马尔罕召开，会议通过《撒马尔罕宣言》及关于应对气候变化、维护供应链安全稳定多元化、维护国际粮食安全、维护国际能源安全等重要文件，为地区稳定发展注入强心剂，为变乱交织的国际形势增添稳定性与确定性。③

随着共建"一带一路"持续走深走实，构建中阿命运共同体成为中阿合作的最新成果。2022 年 12 月 8 日，中国政府与沙特政府签署了《中华人民共和国政府和沙特阿拉伯王国政府关于共建"一带一路"倡议与"2030 愿景"对接实施方案》。12 月 9 日，首届中国-阿拉伯国家峰会如期举行，峰会发表《首届中阿峰会利雅得宣言》《中华人民共和国和阿拉伯国家全面

---

① 《"一带一路"建设成果丰硕 推动全面对外开放格局形成——党的十八大以来经济发展成就系列报告之十七》，中国政府网，2022 年 10 月 9 日，http://www.gov.cn/xinwen/2022-10/09/content_5716806.htm，最后访问时间：2022 年 12 月 10 日。

② 参见《已同中国签订共建"一带一路"合作文件的国家一览》，中国一带一路网，2022 年 8 月 15 日，https://www.yidaiyilu.gov.cn/xwzx/roll/77298.htm，最后访问时间：2022 年 12 月 9 日。

③ 李天毅：《上合组织撒马尔罕峰会：乘风破浪立潮头 携手共进谱新篇》，《光明日报》2022 年 9 月 18 日，第 8 版。

合作规划纲要》和《深化面向和平与发展的中阿战略伙伴关系文件》，中国与阿拉伯国家相关机构在共建"一带一路"、能源、粮食、投资、绿色、安全、航天等领域签署和达成了多项合作文件。①

（三）在地缘政治博弈与债务危机的影响下，我国对外投资的风险有所增加

在国际社会发生复杂变化的深刻背景下，中国与周边国家共建"一带一路"也面临一些挑战。例如，美国等个别西方国家持续对共建"一带一路"国家进行打压，近期又提出新的制衡战略。2022年5月23日，美国总统拜登宣布启动"印太经济框架"。美国宣称其邀请参加的成员国标准在于"是否支持美国价值观和规则"。美国贸易代表戴琪甚至直接表示，有关框架旨在"有效反制中国不断增长的影响力"。② 2022年6月26日，七国集团（G7）在德国举行峰会期间又宣布启动全球基础设施投资项目，以抗衡"一带一路"倡议。美国把"战略竞争"作为中美关系主基调，并一直以"进攻姿态"针对中国或其他对美国利益"构成威胁"的国家。③ 此种冷战思维与"一带一路"所秉持的多边主义、共商共建共享的全球治理观存在本质的区别。

受新冠疫情持续、俄乌冲突和美联储加息的影响，中国的个别周边国家债务可持续性问题有所凸显。为抗击疫情和支持私营部门，多数政府普遍产生了大规模公共支出，财政压力和债务负担进一步加重。2021年，新兴市场和发展中经济体的平均赤字为5%，政府债务与GDP之比为65%，较疫情前（2010~2018年）历史均值分别高出5个百分点和42个百分点。俄乌冲突引发的大宗商品贸易中断、供应链断裂、价格飙升以及运输物流成本提高

---

① 《习近平出席首届中国-阿拉伯国家峰会并发表主旨讲话》，《人民日报》2022年12月10日，第8版。

② 蓝庆新：《美国主导的"印太经济框架"难掩其逆全球化本质》，《光明日报》2022年5月26日，第12版。

③ 翟东升：《共建"一带一路"在全球性危机中育新机》，《光明日报》2022年3月16日，第12版。

给全球通货膨胀与经济复苏带来了新的沉重压力。[①] 此外，由于高通胀压力，美欧货币政策转向加快。对新兴和发展中国家而言，这意味着融资条件收紧、风险溢价上升，以及资本外流和货币贬值压力增大。多重负面影响下，新兴和发展中国家或将出现一波主权债务违约潮。国际货币基金组织发布的《财政监测报告》显示，2022年，预计全球政府债务与GDP之比将达到91%，较疫情前水平高出约7.5个百分点。[②]

自"一带一路"倡议提出以来，我国通过各种方式对周边国家提供资金支持。中资企业对周边国家的投资规模相对较大，但也面临个别东道国政府违约的风险。近年来，中资企业在投资过程中与东道国发生纠纷的现象时有发生。2022年，国际投资争端解决中心（ICSID）先后登记了两起中国投资者诉"一带一路"参与国政府的案件，分别是中国香港投资者诉沙特阿拉伯王国、中国电建集团华东勘测设计公司和中铁十八局诉越南的投资仲裁案件。这进一步体现出中资企业在周边国家的投资中面临的法律风险和挑战。

二 推动中国和周边国家高质量共建"一带一路"存在的制度障碍

（一）跨境合作的法律制度建设相对薄弱

"一带一路"吸引了各方主体的广泛参与，但未形成专门的多边条约安排。与西方国家推动国际经济合作、区域经济一体化所采用的规则导向方式不同，我国采取了非正式和机制宽松的路径，与周边国家共建"一带一路"，力求在"共商共建共享"原则下实现互利共赢。[③]

---

① 盛斌等：《俄乌冲突对国际经贸格局的影响》，《国际经济评论》2022年第3期，第22页。

② 《财政监测报告》，国际货币基金组织网站，2022年10月9日，https：//www.imf.org/zh/Publications/FM/Issues/2022/10/09/fiscal-monitor-october-22，最后访问时间：2022年12月9日。

③ Wang Jiangyu, "China's Governance Approach to the Belt and Road Initiative (BRI)：Partnership, Relations, and Law," *Global Trade and Customs Journal*, 14 (5), 2019, pp. 1-12.

有观点认为，现有的"一带一路"法律框架由初级协定（primary agreements）和次级协定（secondary agreements）两类协定构成。[1] 初级协定是中国与其他国家政府或国际组织缔结的，体现参与"一带一路"合作意愿的、不具法律约束力的文件。次级协定是具体实施"一带一路"项目的法律文件，一般涉及参与同一个项目的不同机构之间的多个合同。[2] 归纳而言，次级协定有两类：一类是履约协定，包括履行担保合同、经济稳定合同、土地使用合同和可能涉及排他许可的特许权协议；另一类是融资协定，包括贷款协议和拨款协议。次级协定可能是直接或间接的政府间协定，也可能是企业与政府或者企业间的协定。[3]

实践中，已经缔结的合作文件大多数是初级协定。这些初级协定为中国与周边国家的"一带一路"合作制定了框架，为实施"一带一路"项目的次级协定奠定了基础。这些合作文件通常明确指出它们不具有法律约束力，[4] 其条款通常是倡导性和建议性的，并无强制义务。[5]

我国周边国家的法律涉及多种法系（如英美法系、大陆法系、伊斯兰法系）。无疑，"一带一路"参与方的法律机制存在显著差异，这导致参与方的利益需求、合作意愿、对法律的认同和遵守程度都具有不确定性。当前的软法治理模式具有灵活性，有利于应对各种不确定性引发的变化，但是由于现阶段的"一带一路"尚未形成具有约束力的法律框架，法治机制较为薄弱，无法满足"一带一路"法治化的可预期性和稳定性。同时，因缺乏有效的争端解决机制，非正式化和弱机制化所导致的制度弱点更加凸显。目前，大多数"一带一路"合作文件中的争端解决条款写明"备忘录解释或

---

[1] Heng Wang, "The Belt and Road Initiative Agreements：Characteristics, Rationale, and Challenges," *World Trade Review*, 20（2），2021, p. 283.

[2] Patrick M. Norton, "China's Belt and Road Initiative：Challenges for Arbitration in Asia," *U. Pa. Asian L. Rev*, 13（2），2018, pp. 72-84.

[3] Heng Wang, The Belt and Road Initiative Agreements：Characteristics, Rationale, and Challenges, *World Trade Review*, 20（2），2021, p. 287.

[4] 参见 Victorian Government-NDRC Framework Agreement, Article VII。

[5] 参见 China-Swiss MOU on Developing Third-Party Market Cooperation（2019），paras. 1, 3。

执行过程中出现的任何分歧将通过友好协商解决"。① 但协商缺乏保障程序公正的措施，话语权重几乎由实力大小决定，且各方不同的历史文化矛盾、意识形态分歧和利益冲突都可能导致谈判陷入僵局甚至破裂。② 一旦谈判破裂，"一带一路"合作文件也并未规定相应的补救措施，争端无法得到有效解决，有损政府间的友好合作关系，进而从根本上影响周边国家"一带一路"项目的实施。

（二）鼓励和保障海外投资的法律机制付之阙如

迄今为止，我国海外投资取得重大成果。近年来，我国海外投资相对平稳健康地发展，总体上海外投资呈稳步增长的趋势。国际投资头寸表显示，截至 2021 年底，我国对外直接投资存量稳定在 2.6 万亿美元。③ 目前，虽然在"一带一路"背景下，我国企业海外投资成效显著，但仍处于发展阶段，少数海外投资企业的合规意识和合规制度建设仍存在不足。例如，个别中资企业对自身发展缺乏长远和明确规划，对东道国资源、市场等缺乏深入研究，海外投资决策中有跟风的因素，因此导致投资失败。还有个别中资企业追求短期利益，通过恶意压低价格等不良手段获取项目，严重影响了中国与周边国家共建"一带一路"的进展。④ 出现这一情况的主要原因是，我国尚未建立一个统一、完善的海外投资立法体系。

我国有关海外投资的法律规定的全面性相较于西方发达国家存在一定差距。全球主要的对外投资大国均建立了较完善的对外投资法律体系。美国长期坚持通过法律对海外投资进行规范，尤其是在第二次世界大战之后，美国

---

① 例如参见《中华人民共和国政府与波兰共和国政府关于共同推进"一带一路"建设的谅解备忘录》，《中华人民共和国政府和新西兰政府关于加强"一带一路"倡议合作的安排备忘录》。

② 参见王惠茹《国际私法与谈判协商的互动——基于国际法院实践样本的考察》，《国际法研究》2020 年第 1 期，第 76 页。

③ 《2021 年中国国际收支报告》，国家外汇管理局网站，2022 年 4 月 2 日，https：//www.safe.gov.cn/dalian/2022/0402/1539.html，最后访问时间：2022 年 11 月 4 日。

④ 参见祁欣、张威《建立海外投资支撑体系——推进共建"一带一路"向高质量发展转变》，《国际贸易》2019 年第 2 期，第 69~70 页。

制定了《经济合作法》（Economic Cooperation Act）、《对外援助法》（Foreign Assistance Act）、《共同安全法》（Mutual Security Acts）等一系列的单行法或综合法，对海外投资主体、投资方式、税收征管等进行调整，以扩大美国对外投资，保护美国海外投资的安全与利益。[①] 20 世纪 70 年代以来，为促进和保障企业对外投资，日本建立了比较完善的对外投资法律体系，主要包括《外资法》《外汇法》等法律。[②] 德国基于本国实际和需要制定了较完善的促进企业赴境外投资的相关法律体系，在对外投资贸易领域，现行的法律法规主要有《对外经济法》和《对外经济法实施细则》。[③]

在推动中国与周边国家共建"一带一路"方面，我国没有专门的海外投资立法，有关的立法规定零散地分布于各个部门制定的文件中，难以为我国的投资发展提供全面的保障。为此，我国可借鉴发达国家及地区的有益经验，构建体系化的海外投资立法体系。实际上，此类立法工作不仅可以使我国在海外投资活动中规避风险，而且可以使我国海外投资企业在对外投资过程中有相应的法律依据。通过完善海外投资立法，支持和鼓励企业赴周边国家投资，加强对企业海外投资保护力度，规范企业海外投资行为，加强海外投资风险管控，对维护企业正当利益、促进"一带一路"高质量发展意义重大。

（三）统筹国内法治和涉外法治存在不足

统筹国内法治和涉外法治，是推动共建"一带一路"高质量发展的重要路径。近年来，为服务和保障"一带一路"建设，我国最高人民法院出

---

① 裴长洪：《全球海外投资促进体系考察》，载裴长洪主编《中国海外投资促进体系研究》，社会科学文献出版社，2013，第 204 页。
② 王辉耀：《加快对外投资立法，稳步推进中国企业全球化进程》，载孙玉红、王辉耀主编《企业国际化蓝皮书：中国企业全球化报告（2015）》，社会科学文献出版社，2015，第 177 页。
③ 王辉耀：《加快对外投资立法，稳步推进中国企业全球化进程》，载孙玉红、王辉耀主编《企业国际化蓝皮书：中国企业全球化报告（2015）》，社会科学文献出版社，2015，第 177 页。

台了一系列重要的司法文件与改革措施。最高人民法院于 2015 年和 2019 年先后发布并实施《关于人民法院为"一带一路"建设提供司法服务和保障的若干意见》《关于人民法院进一步为"一带一路"建设提供司法服务和保障的意见》。上述指导意见要求人民法院充分发挥司法职能,创新完善涉"一带一路"案件法律适用机制规则,推动完善国际商事纠纷解决机制。2018 年 6 月,最高人民法院在深圳、西安两地设立国际商事审判机构。最高人民法院国际商事法庭充分发挥"一审终审制"等机制优势,积极借鉴国际商事审判的先进理念及国际商事法律发展的最新成果,公正高效地审结了数宗颇有影响力的国际商事案件,为营造稳定、公平、透明、便捷的法治化营商环境贡献了中国力量。

但与推动中国和周边国家高质量共建"一带一路"的要求相比,我国在统筹国内法治和涉外法治方面仍有不足。一方面,我国涉外法律规范体系尚不完备。一是重要领域的立法仍存在阙漏,如对外投资、对外援助、领事保护等方面存在无法可依或法律层级较低的问题。二是已有的部分法律规则内容较为模糊,如对外贸易、国籍等领域的法律法规较为笼统,需进一步细化、完善,增强可操作性。[1] 三是一些法律规则尚未实现与国际规则的和谐统一,同时我国法律的域外适用机制并不完善,我国绝大多数法律并没有界定其适用范围,或仅使用一般性的术语表述,未能给我国法律的域外适用提供完备、确切的法律基础。[2] 另一方面,涉外法治实施体系存在薄弱环节。例如,一些现有的政策性法规缺乏透明度,容易被西方国家质疑并利用舆论抹黑。此外,现有的涉外法律人才数量和质量与我国在国际事务中扮演的角色不能相匹配,我国法律服务行业的国际化步伐总体上滞后于我国企业"走出去"的速度和需求。[3]

---

① 黄惠康:《准确把握"涉外法治"概念内涵 统筹推进国内法治和涉外法治》,《武大国际法评论》2022 年第 1 期,第 9 页。
② 孙南翔:《美国法律域外适用的历史源流与现代发展——兼论中国法域外适用法律体系建设》,《比较法研究》2021 年第 3 期,第 180 页。
③ 参见黄惠康《准确把握"涉外法治"概念内涵 统筹推进国内法治和涉外法治》,《武大国际法评论》2022 年第 1 期,第 9 页。

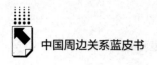
三 推进中国与周边国家高质量共建
"一带一路"的建议

（一）加快建设完善的海外投资支撑体系

推动中国与周边国家高质量共建"一带一路"，需要尽快建立海外投资保障体系。随着共建"一带一路"持续走深走实，中国与周边国家投资合作规模将持续扩大，投资领域将持续拓宽，对投资支撑体系的需求也进一步增加。当前的立法尚无法满足中国与周边国家"一带一路"投资合作的发展需求，为保障共建"一带一路"高质量发展，须尽快建立完善的海外投资支撑体系[①]，其中最为重要的是要加快建立海外投资保险体系。

我国海外投资数额巨大，同时不少企业海外投资面临巨大风险，甚至遭遇重大损失，因此，构建海外投资保险制度成为促进海外投资，控制海外投资风险的重要制度安排。从国外实践看，美国、德国、日本、韩国、俄罗斯等国家都通过立法，明确海外投资保险机构及其业务范围，为海外投资企业提供保险业务，降低其经营风险。

参考美德日的经验，我国应结合共建"一带一路"面临的问题和挑战，加快制定海外投资保险专门立法。相关立法的内容可考虑：在实施机制上，完善双边投资协定中的代位权条款，构建海外投资保险追偿机制；扩大海外投资保险对境外投资风险的承保范围，加强承保力度；在资本运营上可适度引入多元资本，扩大被保险人范围。

（二）提升对外援助立法的体系性

随着我国日益走近世界舞台的中央，作为中国与周边国家共建"一带

---

① 祁欣、张威：《建立海外投资支撑体系——推进共建"一带一路"向高质量发展转变》，《国际贸易》2019年第2期，第69页。

一路"的重要内容，对外援助的地位和作用日益突出。近年来，中国稳步提高对外援助资金规模，进一步扩大援助范围。据国家国际合作发展署统计，从 2013 年到 2018 年，我国通过无偿援助、无息贷款和优惠贷款等形式，对外援助的总额达到 2702 亿元人民币。[①] 如何进一步统筹对外援助工作，规范对外援助行为，提升对外援助实效，是推动中国与周边国家共建"一带一路"高质量发展的重要课题。

从国际上看，许多国家制定了对外援助法，例如美国 1961 年的《对外援助法》以及韩国 2010 年的《国际发展合作框架法》。与其对比，我国现有的对外援助法律体系偏重实用，强调可操作性，但也存在结构分散、立法层级低、处罚力度不够等问题。鉴于此，参考美国等国家的经验，应系统构建和完善我国对外援助法律体系。[②] 一是明确对外援助的内涵目标和基本原则；二是明确对外援助的形式，不仅要考虑传统的政府直接援助，还要考虑同东盟、上海合作组织等区域内国际组织等合作实施的援助项目以及民间力量的参与；三是加强与相关法律的协调与衔接，完善对外援助监督、统计和信息公开制度。

（三）加强保障境外人员安全的法律机制建设

党的十九届四中全会提出，要构建海外利益保护和风险预警防范体系，完善领事保护工作机制，维护海外同胞安全和正当权益，保障重大项目和人员机构安全。2019 年，习近平总书记在中央政法工作会议上进一步强调："要加强构建海外安全保护体系，保障我国在海外的机构、人员合法权益。"[③] 20 世纪以来，中国逐步建立了中央、地方、驻外使领馆、企业和公

---

① 参见《〈新时代的中国国际发展合作〉白皮书》，中国政府网，2021 年 1 月 10 日，http://www.gov.cn/zhengce/2021-01/10/content-5578617.htm，最后访问时间：2022 年 11 月 10 日。

② 韩永红：《中国对外关系法论纲——以统筹推进国内法治和涉外法治为视角》，《政治与法律》2021 年第 10 期，第 88~89 页。

③ 参见《习近平出席中央政法工作会议并发表重要讲话》，中国政府网，2019 年 1 月 16 日，https://www.gov.cn/xinwen/2019-01/16/content_5358414.htm，最后访问时间：2022 年 11 月 10 日。

民个人"五位一体"的境外安保工作联动网络，形成了立体式领事保护机制模式，海外安全应急和保障能力取得了长足进展。①

但是，在中国与周边国家共建"一带一路"背景下，我国境外人员安全与劳工权益保障机制是一个更为复杂的工程，还有一些问题亟待完善。一方面，对境外人员的保护仍不充分，一些法律规范不健全，甚至也缺乏体系性的立法规范。传统上，对一国海外公民保护的重要方式为领事保护，但我国至今都不存在专门的领事保护立法。这导致对领事保护的职责等规定不清，执法和司法难以发挥有效的作用。而已有的法律规范缺乏统一的上位法约束，相互之间存在冲突，严重减损了法律适用的效力。② 另一方面，保护海外中国公民权益的司法机制有待完善，特别是应解决我国法律域外适用机制的效能，赋予公民申请获得司法救济的权利。

虽然海外公民权益的保护对于我国具有重大意义，但相应的法律保护机制存在供给不足。境外人员安全法律机制要以最大限度保护我国公民合法权益为目标，以公平正义为理念。首先，应完善境外人员权益保护法律体系，解决法律漏洞、法律冲突问题，为境外人员权益保护提供有效的法律框架。其次，要增强境外人员法治意识，引导其积极了解所在国的法律制度和文化，善于用法律手段维护自身权益；最后，要加强与各国的交流合作，消除国际社会的偏见，并且要积极参与国际治理，保证我国境外人员受到公平公正的对待。

（四）加快数字"一带一路"的建设工作

"一带一路"倡议提出以来，在中国的积极推动和大力引领下，我国与周边国家形成了覆盖广泛的基础设施网络和产业链、供应链相互协同的经贸格局。"一带一路"倡议为沿线各国提供了重要发展契机，其中，数字经济合作成为关注的重点。目前，数字技术在全球快速发展，世界各国都在着力

---

① 王栋、徐祥民：《不断建设"一带一路"海外利益领事与外交保护能力》，《光明日报》2022年1月7日，第12版。

② 参见蒋新苗、刘扬：《"一带一路"海外中国公民权益保护的法治困境》，《西北大学学报》（哲学社会科学版）2021年第1期，第12页。

推动本国的数字化发展战略，制定相应的数字发展方案，如美国的"数字经济议程"、德国的"数字化战略2025"、日本的"数字新政"和澳大利亚的"数字经济战略"。[①] 2022年初我国发布的《"十四五"数字经济发展规划》提出，有效拓展数字经济国际合作。数字化平台的搭建将推动"一带一路"沿线国家数字经济的密切合作，使各国之间实现内外联动、系统高效、协同融合的发展路径。

当前的"一带一路"是数字时代的"一带一路"，也是法治时代的"一带一路"。完善数据行为立法，构建"一带一路"个人数据跨境传输法律制度是克服各国国内规则分歧、完善区域经济发展法律保障的题中应有之义。中国作为"一带一路"倡议的发起国与重要参与国，应同周边国家一道积极参与"一带一路"数据跨境传输法律制度建设。[②]

具体而言，第一，我国应当密切关注当今数字贸易领域的新兴议题，高度重视在这些议题上的国际态势与各国主要分歧，寻求凝聚广泛共识的核心立场，打造开放包容、先试先行的数字经济示范性立法。[③] 第二，为"一带一路"的数字经济共同体构建营造良好的环境。例如，应加强反恐怖主义和反腐败的法治合作框架。第三，加快推动形成周边国家政府主导、社会各方共同参与的数字空间治理格局。[④] 通过以上举措，可提升沿线数字空间治理现代化水平，推动"一带一路"数字经济共同体的建设。

（五）推进国际商事法庭的制度改革

中国最高人民法院设立的国际商事法庭在推进"一带一路"倡议以及

---

① 邢劭思：《"一带一路"沿线国家数字经济合作研究》，《经济纵横》2022年第1期，第46页。

② 齐湘泉、文媛怡：《构建"一带一路"个人数据跨境传输法律制度：分歧、共识与合作路径》，《河南师范大学学报》（社会科学版）2019年第6期，第79页。

③ 赵骏：《"一带一路"数字经济的发展图景与法治路径》，《中国法律评论》2021年第2期，第53页。

④ 陈健：《"一带一路"沿线数字经济共同体构建研究》，《宁夏社会科学》2020年第3期，第129页。

推动中国国际商事争端解决机制改革方面发挥了重要的作用。但由于设立时间较短，加上现行我国法律所规定的涉外民商事案件管辖制度本身存在着诸多与国际惯例不接轨的地方，国际商事法庭在进一步推动中国与周边国家共建"一带一路"过程中受到诸多限制。首先，中国国际商事法庭的管辖权依据需满足与中国具有实际的联系，这不利于"一带一路"国际商事争端的妥善解决，也难以为高质量共建"一带一路"提供充分的法律支撑。其次，国际商事法庭的"一审终审制"有可能侵害了当事方的上诉权利，由此导致的后果是，"一带一路"的当事方很可能担忧自身的实体利益不能获得妥善的解决，进而打消选择国际商事法庭的念头。最后，在"一站式"平台规则的实施过程中，由于法律性质的不同，调解、仲裁和诉讼之间的衔接存在减损当事方程序性权益的潜在风险。

有鉴于此，为实现"一带一路"争端解决机制的升级，应推进国际商事法庭改革。第一，全国人大或其常委会对国际商事法庭应提供更充分的法律授权。例如，可通过修订《民事诉讼法》或通过制定《国际商事法庭法》的方式，解决国际商事法庭运行中的问题。第二，应软化实际联系原则，制定"离案"案件的管辖制度。作为"一带一路"倡议的主导方，我国在建立国际商事法庭的过程中不仅应重视涉外商事争端的解决，也应考量共建"一带一路"国家之间对国际商事争端解决的需求。第三，探索将与商事相关的投资争端纳入国际商事法庭的管辖范围。建立健全国际商事法庭制度不仅与中国涉外法治体系建设相关，也是高质量共建"一带一路"的重要举措。自新冠疫情暴发以来，个别"一带一路"参与国出现国家破产、政治动乱、交通瘫痪、货币贬值等政府违约风险。针对日益增加的海外投资利益保护诉求，若国际商事法庭将投资者与东道国的国际投资争端案件排除在受案范围之外，将导致我国投资者无法利用国际商事法庭保护其合法利益，也使得我国海外利益存在"风险敞口"。为此，我国应积极探索将与商事相关的投资争端纳入国际商事法庭的管辖范围，更好地保护我国的海外投资利益。

四　结语

当前，新冠疫情反复延宕，世界经济脆弱性更加突出，地缘政治局势紧张，全球治理严重缺失，粮食和能源等多重危机叠加，人类发展面临重大挑战。[①] 共建"一带一路"是破解上述难题的有效方法之一。共建"一带一路"得到国际社会的广泛认同、支持和参与，已成为深受欢迎的国际公共产品和国际合作平台。[②] "一带一路"在推进中国与周边国家的合作方面已见成效，高质量发展阶段的"一带一路"更应考虑如何扩大国际话语权，深化国际合作。"一带一路"倡议擘画了区域经济合作的新方式，并致力于推动更加包容的全球治理体系。当前，"一带一路"建设正从"大写意"走向"工笔画"，其中，规则标准"软联通"将发挥重要的支撑作用。"一带一路"成果的巩固和发展离不开规则导向、开放包容、民主透明、互利共赢的法治化机制的保障。为此，我们要进一步加强国际法的研究和运用，提高运用法治思维和法治方式的能力。[③] 在新时代新征程，我们要秉持合作共赢、共同发展的理念，坚定地在法治轨道上推动中国与周边国家高质量共建"一带一路"，确保"一带一路"高质量发展行稳致远。

[①]　习近平：《共迎时代挑战　共建美好未来》，《光明日报》2022 年 11 月 16 日，第 2 版。

[②]　参见徐秀军：《共建"一带一路"共享繁荣发展》，《光明日报》2022 年 4 月 27 日，第 12 版。

[③]　参见王灵桂《法治"一带一路"的内涵与构建路径》，《国际法研究》2022 年第 2 期，第 6 页。

B.14
"印太经济框架"：进展、内容、前景与影响

仇朝兵*

摘 要： 2022 年 5 月，美国总统拜登正式提出"印太经济框架"（IPEF）。拜登总统提出该倡议，目的是通过对世界经济与贸易关键和新兴领域的规则塑造，巩固美国在世界经济中的"领导地位"，强化美国与印太国家的经济联系，应对当前及未来可能面临的经贸领域的问题与挑战，为美国工人和企业创造所谓公平竞争的国际环境，从根本上维护和实现美国在该地区的经济利益，促进美国国内就业和经济发展。"印太经济框架"包含贸易、供应链、清洁经济和公平经济四个支柱领域。虽然有些因素有利于该框架之推进，但其发展也面临着不确定性。如果各方完成谈判并最终达成协议，"印太经济框架"可能产生深刻的经济和战略影响。

关键词： 印太经济框架 贸易 供应链 清洁经济 公平经济

2022 年 5 月，美国总统拜登在日本正式提出"印太经济框架"（IPEF），这是拜登政府提出的第一个关于印太地区的重要贸易和经济倡议。此后，14 个成员国进行了多种形式的接触，2022 年 12 月在澳大利亚布里斯班举行了第一轮谈判，2023 年 2 月在印度新德里举行了一轮特殊谈判，2023 年 3 月在印

---

* 仇朝兵，中国社会科学院美国研究所研究员，研究方向为美国外交。

尼巴厘岛举行了第二轮谈判。"印太经济框架"的进展、内容、前景及潜在影响，已引起广泛关注。特别是由于其强烈的针对中国的意图，该框架在中国各界也备受关注。本报告将在全面梳理"印太经济框架"之进展和基本内容的基础上，分析其发展前景和潜在影响，特别是对中国的影响。

一 "印太经济框架"的进展

2021年10月，美国总统拜登在东亚峰会上发表演讲，重申了美国对印太地区的持久承诺，阐述了美国的印太愿景，也就是寻求塑造开放、互联互通、繁荣、有韧性和安全的印太地区。拜登在演讲中宣布，美国将与伙伴探讨发展"印太经济框架"。[①]

从2021年11月到2022年5月，美国商务部部长吉娜·雷蒙多（Gina M. Raimondo）和美国贸易代表戴琪（Katherine Tai）与日本、新加坡、澳大利亚、新西兰、马来西亚、韩国、印度、菲律宾、印度尼西亚、越南、文莱和泰国等国相关部门负责人就"印太经济框架"相关议题进行了多次探讨性对话；在美国国内，美国贸易代表办公室、国家安全委员会和美国商务部也与美国国会议员以及众多利益攸关者进行了合作、磋商和讨论。2022年3月，在参议院财政委员会举行的关于总统2022年贸易政策议程的听证会上，戴琪表示，在贸易问题上，国会是贸易代表办公室的伙伴，致力于两个政府部门之间紧密的磋商和强有力的伙伴关系。贸易代表办公室将通过定期简报以及与国会议员及其工作人员的接触，继续维持这种伙伴关系。[②]

2022年5月23日，美国总统拜登在东京与澳大利亚、文莱、印度、印度

① "Readout of President Biden's Participation in the East Asia Summit," October 27, 2021, https：//www. whitehouse. gov/briefing－room/statements－releases/2021/10/27/readout－of－president-bidens-participation-in-the-east-asia-summit/, accessed：2022-05-07.

② "Testimony of U. S. Trade Representative Ambassador Katherine Tai Trade Policy Agenda Hearing," Senate Finance Committee, March 31, 2022, https：//www. finance. senate. gov/imo/media/doc/USTR%202022%20Trade%20Policy%20Agenda%20Hearing%20－%20Testimony%20SFC1. pdf, accessed：2022-12-29.

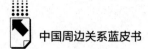

尼西亚、日本、韩国、马来西亚、新西兰、菲律宾、新加坡、泰国、越南 12 个国家正式宣布发起"印太经济框架"。该框架包含贸易、供应链、清洁经济和公平经济四个支柱领域。就在正式宣布"印太经济框架"之后，雷蒙多和戴琪与其他成员国相关官员在东京举行了线上部长级会议。此后，"印太经济框架"成员国展开接触，进行广泛讨论，仔细研究了该框架的每一个支柱。2022 年 6 月，"印太经济框架"成员国在巴黎举行非正式对话，斐济作为发起国参加该框架。这样，参加"印太经济框架"的国家达到 14 个。

2022 年 7 月 13~14 日，"印太经济框架" 14 个成员国在新加坡举行第一次高级官员和该框架四个支柱专家会议。超过 100 位线下代表和 65 位线上代表参加，各国就"印太经济框架"设想的基本内容进行了积极和富有成效的讨论。2022 年 7 月 26~27 日，戴琪与雷蒙多主持了"印太经济框架"各国线上部长级会议，讨论新加坡会谈取得的成果。各方就各自感兴趣的问题交换了看法，重申寻求通过持续和紧密接触建立高标准和包容性经济框架的共同目标，共同讨论勾画了未来在该框架四个支柱领域进行接触的范围。

2022 年 9 月 8~9 日，戴琪和雷蒙多与"印太经济框架"各成员国代表在美国洛杉矶举行第一次线下部长级会议。新西兰正式加入该框架所有四个支柱的谈判。印度决定只参加三个支柱的谈判，不参加贸易支柱的谈判。因为印度国内尚未就劳工、环境、数字贸易和公共采购等达成广泛共识。① 在这次会议上，14 个成员国就关于贸易、供应链、清洁经济和公平经济四个支柱的部长级声明达成了共识，就四个支柱领域谈判的范围达成一致。② 雷

① Shreya Nandi, "India to Host Next Round of Negotiations of US-led IPEF in February," December 20, 2022, https：//www. business - standard. com/article/economy - policy/india - to - host - next - special-negotiation-round-of-us-led-ipef-in-february-122122001088_1. html, accessed：2022- 12-25.

② "United States and Indo-Pacific Economic Framework Partners Announce Negotiation Objectives," September 09, 2022, https：//ustr. gov/about - us/policy - offices/press - office/press - releases/ 2022/september/united - states - and - indo - pacific - economic - framework - partners - announce - negotiation-objectives, accessed：2022-09-11.

蒙多表示，会议取得了"不可否认的成功"，14 个国家一起规划了前进的道路，这将会创造经济机会，改善劳工条件，并促进各经济体的可持续性。戴琪说，这次会议为 14 国提供了机会，深化了各成员国的伙伴关系，并找到了共同合作应对 21 世纪挑战和机遇的方法。戴琪还表示，经过多天讨论，各成员国在实现这一目标方面已取得真正进展，"印太经济框架"将会释放该地区巨大的经济价值，成为世界其他地区追随的榜样。①

2022 年 12 月 10~15 日，"印太经济框架"成员国在澳大利亚布里斯班举行了第一轮谈判，来自 14 个成员国共约 450 位官员参加了此轮谈判。美国提出了第二支柱（供应链），第四支柱（公平经济）中的"税收和反腐败"，第一支柱（贸易）中的"贸易便利化""农业""透明度和良好监管实践"等章的草案文本，供各方谈判。在第三支柱（清洁经济）和第一支柱（贸易）中的"劳工""环境""数字经济"等章，美国主持了概念性讨论。澳大利亚主持了关于"竞争"一章的讨论；新西兰和澳大利亚共同主持了关于"包容性"一章的讨论。各方还讨论了各成员国提出的关于四个支柱的一些非正式文件（non-papers）。② 在谈判期间，美国代表团与众多利益攸关者就最近的更新及与该框架成员国讨论的内容进行了交流。美国贸易代表办公室和美国商务部官员向在布里斯班的来自美国参议院财政委员会和众议院筹款委员会的工作人员介绍了谈判情况。随着谈判进展，美国贸易代表办公室和美国商务部将会继续定期为利益攸关者和国会提供最新信息和简报，以兑现对拜登-哈里斯政府贸易议程之制定和实施中的透明度的承诺。首轮谈判后，美国贸易代表办公室和美国商务部发表了一份联合声明，详细

① "Ministerial Statements for the Four IPEF Pillars: Trade; Supply Chains; Clean Economy; and Fair Economy," U. S. Department of the Commerce, September 9, 2022, https://id. usembassy. gov/ministerial-statements-for-the-four-ipef-pillars-trade-supply-chains-clean-economy-and-fair-economy/, accessed: 2022-12-26.

② "Indo-Pacific Economic Framework for Prosperity (IPEF) Negotiations: Report on Round One: Brisbane," December 10 - 15, 2022, https://www.mfat. govt. nz/assets/Trade - agreements/IPEF/Indo-Pacific-Economic-Framework-for-Prosperity-IPEF-Negotiations-Brisbane-Dec-2022. pdf, accessed: 2022-12-26.

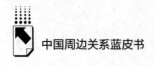
说明了谈判取得的进展。

2023 年 2 月 8~11 日，14 个成员国在印度新德里举行了一轮特别谈判，谈判涵盖"印太经济框架"的第二支柱（供应链）、第三支柱（清洁经济）和第四支柱（公平经济），来自各成员国的约 300 位官员参加了谈判。美国商务部提供了第三支柱（清洁经济）的建议谈判文本。14 个成员国交换了看法，并同意将继续密切合作，以进一步推动在这三个支柱方面取得进展。

2023 年 3 月 13~19 日，14 个成员国在印度尼西亚巴厘岛举行了第二轮谈判。在谈判之前，美国贸易代表向各成员国提供了第一支柱（贸易）之"劳工""环境""数字贸易""技术援助"等部分的建议谈判文本。澳大利亚和新西兰官员共同提出了关于"包容性"的建议。在巴厘岛谈判期间，美国代表团、各支柱领导者（pillar leads）和首席谈判代表为国会工作人员和众多利益攸关者做了情况介绍，提供了关于谈判情况的最新信息。

二 "印太经济框架"的主要内容

自 2022 年 5 月正式发起"印太经济框架"以来，各成员国已就该框架主要内容进行了广泛磋商。综合各方磋商和谈判的相关信息，已可以了解其大致轮廓、四个支柱所包含的具体内容及目标。2022 年 9 月 9 日，14 个成员国在美国洛杉矶举行部长级会议后就四个支柱发表的部长级声明对该框架之内容阐述最全面。

（一）第一支柱（贸易）①

第一支柱（贸易），涉及内容包括：劳工、环境、数字经济、农业、透

---

① "Ministerial Text for Trade Pillar of the Indo-Pacific Economic Framework for Prosperity," https://ustr.gov/sites/default/files/2022-09/IPEF%20Pillar%201%20Ministerial%20Text%20(Trade%20Pillar)_FOR%20PUBLIC%20RELEASE%20（1）.pdf, accessed：2022-12-27.

明度和良好监管实践、竞争政策、贸易便利化、包容性，以及技术援助和经济合作等。

在"劳工"方面，该框架将致力于让工人获益并确保实现有助于促进可持续和包容性增长的自由贸易。相关内容包括：采纳和维持并执行基于国际公认劳工权利、以《国际劳工组织关于工作中基本原则和权利的宣言》（ILO Declaration on Fundamental Principles and Rights at Work）为基础的国家法律；鼓励公司承担责任，以防违反国家劳工法律；公众参与（public engagement）；关于新兴劳工议题的合作机制，支持前述劳工权利和人力开发；等等。

在"环境"方面，该框架强调的是有意义地促进环境保护，应对气候变化等各方共同面临的可持续性挑战。具体内容包括：有效执行各国环境法，加强环境保护；保护海洋环境；保护生物多样性；打击野生动物贩运和非法采伐及关联贸易；基于既有承诺，包括促进相关清洁技术和环境商品与服务的贸易和投资，以及提升可再生能源、能源效率以及零碳和低碳采购，应对气候变化；绿色投资和金融；循环经济方法；推动环境可持续的数字经济；负责任的商业行为；根据多边环境协定履行各自义务；提升环境合作；等等。

在"数字经济"方面，该框架强调推动包容性数字贸易。具体内容包括：营造数字经济中的信任和信心环境，提升线上信息可及性和互联网使用便利性，促进数字贸易，解决歧视性做法，提升具有韧性和安全的数字基础设施和平台，等等。各方将努力推动并支持可信和安全的跨境数据流动、数字经济的包容性、可持续增长，以及负责任地开发和使用新兴技术。各方还将分享数字经济领域监管方法和政策议题方面的最佳实践，并在业务促进、标准以及中小微企业和新企业等广泛议题上进行合作。

在"农业"方面，该框架强调促进粮食安全和可持续的农业实践。具体内容包括：推动适宜技术的使用，以改进环境适宜（context-appropriate）且基于证据的气候智能型、可持续的生产实践；提高生产率，并优化土地、水及燃料使用；帮助减缓和适应气候变化、促进粮食安全。各方还寻求根据世界贸易组织协定之规定，提升粮食和农业供应链韧性和互联互通，避免限制粮食和农业进口的不正当措施，提高监管程序和过程的透明度，改进基于科学和风险的决策以保护人、动物和植物生命或健康，在监管和行政管理要求方面改进流程并推动合作，避免不正当禁止或限制粮食和农产品出口，以及推动数字工具及其他相关手段或安排的使用以降低国际粮食供应链中的遵从成本。

在"透明度和良好监管实践"方面，该框架致力于推动、支持和改进规则制定过程中的透明度，允许为有兴趣的个人就新的或修改过的监管措施提供公众评论机会，改进有关现有法律和监管程序信息（包括线上信息）的可及性，推动监管发展的内部协调，以及在制定规则时考虑可得到的信息、科学及证据。各方将寻求促进良好监管实践在支持善治方面的好处。在服务贸易方面，各方将寻求以世界贸易组织"关于服务贸易国内规制的联合倡议"达成的结果为基础。

在"竞争政策"方面，该框架将寻求：采纳或维持竞争与消费者保护法，确保各国市场（包括数字市场）的开放、公平、透明和竞争性；在竞争与消费者保护执法及政策议题上进行合作；合作支持公平竞争。

在"贸易便利化"方面，该框架寻求：利用贸易便利化方面的国际最佳实践（包括有效实施世界贸易组织《贸易便利化协定》）；在维持海关监管的同时简化通关手续；贸易便利化措施的数字化；解决物流和交通议题，包括特别是海洋议题；提升透明度；推动海关数据和文件的电子处理，维持或塑造有关交易商数据之高效和可靠处理的负责任的规则；达成有关增强出版（enhanced publication）、电子支付、易腐商品以及海关合作等的条款和倡议。

在"包容性"方面，该框架寻求：扩大社会各部分，包括当地人民、少数民族、妇女、残障人士、农村人口及当地社区（local communities）等，有意义地进入和参与地区经济；推动采用包容性方法，确保广泛共享该框架的好处；鼓励这些群体更大限度地参与国际贸易与投资，在其感兴趣领域进行合作。

在"技术援助与经济合作"方面，该框架寻求：支持技术与经济合作，包括与现有双边和地区贸易相关的技术援助、能力建设，以及促进印太地区高标准贸易条款和新倡议之完全实施的能力；利用现有援助平台，协调援助，帮助该框架成员国根据所确定之需求实施该框架之条款和倡议。

（二）第二支柱（供应链）[①]

在第二支柱（供应链）方面，"印太经济框架"成员国将致力于：提升供应链的透明度、多样性、安全和可持续性，以使其更具韧性、更加强大且整合更加完美；推动公平和开放的市场以及以 WTO 为核心的基于规则的多边贸易体系；发展各方公共机构并改进与私营部门的协调，以确保安全和有韧性的供应链并使供应链断裂和脆弱性最小化；协调危机应对措施并扩大合作，缓解供应链断裂的影响，更好地确保业务连续性并改善物流和互联互通；促进基于《国际劳工组织关于工作中基本原则和权利的宣言》的劳工权利，支持人力开发，促进私营部门交流，并动员投资和技术合作，增强中小微企业能力；以开放和包容方式合作，承认地方及其他社区、妇女及当地人民在实现各方之共同目标方面发挥的重要作用；使市场扭曲行为最小化，保护机密商业信息，推动法规遵从，尊重市场规则，并根据各自的 WTO 义务采取行动。

为实现有韧性的供应链，"印太经济框架"各成员国将采取以下行动。

第一，确立关键部门和商品的标准。各成员国寻求达成以下（但不限于）条款和倡议：通过防止各国经济出现严重或广泛断裂，建立确定对各国国家安全、公民之健康与安全以及经济韧性等至关重要的部门的标准；建立确定这些关键部门内关键商品的标准；形成确定相关原材料输入、制造或处理能力、物流便利化以及储存需求等的程序。

第二，提升关键部门和商品的韧性和投资。各成员国寻求达成以下

---

① "Ministerial Statement for Pillar II of the Indo-Pacific Economic Framework for Prosperity," https：//www. commerce. gov/sites/default/files/2022-09/Pillar-II-Ministerial-Statement. pdf, accessed：2022-12-29.

（但不限于）条款和倡议：识别供应链内唯一供应商；加强各国工业并支持关键部门的贸易和投资；推动和支持投资以改善物理性基础设施和数字基础设施；支持投资供应链韧性战略；探讨推动该地区商品来源多样性的手段和制度；推动和支持投资先进制造技术及其他现代化努力，维持现有的供应商并开发潜在的供应商；推动更具循环性的经济，以减少对于创造新的商品来源的需求。

第三，建立信息共享和危机应对机制。各成员国寻求达成以下（但不限于）条款和倡议：建立政府间关于供应链脆弱性和断裂的协调机制，包括促进关键部门商品及相关基本服务之高效转移的应对措施；建立能够鼓励技术之使用以促进数据安全交换，并说明个体政府之保密条款、法规遵从和产能考虑的信息共享程序；指定国家协调处（national coordination points），在供应链脆弱和断裂时管理信息获取和危机反应；确定缓解措施，分享最佳做法，并考虑政策或程序的改进；与相关利益攸关者进行接触，缓解供应链断裂的影响。

第四，加强供应链物流。各成员国愿与私营部门密切合作，寻求达成以下（但不限于）条款和倡议：收集和利用有关供应链物流的相关数据，同时处理并保护商业信息的机密性；寻求理解脆弱性；促进投资和技术合作，支持改善供应链物流（包括基础设施）；根据各国法律，维护边界和交通运输网；支持共同框架的发展，改善供应链韧性；考虑突破现有或潜在瓶颈的途径。

第五，提升工人的作用。各成员国寻求：达成关于投资对确保关键部门供应链中拥有足够数量的熟练工人非常必要的培训和发展机会的条款和倡议；促进基于《国际劳工组织关于工作中基本原则和权利的宣言》的劳工权利，以确保工人和社区能够共享提升供应链韧性带来的好处。

第六，提高供应链透明度。各成员国寻求达成以下（但不限于）条款和倡议：在不对中小微企业强加不必要成本的情况下，促进提升关键部门供应链透明度的工具和措施的发展；与私营部门合作，解决、减轻和减缓风险。

（三）第三支柱（清洁经济）①

在第三支柱（清洁经济）方面，各成员国寻求：减缓和清除温室气体排放，提升能源安全、气候韧性和适应性，并为各国民众提供可持续的生活水平和高质量就业；推动在研究、开发、商业化、可得性、可及性（accessibility）以及清洁能源和气候友好技术的使用等方面的合作；推动在政策框架、能力建设、技术援助、创新性融资方法、公私伙伴关系、平台以及提供推进我们目标的高质量、可持续项目和解决办法的网络等方面的合作；以及通过体面工作的创造、高质量就业和基于《国际劳工组织关于工作中基本原则和权利的宣言》的劳工权利，推动公正转型。

为实现这些目标，该框架成员国将寻求在以下几方面达成具体条款。

第一，能源安全与转型（Transition）。各成员国寻求达成以下相关条款和倡议：提升各方合作并分享与新兴清洁能源技术使用和清洁能源容量（clean energy capacity）、生产和贸易之扩展相关的政策、标准、激励框架及基础设施投资的最佳实践，推动提升能源效率和节能，以及推动能源部门甲烷减排。

第二，在优先行业减少温室气体排放。各成员国的目的是减少优先行业的温室气体排放，寻求各自走向净零排放的路径。各方寻求达成支持政策、激励框架和基础设施投资的条款和倡议，以增加低排放和零排放商品、服务和燃料。

第三，可持续的土地、水及海洋解决办法。各成员国寻求达成关于土地使用的条款和倡议，包括推动诸如更有效的水和肥料使用等可持续的农业实践和可持续的森林管理；提升在可持续的水解决办法（water solutions）方面的合作；促进基于海洋的气候解决办法，包括近海可再生能源和海洋运输。

第四，清除温室气体的创新性技术。各方愿意达成以下条款和倡议：支

---

① "Ministerial Statement for Pillar III of the Indo-Pacific Economic Framework for Prosperity," https：//www.commerce.gov/sites/default/files/2022-09/Pillar-III-Ministerial-Statement.pdf, accessed：2022-12-29.

持该地区碳捕获、利用和储存（CCUS）的需求与供应，支持在区域范围促进市场和非市场解决办法的努力，以及制定强有力的监测、报告和验证标准。

第五，使清洁经济转型成为可能的激励。各成员国寻求达成这样条款和倡议：鼓励采纳需求侧措施，推动低排放和零排放商品及服务市场的发展，包括政府和私营部门的采购以及提升该地区在高诚信碳市场发展和运行方面的合作。各方愿提升合作，为低排放和零排放项目以及通过支持赋能政策把现有资产转变为低排放和零排放期货的那些项目动员投资和可持续融资；推动塑造安全、多样和有韧性的清洁能源供应链；发展试点各种倡议的平台；促进可赢利项目管道（pipeline of bankable projects）之发展；通过公私伙伴关系和国际混合金融工具，动员包括私人和机构资本等资源，聚焦于该地区发展中国家的投资；充分考虑参加国，特别是发展中国家之需要，推动对实现清洁经济目标至关重要的技术合作、人力开发、能力建设以及研究合作。

（四）第四支柱（公平经济）[①]

在第四支柱（公平经济）方面，各成员国寻求：通过预防和反腐败、限制非法逃税以及改善国内资源动员等为成员国企业和工人创造公平竞争环境；根据相关国际协定和标准，有效实施并加速推进在各自国内法律框架内反腐败措施和税收倡议方面的进展；通过提升在能力建设、技术援助以及创新性实施方法（approaches）等方面的合作，推动这些共同目标取得进展，承认各国不同的发展水平和能力需求，同时加强包容性合作和提高透明度。具体而言，该框架主要聚焦以下内容。

第一，反腐败。各成员国寻求在以下几个方面达成条款和倡议：根据《联合国反腐败公约》（UNCAC），防止、打击和制裁国内和外国贿赂及其他相关腐败犯罪；加强认定、追踪和追回犯罪所得之措施；强化反洗钱行动

---

① "Ministerial Statement for Pillar IV of the Indo-Pacific Economic Framework for Prosperity," https：//www.commerce.gov/sites/default/files/2022-09/Pillar-IV-Ministerial-Statement.pdf, accessed：2022-12-29.

并反对恐怖主义架构（terrorism frameworks）及通过这些架构实施的融资活动，包括根据金融行动工作组（FATF）标准提高房地产交易和法人受益所有权的透明度；提升政府采购实践中的透明度和真实性；鼓励私营部门实施内部控制、伦理和反腐败合规计划；建立和维护关于腐败犯罪的保密和受保护的国内报告制度；促进公务人员的诚实正直；防止损害基于《国际劳工组织关于工作中基本原则和权利的宣言》的劳工权利的腐败；加强现有反腐败审查机制的透明度和执行；在各国国内法律框架内，推动所有利益攸关者，包括公共部门外的个人和团体，根据《联合国反腐败公约》参与反腐败。

第二，税收。各成员国寻求达成这样的条款和倡议：重申各方支持提升透明度并支持税务主管机关之间为税收目的依照现有国际协定和标准进行的信息交换；支持全球和地区通过技术援助、能力建设及更高效的税收管理实践改善税收管理和国内资源动员；支持经济合作组织/二十国集团关于应对经济数字化引起的税收挑战的税基侵蚀和利润转移两支柱解决办法的包容性框架（OECD/G20 Inclusive Framework on Base Erosion and Profit Shifting's Two-Pillar Solution to Address the Tax Challenges Arising from the Digitalisation of the Economy）正在进行的工作。

第三，能力建设与创新。各成员国寻求达成这样的条款和倡议：支持能力建设并探讨技术援助、专业技能和最佳实践之分享、技术创新之开发与应用，以及与私营部门及其他利益攸关者合作等的创新性方法。

第四，合作、包容性协作和透明度。各成员国寻求达成这样的条款和倡议：深化各方相关部门之间的合作和协作，包括通过成员国之间定期分享关于达致共同目标之实施进展的信息；通过接触诸如公民社会、非政府组织、企业、商业组织、产业协会、学术界及工人组织等所有利益攸关者，提升与各方共同目标相关的透明度。

"印太经济框架"四个支柱所涵盖的内容非常广泛且相互交织，基本涵盖了美国及其盟国和伙伴关注的经济和贸易领域的所有关键议题。当然，"印太经济框架"尚未最终定型，其发展还处于成员国谈判阶段。这意味着，其具

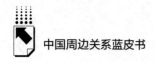

体内容可能还会随着谈判走向深入而出现新变化。但从该框架的酝酿和发展过程已大致可以了解其特点，并对其未来发展前景做出初步判断。

三 "印太经济框架"的特点及发展前景

"印太经济框架"之特点及发展前景是各界都非常关注的问题，其特点也将会在很大程度上影响其未来发展前景。

（一）"印太经济框架"的特点

关于"印太经济框架"的特点，美国各界已有一些讨论，特别是其官方表述，特别值得注意。

1. "印太经济框架"不是传统的自由贸易协定

"印太经济框架"不是传统的自由贸易协定，"更多的是一种行政安排"，可能会采取"行政协定"的形式。这意味着，该框架不包含"市场准入"方面的内容，在美国也不需要国会的批准，传统贸易协定必须得到国会的批准。这就涉及该框架在美国国内及对各成员国的约束力问题。这一点遭到各界，特别是美国商界及国会两党议员的批评。一些产业团体和自由贸易支持者怀疑该框架能否推动各国同意做出监管变化。①

2022年3月，在美国参议院财政委员会举行的听证会上，共和党籍参议员迈克·克拉珀（Mike Crapo）质疑美国贸易代表办公室和拜登政府为何不把市场准入作为"印太经济框架"讨论中的优先关注。民主党籍参议员玛丽亚·坎特威尔（Maria Cantwell）也质问，现在为何不能支持开放的市场准入并取消关税。戴琪表示，贸易谈判中的市场准入意味着关税自由化，在"印太经济框架"中确实没有讨论市场准入，因为传统的贸易模式以及传统自由贸易协定已导致美国人就业和机会向其他国家流失，引起一些美国

---

① Steven Overly, "12 Asian Nations Join Negotiations on Biden's Signature Economic Initiative for the Region," May 23, 2022, https：//www. politico. com/news/2022/05/23/asian－nations－biden－indo－pacific－economic－framework－00034247, accessed：2022－08－25.

人的强烈反对。① 有议员从不同角度提出不同看法。2022 年 5 月，约翰·图恩（John Thune）等 24 位参议员致信戴琪和农业部部长托马斯·维尔萨克（Thomas Vilsack）表示，缺少市场准入承诺，会使美国出口商，包括农产品生产商在全球市场竞争中处于劣势。打开新的市场，意味着为工人创造薪水更高的就业机会和为国内消费者提供更便宜的商品。②

美国企业研究所高级研究员克劳德·巴菲尔德（Claude Barfield）评论说，"印太经济框架"将会采取行政协定的形式，而不是由国会批准的贸易协定。这可能会被继任的政府改变。通过行政协定进行的"接触"可能有其优点，但它不能取代法律上有约束力的贸易规则，这些规则是超越每一届美国政府的……要求印太国家遵守最严格的劳工、气候、反腐败和数字贸易规则而不提供市场准入——相反，只是为参加"印太经济框架"提供含糊的发展融资承诺——不会为恢复美国在亚洲的经济领导地位找到办法。③ 美国战略与国际问题研究中心副研究员艾丹·阿拉萨辛厄姆（Aidan Arasasingham）和高级研究员艾米莉·本森（Emily Benson）评论说，由于"印太经济框架"不是传统的贸易协定，美国行政部门不需要寻求国会批准，这就避免了为争取国内批准而进行的政治化的斗争。尽管采用去中心化的方法（decentralized approach）参加每一个支柱降低了印太伙伴加入该框架的障碍，但美国并未做出市场准入承诺，也就排除了地区伙伴同意其高标准规则的重要激励。缺少执行机制也会限制美国捍卫其利益的能力。④ "印

① Kenneth Rapoza, "Katherine Tai Hammered in Hearing on Free Trade, Market Access," March 31, 2022, https：//prosperousamerica. org/katherinetai _ ustr _ globalization _ biden _ trade/, accessed：2022-12-31.

② "Letter to Katherine Tai and Thomas Vilsack," May 9, 2022, https：//www. thune. senate. gov/public/_cache/files/cbbf5f1a - 8cac - 4e18 - be32 - 207485244c68/32EF03DDCBDFF7184508B09 D4EB77855. final. -05. 09. 2022-thune-ustr-trade-letter. pdf, accessed：2023-01-04.

③ Claude Barfield, "Biden's Indo-Pacific Framework：'Cloud Cuckoo Land'," InsideSources, April 29, 2022, https：//www. aei. org/op-eds/bidens-indo-pacific-framework-cloud-cuckoo-land/, accessed：2022-09-08.

④ Aidan Arasasingham & Emily Benson, "Quick Take on the Indo-Pacific Economic Framework Launch," May 31, 2022, https：//www. csis. org/analysis/quick-take-indo-pacific-economic-framework-launch, accessed：2022-09-11.

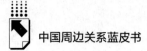

太经济框架"更像是一个定制的机制（tailor-made mechanism），寻求让美国人在免受贸易自由化之不利影响的同时，享有贸易伙伴关系带来的好处。①

对于传统贸易协定的约束力，戴琪本人是持怀疑态度的。她曾表示，在过去"看上去非常坚定的以书面形式做出的承诺"实际上并没有兑现。"接触，而不是争端解决机制，是持久贸易政策的关键。"② 2022年5月，针对支持传统自由贸易人士的批评，美国国家安全事务助理杰克·沙利文（Jake Sullivan）表示，"印太经济框架"是一种21世纪的经济安排，一种用来应对新的经济挑战的新模式。它不是传统的自由贸易协定，这一事实是该框架的特点，而不是一种缺陷。拜登政府的基本看法是，美国面临的新情境和新挑战需要新方法，美国将与伙伴国一道塑造该框架的本质。③ 雷蒙多说，该框架目的不是成为"老套的"传统贸易协定，它是一种更加创新和灵活的方式，目的是反映美国经济已经改变的事实。美国需要与其盟国解决的最紧迫的议题已经发生了变化，为满足其民众的需要，就需要采用新的方式进行推动。④

2. "印太经济框架"是一个"开放的平台"

各界都非常明确地指出，拜登政府推出的"印太经济框架"具有明显的排他性特征，主要是带有强烈的排除中国的意图。美国、日本、韩国、印度等国政界和学界都有人很明确地表达类似看法。但美方政要，包括拜登总

① Kentaro Iwamoto, "Indo-Pacific Economic Framework Is Not an FTA: 5 Things to Know," Nikkei Asia, May 19, 2022, https://www.bilaterals.org/? indo-pacific-economic-framework-is, accessed: 2022-09-10.

② Claude Barfield, "Biden's Indo-Pacific Framework: 'Cloud Cuckoo Land'," InsideSources, April 29, 2022, https://www.aei.org/op-eds/bidens-indo-pacific-framework-cloud-cuckoo-land/, accessed: 2022-09-08.

③ "On-the-Record Press Call on the Launch of the Indo-Pacific Economic Framework," May 23, 2022, https://www.whitehouse.gov/briefing-room/press-briefings/2022/05/23/on-the-record-press-call-on-the-launch-of-the-indo-pacific-economic-framework/, accessed: 2022-05-23.

④ "On-the-Record Press Call on the Launch of the Indo-Pacific Economic Framework," May 23, 2022, https://www.whitehouse.gov/briefing-room/press-briefings/2022/05/23/on-the-record-press-call-on-the-launch-of-the-indo-pacific-economic-framework/, accessed: 2022-05-23.

统、国家安全事务助理沙利文等都强调"印太经济框架"是一个"开放的平台"。美国总统拜登在 2022 年 5 月 23 日宣布发起该框架时说："我们成功的关键是该框架对高标准和包容性的强调。这一框架应该在印太地区各国之间进行向上的良性竞争。我想明确表示，这一框架对未来希望加入的其他国家是开放的，如果他们报名参加并努力实现这些目标的话。"① 沙利文说："我们从一开始就表示，这是一个开放的平台。随着我们的推进，其他国家也可以加入。"②

理解美方关于"印太经济框架"是一个"开放的平台"的说法，需要充分考虑当前印太地区及国际形势的基本背景，特别是近年来中美全面战略竞争日趋加剧这一基本事实。放在这一宏观背景下，才能看清该框架的本质。其所谓"开放"是对与美国"志同道合"的国家的开放，是对接受美国倡导的所谓高标准经济和贸易规则的国家的开放。

3. "印太经济框架"的高度灵活性和创造性

"印太经济框架"的愿景及其四个支柱结构具有高度灵活性和创造性。这主要指的是，参加该框架的国家不必参加其所有四个支柱，可以选择加入其中任何支柱，而不参加其他支柱，但必须承担所加入的每个支柱所有方面的义务。

2022 年 4 月，美国副贸易代表萨拉·比安奇（Sarah Bianchi）在美国战略与国际问题研究中心（CSIS）和美国-东盟商业理事会（U. S. -ASEAN Business Council）共同举行的第一次年度"美国-印太会议"（U. S. -Indo-Pacific Conference）上表示，各国不是必须参加所有四类协定，但一旦它们

① "Remarks by President Biden at Indo-Pacific Economic Framework for Prosperity Launch Event," May 23, 2022, https：//www. whitehouse. gov/briefing - room/speeches - remarks/2022/05/23/remarks-by - president - biden - at - indo - pacific - economic - framework - for - prosperity - launch - event/, accessed：2022-05-24.

② "On-the-Record Press Call on the Launch of the Indo-Pacific Economic Framework," May 23, 2022, https：//www. whitehouse. gov/briefing - room/press - briefings/2022/05/23/on - the - record-press-call-on-the-launch-of-the-indo-pacific-economic-framework/, accessed：2022-05-23.

选择了某些类型，就必须无例外地遵守其同意的内容。① 这种自助菜单式的模式，为参加国提供了根据自身实际情况和主要关切做出灵活选择的更大空间。比如，印度就决定参加"印太经济框架"但不参加第一支柱（贸易）。沙利文表示，"印太经济框架"应该被视作一种系统的完整体系（coherent whole），它是一种现代经济的愿景，也是实现这种愿景、应对挑战和抓住经济机会的途径；它还应该被视为推动倡议的机会，不同内容可以用不同的速度进行推动，直到最后所有内容都完成，整合成一个更大的一体化的框架。②

随着"印太经济框架"谈判逐步推进，这种具有高度灵活性和创造性的模式对其未来发展的影响将会进一步显现出来。

4."印太经济框架"体现了美国国内经济议程的国际化

将国内经济议程国际化是美国推动的各种对外经济和贸易议程的一个共同特点，并非推动"印太经济框架"时独有的特点。实际上，随着全球化推进，国家间经济相互依赖日益加深，世界贸易和经济规则之发展必然会影响到国内经济制度和经济治理。而且，随着越来越多的议题被纳入世界经济和贸易领域，多边经济和贸易协定对成员国国内经济和社会治理的影响也变得更加深刻和广泛。

耶鲁法学院蔡中曾中国中心（Paul Tsai China Center）的高级研究员董云裳（Susan Thornton）在评论"印太经济框架"的几个支柱以及美国处理相关问题的方式时说，大量的这些问题与向国外扩大美国国内经济议程有关。美国希望在某种程度上扩大关于各经济体应该如何合作和支持诸如环境及劳工标准、公司、政府、工人等之间资源分配的公平等问题的全球愿

---

① U. S. –Indo–Pacific Conference："Panel 2–Indo–Pacific Economic Recovery：Digital," April 5, 2022, https：//csis–website–prod. s3. amazonaws. com/s3fs–public/event/220406_Indo_Pacific_ Panel_2. pdf？HPvzf07V9CFkfPuw_qDKERybqzo. aOw8，accessed：2023–01–01.

② "On–the–Record Press Call on the Launch of the Indo–Pacific Economic Framework," May 23, 2022，https：//www. whitehouse. gov/briefing – room/press – briefings/2022/05/23/on – the – record–press–call–on–the–launch–of–the–indo–pacific–economic–framework/，accessed：2022– 05–23.

景……这似乎有点像是努力扩大和采纳拜登政府的国内经济议题。① 但不同的美国政府在不同时期有不同的国内和国际经济议程，应对国际经济和贸易议题的方式也会有所不同。从特朗普政府和拜登政府与印太国家经济接触的不同方式以及优先关注议题的不同，可以明显看出这一点。

特朗普政府不强调环境和气候变化问题，因此宣布退出《巴黎协定》，在国内为传统化石能源发展松绑。拜登政府重视环境和气候变化问题，重新加入《巴黎协定》，在国内重视可再生能源发展，限制传统能源发展。拜登政府推行"中产阶级外交"和"以工人为中心"的贸易政策，也更强调劳工权利和人权议题。所有这些都体现在拜登政府整体的贸易政策议程之中，也体现在其推动"印太经济框架"的努力之中。

《2022 年总统贸易政策议程和 2021 年美国总统关于贸易协定项目的年度报告》之"促进以工人为中心的贸易政策"部分，把支持工人权利、加速去碳化和推动可持续的环境实践放在了重要位置。② 该报告强调，"印太经济框架"将会"为工人和企业推动包容性增长，提升强有力的劳工标准，应对气候变化"③。2022 年 3 月，戴琪在众议院筹款委员会就2022 年总统贸易政策议程作证时指出，《2022 年总统贸易政策议程和2021 年美国总统关于贸易协定项目的年度报告》包含了在贸易政策中促进种族和性别平等的战略目标和行动。这些行动将会反映拜登总统签署的行政命令《通过联邦政府促进种族平等和对服务欠佳社区的支持》所阐述的原则，并包含美国第一个《性别公平与平等国家战略》和《总统关于部落磋商与加强民族间关系的备忘录》（Presidential Memoranda on

① Dollar & Sense：The Brookings Trade Podcast："U. S. Economic Diplomacy in Asia," Washington, D. C. , May 31, 2022, https://www. brookings. edu/wp-content/uploads/2022/05/Dollar-and-Sense-Thornton-20220531. pdf, accessed：2023-01-01.

② United States Trade Representative, "2022 Trade Policy Agenda & 2021 Annual Report of the President of the United States on the Trade Agreements Program," pp. 2-8, https://ustr. gov/sites/default/files/2022% 20Trade% 20Policy% 20Agenda% 20and% 202021% 20Annual% 20Report%20（1）. pdf, accessed：2023-03-30.

③ United States Trade Representative, "2022 Trade Policy Agenda & 2021 Annual Report of the President of the United States on the Trade Agreements Program," p. 10.

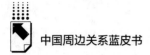
Tribal Consultation and Strengthening the Nation-to-Nation Relationship）的基本内容。①

随着全球化和经济相互依赖日益加深，越来越多原本不为传统贸易协定关注的议题进入国际经济和贸易领域，历届美国政府都会不可避免地将其国内经济议程国际化。通过"印太经济框架"的四个支柱，特别是第二、第三和第四个支柱，拜登政府将会进一步将其国内经济议程更深刻地植入与印太国家的经济接触之中，并可能对这些国家的国内经济和社会治理产生深刻影响。

（二）"印太经济框架"的发展前景

关于"印太经济框架"的发展前景，各界主要关心的是：各方能否以及何时能够成功完成该框架之谈判并达成协议；如果完成谈判并达成协议，该框架未来能否持久。拜登政府期望在12~18个月内完成"印太经济框架"谈判，但各方也都认识到该框架之推进的难度。拜登总统在正式发布"印太经济框架"倡议时也说："很明显，就该框架每个支柱达成共识，都需要做出很多艰难的工作。"② 也就是说，该框架的未来发展还有很长的路要走。日本政府官员当时也表示："我们不知道要花多长时间这个新的贸易协定才能成为现实。"③"印太经济框架"的未来发展将取决于各方达成协议的意愿及条件；各国国内各界对该框架的认知与支持，特别是各国国内政治对该框架之谈判或执行的影响。

---

① "Testimony of Ambassador Katherine Tai Before the House Ways & Means Committee Hearing on the President's 2022 Trade Policy Agenda," https：//ustr. gov/about－us/policy－offices/press－office/speeches－and－remarks/2022/march/testimony－ambassador－katherine－tai－house－ways－means－committee－hearing－presidents－2022－trade－policy, accessed：2023-01-01.

② "Remarks by President Biden at Indo-Pacific Economic Framework for Prosperity Launch Event," May 23, 2022, https：//www. whitehouse. gov/briefing－room/speeches－remarks/2022/05/23/remarks－by－president－biden－at－indo－pacific－economic－framework－for－prosperity－launch－event/, accessed：2022-05-24.

③ "Japan Shores up U. S. Vision for IPEF Economic Bloc in Asia," *The Asahi Shimbun*, May 24, 2022, https：//www. asahi. com/ajw/articles/14628711, accessed：2022-12-24.

综合考虑美国与印太国家经济接触的历史、印太地区地缘政治和地缘经济变化的现实、目前"印太经济框架"的实际进展，以及相关国家的政治发展之趋势，可以大致看出有利于该框架之推进的因素和导致其发展面临不确定性的因素。

1. 有利于"印太经济框架"之推进的因素

尽管"印太经济框架"倡议被提出后已遭到各界批评，其未来发展前景也受到质疑，但也有一些有利于该框架之推动的因素。

第一，有批评认为，"印太经济框架"更多的是要求各成员国执行更高的规则和监管标准，而不给它们提供这样做的激励，只有大棒而没有胡萝卜[①]；在缺少美国市场准入刺激的情况下，"印太经济框架"成员国不可能同意美国在劳工权利、环境以及商业数据的自由流动等议题上的优先关注[②]。但目前参加"印太经济框架"的成员国相互间都有紧密的经贸关系，像日本、韩国、新加坡等已经与美国签订自由贸易协定。关税减让和市场准入问题对于这些国家的经贸关系发展是一个问题，但已不是影响相互间经贸关系的最关键、最核心的问题。

与谈判《跨太平洋伙伴关系协定》（TPP）时相比，印太地区的地缘政治和地缘经济形势都发生了深刻变化，中美全面竞争的态势日趋严峻。中国与周边主要国家（日本、韩国、澳大利亚、印度等）的关系和状态也受到影响趋于复杂化。美国的盟国，如澳大利亚和日本，已呼吁美国在印太地区采取更积极的贸易政策，包括呼吁美国在地区贸易协定中发挥领导作用。日本和新西兰都曾明确表示希望美国能够早日重返《跨太平洋伙伴关系协定》。这些国家的安全关注和对美国的安全需求，以及对美国强化与印太之经济接触的期待，都可能有助于该框架加速推进。

---

① Riley Walters, "Biden's Indo-Pacific Economic Framework Is at a Crossroads," April 8, 2022, https：//thehill. com/opinion/finance/3260502-bidens-indo-pacific-economic-framework-is-at-a-crossroads/, accessed：2022-09-03.

② Claude Barfield, "The Indo-Pacific Economic Framework Is Launched—Sort Of," July 1, 2022, https：//www. aei. org/techonology-and-innovation/the-indo-pacific-economic-framework-is-launched-sort-of/, accessed：2022-07-10.

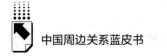
第二，有评论认为，用在数字经济、绿色基础设施、清洁能源以及社会和环境标准方面高标准的承诺把各种各样完全不同的国家凝聚在"印太经济框架"之下是极其困难的工作。但美国关注的这些关键议题，包括供应链韧性、数字经济、基础设施、劳工与环境标准、气候变化等，也是多数"印太经济框架"成员国面临的重要议题。新的形势，特别是新冠疫情引发的供应链断裂及全球公共卫生安全等问题，可能使得相关国家更容易做出一些妥协，从而使各成员国能够就该框架的"供应链""清洁经济"等支柱达成共识。新冠疫情使很多企业和政府不得不重新思考其供应链战略并为其注入韧性。数字经济在各国经济中的重要性越来越凸显出来；气候变化对该地区一些国家，如新加坡、新西兰、印度尼西亚、马来西亚、斐济等的影响越来越明显，也改变着人们对环境、能源和气候议题的认知；该地区巨大的基础设施发展需求也备受各方关注。虽然各国经济社会发展水平存在较大差异，对于涉及这些关键议题的所谓高标准也有不同认知，但对共同挑战的重视有助于各方在这些关键议题上达成一定程度的共识，推动"印太经济框架"谈判取得进展。

第三，目前参加发起该框架的 14 个成员国，既有发达国家，也有新兴发展中国家，但多数是美国认同的"民主国家"。这种政治、制度和价值观的认同，也可能有助于各方就该框架或其中部分内容达成共识。新加坡和越南虽然不是美国认同的"民主国家"，但都与美国等国保持着密切关系，特别是越南近年来改革力度不断加大。这些因素有助于"印太经济框架"成员国在劳工权利、透明度、反腐败等议题上达成共识。

第四，参加发起该框架的 14 个成员国中有 8 个（美国、日本、澳大利亚、文莱、马来西亚、新西兰、新加坡和越南）是当初参加《跨太平洋伙伴关系协定》谈判的国家，其他 6 个国家（韩国、印度、印度尼西亚、泰国、菲律宾、斐济）也大多数与美国有密切的经济联系；新加坡、韩国、日本、澳大利亚和美国都签署了自由贸易协定。这些国家相互间也有密切的经济联系。这些国家在"印太经济框架"涵盖的关键议题上也一直保持着对话和沟通，甚至有很大程度的共识。

比如，在数字规则和规范之发展方面，美国和《跨太平洋伙伴关系协定》成员国达成的协定包含了关于数字贸易的条款，做出了一系列前沿承诺，这些承诺都被《全面与进步跨太平洋伙伴关系协定》（CPTPP）采纳。美国虽然不是《全面与进步跨太平洋伙伴关系协定》成员国，但 2019 年签署的《美墨加协定》和《美日数字贸易协定》都包含关于数字贸易的条款。新加坡、智利和新西兰签署的《数字经济伙伴关系协定》（DEPA）、新加坡和澳大利亚签署的《新加坡-澳大利亚数字经济协定》（SADEA）以及韩国和新加坡达成的《韩国-新加坡数字伙伴关系协定》（KSDPA）也都推出了各自的数字条款。美国战略与国际问题研究中心副总裁马修·P. 古德曼（Matthew P. Goodman）等强调："现在有充分的理由把各种印太数字协议中的原则和规则整合到更广泛的地区协定之中并补充新规则以涵盖新兴议题。"[1] 布鲁金斯学会全球经济与发展计划高级研究员约书亚·P. 梅尔策（Joshua P. Meltzer）在评论《美墨加协定》时说，在该协定之下，关税几乎已接近零，这使其成为主要是关于数字贸易和劳工规范等新的贸易规则的协定了。[2] 有人认为，《美日数字贸易协定》可以作为印太地区数字贸易协定的模板。[3]

美国与"印太经济框架"其他成员国之间以及这些成员国相互间在经贸领域的紧密关系，包括业已签署的双边和多边经贸协定和不断开展的经贸对话与沟通，都会成为"印太经济框架"成员国在该框架各支柱方面进行对话和谈判的基础。

美国在推动"印太经济框架"的同时，也一直非常重视与印太国家的双边经贸接触。这些双边互动有助于各方之共识的形成和该框架的推动。比

---

① Matthew P. Goodman & William Reinsch, "Filling In the Indo-Pacific Economic Framework," January 26, 2022, https://www.csis.org/analysis/filling-indo-pacific-economic-framework, accessed: 2022-09-19.

② Joshua P. Meltzer, "The High Stakes Indo-Pacific Economic Framework," East Asia Forum, April 9, 2022, http://www.eastasiaforum.org/2022/04/09/the-high-stakes-indo-pacific-economic-framework, accessed: 2022-09-25.

③ Brock R. Williams, Mark E. Manyin and Rachel F. Fefer, "Biden Administration Plans for an Indo-Pacific Economic Framework," Updated February 25, 2022, https://crsreports.congress.gov/product/pdf/IN/IN11814, accessed: 2022-05-07.

如，2021 年 10 月，新加坡贸工部部长颜金勇（Gan Kim Yong）与美国商务部部长雷蒙多签署了谅解备忘录，建立"美国–新加坡增长与创新伙伴关系"（PGI），推动在数字经济和智慧城市、能源与环境技术、先进制造业和供应链韧性，以及医疗卫生等领域的合作。[①] 2022 年 3 月，美国和澳大利亚举行首次"战略经济对话"，双方围绕经济胁迫、关键矿物、地区供应链以及"印太经济框架"的机遇等进行了讨论。2022 年 7 月，美日举行了"美国–日本经济政策磋商委员会"（"经济 2+2"）会议，双方讨论了"通过基于规则的经济秩序实现和平与繁荣""反对经济胁迫和不公正、不透明的借贷行为""促进和捍卫关键和新兴技术及关键基础设施""加强供应链韧性"等议题。[②] 美国还与韩国发起了"美国–韩国供应链与商业对话"（U. S. –Korea Supply Chain and Commercial Dialogue），与泰国达成了《贸易与投资框架协定》（Trade and Investment Framework Agreement）。这些也都有助于该框架逐步取得共识。

2. "印太经济框架"之发展面临的不确定性

"印太经济框架"之发展面临的不确定性主要是美国及其他各成员国国内政治的发展变化。

从美国方面来看，"印太经济框架"虽然不是传统的自由贸易协定，但其四个支柱中的某些内容也不可避免地会对税收等问题产生影响，这属于国会的宪法权力，特别是众议院的权力。如果"印太经济框架"最终以"行政协定"形式呈现出来，一方面，会让其他成员国对美国承诺超越当下政府的持久性产生怀疑[③]；另一方面，它也可能因美国政府更迭而被后来的总

---

① "Joint Press Release: New Collaboration Under the U. S. –Singapore Partnership for Growth and Innovation (PGI)," March 29, 2022, https://www. commerce. gov/news/press-releases/2022/03/joint-press-release-new-collaboration-under-us-singapore-partnership, accessed: 2022-12-22.

② "METI Minister Hagiuda Attends US-Japan Economic Policy Consultative Committee (Economic 2+2) Meeting—Joint Statement Released," July 30, 2022, https://www. meti. go. jp/english/press/2022/0730_001. html, accessed: 2022-12-24.

③ Matthew P. Goodman, "A Transactional Mindset Won't Win in the Indo-Pacific," June 10, 2022, https://www. csis. org/analysis/transactional-mindset-wont-win-indo-pacific, accessed: 2022-09-12.

统修改或抛弃①。这就涉及美国之承诺的有效性，也就是其信誉问题。特朗普政府退出《跨太平洋伙伴关系协定》的做法，就是对美国信誉的一个打击。美国国内政治极化的现实，可能影响美国对未来达成的"印太经济框架"的承诺的程度。

虽然以"行政协定"形式呈现不需要谋求国会的批准，但该框架在未来美国国内政治中也将是一个具有争议性的议题。因为该框架四个支柱所涵盖的议题中有一些是具有高度争议性的问题，如气候变化、能源等问题。随着美国国内政治的变化，该框架的发展走向难免会受到影响。在回答该框架下达成的协定是否需要国会投票这个问题时，戴琪表示："这要看谈判走到哪里，看讨论走到哪里。但在这过程中，我们无论如何都必须与国会保持密切沟通，国会需要成为我们与伙伴国塑造印太经济框架的努力的一部分。"②

毫无疑问，美国国内政治的发展，特别是国会的政治生态是影响"印太经济框架"之未来发展走向的一个重要因素。美国国内不同利益集团、不同政治力量对贸易及其他经济协定的怀疑，都可能会影响美国政府与其他国家达成的协定的命运。美国战略与国际问题研究中心副总裁古德曼和艾丹·阿拉萨辛厄姆与来自东亚、东南亚和南亚国家以及太平洋岛国驻华盛顿的十多个使馆的代表进行了个人和小组访谈，并与该地区各国首都的政府代表、美国驻该地区的外交官以及来自美国国家安全委员会、国务院和商务部以及贸易代表办公室的现任和前任美国政府官员进行了商谈，全面探讨了地区各国对"印太经济框架"的看法。他们完成的报告也建议美国政府，通过寻求国会对该倡议的更大支持并在该地区提供持续的能力建设支持，展示

① Claude Barfield, "The Indo-Pacific Economic Framework Is Launched—Sort Of," July 1, 2022, https：//www. aei. org/techonology-and-innovation/the-indo-pacific-economic-framework-is-launched-sort-of/, accessed：2022-07-10.

② "On-the-Record Press Call on the Launch of the Indo-Pacific Economic Framework," May 23, 2022, https：//www. whitehouse. gov/briefing-room/press-briefings/2022/05/23/on-the-record-press-call-on-the-launch-of-the-indo-pacific-economic-framework/, accessed：2022-05-23.

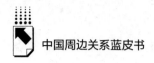

出该框架的持久性。①

从美国国内政治变化的角度审视"印太经济框架"的未来发展，其不确定性也显而易见。但是，从其更广泛的经济和贸易政策的历史发展的角度来看，却可以从中看到某种确定性。无论美国政府如何更迭，国会政治生态如何变化，历届美国政府都在试图塑造世界经济和贸易规则，这种企图和方向没有改变。作为美国塑造印太地区和世界经济与贸易规则之努力的一部分，当前拜登政府为推动"印太经济框架"也在寻求国内更广泛的支持。自从 2021 年 10 月拜登总统在东亚峰会上抛出"印太经济框架"的设想后，美国贸易代表办公室和美国商务部已与美国国内劳工、商界、两党国会议员以及其他重要利益攸关者也都进行了广泛的接触和沟通。美国商务部就"数字和新兴技术""供应链韧性""基础设施、清洁能源和低碳化""税收和反腐败"等关键领域，美国贸易代表办公室就"公平和有韧性的贸易"等领域征求公众意见，以帮助商务部部长和贸易代表形成美国在这些议题谈判中的立场。2022 年 1 月，戴琪在"可持续贸易会议"（Sustainable Trade Conference）上发表演讲时说："如果我们能够建立广泛的支持基础，贸易政策会更加持久。这意味着与大量的利益攸关者进行磋商，从劳工和环境组织到私营部门和商界领袖，把他们的反馈融入我们的工作中。长期来看，更具包容性的贸易政策最终将会更具可持续性。""贸易应该包含可强制执行的劳工和环境条款，有意义的补救措施，让政府和业界共同承担责任，以确保贸易是公平的和可持续的。"②

从"印太经济框架"其他成员国的经济和政治现实来看，也存在一些导致该框架未来发展存在不确定性的因素。该框架各成员国经济发展水平、

① Matthew P. Goodman and Aidan Arasasingham, "Regional Perspectives on the Indo-Pacific Economic Framework," April 11, 2022, https：//csis－website－prod. s3. amazonaws. com/s3fs－public/publication/220411 _ Goodman _ IPEF _ Regional _ Perspectives. pdf? EaiXVytJ9iXGoMn YVuXZWa13mHrFY_dh, accessed：2023－01－01.

② "Remarks by Ambassador Katherine Tai at Sustainable Trade Conference," https：//ustr. gov/about－us/policy－offices/press－office/speeches－and－remarks/2022/january/remarks－ambassador－katherine-tai-sustainable-trade-conference, accessed：2022－12－31.

资源禀赋、产业和行业特点、优先关注议题等都存在差异。虽然该框架成员国大多数属于美国认可的"民主国家"，但各国政治和社会发展状况依然存在很大差异。这就意味着，各国虽然都重视"印太经济框架"四个支柱所涉及的议题，但各方关注重点和诉求都有很大差异。这些议题都是当前国际经贸领域比较突出、比较复杂、各方分歧较大的问题，达成共识需要时间，需要各方做出更多讨论和妥协。特别是涉及相关国家内部治理和国家主权的具体议题，达成共识的难度更大。各国国内需要进行利益的评估和政策争论。比如，"印太经济框架"关注的诸如劳工权利、环境、透明度、反腐败等议题，都需要各成员国在一定程度上做出主权让渡。若想吸引澳大利亚、新西兰、日本、新加坡和韩国之外的其他国家，该框架似乎需要包含足够强大的刺激，使这些国家愿意做出必要的、困难的国内改变。在数字贸易、环境和劳工等问题上，只有日本、澳大利亚、新西兰、新加坡及韩国能够达到与美国相同的标准。

另外，未来各成员国国内政治变动（包括大选、政党轮替等）也可能成为影响该框架之发展的重要因素。

四　"印太经济框架"的影响

认识"印太经济框架"的影响，需要以对美国推动该框架的动机的充分认识为基础，把美国的政策意图放在印太地区乃至更广阔地缘政治和地缘经济发展现实中进行考察。

（一）拜登政府推动"印太经济框架"的动机

关于拜登政府推动"印太经济框架"的动机，至少可以从经济接触与经贸规则塑造、地缘战略与地缘经济竞争两个角度来分析。当然，这二者在美国的"印太战略"中是紧密联系、相辅相成的。

从经济接触与经贸规则塑造的角度来看，拜登政府推动"印太经济框架"延续了之前历届美国政府塑造 21 世纪世界经济和贸易规则的努力，目

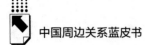

的是通过对世界经济与贸易关键和新兴领域的规则塑造，巩固美国在世界经济中的"领导地位"，强化美国与印太国家的经济联系，应对当前及未来可能面临的经贸领域的问题与挑战，为美国工人和企业创造所谓公平竞争的国际环境，从根本上维护和实现美国在该地区的经济利益，促进其国内就业和经济发展。

拜登政府在2022年2月发布的《美国印太战略》报告中表示，美国寻求塑造"自由和开放""互联互通""繁荣""安全""有韧性"的印太地区。该报告强调，拜登政府提出"印太经济框架"，目的是通过该框架：第一，形成符合高劳工和环境标准的新的贸易战略；第二，根据开放原则，通过新的数字经济框架，管理数字经济和跨境数据流动；第三，促进多元、开放、可预测、有韧性和安全的供应链；第四，在低碳化和清洁能源方面进行共同投资。美国希望通过该框架帮助各国经济利用快速技术转型，包括数字经济中的技术转型，适应即将到来的能源和气候转型；与伙伴国合作，确保太平洋两边的人民都能够从这些历史性变化中获益。①

2022年3月，戴琪在众议院筹款委员会和参议院财政委员会作证时都表示，印太地区是世界上最具活力的地区之一，也是对美国具有战略重要性的一个地区。通过与盟国和伙伴的紧密合作，支持美国在印太地区的经济接触，美国可以确立一种支持美国工人和企业全球竞争力的新的前进路径，进一步促进美国与盟国和伙伴共同利益。② 美国贸易代表办公室提交国会的《2022年总统贸易政策议程和2021年美国总统关于贸易协定项目的年度报

① The White House, "Indo-Pacific Strategy of the United States," February 2022, p. 11, https：//www. whitehouse. gov/wp-content/uploads/2022/02/U. S. -Indo-Pacific-Strategy. pdf, accessed：2023-03-30.

② "Testimony of U. S. Trade Representative Ambassador Katherine Tai Trade Policy Agenda Hearing," Senate Finance Committee, March 31, 2022, https：//www. finance. senate. gov/imo/media/doc/USTR%202022% 20Trade% 20Policy% 20Agenda% 20Hearing% 20-% 20Testimony% 20SFC1. pdf, accessed：2022-12-29; "Testimony of Ambassador Katherine Tai Before the House Ways & Means Committee Hearing on the President's 2022 Trade Policy Agenda," https：//ustr. gov/about-us/policy-offices/press-office/speeches-and-remarks/2022/march/testimony-ambassador-katherine-tai-house-ways-means-committee-hearing-presidents-2022-trade-policy, accessed：2022-12-31.

告》指出，拜登总统提出"印太经济框架"，目的是深化与该地区盟国和伙伴的经济关系，推动工人和企业的包容性增长，提升强大的劳工标准，应对气候变化。该框架在拜登政府的印太经济战略中居于核心地位，与美国在该地区的国家安全目标是相辅相成的。[1]

2022 年 5 月 23 日，拜登总统在正式发起"印太经济框架"时发表的演讲中表示，21 世纪经济的未来将在很大程度上由印太地区书写。"我们将为 21 世纪经济书写新的规则，这将有助于我们所有国家的经济增长得更快、更公平。我们将通过应对拉低增长的某些最严重的挑战并使我们最强大的增长引擎的潜能最大化，实现这些目标。[2] 沙利文说，"印太经济框架"是拜登总统承诺把美国家庭和工人置于美国经济和外交政策之核心的一部分。通过这一框架，将会加强美国与盟国和伙伴的关系，增进共同繁荣；加强各国经济，使之免受从脆弱的供应链、腐败、避税港（tax havens）等各种威胁之影响。[3] 13 国发表的关于《促进繁荣的印太经济框架》的声明也表示，各方"共同致力于塑造自由、开放、公平、包容、互联互通、有韧性、安全和繁荣的印太地区，推动实现可持续和包容性的经济增长。各方发起该框架的目的是促进经济的韧性、可持续性、包容性、经济增长、公平和竞争力，并在该地区促进合作、稳定、繁荣、发展和和平"[4]。2022 年 9 月 9 日，戴琪在"印太经济框架"部长级会议闭幕记者会上说，发起该框架的目的

---

① United States Trade Representative, "2022 Trade Policy Agenda and 2021 Annual Report of the President of the United States on the Trade Agreements Program," pp. 10–11.

② Remarks by President Biden at Indo-Pacific Economic Framework For Prosperity Launch Event, May 23, 2022, https://www.whitehouse.gov/briefing-room/speeches-remarks/2022/05/23/remarks-by-president-biden-at-indo-pacific-economic-framework-for-prosperity-launch-event/, accessed: 2022-09-25.

③ "On-the-Record Press Call on the Launch of the Indo-Pacific Economic Framework," May 23, 2022, https://www.whitehouse.gov/briefing-room/press-briefings/2022/05/23/on-the-record-press-call-on-the-launch-of-the-indo-pacific-economic-framework/, accessed: 2022-09-19.

④ "Statement on Indo-Pacific Economic Framework for Prosperity," May 23, 2022, https://www.whitehouse.gov/briefing-room/statements-releases/2022/05/23/statement-on-indo-pacific-economic-framework-for-prosperity/, accessed: 2022-09-25.

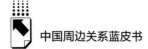

是形成一种"现代经济安排",以"提供基础广泛的经济互联互通,造福于我们的工人,应对气候变化,建立韧性供应链并为我们的公司创造公平竞争的环境"。①

从地缘战略与地缘经济竞争的角度来看,拜登政府推动的"印太经济框架"是其"印太战略"之实施的重要组成部分。沙利文强调,经济是印太地区任何战略取得成功的至关重要的部分。"印太经济框架"是美国进行接触至关重要的平台,也是美国提升在印太地区接触的机会,并确保美国的领导地位能够为美国人民和该地区人民带来好处。② 马修·P. 古德曼说,印太地区正在进行着激烈竞争,竞争谁的经济规则和规范将会胜出。其他国家正积极谈判贸易协定,以确立地区规则和特惠准入,美国被边缘化了。美国在该地区的盟国和伙伴欢迎其在该地区的军事和外交存在,但认为这些存在是不足的。它们还期待美国成为该地区经济事务中积极、可靠和持久的伙伴。拜登政府提出的"印太经济框架"勾画了美国对印太地区经济战略的轮廓,目的是解决这些需求。③

在从地缘战略与地缘经济竞争角度分析"印太经济框架"时,学术界和战略界很多人不约而同地把焦点放到中美之间的竞争上,认为拜登政府推动该框架的一个重要原因是平衡中国巨大的影响力。卡内基国际和平基金会负责研究的副总裁埃文·费根鲍姆(Evan A. Feigenbaum)在 2022 年 3 月众议院外交委员会举行的"印太经济框架"说明会上表示,在几十年中,亚洲的安全和经济秩序紧密交织,美国在其中都是关键行为体,但现在不是

---

① "Remarks by Ambassador Katherine Tai at the Indo-Pacific Economic Framework Ministerial Closing Press Conference," https：//ustr. gov/about–us/policy–offices/press–office/press–releases/2022/september/remarks–ambassador–katherine–tai–indo–pacific–economic–framework–ministerial–closing–press, accessed：2022-09-11.

② "On-the-Record Press Call on the Launch of the Indo-Pacific Economic Framework," May 23, 2022, https：//www. whitehouse. gov/briefing – room/press – briefings/2022/05/23/on – the – record–press–call–on–the–launch–of–the–indo–pacific–economic–framework/, accessed：2022- 09-19.

③ Matthew P. Goodman & William Reinsch, "Filling In the Indo-Pacific Economic Framework," January 26, 2022, https：//www. csis. org/analysis/filling – indo – pacific – economic – framework, accessed：2022-09-19.

了。虽然绝对而言美国的经济地位是增长的，但相对而言却是下降的。这意味着，为发挥领导作用，美国将越来越依赖其经济领导地位的其他支柱，也就是作为规则书写者和标准制定者。美国需要在与中国的竞争中取胜，而不仅仅是打口水战。这意味着，美国要真正参与到博弈之中，制定标准，塑造规则。① 印度学者蒂帕尼塔·达斯（Dipaneeta Das）认为，"印太经济框架"是美国削减中国因特朗普政府时期美国退出《跨太平洋伙伴关系协定》后与该地区国家缺少任何重要贸易协定的情况下而成倍增长的贸易影响。② 也有评论认为，拜登总统提出该框架目的是对抗中国在亚洲的影响力，③ 为美国盟国提供一种取代中国在亚太地区日益增长的商业存在的选择。④ 美国商务部部长雷蒙多说，"印太经济框架"是美国在该地区进行的最重要的国际经济接触。发起该框架标志着恢复美国在该地区经济领导地位和在这些至关重要的议题上为印太国家提供一种不同于中国的选择的一个重要转折点。⑤

（二）"印太经济框架"之潜在影响

政策或倡议的意图或动机不等于实际的效果或影响，二者之间肯定会存

---

① Evan A. Feigenbaum, "Opening Statement at a Full Committee Briefing on 'An Indo-Pacific Economic Framework'," U. S. House of Representatives, Foreign Affairs Committee, March 1, 2022, https：//carnegieendowment. org/files/HFAC_Testimony_Evan_Feigenbaum_March_1_2022. pdf, accessed：2023-03-30.

② Dipaneeta Das, "Joe Biden To Formally Launch IPEF In Japan To Enhance US Engagement In Indo-Pacific Region," May 23, 2022, https：//www. republicworld. com/world-news/us-news/joe-biden-to-formally-launch-ipef-in-japan-to-enhance-us-engagement-in-indo-pacific-region-articleshow. html, accessed：2022-12-24.

③ Julian Bingley, "Biden Launches Indo-Pacific Economic Framework to Counter China," May 23, 2022, available at：https：//www. zdnet. com/article/biden-launches-indo-pacific-economic-framework-to-counter-china/, accessed：2023-03-29.

④ "Biden Unveils Indo-Pacific Framework Countering China during Japan Visit," May 23, 2022, https：//www. france24. com/en/asia-pacific/20220523-biden-unveils-indo-pacific-framework-countering-china-during-japan-visit, accessed：2022-08-29.

⑤ "On-the-Record Press Call on the Launch of the Indo-Pacific Economic Framework," May 23, 2022, https：//www. whitehouse. gov/briefing-room/press-briefings/2022/05/23/on-the-record-press-call-on-the-launch-of-the-indo-pacific-economic-framework/, accessed：2022-05-23.

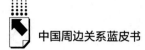
在一定的距离。但毫无疑问，意图或动机是认识其实际效果和影响的重要参照。认识"印太经济框架"的潜在影响，需要将其放在美国整体的"印太战略"框架中和美国对外贸易和经济政策发展的历史中进行考察，这样才能做出大致客观的判断。如果"印太经济框架"最终成为现实，可能会产生深远影响。

第一，"印太经济框架"可能会产生深刻的战略影响。沙利文说，"印太经济框架"是美国整体"印太战略"的一个基本要素，是美国与印太国家进行接触的至关重要的平台和机会，它将使美国的"印太战略"的经济支柱成型并产生凝聚力，有助于美国以造就所谓的自由、开放、互联互通、有弹性和安全的地区的方式塑造该地区的未来。① 美国与印太国家的经济接触是其"印太战略"之实施的重要内容。经济和贸易关系的深化，将会进一步强化美国在印太地区的战略地位。美国与盟国和伙伴经贸关系的深化，也将会进一步强化它们之间的战略和安全关系。在印太地区地缘政治竞争加剧的形势下，美国与印太地区盟国和伙伴经贸关系深化所产生的战略影响，值得密切关注。

第二，从贸易规则塑造角度来看，"印太经济框架"将会在引领若干关键领域（包括数字经济、供应链弹性、基础设施、清洁能源等）的规则塑造方面发挥重要作用，并会进一步影响世界范围的贸易和经济规则的塑造。戴琪说："在确定地区标准时，我们可以为世界其他地区树立榜样，这反过来也能够帮助我们的工人和社区。我们的'印太经济框架'目的是应对21世纪全球经济的挑战。"②

① "On-the-Record Press Call on the Launch of the Indo-Pacific Economic Framework," May 23, 2022, https：//www.whitehouse.gov/briefing－room/press－briefings/2022/05/23/on－the－record-press-call-on-the-launch-of-the-indo-pacific-economic-framework/, accessed：2022-05-23.

② "On-the-Record Press Call on the Launch of the Indo-Pacific Economic Framework," May 23, 2022, https：//www.whitehouse.gov/briefing－room/press－briefings/2022/05/23/on－the－record-press-call-on-the-launch-of-the-indo-pacific-economic-framework/, accessed：2022-05-23.

认识"印太经济框架"的影响，需要更全面、深入地研究世界贸易规则发展的历史，特别是各种相关议题领域的规则发展和演变的历史，充分认识美国在世界贸易和世界经济规则之塑造方面发挥的作用。只有超越"印太经济框架"本身来审视这一框架，整体上把握美国塑造世界贸易和经济规则的做法，这样才能更客观、准确地认识美国推动该框架的意义及其潜在的影响。

第三，如果"印太经济框架"最终成功，其成员国之间将会实现更深程度的一体化，相互利益捆绑更加牢固。该框架虽然名义上是开放的，但实际上对未能参加该框架且在相关关键议题领域与该框架成员国差距较大的国家将是封闭的。但对于规则接近或通过双边谈判就相关议题能够达成协定的经济体，则是相对开放的。如果"印太经济框架"最终成功，将会在一定程度上抵消《区域全面经济伙伴关系协定》的经济效应。当二者之间规则存在差异时，这种差异对相关国家具体企业和具体行业的影响将会是深远的，包括贸易与投资的转移等。

认识"印太经济框架"的影响，必须超越该框架本身，不能忽视或低估世界贸易组织等机制正在发挥的作用，这是认识美国贸易政策的基础。拜登政府推动达成"印太经济框架"的努力，与其推进世界贸易组织相关规则的升级和现代化是同时进行的。这些都是美国塑造世界贸易和经济规则的重要组成部分，其效果可能是相互促进的。只要基本的世界贸易规则和体系得以维护，不同多边经贸机制之间的相互影响就是有限度的。如果"印太经济框架"和《区域全面经济伙伴关系协定》在运行实践中都能够与时俱进，不断进步，相关国家能够共同应对经贸领域的各种挑战，那么它们对于印太地区经济一体化的影响也可能是积极的。

第四，"印太经济框架"对中国的影响，可能是全方位的，既有经济上的影响，也会产生政治上的效果。如果中国在数字经济、供应链、劳工标准、环境及反腐败等方面不能与周边国家及世界及时接轨，对其未来经济发展，特别是对外经贸关系将会产生更大不利影响。被排除在"印太经济框架"外，可能对中国的地缘政治与地缘安全环境产生不利影响。更重要的是，恶化的地区与国际安全环境将会进一步严重影响中国对外部世界的认

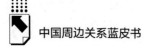

识，使其政策选择趋于僵化，政策调整会变得更加困难。

当然，这些可能性在多大程度上会成为现实还取决于多种因素，最重要的是中国与印太国家互动的状态。印度经济学家卡瓦吉特·辛格（Kavaljit Singh）评论说，作为地区和全球价值链的领导者，中国与该地区大多数国家有着无法分割的联系。中国已从低成本装配场地发展成专业化的制造业中心……该地区没有国家愿意成为两个超级大国之间地缘政治争斗中的卒子。如果中美敌对升级，它们也不愿意选边站。即便是美国在该地区的传统盟国，由于从与中国的贸易中获得的好处以及中国在该地区价值链中的关键地位，也愿意维持与中国更紧密的经济联系。该地区大多数国家希望从美国与中国的合作与竞争中获得好处。① 印度金达尔大学（OP Jindal Global University）国际事务学院研究员崔迪维什·辛格·迈尼（Tridivesh Singh Maini）也认为，尽管"印太经济框架"确实有象征意义上的重要性，但该框架的许多签署国本身与中国都有着紧密的经济关系，不会愿意陷入美国和中国之间的竞争。除非美国重新思考其贸易战略，这几乎是不可能的。② 这意味着，未来中国在应对"印太经济框架"可能的冲击方面，只要能够在自身能动性上多下功夫，着眼于维护和实现国家和人民长远利益，保持适当的灵活性，还是有很大的回旋空间的。

"印太经济框架"对世界经济与贸易规则、印太地区地缘政治和地缘经济、印太地区经济一体化以及对中国的影响最终将取决于该框架的未来发展。无论"印太经济框架"最终能否取得成功，作为美国塑造世界经济和贸易规则之行动的一部分，作为拜登政府推动其"印太战略"实施的一部分，它都将留下超越其自身之成败的深刻影响。

---

① Kavaljit Singh, "The What, Where, How and Why of the Indo-Pacific Economic Framework," June 1, 2022, https://www.counterpunch.org/2022/06/01/the-what-where-how-and-why-of-the-indo-pacific-economic-framework/, accessed: 2022-09-26.

② Tridivesh Singh Maini, "China and the Indo Pacific Economic Framework," May 27, 2022, https://moderndiplomacy.eu/2022/05/27/china-and-the-indo-pacific-economic-framework/, accessed: 2022-09-08.

B.15
2022年中国与周边国家合作构建
人类卫生健康共同体评估与展望

塔米尔*

摘　要： 2022年，包括我国周边国家在内的国际社会深受以新冠疫情为代表的全球性传染病，以及新冠疫情导致的公共卫生安全领域的次生危机的影响。虽然由于新冠肺炎疫苗的进一步普及全球疫情渐趋可防可控，但是不断变异的新冠病毒毒株和疫苗不公平现象仍然加剧了疫情防控的难度。在这一情况下，合作显得尤为重要。2022年，中国在相关指导理念与推进思路的引导下，通过"药物干预措施""统筹常态化精准防控和应急处理""统筹疫情防控与经济社会发展"三种方式相结合的方法与包括周边国家在内的国际社会合作抗击疫情，并以抗疫合作为主抓手，与包括我国周边国家在内的国际社会合作构建人类卫生健康共同体，合作健全完善全球公共卫生治理体系。

关键词： 新冠疫情　公共卫生安全　人类卫生健康共同体　全球公共卫生治理体系

2022年，仍旧没有结束的新冠疫情和其他公共卫生安全风险还在影响包括我国周边国家在内的国际社会。截至2023年1月8日，包括我国周边

＊ 塔米尔，中国社会科学院中国边疆研究所助理研究员，研究方向为文化人类学、公共卫生领域合作。

国家在内的国际社会累计报告超过 6.59 亿确诊病例和 0.066 亿死亡病例。①随着疫情防控举措和疫苗的进一步普及，包括我国周边国家在内的全球疫情渐趋可防可控。不过，新冠病毒表现出极强的变异性。截至 2022 年底，全球共出现了 4000 余种新冠病毒毒株，其中损害性和传染力较强的主要有阿尔法、贝塔、伽马、德尔塔和奥密克戎五种及其部分亚型。新冠病毒毒株发展表现出的免疫逃逸、传播速度、传染能力、隐匿性等特性加强的趋势，为全球疫情防控带来了更大的挑战。2022 年，中国政府部门、科研机构在相关精神的指导下通过系列举措，为应对全球新冠疫情、全球公共卫生治理工作贡献了力量与智慧。

一 我国与周边国家合作应对疫情、合作构建人类卫生健康共同体的指导理念与推进思路

　　面对当今世界百年未有之大变局，面临公共卫生安全风险、世界经济发展问题、地缘政治紧张局势，以及粮食和能源等多重重大挑战，中国始终抱持着寻求合作的积极态度。面对这些挑战，中国主张"各国要树立人类命运共同体意识，倡导和平、发展、合作、共赢，让团结代替分裂、合作代替对抗、包容代替排他，共同破解'世界怎么了、我们怎么办'这一时代课题，共渡难关，共创未来"②。2022 年，我国也在这一理念的指导下继续与包括我国周边国家在内的国际社会开展抗击疫情合作，为构建人类卫生健康共同体贡献中国智慧。当地时间 2022 年 11 月 15 日在巴厘岛召开的"二十国集团领导人第十七次峰会"上，习近平主席再次重申中国的合作抗疫理念，呼吁"各方要继续深化抗疫国际合作，提升疫苗、药物、诊疗手段在

---

① 《新冠疫情每周流行病学最新报告——2023 年 1 月 11 日》，世界卫生组织网站，2023 年 1 月 11 日，https：//www.who.int/publications/m/item/weekly - epidemiological - update - on - covid-19---11-january-2023，最后访问时间：2023 年 1 月 11 日。

② 《习近平在二十国集团领导人第十七次峰会第一阶段会议上的讲话（全文）》，人民网，2022 年 11 月 15 日，http：//jhsjk.people.cn/article/32566625，最后访问时间：2022 年 12 月 21 日。

发展中国家的可及性和可负担性，为经济复苏营造良好环境"①。以上就是2022年我国在与周边国家合作抗击疫情以及合作构建人类卫生健康共同体过程中所坚持的态度与理念。在这一过程中，我国坚持肯定世界卫生组织在全球疫情防控中发挥的重要作用，支持世界卫生组织的工作。

（一）充分尊重世界卫生组织发挥的引导作用

2022年，在及时更新国际疫情信息、疫情发展形势、发布指导性文件之外，世界卫生组织也发出诸多在国际抗疫方面具有关键引导作用的建议。

2022年1月6日，世界卫生组织总干事谭德塞博士在新冠疫情媒体通报会上积极呼吁世界各国合作应对新冠疫情，表示合作才是应对疫情的有效途径，提出"让我们重新集体应对共同面临的威胁。我希望在保护本国人民方面表现出决心的全球领导人将这种决心扩展到确保整个世界是安全和受到保护的。在做到这一点之前，这场大流行不会结束"。在通报会上，谭德塞博士指出了以往抗疫工作中暴露出的疫苗不公平和卫生不公平的问题，提出公平迅速地分享科学带来的有效工具是结束这次大流行急性阶段的关键所在。最后，谭德塞博士提出"我敦促冲突中的所有领导人和主要利益攸关方记住，那些为和平而努力的人是历史铭记的英雄。我们需要用健康促进和平，用和平换取健康"。②

2022年5月22日，世界卫生组织总干事谭德塞博士出席了第七十五届世界卫生大会高级别欢迎会并致辞。在致辞中，谭德塞博士表示尽管度过2022年1月奥密克戎毒株导致的疫情高峰后世界各国报告的确诊病例和死亡病例数量显著下降，诸多国家人民的生活貌似也恢复到了大流行之前，但是新冠疫情仍然

---

① 《习近平在二十国集团领导人第十七次峰会第一阶段会议上的讲话（全文）》，人民网，2022年11月15日，http://jhsjk.people.cn/article/32566625，最后访问时间：2022年12月21日。

② 《世卫组织总干事2022年1月6日在COVID-19疫情媒体通报会上的讲话》，世界卫生组织网站，2022年1月6日，https://www.who.int/zh/director-general/speeches/detail/who-director-general-s-opening-remarks-at-the-media-briefing-on-covid-19---6-january-2022，最后访问时间：2022年12月31日。

没有结束。在讲话中，谭德塞博士指出尽管全球疫苗供应有所改善，但仍然存在疫苗接种速度较慢、部分国家政治承诺不足、疫情信息有误或不真实的问题，尤其是疫苗接种不均衡的问题。除新冠疫情之外，谭德塞博士也关注了全世界面临的其他公共卫生安全风险，提出合作才是应对多种公共卫生安全问题的应有之义，指出"在一个四分五裂的世界里，所有这些都不可能真正成功。只有当各国努力搁置分歧，在有可能的地方寻求共同点，在可能的情况下进行协作，在必要时有所妥协并设法寻求和平时，才可能成功"①。

2022 年，在多次国际会议上，习近平主席多次表示中国尊重并支持世界卫生组织在国际抗疫合作方面和全球卫生治理等方面发挥的领导作用。2023 年 1 月 16 日，外交部发言人汪文斌在例行记者会上表示中国将一如既往地支持世界卫生组织发挥作用，团结国际社会一道抗击疫情。

（二）我国与周边国家合作构建人类卫生健康共同体实践的指导理念

自新冠疫情发生以来，中国一直同包括周边国家在内的国际社会开展合作，为有效推动全球公共卫生安全治理、完善全球卫生治理体系贡献中国智慧。中国政府呼吁国际社会以人类安全健康为重，秉持人类命运共同体理念，以抗疫合作为主抓手携手构建人类卫生健康共同体。

2022 年，习近平主席继续积极参加重要国际会议、发表重要言论。这些重要言论表达出我国与包括我国周边国家在内的国际社会开展抗疫合作和合作构建人类卫生健康共同体的态度与理念。

在 2022 年 1 月 17 日召开的 2022 年世界经济论坛视频会议上，国家主席习近平作了题为《坚定信心 勇毅前行 共创后疫情时代美好世界》的演讲。在演讲中，习近平主席提出："坚定信心、同舟共济，是战胜疫情的

---

① 《世卫组织总干事 2022 年 5 月 22 日在第七十五届世界卫生大会高级别欢迎会上的致辞》，世界卫生组织网站，2022 年 5 月 22 日，https://www.who.int/zh/director-general/speeches/detail/who-director-general-s-opening-address-at-the-75th-world-health-assembly---22-may-2022，最后访问时间：2023 年 1 月 5 日。

唯一正确道路。任何相互掣肘，任何无端'甩锅'，都会贻误战机、干扰大局。世界各国要加强国际抗疫合作，积极开展药物研发合作，共筑多重抗疫防线，加快建设人类卫生健康共同体。特别是要用好疫苗这个有力武器，确保疫苗公平分配，加快推进接种速度，弥合国际'免疫鸿沟'，把生命健康守护好、把人民生活保障好。"①

在2022年4月21日召开的"博鳌亚洲论坛2022年年会"开幕式上，国家主席习近平以视频方式发表了题为《携手迎接挑战，合作开创未来》的主旨演讲。在此次演讲中，习近平主席重申了我国的合作理念。习近平指出："当下，世界之变、时代之变、历史之变正以前所未有的方式展开，给人类提出了必须严肃对待的挑战。""困难和挑战进一步告诉我们，人类是休戚与共的命运共同体，各国要顺应和平、发展、合作、共赢的时代潮流，向着构建人类命运共同体的正确方向，携手迎接挑战、合作开创未来。"②面对疫情，习近平主席再次强调："人类彻底战胜新冠疫情还需付出艰苦努力。各国要相互支持，加强防疫措施协调，完善全球公共卫生治理，形成应对疫情的强大国际合力。要坚持疫苗作为全球公共产品的属性，确保疫苗在发展中国家的可及性和可负担性。"③ 新冠疫情带来的公共卫生安全问题是全球治理的一项重要挑战，因而论及疫情就不可避免要涉及全球治理面临的挑战。关于这一点习近平主席也强调："世界各国乘坐在一条命运与共的大船上，要穿越惊涛骇浪、驶向光明未来，必须同舟共济，企图把谁扔下大海都是不可接受的。国际社会发展到今天已经成为一部复杂精巧、有机一体的机器，拆掉一个零部件就会使整个机器运转面临严重困难，被拆的人会受

---

① 《坚定信心　勇毅前行　共创后疫情时代美好世界——在2022年世界经济论坛视频会议的演讲》，人民网，2022年1月17日，http：//cpc. people. com. cn/n1/2022/0117/c64094-32333459. html，最后访问时间：2022年12月25日。

② 《习近平在博鳌亚洲论坛2022年年会开幕式上发表主旨演讲》，人民网，2022年4月21日，http：//cpc. people. com. cn/n1/2022/0421/c64094-32405040. html，最后访问时间：2023年1月10日。

③ 《习近平在博鳌亚洲论坛2022年年会开幕式上发表主旨演讲》，人民网，2022年4月21日，http：//cpc. people. com. cn/n1/2022/0421/c64094-32405040. html，最后访问时间：2023年1月10日。

损，拆的人也会受损。要践行共商共建共享的全球治理观，弘扬全人类共同价值，倡导不同文明交流互鉴。要坚持真正的多边主义，坚定维护以联合国为核心的国际体系和以国际法为基础的国际秩序。大国尤其要作出表率，带头讲平等、讲合作、讲诚信、讲法治，展现大国的样子。"[1]

面对当今世界百年未有之大变局，以习近平同志为核心的党中央继续发挥新中国外交核心原则和优良传统，高举习近平外交思想光辉旗帜，坚持"以维护和平、促进共同发展为宗旨推动构建人类命运共同体"[2]。上述习近平总书记在重要国际会议上的演讲充分体现出我国开展国际合作的抗疫理念和合作构建人类卫生健康共同体指导理念，也系统呈现了我国与包括周边国家在内的国际社会合作构建人类卫生健康共同体的推进思路，也就是通过"药物干预措施""统筹常态化精准防控和应急处理""统筹疫情防控与经济社会发展"三种方式相结合的方法积极开展国际抗疫合作。中国在通过上述举措推进抗击疫情合作的同时，也以相同的思路深化对外公共卫生领域合作机制体制，为提升全球公共卫生安全治理体系、提高应对重大突发公共卫生事件能力和水平贡献中国力量。

上述推进思路与指导理念，与我国积极开展的同周边国家合作构建人类卫生健康共同体的实际举措相辅相成，为未来一个阶段内的合作指明了前进方向。

二 中国与周边国家合作构建人类卫生健康共同体的实际举措

在 2020 年和 2021 年开展的合作抗疫的基础上，2022 年我国继续通过

---

[1] 《习近平在博鳌亚洲论坛 2022 年年会开幕式上发表主旨演讲》，人民网，2022 年 4 月 21 日，http：//cpc．people．com．cn/n1/2022/0421/c64094-32405040．html，最后访问时间：2023 年 1 月 10 日。

[2] 中共中央宣传部、中华人民共和国外交部编《习近平外交思想学习纲要》，人民出版社、学习出版社，2021，第 3~4 页。

医疗物资援助与出口、疫苗捐赠等既有合作方式与周边国家开展抗疫合作。在医疗物资援助和出口方面，2022 年我国向周边国家出口了包括药品在内的化学工业及相关工业产品，包括口罩在内的纺织原料及纺织制品，以及包括医疗器械在内的光学、照相、医疗等设备及零部件等物资。2022 年，上述三类物资的出口额分别达 132493399 万元、20935278 万元和 58070826 万元。① 在医疗专家派遣方面，我国向老挝派出了志愿医疗检查专家组和医疗队，极大提升了老挝医院的诊疗效率和水平。在上述指导理念和推进思路的引导下，在开展上述抗疫合作的同时，我国继续有序推进构建人类卫生健康共同体合作。

（一）药物干预措施

无论是对于当下的新冠疫情，还是考虑到未来有可能遇到的全球性公共卫生安全危机，药物干预措施仍是我国与周边国家采取的主要合作途径。2022 年我国主要通过参与推动"新冠肺炎疫苗实施计划"、对外提供新冠肺炎疫苗，以及设立相关研究机构实施药物干预等措施，推进构建人类卫生健康共同体合作。

2022 年，考虑到新冠疫情仍然影响着国际社会与世界疫苗普及的公平状况，中国仍以援助出口新冠肺炎疫苗为主要药物干预措施开展抗疫合作。在前期工作的基础上，我国数家疫苗研制机构进一步开展并深入了疫苗研发工作。2020 年 10 月 8 日，中国同全球疫苗免疫联盟签署协议，正式加入"新冠肺炎疫苗实施计划"。疫苗的研发工作是我国援助出口新冠肺炎疫苗的必要条件。从国务院联防联控机制科研攻关组及相关科研团队获悉，自疫情发生以来我国坚持多条技术并行，新冠肺炎疫苗研发获得了可喜进展。在疫苗技术方面，我国相关科研机构主要围绕灭活疫苗、腺病毒载体疫苗和重组蛋白疫苗展开研发工作。截至 2022 年 10 月，我国"已有 46 款新冠病毒

---

① 《2022 年 12 月进出口商品类章总值表（人民币值）》，中国海关总署网站，2023 年 1 月 18 日，http：//www.customs.gov.cn/customs/302249/zfxxgk/2799825/302274/302277/302276/4806975/index.html，最后访问时间：2023 年 1 月 19 日。

疫苗进入临床试验，21 款在境外获批开展Ⅲ期临床试验，灭活疫苗、腺病毒载体疫苗、重组蛋白疫苗等 9 款疫苗获批附条件上市或获准紧急使用"①。继 2021 年 5 月我国国药集团中国生物新冠灭活疫苗和中国科兴新冠疫苗获得世界卫生组织紧急使用授权、6 月被纳入全球紧急使用清单（EUL）后，当地时间 2022 年 5 月 19 日世界卫生组织宣布将腺病毒载体新冠疫苗克威莎（CONVIDECIA）列入"紧急使用清单"，这是第 11 种获得世卫组织紧急使用授权的新冠疫苗，由中国康希诺生物股份公司生产。至此，我国已有 3 款疫苗纳入世界卫生组织"紧急使用清单"。

2022 年，我国在疫苗研发工作的基础上通过提高产能、对外援助、转让疫苗技术三种主要方式向包括周边国家在内的诸多发展中国家，尤其是向东南亚、拉丁美洲和非洲援助、出口新冠肺炎疫苗，以解决全球范围内疫苗分配不均造成的国际社会共同面对的重要问题，为填补欠发达国家同发达国家之间的"免疫鸿沟"作出贡献。

一是着力提升疫苗产能。2022 年以来，中华人民共和国工业与信息化部和其他相关部门，与疫苗生产工厂在产能建设、运输调配、质量监管等方面共同发力，全面支持我国疫苗企业增产扩产，我国研发的新冠肺炎疫苗产能也因此大幅提高。截至 2022 年 12 月 29 日，"我国已有 13 款新冠疫苗获批附条件上市或获准紧急使用，建成了全球最大规模的新冠疫苗生产线，年产能超过 70 亿剂，产量已经超过 55 亿剂。其中近期获准紧急使用的 4 款疫苗，新增产能超过 20 亿剂。新冠病毒疫苗供应充足"②。

二是我国在提高疫苗产能的基础上进一步开展对外援助工作。为了顺利推进这项工作，中国国家国际发展合作署借助对外紧急人道主义援助部际协调机制，联合外交部、工信部、商务部、财政部、国家卫健委、交通运输

---

① 《多条技术路线并行　我国新型新冠病毒疫苗研发取得这些新进展》，新京报，2022 年 10 月 12 日，https：//www.bjnews.com.cn/detail/166557579214012.html，最后访问时间：2023 年 1 月 4 日。

② 《我国建成了全球最大规模的新冠疫苗生产线　年产能超过 70 亿剂》，中国网财经，2022 年 12 月 29 日，http：//finance.china.com.cn/news/20221229/5921831.shtml，最后访问时间：2023 年 1 月 10 日。

部、国家药监局、海关总署等政府部门和企业推进疫苗对外援助相关工作。在吸取 2020 年、2021 年成功经验的基础上，在满足疫苗援助相关复杂严格条件的前提下，2022 年我国采取了严格的质量控制措施以提供质量过硬的疫苗，开展了范围广、质量优的疫苗援助工作。

三是积极转让疫苗技术。近年来，尤其是新冠疫情发生以来，我国倡导并积极践行"全球疫苗合作行动"，是最早承诺将新冠疫苗作为全球公共产品、最早支持疫苗知识产权豁免，又最早同发展中国家开展疫苗生产合作的国家之一。截至 2022 年 6 月底，我国已相继向包括我国周边国家在内的 20 多个国家转让技术并合作生产疫苗，在 15 个国家已经或正在建设疫苗原液罐装基地，打造当地疫苗生产中心，向有疫苗合作需求的国家提供相应技术支持，在海外形成了 10 亿剂的新冠疫苗年产能。

综上所述，2022 年我国在综合考虑疫苗产能、有关国家疫情状况和具体疫苗需求等诸多要素后确定了疫苗援助方案。截至 2022 年 5 月，中国累计向包括我国周边国家在内的 153 个国家和 15 个国际组织提供了 22 亿剂新冠肺炎疫苗。通过上述举措，我国顺利推进了疫苗援助工作，获得了包括周边国家在内的国际社会的普遍认可，以及国际流行病科研团队的专业认可。在 2022 年 12 月 30 日美国国家公共广播电台（NPR）发布的一篇文章《中国新冠疫苗这项工作是否达到了预期的效果?》（*China's COVID vaccines: Do the jabs do the job?*）转述了香港大学流行病学家高本恩（Ben Cowling）对中国新冠疫苗有效性的认可。高教授及其团队发表在 2022 年 10 月《柳叶刀 - 传染病学》期刊上的成果表明中国生产的新冠肺炎疫苗提供了针对新冠重症的高水平保护，肯定了中国研发的新冠肺炎疫苗的有效性。

（二）统筹常态化精准防控和应急处理

步入经济全球化时代就意味着类似新冠疫情的突发公共卫生事件不是偶发事件，在新冠疫情发生的几年中，全球发生的猴痘、埃博拉、霍乱疫情等诸多突发公共卫生事件就是这一判断的有力证据，也表明全球公共卫生治理能力还需加强。2022 年，为了全面加强全球公共卫生安全治理，共同构建人类卫生健康共同体，我国在常态化精准防控和应急处置方面做出了一系列有效尝试。

1. 疫情常态化背景下参与全球公共卫生治理

当前，尽管新冠肺炎病毒的危害性有所下降，但是影响着世界上诸多国家的公共卫生事件层出不穷，并且一些包括常规疫苗接种等基本卫生服务也都在不同程度上被中断。可以说，目前包括我国周边国家在内的国际社会仍然面临着较为严峻的公共卫生安全风险，以世界卫生组织为主要代表的全球卫生治理体系难以有效应对全球公共卫生危机。因此，建立全球公共卫生治理体系正当其时。我国与周边国家合作构建人类卫生健康共同体的形式主要包括医疗人才培养、公共卫生服务等方面的合作，以及援助我国周边国家建立医疗机构、设立医疗卫生培训学校等。

医疗机构援建仍是我国与周边国家共建人类卫生健康共同体的主要抓手之一。中国始终支持老挝的医疗卫生事业发展，近年来相继援建琅勃拉邦省医院（简称琅省医院）、103 医院、玛霍索医院，中方专家也持续开展针对老挝医护人员的培训，从而加深了中老医疗卫生领域合作。2023 年1 月 14 日，中国援助老挝北部重点医院琅省医院升级改造项目举行开工仪式。中方将无偿援助一栋医疗大楼和全套医疗设备，并培训一批心脑血管专科医生，惠及老挝医疗卫生行业和社会民生。此次琅省医院升级改造再次体现了中方对老挝民生事业大力支持和中国人民对老挝人民的深厚友谊，[①] 符合琅省把省医院建成老挝先进医疗服务中心的目标。琅省医院升级改造后将弥补脑颅、心血管和骨科手术空白，逐步具备向老挝中央级医院看齐的条件。

近年来，我国也持续对尼泊尔开展医疗援助工作。2022 年 9 月 9 日，中国启源承担项目设计和管理任务的援尼泊尔辛杜巴尔乔克县医院恢复和改造项目正式开工。此项目包括新建医院综合楼 1 栋、水泵房 1 间、医疗垃圾暂存站 1 间以及发电机棚 1 间，配套建设室外工程并提供部分医疗家具器

[①] 《驻琅勃拉邦总领事李志工出席琅勃拉邦省医院升级改造项目开工仪式》，中国外交部网站，2023 年 1 月 15 日，http://russiaembassy.fmprc.gov.cn/web/zwbd_673032/gzhd_673042/202301/t20230116_11008531.shtml，最后访问时间：2023 年 1 月 20 日。

具。"作为我国政府承诺援助尼泊尔25个地震灾后重建项目之一,该项目也承载着为整个辛杜巴尔乔克县约4.4万人提供医疗服务的重任。"①

医疗援助仍是我国与周边国家合作构建人类卫生健康共同体的主要方式之一。2022年11月,中国海军和平方舟医院船赴印度尼西亚雅加达执行为期7天的"和谐使命-2022"任务。此次医疗援助期间,和平方舟医院船采取码头门诊和船上诊疗相结合的方式,积极提供优质、高效的医疗服务。在为期7天的医疗服务中,"医院船共诊疗当地患者13488人次、实施手术37例"②。此外,和平方舟医院船也与印尼海军医院开展线上学术研讨会,与多国专家开展疑难病症线上联合会诊、进行深入交流。和平方舟医院船也将磁控胶囊胃镜、舰船专用静脉全麻机器人、新型便携式内镜等先进医疗设备带入印度尼西亚,为当地民众提供医疗服务。

根据中尼两国政府协议,中国(河北)第14批援尼泊尔医疗队于2022年6月11日启程执行为期一年的援外医疗任务。该医疗队由17人组成,队员主要来自河北省级多家综合三甲医院,涵盖泌尿外科、麻醉科、血液科、神经外科、口腔颌面外科、针灸骨伤科、乳腺外科、肿瘤科、中医科等15个专业。③

2022年6月以来,巴基斯坦遭受特大洪水灾害,造成重大人员伤亡和财产损失。应巴基斯坦政府请求,中国政府也指定广西紧急组建并派遣医疗卫生专家组赴巴工作。④

2. 通过南南合作平台协助我国周边国家提升公共卫生治理水平

2015年9月26日,习近平主席出席联合国发展峰会并发表讲话。在讲话

① 《经开区企业快讯丨中国启源援尼泊尔医院项目正式开工》,2022年9月16日,https://shx.chinadaily.com.cn/a/202209/16/WS6323cc49a310817f312ee4a7.html,最后访问时间:2023年1月15日。
② 《中国海军和平方舟医院船圆满结束对印尼友好访问》,中国国防部网站,2022年11月19日,http://www.mod.gov.cn/gfbw/jsxd/ly/4926445.html,最后访问时间:2023年1月4日。
③ 《中国(河北)第14批援尼泊尔医疗队启程》,中国新闻网,2022年6月11日,https://www.chinanews.com.cn/gn/2022/06-11/9777443.shtml,最后访问时间:2022年10月15日。
④ 《中国(广西)援巴基斯坦抗洪医疗卫生专家组圆满完成援巴任务平安返桂》,央广网,2022年11月20日,https://gx.cnr.cn/cnrgx/yaowen/20221120/t20221120_526067966.shtml,最后访问时间:2023年1月8日。

中，习近平主席首次提出设立"南南合作援助基金"，以支持发展中国家落实2015年后发展议程、加快落实联合国2030年可持续发展议程、推动更加健康的全球发展。该援助基金可以说是发展中国家联合自强的伟大创举。疫情发生以来，南南合作援助基金也在中国与周边国家合作抗击疫情方面和合作构建人类卫生健康共同体方面发挥了重要作用。继2020年12月31日中国国家国际发展合作署与联合国难民署代表签署使用南南合作援助基金在阿富汗开展应对新冠疫情项目合作协议之后，2021年我国依托"南南合作援助基金抗疫项目"协助包括我国周边国家在内的国际社会提升公共服务水平。

进入2022年，南南合作援助基金发展到了新阶段。2022年6月24日，习近平主席在主持全球发展高层对话会时宣布，中国将加大对全球发展合作的资源投入，把南南合作援助基金升级为"全球发展和南南合作基金"，并在30亿美元基础上增资10亿美元，支持开展全球发展倡议合作。这是引领国际发展潮流，凝聚全球发展共识的重要举措，将进一步推动多边发展合作进程，助力实现联合国2030年可持续发展目标。①

当地时间2022年9月29日，由中国政府在全球发展和南南合作基金项目下出资，通过联合国开发计划署在尼泊尔实施的"借鉴中国经验提升亚太地区应对新冠疫情能力援助项目"，在尼泊尔比尔甘杰市纳拉亚尼医院举行了医院垃圾处理设备移交仪式。② 随后，也就是当地时间2022年12月16日，由中国政府在全球发展和南南合作基金支持的，旨在帮助菲律宾、缅甸、柬埔寨、尼泊尔及老挝五国提升疫情应对能力的"借鉴中国经验提升亚太地区应对新冠疫情能力援助项目"医疗废物处理设备交接仪式在菲律宾马尼拉帕西格市卡洛奥坎的塔拉医院举行。③ 通过这两个援助项目，尼泊

---

① 《国合平：落实全球发展倡议　南南合作基金升级》，环球网，2022年7月5日，https：//opinion. huanqiu. com/article/48hKeAcjtvb，最后访问时间：2022年12月28日。

② 《中国和联合国机构移交援助尼泊尔医院垃圾处理设备》，搜狐网，2022年10月1日，https：//www.sohu.com/a/589410774_115239，最后访问时间：2022年11月14日。

③ 《全球发展和南南合作基金支持的提升亚太地区应对新冠疫情能力项目医疗废物处理设备交接仪式在菲律宾举行》，中国政府网，2022年12月27日，http：//www.cidca.gov.cn/2022-12/27/c_1211712570.htm，最后访问时间：2023年1月10日。

尔的纳拉亚尼医院和菲律宾的塔拉医院拥有了自己的医疗废物处理中心，利用高压灭菌设备对医疗废物进行无害化处理，可以有效避免医疗废物产生二次危害、避免新冠疫情带来的部分次生危机。展示了中方愿与国际社会一道坚定不移推动构建人类命运共同体的决心。

（三）统筹疫情防控与经济社会发展

在顺利推进上述工作的基础上，2022年前三个季度我国继续依托2020年成立的联防联控机制，以及人员双向往来"快捷通道"和货物运输"绿色通道"保障我国与周边各国之间的必要联通。进入第四个季度，我国在科学掌握新冠肺炎病毒变异趋势后积极调整了入境政策，从而更好助力我国与周边国家统筹推进疫情防控和经济社会发展，保障地区乃至全球产业链、供应链、物流链的平稳运行。

新冠疫情发生以来，以习近平同志为核心的党中央高度重视疫情防控，全面加强对防控工作的集中统一领导，明确了疫情防控的体制机制、策略原则、目标任务、工作要求，为打赢疫情防控的人民战争、总体战、阻击战和做好常态化疫情防控工作提供了根本遵循和科学指引。我国的疫情防控始终坚持人民至上、生命至上，各地区各部门密切协作、履职尽责，因时因势动态优化调整防控措施，不断提高科学精准防控水平。14亿人民同心抗疫、坚韧奉献，有效应对全球先后五波疫情冲击，成功避免了致病力较强的原始株、德尔塔变异株的广泛流行，极大减少了重症和死亡，也为疫苗、药物的研发应用以及医疗等资源的准备赢得了宝贵的时间。当前，随着病毒变异、疫情变化、疫苗接种普及和防控经验积累，我国新冠疫情防控面临新形势新任务，防控工作进入新阶段。从病毒变异情况看，国内外专家普遍认为病毒变异大方向是更弱致病性、更趋向于上呼吸道感染和更短潜伏期，新冠病毒将在自然界长期存在，其致病力较早期明显下降，所致疾病将逐步演化为一种常见的呼吸道传染病。综合考虑上述情况，我国也在科学观念的引导下不断调整国内的疫情防控政策和入境政策，分别于2022年11月、12月出台了"进一步优化疫情防控的二十条措施"和"对新型冠状病毒感染实施

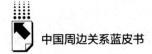

'乙类乙管'的总体方案"。

在国内疫情防控政策方面，我国将新型冠状病毒感染由"乙类甲管"调整为"乙类乙管"，防控重心从以往的防感染发展到了如今的"保健康、防重症"。此外，入境防控政策方面也进行了调整。

2022年11月，根据"进一步优化疫情防控的二十条措施"，我国对国际航班调控措施和入境隔离措施进行了调整：首先，取消了自2020年6月以来实施的入境航班熔断机制，并"将登机前48小时内2次核酸检测阴性证明调整为登机前48小时内1次核酸检测阴性证明"；其次，"对入境人员，将'7天集中隔离+3天居家健康监测'调整为'5天集中隔离+3天居家隔离'，其间赋码管理、不得外出。入境人员在第一入境点完成隔离后，目的地不得重复隔离。集中隔离医学观察的第1、2、3、5天各开展1次核酸检测，居家隔离医学观察第1、3天各开展1次核酸检测"①。

2022年12月，根据"对新型冠状病毒感染实施'乙类乙管'的总体方案"，我国再度对国际航班调控措施和入境隔离措施，以及陆路、水路口岸入境管控措施进行了调整。在国际航班调控措施方面，取消"五个一"及客座率限制等国际客运航班数量管控措施。在入境隔离措施方面规定："来华人员在行前48小时进行核酸检测，结果阴性者可来华，无需向我驻外使领馆申请健康码，将结果填入海关健康申明卡。如呈阳性，相关人员应在转阴后再来华。取消入境后全员核酸检测和集中隔离。健康申报正常且海关口岸常规检疫无异常者，可放行进入社会面。"② 此外，逐步恢复水路、陆路口岸客运出入境。根据国际疫情形势和各方面服务保障能力，有序恢复中国公民出境旅游。最后，进一步优化复工复产、商务、留学、探亲、团聚等外

① 《国务院联防联控机制公布进一步优化疫情防控的二十条措施》，中国政府网，2022年11月11日，https://www.gov.cn/xinwen/2022-11/11/content_5726144.htm，最后访问时间：2023年1月4日。

② 《关于印发对新型冠状病毒感染实施"乙类乙管"总体方案的通知》，中国政府网，2022年12月27日，https://www.gov.cn/xinwen/2022-12/27/content_5733739.htm? eqid=e9ac186c000145ac000000066459f925，最后访问时间：2022年12月30日。

籍人士来华安排，提供相应签证便利。

三年来，疫情在全球的扩散蔓延，对国家间正常交往的阻断、对经济全球化和全球经济治理的影响清晰可见。在新冠肺炎当初肆虐之际，将"外防输入"作为严守出入境国门安全的要求，也是顺应时势的做法。而如今，随着新冠病毒在持续变异中传染性增加、毒害性减弱，及时调整优化防疫政策也是因时而变、因势而新。优化出入境相关政策，也是系统性政策调整棋盘中的落子。尽管是"忽如一夜春风来"，但这来得并不突兀：从14+14、14+7到7+3、5+3再到0+0，从建立入境航班熔断机制到取消该机制再到取消"五个一"及客座率限制等国际客运航班数量管控措施。从中可以看到，我国出入境政策结合病毒潜伏期与致病性等因素因时因势动态调整轨迹，颇为明显。① 如今，随着对新冠"乙类乙管"，依据国境卫生检疫法，不再对入境人员和货物等采取检疫传染病管理措施，也是及时调整的应有之义。在"双循环"的新发展格局下，打通国内国际两个市场的重要性愈发凸显。如今，随着最新方案做出系统性安排，逐步放开境外游，对涉复工复产、商务、留学、探亲、团聚等外籍人士来华安排进一步优化，逐步恢复水路、陆路口岸客运出入境等，这势必会更彻底地消除国内外互联互通的壁垒。

在我国与周边国家的共同努力下，2022年我国与周边国家的双边贸易合作进一步发展。2022年我国对缅甸、印度、印度尼西亚、日本、马来西亚、巴基斯坦、菲律宾、韩国、越南、哈萨克斯坦、俄罗斯11个周边国家的出口总值、进口总值分别达到640880742万元②、563139127万元③，与

① 《出入境政策再优化，中国敞开大门"迎来送往"》，新京报，2022年12月27日，https://www.bjnews.com.cn/detail/167213697414876.html，最后访问时间：2022年12月29日。
② 《2022年12月对部分国家（地区）出口商品类章金额表（人民币值）》，中国海关总署网站，http://www.customs.gov.cn/customs/302249/zfxxgk/2799825/302274/302277/302276/4807033/index.html，最后访问时间：2023年1月15日。
③ 《2022年12月自部分国家（地区）进口商品类章金额表（人民币值）》，中国海关总署网站，http://www.customs.gov.cn/customs/302249/zfxxgk/2799825/302274/302277/302276/4807037/index.html，最后访问时间：2023年1月15日。

2021 年出口总值、进口总值（557791922 万元[①]、535257967 万元[②]）相比分别增长了 14.90% 和 5.21%。可以说，2022 年我国与周边国家双边贸易体现出稳中向好的发展态势，也证明了疫情背景下互联互通的可能。抗疫与发展是未来一个阶段内中国与周边国家关系发展的两项重要工作，中国将继续推动形成国内国际双循环新发展格局，推动中国与周边国家双边及多边合作的不断发展。

三　未来展望

2022 年，新冠疫情及其他传染病仍在影响着包括我国周边国家在内的国际社会，新冠疫情在公共卫生安全领域引发的次生危机也在不断显现，危害着人类健康以及我国周边国家经济社会的运转。因此，不论是对我国还是周边国家乃至整个世界而言，未来一个时间段仍需合作抗击疫情、合作构建人类卫生健康共同体、合作健全完善全球公共卫生治理体系。

首先，坚持公共卫生领域的合作。在此方面，我国仍需在尊重联合国、世界卫生组织发挥引导作用的前提之下，积极与包括我国周边国家在内的国际社会开展合作，在开展药物和疫苗研发及生产工作的基础上持续"统筹常态化精准防控和应急处理""统筹疫情防控与经济社会发展"。

其次，增强与包括我国周边国家在内的国际社会之间的经贸往来。在未来一个阶段，我国仍需在国内疫情防控方面坚持"保健康、防重症"的抗疫理念，与此同时进一步调整入境政策，从而更好地开展国际经贸合作，继续助力我国与包括我国周边国家在内的国际社会统筹推进公共卫生安全领域的合作和经济社会发展。面对新冠疫情导致的世界经济深度衰退，仍需推动经济可持续发展，进一步为合作构建人类卫生健康共同体提供经济支撑。

---

① 《2021 年 12 月对部分国家（地区）出口商品类章金额表（人民币值）》，中国海关总署网站，http：//www. customs. gov. cn/customs/302249/zfxxgk/2799825/302274/302277/302276/4128054/index. html，最后访问时间：2023 年 1 月 15 日。

② 《2021 年 12 月自部分国家（地区）进口商品类章金额表（人民币值）》，中国海关总署网站，http：//www. customs. gov. cn/customs/302249/zfxxgk/2799825/302274/302277/302276/4128168/index. html，最后访问时间：2023 年 1 月 15 日。

Abstract

At present, the changes of the world, the changes of the times, and the changes in history are unfolding unprecedentedly, posing unparalleled risks and challenges to the international community. In response to these evolving circumstances, China and its neighboring countries are vigorously pursuing collaborative engagements across a spectrum of domains, including political, economic, diplomatic, security, cultural, and ecological spheres. They are striving to explore new paths for win-win cooperation, injecting new vitality into the high-quality development of the Belt and RoadInitiative, contributing new concepts to global security and development, and jointly building a closer community of shared future between China and its neighboring countries.

Politically, the year 2022 marked the anniversary of diplomatic relations with many neighboring countries, celebrated every five or ten years. China and its neighbors conducted several head-of-state and summit-level diplomatic engagements, ushering in a new era of a seamless continuation of past relationships and a commitment to amicable cooperation. Economically, China's trade and investment relations with its neighboring countries have shown a positive trend. Bilaterally, trade and investment with neighboring countries have grown. Regionally, China and its neighbors have jointly promoted regional trade liberalization and high-quality Belt and Road construction, contributing to the prosperity of international economic cooperation corridors. In terms of security, facing risks such as external intervention and frequent regional hotspots, China and its neighbors have strengthened political mutual trust and strategic coordination, pushed for pragmatic cooperation in security and defense, and strived to maintain regional stability and security. Culturally, China and its neighbors have held a series of rich and diverse people-to-people exchange

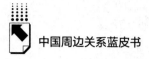

activities, focusing on social governance issues, promoting dialogues and interactions among the region´s youth, to further enhance civilizational exchanges, deepen cultural cooperation, and jointly promote sustainable development in the region.

China possesses the foundational capacity and experience essential for shaping a conducive international environment in its immediate vicinity. Faced with new situations, issues, and challenges, Chinese diplomacy builds upon its past, actively shapes its surrounding international environment, and makes it a focus of its diplomatic work. China practices the concept of a Community with a Shared Future for Mankind and the Belt and Road Initiative in its neighborhood, actively promoting the Global Development Initiative, Global Security Initiative, and Global Civilization Initiative to take root in its vicinity, injecting new thoughts, concepts, and measures into the peace and development of the Asia-Pacific region. China comprehensively expands its diplomatic layout in its vicinity, under the framework of a generally stable relationship with major global powers, actively pushing the comprehensive strategic partnership of coordination for a new era with Russia towards greater maturity and resilience, and indicating a correct path of mutual respect, peaceful coexistence, and win-win cooperation for the challenging China-US relationship. At both bilateral and multilateral levels within the region, China always adheres to a diplomatic approach that based on friendship, good faith, mutual benefit and inclusiveness, actively enhancing relations with neighboring countries, deepening friendly mutual trust and interest integration, and promoting the construction of a community with a shared future in its vicinity. China consistently upholds and promotes international fairness and justice, insists on true multilateralism, and opposes unilateralism, protectionism, hegemonism, and power politics. In international and regional affairs, China determines its stance based on the merits of the issues themselves, actively promoting political solutions to regional hotspots such as the Iranian nuclear issue, the Korean Peninsula nuclear issue, the Afghanistan issue, and the Palestinian issue, thereby forming a distinctive Chinese approach to these hotspots. Faced with major issues of principles, China takes a clear stance, resolutely and powerfully safeguarding national interests. In the face of external threats, coercion, and extreme pressure, China always maintains strategic composure, firmly opposes and counters any infringement upon national

316

sovereignty, security, and development interests, firmly grasping its strategic autonomy and initiative in development, opposing external interference and various smears, and effectively dealing with various "China threat" theories stirred up by such issues.

China is a stabilizing force in an uncertain world, injecting confidence into a turbulent global environment. Looking ahead to 2023, China, along with its neighboring countries, will continue to consolidate political trust, intertwine interests, and coordinate strategically. It aims to sustain the high-quality implementation of the Regional Comprehensive Economic Partnershipagreement, preserving the steady and healthy development momentum of political, economic, security, and cultural cooperation with neighboring countries. The year 2023 marks the tenth anniversary of the concept of a Community of Shared Future for Mankind and the Belt and Road Initiative. In this context, China and its neighbors will review and summarize the development achievements and cooperative experiences of the Belt and Road Initiative, further exploring mutually beneficial cooperation opportunities and delving into the potential for high-quality development. In regional affairs and hotspot issues, China and ASEAN countries will advance consultations on the South China Sea Code of Conduct and maritime dialogue cooperation, jointly mitigating the negative impact of external interference. On hotspot issues like the Ukraine crisis, the Korean Peninsula, Iran, Myanmar, Afghanistan, and Palestine, China will continue to uphold fairness and justice, striving to play a constructive role in fostering and maintaining a peaceful and stable environment in its neighborhood.

Keywords: China; China's Neighboring Countries; Politics; Economy; Security; Regional Governance; the Neighborhood Community with a Shared Future

Contents

I General Report

Abstract: In 2022, China worked collaboratively with its neighboring countries to foster stable political relationships, promote integrated economic and trade developments, pursue the healthy growth of security ties, and write a new chapter in socio-cultural exchanges. These joint efforts aimed at establishing a new framework for prosperity and stability in the region. On the other hand, influenced by the global landscape and external factors, crisis hotspots arose in China's neighboring regions like Northeast Asia, Southeast Asia and South Asia. Consequently, new situations, issues, and challenges have arisen in China's surrounding strategic environment. In response to these developments, China actively shaped its diplomatic approach and practices, partnering with its neighbors to build an even stronger community of shared future.

Keywords: China; China's Neighboring Countries; Economy; Politics; Security; a Neighborhood Community with a Shared Future

II Regional Reports

B.2 Evaluation and Prospect of the Relationship between China
and Northeast Asian Countries *Zhang Zhongyuan* / 026

Abstract: In 2022, the situation in Northeast Asia is complex and intertwined, and prominent geopolitical competition has led to security dilemmas with frequent occurrences of "hotspot issues". At the political level, China, Russia, and Mongolia enhanced mutual political trust, expanded practical cooperation, and further strengthened strategic communication and collaboration; Taking the 30th anniversary of the establishment of diplomatic relations as an opportunity, China and South Korea have frequent exchanges at all levels, and bilateral political relations are generally stable. In response to some of Japan's erroneous practices, China urges the Japanese side to honor its promises and maintain the political foundation of China-Japanese relations. At the economic level, China is gradually becoming the "value hub" of the trade value chain in East Asia. China, Mongolia, and Russia actively promote industrial cooperation and maintain the security and stability of the international industrial supply chain, but they face the challenge of ensuring the stability of the supply chain in China, Japan, and South Korea. At the security level, China and Russia maintain a high level of strategic cooperation and deepen cooperation in the field of security; The South Korean government has attempted to rectify the foreign policy of the former government, bringing new uncertainties to the security of Northeast Asia; The Japanese side insists on manipulating China related security issues, with an increasingly negative tone. At the cultural and social levels, most Northeast Asian countries supported China's successful hosting of the Beijing Winter Olympics, and worked with China to resist the politicization of sports; However, there has been a significant deviation in the civil perception of China between Japan and South Korea, which has brought long-term hidden dangers to bilateral relations. In the future, it is necessary to further enrich the connotation of cooperation in the new

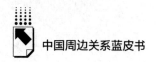
model of major country relationship between China and Russia, and implement the political consensus between China and Mongolia; Build a future oriented relationship between China, South Korea, and Japan, deepen industrial cooperation, and jointly resist the erroneous practice of "decoupling and chain breaking"; Use the "Global Security Initiative" to overcome the security governance challenges in Northeast Asia and promote long-term peace and stability in the region; Promote friendly civil exchanges and increase exchanges and understanding among the people of Northeast Asian countries.

Keywords: China; Northeast Asia; Political Relations; Supply Chain Security; Economic Corridor; Security Cooperation; People-to-people Exchange

B.3 Evaluation and Prospect of China's Relations with

Central Asian Countries in 2022 *Li Xin* / 052

Abstract: 2022 marked the 30th anniversary of the establishment of diplomatic relations between China and the five Central Asian countries. Over the past 30 years, China's relations with Central Asian countries have achieved leapfrog development, reaching the level of strategic partnership, and establishing a new model of international relations characterized by mutual respect, fairness and justice, and win-win cooperation. In 2022, the political relations between China and Central Asian countries have been improved with high quality, economic cooperation was developing at a high speed, and exploration was made to jointly build the China – Central Asia security cooperation mechanism, and solid development achievements were made in jointly building the Belt and Road, laying a solid foundation for jointly building a community of shared future between China and Central Asia.

Keywords: China; Central Asian Countries; Politics; Economy; Security; the Belt and Road

B . 4   Evaluation and Prospect of the Relationship between China
  and West Asian Countries in 2022

Wang Lincong , Zhu Quangang and Ma Xueqing / 067

Abstract: In 2022, the relationship between China and West Asian countries made a breakthrough and entered a new stage of friendly exchanges. For one thing, under the leadership of head-of-state diplomacy, the relationship between China and West Asian countries has upgraded continously, in particular that the first China-Arab States Summit marked a new era between China-Arab States cooperation, and further promoted the strategic cooperation between China and West Asian countires. For another, the cooperation in the fields of economy, science and technology, security and culture between China and West Asian countries has been deepening and expanding, achieving new breakthrough and presenting new height, especially in the high-tech field and digital cooperation, which has reached a new height. The two sides have made substantial progress in jointly building the Belt and Road, cultural exchanges and people-to-people exchange. Meanwhile, western powers such as the United States drove strategic competition in the region, which posed challenges to the development of the relationship between China and West Asian countries. Looking forward to the future, as the West Asian coutnries adopt the strategies of " Looking Eastward" and "Going Eastward", the strategic mutual trust continues to deepen, and the strategic cooperation becomes much closer beween China and West Asia countries, jointly promoting high-quality cooperation between the two sides and the high-level development of bilateral relations.

Keywords: China; West Asian countries; China-Arab States Summit; International Relation; Looking Eastward

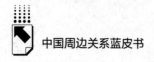

B.5　Evaluation and Prospect of the China-South Asian Countries

Relations in 2022　　　　　　　　　　　*Tian Guangqiang* / 096

Abstract: With the gradual easing of COVID-19, exchanges between China and South Asian countries in various fields and at all levels have gradually resumed and increased. China has actively carried out summits, bilateral and multilateral diplomatic exchanges with South Asian countries, enhancing their traditional friendship and political mutual trust. Although the economic development of South Asian countries has slowed down, economic and trade cooperation between China and South Asian countries has steadily improved, and the Belt and Road Initiative has continued to advance with high quality. While maintaining the stability of China-India relations, China has actively promoted the realization of stability in Afghanistan. In the face of serious natural disasters in South Asian countries, China provided them with much-needed humanitarian assistance. China and South Asian countries have carried out a series of cultural and people-to-people exchanges. The strategic cooperative partnership between China and South Asian countries has been consolidated and developed in the new era.

Keywords: China; South Asian; the Belt and Road Initiative; the Strategic Cooperative Partnership

B.6　Evaluation and Prospect of Relations between China

and Southeast Asian Countries in 2022　　　*Liu Jingye* / 127

Abstract: In 2022, the Southeast Asian region continued to face a series of challenges, such as economic recovery, great power competition, and political instability in some countries. Throughout the year, relations between China and Southeast Asian nations maintained a positive trajectory. Politically, ties between China and Southeast Asia have been steadily improving. Economically, the relationship between China and these nations has become increasingly integrated. From a security perspective, collaborations between China and Southeast Asian countries have been systematically carried out. In the socio-cultural domain, cooperation between China and Southeast Asian nations has advanced on multiple fronts. Looking ahead to 2023, although the relationship between China and Southeast Asian countries might encounter some challenges, both parties are expected to continue their cooperative consultations, intensify practical collaborations in key areas, and persistently promote an even stronger China-ASEAN community with a shared future.

Keywords: China; Southeast Asia; China-ASEAN Comprehensive Strategic Partnership; Community with a Shared Future; the Declaration on the Conduct of Parties in the South China Sea (DOC)

B.7   Evaluation and Prospect of the Relationship between China and the Pacific Island Countries in 2022

Feng Junnan, Lyu Guixia / 144

Abstract: In 2022, the comprehensive strategic partnership between China and the Pacific island countries developed rapidly. Wang Yi, State Councilor and Minister of Foreign Affairs of China, who visited 10 Pacific island countries that have established diplomatic relations and co-hosted the second China-Pacific Island Countries Foreign Ministers' Meeting in a combination of online and offline ways, which is the most important opportunity for the development of bilateral relations and has made important achievements. At the same time, the Chinese government took the opportunity of the 40th anniversary of the establishment of diplomatic relations to continue to deepen relations with Vanuatu and other Pacific island countries, and the political mutual trust between the two sides was further deepened. In response to the multiple challenges faced by Pacific island countries such as the COVID-19, natural disasters and regional security challenges, China actively assisted Tonga after the volcanic eruption, signed a security agreement with Solomon Islands, and strengthened economic and security cooperation with Pacific island countries. The bilateral dialogue and consultation mechanism has gradually developed, and the high-quality joint construction of the "Belt and Road" has

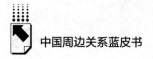

achieved great results.

Keywords: China; Pacific Island Countries; The Second China-Pacific Island Countries Foreign Ministers' Meeting; China-Solomen Islands Security Agreement; Comprehensive Strategic Partnership

Ⅲ   Bilateral Reports

B.8   Evaluation and Prospect of China-Russia Relations in 2022

Liu Fenghua / 162

Abstract: In 2022, under the situation of the Russian-Ukrainian conflict, the geopolitical and economic confrontation between Russia and the West, and the intensification of the China-US game, China and Russia will continue to strengthen cooperation in the fields of politics, economy and trade, energy, military security, and international affairs. The comprehensive strategic partnership between China and Russia in the new era has withstood another test of external factors and is moving forward steadily. In 2023, China and Russia will continue to strive to eliminate interference from external factors, develop all-round cooperation, and promote the sustainable development of China-Russia comprehensive strategic partnership of coordination in the new era.

Keywords: China-Russia Comprehensive Strategic Cooperative Partnership in the New Era; China-Russia Economic and Trade Cooperation; China-Russia Energy Cooperation; China-Russia Diplomatic Cooperation

B.9   Evaluation and Prospect of China-Japan Relations in 2022

Meng Xiaoxu, Wu Huaizhong / 178

Abstract: At the historical node of the 50th anniversary of the normalization of China-Japan diplomatic relations, China-Japan relations have faced difficulties and have not achieved the expected recovery. Japan has followed the United States in increasing its diplomacy against China, and the Taiwan question has become a prominent and sensitive core issue affecting China-Japan relations. The development of China-Japan relations is constrained by issues related to the maritime problem and history problem, while deep-seated issues such as lack of security and mutual trust and weak national sentiment still exist, causing continuous interference to China-Japan relations. In the future, China-Japan relations will still face both opportunities and challenges, and the complexity of the situation will make the challenges more prominent. China and Japan are neighboring countries. Japan should uphold an objective and rational understanding of China, implement the important consensus of the leaders of the two countries into specific policies and practical actions, practice true multilateralism and open regionalism, and work with China to build a China-Japan relationship that meets the requirements of the new era, promoting the stability and development of bilateral relations.

Keywords: Normalization of Diplomatic Relations; Taiwan Question; the New Era; China-Japan Relations

B. 10　Evaluation and Prospect for China-ROK

Relations in 2022　　　　　　　　*Wang Junsheng* / 193

Abstract: The year 2022 marks the 30th anniversary of the establishment of diplomatic relations between China and ROK, and the first year since the Yoon Seok-Youl government took office. In 2022, China-ROK political relations realized a smooth transition with frequent high-level interaction, China-ROK economic cooperation has also achieved new development, their defense ministers have achieved dialogue, and people-to-people and cultural exchanges have also showed new atmosphere. However, the development prospects of China-ROK relations remains uncertain due to the increased cooperation between ROK and the US, which includes the so-called Indo-Pacific Strategy, the politicization and ideologization of economic and trade cooperation, the trend of its military

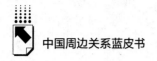
cooperation ties beyond the scope of the Korean Peninsula, as well as the emphasis on values in the Yoon Seok-Youl government's foreign policy.

Keywords: China-ROK Relations; ROK－US Alliance; Situation on the Peninsula; Indo-Pacific Strategy

B.11　Evaluation and Prospect of China-Indonesia

　　　　Relationship in 2022　　　　　*Xu Liping*, *Sun Yunxiao* / 207

Abstract: China-Indonesia relationship ushered in a breakthrough development in the year 2022. The two sides have set the direction of building a China-Indonesia community with a shared future, and fruitful achievements have been made under the framework of "four-wheel drive" of political, economic, cultural and maritime cooperation. Meanwhile, China-Indonesia relationship also have been challenged by issues left over by history, Natuna Exclusive Economic Zone dispute, the wooing of Indonesia by western countries, and the complexity of domestic politics in Indonesia. In the future, the cooperation direction between China and Indonesia will not change, the economic ties will be closer, and greater roles will be played in regional and global cooperation.

Keywords: China-Indonesia Relationship; Community with a Shared Future; Four-wheel Drive Cooperation

Ⅳ　Special Topics

B.12　Development Evaluation and Prospect of Economic and

　　　　Trade Relations between China and Neighboring

　　　　Countries in 2022　　*Shi Xianjin*, *Su Qingyi and Zou Zhibo* / 224

Abstract: In 2022, the economic and trade relations between China and neighboring countries had a good momentum of development. In terms of trade,

China's import and export to neighboring countries have maintained a growth momentum. In terms of investment, China has carried out active investment cooperation with neighboring countries, especially after the RCEP came into effect, which has greatly promoted investment cooperation between China and ASEAN, Japan, and South Korea. Although China's economic and trade relations with neighboring countries face risks such as geopolitics, the evolution of the economic and trade pattern, and the reversal of macroeconomic policies, the prospects for cooperation between China and neighboring countries in the next year are still optimistic. RCEP will continue to empower China, ASEAN, Japan, Republic of Korea, and Oceania economic and trade ties. The cooperation between China, Japan and Republic of Korea is expected to make substantial progress. China and Russia will also continue to expand the space for cooperation in technology, energy, agriculture, and markets. New Progress will be made in cooperation between China and the five Central Asian countries. The cooperation between China and Middle East countries will also be more diversified.

Keywords: China; Neighboring Countries; Economic and Trade Relations; Trade Agreement; Investment

B. 13 The Current Development and Legal Mechanism of High-quality Co-construction in the Belt and Road Initiative between China and Neighboring Countries in 2022　　　*Sun Nanxiang* / 250

Abstract: The Belt and Road Initiative has become a popular international public good and international cooperation platform. In 2022, the scale of trade and investment between China and neighboring countries continued to grow steadily, and the degree of institutionalization of cross-border cooperation was increased. However, it will also face challenges in future, such as political games among major powers and insufficient debt sustainability in developing countries. Promoting the high-quality co-construction of the Belt and Road Initiative requires the support

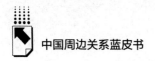
and guarantee of the spirit of rule of law. At present, the joint construction of the Belt and Road Initiative between China and neighboring countries confronts with institutional obstacles such as imperfect legal mechanisms for cross-border cooperation, insufficient regulatory measures for overseas investment, and systematic inadequacies in the foreign-related legal system. Thus, China should speed up the establishment of a comprehensive legal mechanism for overseas investment protection, upgrade the foreign aid legislative system, and at the same time strengthen the construction of a legal mechanism to ensure the safety of overseas interests and further promote the reform of the international dispute settlement mechanism.

Keywords: China; Belt and Road Initiative; Neighboring Countries; Rule of Law; Overseas Investment

B.14 The Indo-Pacific Economic Framework and Its Progress, Contents, Prospects and Implications

Qiu Chaobing / 266

Abstract: In May 2022, the U. S. formally launched the Indo-Pacific Economic Framework (IPEF) in Tokyo with other 12 partners. Since then, the IPEF Partners have held two negotiating rounds and a special negotiating round. Through this Framework, the U. S. , by reshaping the rules of critical and emerging issues in world trade, aims to reinforce its leading role in world economy, strengthen its economic ties with the Indo-Pacific, and address current and future challenges in world trade and economy, create a level playing field for American workers and businesses, fundamentally safeguard and realize American interests in the Indo-Pacific and promote domestic jobs and economic growth. The IPEF has four pillars: Trade, Supply Chain, Clean Economy, and Fair Economy. Although several factors may contribute to the negotiations and consensus making among the IPEF partners, there do exist some uncertainties for the development of the Framework. If all partners can finish the negotiations and finally reach an agreement, the IPEF may have deep economic and strategic influences.

Keywords: IPEF; Trade; Supply Chain; Clean Economy; Fair Economy

B.15 Evaluation and Prospect of the Cooperative Action in Building the Community of Health between China and China's Neighboring Countries in 2022 *Tamier / 299*

Abstract: The international community including China's neighboring countries was influenced by the continuing COVID-19 pandemic and other public health security crises in 2022. Although the global pandemic has become preventable due to the prevalence of COVID-19 vaccine, the variating strains and the uneven distribution of vaccine still increased the difficulties of work. Under this circumstance, cooperation seems especially important. Under several guiding principles, China and global community including China's neighboring countries has been taking cooperative actions to prevent the COVID-19 pandemic, taking pharmacal intervention, balancing targeted routine COVID-19 protocols and emergency measures, ensuring both epidemic control and socio-economic development. Furthermore, China and global community including China's neighboring countries has also been taking cooperative actions in building the Global Community of Health for All and improving the global public health governance system through cooperation in epidemic prevention and control.

Keywords: the COVID-19 Pandemic; Public Health Security; the Global Community of Health for All; the Global Public Health Governance System

皮 书

智库成果出版与传播平台

❖ 皮书定义 ❖

皮书是对中国与世界发展状况和热点问题进行年度监测，以专业的角度、专家的视野和实证研究方法，针对某一领域或区域现状与发展态势展开分析和预测，具备前沿性、原创性、实证性、连续性、时效性等特点的公开出版物，由一系列权威研究报告组成。

❖ 皮书作者 ❖

皮书系列报告作者以国内外一流研究机构、知名高校等重点智库的研究人员为主，多为相关领域一流专家学者，他们的观点代表了当下学界对中国与世界的现实和未来最高水平的解读与分析。截至2022年底，皮书研创机构逾千家，报告作者累计超过10万人。

❖ 皮书荣誉 ❖

皮书作为中国社会科学院基础理论研究与应用对策研究融合发展的代表性成果，不仅是哲学社会科学工作者服务中国特色社会主义现代化建设的重要成果，更是助力中国特色新型智库建设、构建中国特色哲学社会科学"三大体系"的重要平台。皮书系列先后被列入"十二五""十三五""十四五"时期国家重点出版物出版专项规划项目；2013~2023年，重点皮书列入中国社会科学院国家哲学社会科学创新工程项目。

皮书网

（网址：www.pishu.cn）

发布皮书研创资讯，传播皮书精彩内容
引领皮书出版潮流，打造皮书服务平台

栏目设置

◆ **关于皮书**

何谓皮书、皮书分类、皮书大事记、
皮书荣誉、皮书出版第一人、皮书编辑部

◆ **最新资讯**

通知公告、新闻动态、媒体聚焦、
网站专题、视频直播、下载专区

◆ **皮书研创**

皮书规范、皮书选题、皮书出版、
皮书研究、研创团队

◆ **皮书评奖评价**

指标体系、皮书评价、皮书评奖

◆ **皮书研究院理事会**

理事会章程、理事单位、个人理事、高级
研究员、理事会秘书处、入会指南

所获荣誉

◆ 2008 年、2011 年、2014 年，皮书网均
在全国新闻出版业网站荣誉评选中获得
"最具商业价值网站"称号；

◆ 2012 年，获得"出版业网站百强"称号。

网库合一

2014年，皮书网与皮书数据库端口合
一，实现资源共享，搭建智库成果融合创
新平台。

皮书网

"皮书说"
微信公众号

皮书微博

权威报告·连续出版·独家资源

皮书数据库

ANNUAL REPORT(YEARBOOK)
DATABASE

分析解读当下中国发展变迁的高端智库平台

所获荣誉

- 2020年，入选全国新闻出版深度融合发展创新案例
- 2019年，入选国家新闻出版署数字出版精品遴选推荐计划
- 2016年，入选"十三五"国家重点电子出版物出版规划骨干工程
- 2013年，荣获"中国出版政府奖·网络出版物奖"提名奖
- 连续多年荣获中国数字出版博览会"数字出版·优秀品牌"奖

皮书数据库

"社科数托邦"
微信公众号

成为用户

登录网址www.pishu.com.cn访问皮书数据库网站或下载皮书数据库APP，通过手机号码验证或邮箱验证即可成为皮书数据库用户。

用户福利

- 已注册用户购书后可免费获赠100元皮书数据库充值卡。刮开充值卡涂层获取充值密码，登录并进入"会员中心"—"在线充值"—"充值卡充值"，充值成功即可购买和查看数据库内容。
- 用户福利最终解释权归社会科学文献出版社所有。

社会科学文献出版社 皮书系列
SOCIAL SCIENCES ACADEMIC PRESS (CHINA)

卡号：595849194425

密码：

数据库服务热线：400-008-6695
数据库服务QQ：2475522410
数据库服务邮箱：database@ssap.cn
图书销售热线：010-59367070/7028
图书服务QQ：1265056568
图书服务邮箱：duzhe@ssap.cn

S 基本子库
SUB DATABASE

中国社会发展数据库（下设 12 个专题子库）

紧扣人口、政治、外交、法律、教育、医疗卫生、资源环境等 12 个社会发展领域的前沿和热点，全面整合专业著作、智库报告、学术资讯、调研数据等类型资源，帮助用户追踪中国社会发展动态、研究社会发展战略与政策、了解社会热点问题、分析社会发展趋势。

中国经济发展数据库（下设 12 专题子库）

内容涵盖宏观经济、产业经济、工业经济、农业经济、财政金融、房地产经济、城市经济、商业贸易等 12 个重点经济领域，为把握经济运行态势、洞察经济发展规律、研判经济发展趋势、进行经济调控决策提供参考和依据。

中国行业发展数据库（下设 17 个专题子库）

以中国国民经济行业分类为依据，覆盖金融业、旅游业、交通运输业、能源矿产业、制造业等 100 多个行业，跟踪分析国民经济相关行业市场运行状况和政策导向，汇集行业发展前沿资讯，为投资、从业及各种经济决策提供理论支撑和实践指导。

中国区域发展数据库（下设 4 个专题子库）

对中国特定区域内的经济、社会、文化等领域现状与发展情况进行深度分析和预测，涉及省级行政区、城市群、城市、农村等不同维度，研究层级至县及县以下行政区，为学者研究地方经济社会宏观态势、经验模式、发展案例提供支撑，为地方政府决策提供参考。

中国文化传媒数据库（下设 18 个专题子库）

内容覆盖文化产业、新闻传播、电影娱乐、文学艺术、群众文化、图书情报等 18 个重点研究领域，聚焦文化传媒领域发展前沿、热点话题、行业实践，服务用户的教学科研、文化投资、企业规划等需要。

世界经济与国际关系数据库（下设 6 个专题子库）

整合世界经济、国际政治、世界文化与科技、全球性问题、国际组织与国际法、区域研究 6 大领域研究成果，对世界经济形势、国际形势进行连续性深度分析，对年度热点问题进行专题解读，为研判全球发展趋势提供事实和数据支持。

法律声明